잠서(潛書) 상
Qian Shu

저자 **당견(唐甄)**은 명대(明代) 숭정(崇禎) 3년(1630) 사천(四川) 달주(達州, 현재 達縣)에서 태어나 청대(淸代) 강희(康熙) 43년(1704)까지 74년을 살았다. 청대 순치(順治) 14년(1657)에 거인(擧人), 관직은 산서성(山西省) 장자지현(長子知縣)을 지냈다. 저술로는 『잠서(潛書)』 외에 『모시전전합의(毛詩傳箋合義)』, 『춘추술전(春秋述傳)』, 『잠문(潛文)』, 『잠시(潛詩)』, 『일기(日記)』 등이 있지만 대부분 전하지 않는다.

역자 **김덕균(金德均)**은 1986년 성균관대학교 동양철학과를 졸업하고 동대학원에서 석사 및 박사학위를 취득하였고, 중국 산동사회과학원(山東社會科學院) 유학연구소(儒學研究所)에서 한국학술진흥재단의 지원에 의한 Post-Doc과정(1998)을 마쳤다. 1991년부터 대전대·동덕여대·중앙대·협성대·한국예술종합학교·성균관대에서 강의하다가 1996년부터 2003년까지 중국 산동사범대학 외국인교수·서일대학 교양과 교수·사단법인 한국철학사상연구회 상임연구원을 역임하고 지금은 성산효도대학원대학교 효학과 교수로 재직하고 있다. 논문으로는 「唐甄의 철학사상에 나타난 근대 지향적 성격」, 「양명학의 근대 지향성」 등 명청대 실학 관련 논문 20여 편이 있고, 공저로는 『현대 중국의 모색』(동녘), 『왕양명철학연구』(청계), 『동양철학의 자연과 인간』(아세아문화사)과 역서로는 『중국 봉건사회의 정치사상』(동녘), 『明夷待訪錄』(제41회 백상출판문화상 번역부문 수상작, 한길사)이 있다.

잠서(潛書) 상

1판 1쇄 인쇄 2003년 4월 20일
1판 1쇄 발행 2003년 4월 30일

지은이 / 당견
옮긴이 / 김덕균
펴낸이 / 박성모
펴낸곳 / 소명출판
출판고문 / 김호영
등록 / 제13-522호
주소 / 137-878 서울시 서초구 서초동 1621-18 (란빌딩 1층)
대표전화 / (02) 585-7840
팩시밀리 / (02) 585-7848
somyong@korea.com

ⓒ 2003, 한국학술진흥재단

값 26,000원

ISBN 89-5626-027-3 93150
ISBN 89-5626-026-5 (전2권)

당견의 사상적 고향

▲ 청대(淸代) 중건(重建)된 산동성(山東省) 곡부(曲阜)의 공묘(孔廟) 대성전(大成殿)과 주변. 곡부 시내의 건물들은 대성 전 높이 이상으로 지을 수 없다. 당견은 공자의 충서(忠恕)를 사상적 지렛대로 삼았다.

▲ 청대 중건된 산동성(山東省) 추성(鄒城)의 이성전(亞聖殿). 당견은 맹자를 사상적 종주로 삼고 「종맹(宗孟)」, 「존맹(尊孟)」편을 저술하였다.

▲ 산동성(山東省) 추성(鄒城)의 이성림(亞聖林). 이성림 복원사업은 한국맹자학회 주관으로 이루어졌다.

▲ 복건성(福建省) 건양(建陽)의 주희묘(朱熹墓). 당견은 정주(程朱)를 비판하면서 비판 아닌 보완이라고 항변하였다.

▲ 주희 묘지석에 소학교·중학교 학생들의 도덕 교육기지라는 내용이 인상적이다. 사진 인의 사원정은 묘 앞에 있는 것으로, 한국의 신안주씨(新安朱氏) 문중에서 건립한 것이다.

아호서원. 주자와 육상산이 심성 문제를 가지고 논쟁했던 장소. 이후 성리학은 주자의 이학과 육상산의 심학으로 나누어졌으며, 당견은 심학을 계승 발전시켰다.

● 귀주성(貴州省) 귀양(貴陽)의 양명사당 내 왕양명상(王陽明像)과 절강성(浙江省) 여요(餘姚)의 왕양명묘(王陽明墓). 사당에도 묘 위에도 대나무가 우거져 있는 것이 인상적이다. 당견은 왕양명을 본받겠다고 히면서 「법왕(法王)」편을 저술하였다.

▲ 명말 양명우파의 거두 유종주(劉宗周)가 강학(講學)했던 절강성(浙江省) 소흥(紹興)의 즙산서원(蕺山書院) 터. 커다란 기반석과 깨진 비석편이 나뒹구는 가운데 소학교가 들어서 있다.

▲ 절강성 여요의 황종희묘(黃宗羲墓)와 인공 연못. 용호초당(龍虎草堂)은 황종희가 만년에 기거하며 저술에 전념했던 곳이다. 당견은 황종희와 직접 교유하지는 않았지만 사상적으로 일맥상통한다.

▲ 명말청초 반청운동의 격전장이었던 절강성 소흥과 여요를 잇는 고속도로상에서 바라본 석양. 당견은 만년에 절강성 일
    대를 유람하며 살았다.

▲ 안휘성 황산. 당견은 만년에 안휘 절강의 명산대천을 유람하며 수많은 시들을 남겼다.

잠서(潛書) 상
Qian Shu

당견(唐甄) 저 / 김덕균 역

소명출판

일러두기

1. 이 번역서는 1차로 1955년 12월 북경 고적출판사(古籍出版社)에서 간행하고, 1963년 6월 2판으로 북경 중화서국(中華書局)에서 출판한 『잠서(潛書)』를 저본으로 하였고, 1984년 9월 성도(成都) 사천인민출판사(四川人民出版社)가 간행한 『잠서주(潛書注)』를 참고하였다.

2. 번역은 가급적 한글 중심으로 하였고, 인명·지명, 그리고 주요 용어는 한글과 원문을 병행하였다. 원문의 뜻을 제대로 살리기 위해 ( )는 음이 같은 한자, [ ]는 음은 다르나 뜻이 같은 한자, < >는 원문의 뜻을 분명하게 드러내기 위해 역자가 첨가한 구절이며, 대화나 인용문은 " ", 강조 부문이나 인용문 속의 인용문 등은 ' '로 표기하였고,『 』는 책 제목,「 」는 편명이나 논문 표시로 하였다.

3. 번역상 두음법칙을 지키지 않은 부분이 있는데, 이것은 두음법칙을 할 경우 원래 의미를 오히려 상실할 수도 있을 경우에 한하였다. 예컨대 이기(理氣)를 말할 때 '이'를 '리'로 표현한 것이 그렇고, 또한 인명표기를 할 때 가급적 한자발음을 그대로 쓰면서 두음법칙을 무시하였다.

　누군가 '번역을 반역'이라고 했다. 번역의 어려움을 단적으로 표현한 말이다. 특히 시공간을 달리하는 고전 번역은 더하다. 원저자의 뜻과는 전혀 다른 해석을 할 수도 있다. 그래서 그런지 저술에 비해 번역서가 상대적으로 적다. 신중한 번역은 오역을 줄일 수 있다. 그렇다고 오역이 없는 것은 아니다. 장고(長考)했다고 악수(惡手)가 없는 것은 아니다. 돌다리를 두드려본다고 무너질 다리가 무너지지 않는 것도 아니다. 역자가 천박한 지식으로 번역에 용기를 낼 수 있었던 이유이다. 학문의 기반 다지기는 원전번역을 통해서만 가능하다. 저술이나 논문은 필요한 부분만을, 때론 번역 가능한 부분만을 얄팍하게 따다 붙이면 그만이다. 하지만 번역은 다르다. 불필요한 것도, 번역 불가능한 부분도 어떻게 해서든 풀어내야만 한다. 그럼에도 학계에서는 번역보다 논문과 저술을 높게 평가하고 있다. 번역에 더 많은 공력이 필요함을 인정하면서도 평가에는 인색하다. 이것은 연구자들이 번역을 뒤로 미루는 가장 큰 이유이다.

　일본의 근대화가 번역에서 비롯되었음을 상기해 볼 필요가 있다. 그들은 새로운 문화와 문명을 자신들의 언어로 번역하면서 근대화를 이루었다. 요즘 사용되는 대부분의 학술용어들이 근대 일본 학자들의 작품임을 우리는 21세기 들어서 반성하고 있다. 물론 여기서 우리 학계의 문제를 거론하자는 것은 아니다. 앞서도 말했듯 번역 결심의 배경을 말하고자 할 뿐이다.

『잠서』를 번역하게 된 동기는 간단하다. 첫째, 『잠서』는 역자의 박사학위논문의 주된 텍스트였다. 거기다 완벽하지는 않지만 이미 완독한 상태였고, 상당부분 논문을 쓰면서 번역도 하였기 때문이다. 둘째, 『잠서』는 명말청초의 중국 사회를 잘 반영하고 있다. 그렇기 때문에 중국학 연구자들에게 중요한 자료가 될 것이라는 판단에서이다. 셋째, 황종희(黃宗羲)·고염무(顧炎武)·왕부지(王夫之)로 고착되는 듯한 명말청초의 사상계 분위기를 확장하고 싶었다. 우리가 알고 있는 것만을 갖고 당대를 평가하고 규정하는 것은 후학의 게으름이다. 당대의 더 넓고 더 많은 세계를 확인하는 작업은 연구자의 책무라고 생각한다. 역자는 『잠서』를 통해 앞서 말한 3대사상가외에 당견(唐甄)이란 걸출한 사상가가 있었음을 확인하고 싶었다. 넷째, 『잠서』는 당대는 물론 오늘날에도 거울삼을 만한 내용을 담고 있기 때문이다. 권력 앞에 굴하지 않고 제왕의 전횡을 견제하는 내용과 남녀평등 문제는 현재적 의의도 있다 하겠다.

이같은 『잠서』의 내용을 보다 잘 전달하기 위해 역자는 당견의 발자취를 따라 답사도 하였다. 당견의 고향인 사천성(四川省) 달현(達縣)을 거쳐 비록 1년 만에 파직당했지만 지현(知縣)을 지냈던 산서성(山西省) 장자현(長子縣), 그리고 주된 생활 근거지이자 만년 유랑했던 강소성(江蘇省)·절강성(浙江省) 일대를 둘러보았다. 하지만 아쉽게도 그 어느 곳에서도 당견의 흔적을 찾지 못했다. 특히 그의 고향 달현에서는 그를 기리는 거대한 학술회의가 개최되었음에도 그의 발자취는 없었다. 현(縣) 문화담당자의 도움으로 당시 발표자였던 달현사범대학(達縣師範大學) 교수를 어렵게 찾아갔지만, "난 그가 남긴 문헌으로 그의 사상을 연구했을 뿐, 그의 유적을 알진 못한다"는 냉담한 대답만 듣고 발길을 돌렸다. 할 수 없이 『잠서』에서 남긴 척박한 달현의 산천풍경이 현재의 저 모습과 같지 않을까라는 상상만으로 만족할 수밖에 없었다. 어린 시절 부친을 따라 거처했고, 만년 삶의 주된 근거지였던 강소성 일대 답사는 역시 그와 관련된 유적지는 없었지만, 송대(宋代)부터 이미 개발되어 당견이 살았던 명말청초 번창한 지역이었음을 확인할 수 있었다. 더구나 도시가 발달했고 상품경제가 번창하여 자본주의 맹아 논쟁의 중심지대였던 소주(蘇州) 지역은 당견이 사대부 신분으로 장사를 했던 곳이라서 더 큰 의미가 있었다.

이같은 답사를 통해 비록 당견의 삶과 그의 저작에 나타난 지역들을 돌아보며 직접적인 관련 유적지는 찾지 못했지만, 그 분위기만으로도 당시를 상상해 볼 수 있게 만들었고, 그것이 이 책을 번역하는데 큰 도움을 주었다.

근 3년 이상 소요된 번역작업을 마무리하면서 이모저모 감사를 표하지 않을 수 없는 분들이 계시다. 학부과정부터 석사·박사 논문을 지도해 주셨고, 지금도 자상한 가르침을 아끼지 않으시는 지도교수 안병주 선생님께 지면으로 깊은 감사를 드린다. 또 『잠서』를 동서양학술명저 번역과제로 선정·지원해 주신 한국학술진흥재단과 잘못된 부분을 일일이 지적·수정해 주신 공주대학교의 송석준 교수님, 서강대학교의 정인재 교수님, 그리고 이 책을 편집 발행하는 소명출판 가족 여러분께도 충심으로 감사드린다. 주변에서 늘 충고해 주시고 이끌어 주시는 안동대학교의 안병걸 교수님, 선배로서 무슨 일이든 언제나 상담자가 되어 주는 정규훈·이명수 교수님, 중국 제남(濟南)에서 오로지 『잠서』 원본만 들고 씨름하던 역자에게 『잠서』 주석본을 건네준 소현성 박사의 은혜 또한 잊을 수 없다. 여기서 다만 잘못 번역한 부분 때문에 오히려 이 분들에게 누가 되지 않을까 염려된다. 오역과 오자는 모두 역자의 책임이며 독자 여러분의 따끔한 충고와 질정(叱正)을 바란다.

끝으로 온갖 역경 속에서도 변함 없는 사랑과 기도로 길러주신 부모님께 진심 어린 감사를 바친다. 또 '공부는 오로지 자기만족'일 뿐이라

며 시간과 열정을 가정 아닌 다른 곳에만 열중하는 남편을 그래도 꾸준
히 성원하고 지원해 준 아내 김혜선에게도 고마운 마음을 표한다.

2003년 3월
聖山 연구실에서
김 덕 균

제2부 　잠서(潛書) 원문편

上篇上 · 319

잠서(潛書) 하

제2부   잠서(潛書) 원문편

下篇上 · 313

1. 머리말

명말청초(明末淸初)의 양명학자 당견(唐甄, 1630~1704, 자는 鑄萬, 호는 圃亭, 四川 達州 사람)은 연구자들로부터 널리 알려지지 않은 사상가 가운데 한 사람이다. 그 원인은 한마디로 당견을 접할 수 있었던 문헌이 『잠서(潛 書)』 이외에는 거의 전하지 않았기 때문이다. 현존하는 『잠서』마저도 1955년에 와서야 일반에 소개될 정도로 당견을 연구할 만한 토양이 거 의 마련되어 있지 않았다. 『잠서』 이외에 사라진 당견의 시문(詩文)이나 유관 자료를 발굴하는 데에는 「당견사적총고(唐甄事迹叢考)」를 저술한 이 지근(李之勤)의 노력이 컸다. 1954년 이지근의 당견사상에 관한 연구가 발표된 이후로 중국사상사를 다루는 많은 연구자들[1]에 의해 당견은 관

---

1) 1956년 侯外廬가 『中國早期啓蒙思想史』(北京 : 人民出版社)에서 당견을 언급한 이 후로 어느 정도 당견에 관한 연구는 중국 내에서 늘기 시작하였다. 대표적으로 중국철 학 분야에서는 侯外廬의 『中國思想通史』가 있으며, 정치사상 분야에 있어서는 呂振

심의 대상이 되었다. 그러나 이것도 중국의 일부 연구자들에 의해 다루어졌을 뿐, 한국이나 일본·대만 등지에서는 그렇게 연구되어지지 않았다. 다만 우리나라를 비롯한 일본·대만에서의 중국철학사 저술의 극히 일부에서 인물 소개 정도로 당견을 소개한 것과 단편적인 논문 몇 편이 발표되긴 하였지만 본격적인 당견사상에 관한 연구는 거의 없다해도 무방하다.2)

그렇다면 중국철학사에서 당견의 사상이 무의미하다는 것인가? 결코 그런 것은 아니다. 이미 명말청초의 3대 사상가로 널리 알려진 황종희(黃宗義, 1610~1695), 고염무(顧炎武, 1613~1682), 왕부지(王夫之, 1619~1692) 등의 연구에 치중하다3) 보니 같은 시대의 당견에 대한 관심은 상대적으로 적을 수밖에 없었다. 이러한 연구 부재의 결정적인 원인은 일찍이 당견의 저술이

羽의 『中國政治思想史』(人民出版社, 1981)와 蕭公權의 『中國政治思想史』 下卷(聯經出版事業公司, 1983)이, 그리고 윤리사상 분야에 있어서는 陳瑛 外著, 『中國倫理思想史』(貴州 : 人民出版社, 1985)가 대표적이라 할 수 있다. 최근 나온 책으로는 王茂 外著, 『淸代哲學』(安徽 : 人民出版社, 1992) 제11장 「唐甄的民生意識和心性哲學」이 있다.

2) 한국에서는 劉明鍾 교수가 『淸代哲學史』(以文出版社, 1989)에서 당견을 '陽明學 修正主義者'로 소개한 것이 처음이다. 그밖에 慶南大 史學科 李鉉 敎授의 「唐甄의 經世思想 硏究 (1)−社會平等論을 中心으로」(慶南史學會, 『慶南史學』 第六輯, 1993.5)가 발표되었는데, 이 논문에서는 주로 정치사상을 다루었고, 철학적인 내용을 다룬 것은 拙稿, 「唐甄의 學問觀」(『儒敎思想硏究』 第六輯, 儒敎學會, 1993.6); 김수중, 「청초 당견의 철학사상」(『철학사상』 제4호, 서울대 철학사상연구소편, 1994.12); 이승환, 「당견−근대지향적 급진유학」(『중국철학의 이단자들』, 예문서원, 2000) 등이 있다. 일본 및 대만에서의 당견사상에 대한 연구는 일본인 학자 田原剛이 1983년 國立臺灣師範大學에서 『唐甄潛書硏究』를 박사논문으로 제출한 것이 거의 유일한 당견에 관한 본격적인 논문이라 할 수 있다. 물론 그 이전에도 小島祐馬가 저술한 『中國の社會思想』(筑摩書房, 1967)과 山井湧이 쓴 「陸王學譜」 下(『陽明學大系』 제1권 所收, 明德出版社, 1971) 등에서 간단하나마 당견에 대해 소개한 정도의 글이 있기는 하나 당견사상에 대한 전반적인 검토는 아니다.

3) 참고로 明末淸初의 諸 사상가들에 대한 연구논문 편수를 『中國哲學史史料學槪要』 上·下, 劉建國 吉林 : 人民出版社, 1983.5(1901~1980년까지의 중국에서 발표된 논문목록)에 근거해서 살펴보면 다음과 같다. 「黃宗義」 23편, 「顧炎武」 41편, 「王夫之」 134 편, 「顔元」 35편, 「唐甄」 3편이 있다. 한편 1980년 이후로 발표된 당견 관계 논문이 중국에서 5편, 대만에서 2편 정도 있음도 확인하였다.

일반에 소개되지 못했다는 사실뿐만 아니라 명말청초 이후의 사상가들을 상세히 소개하고 있는 양계초(梁啓超, 1873~1929)의 『청대학술개론(淸代學術槪論)』에서 당견을 다루지 않았다는 점도 후대 연구자들에게 그렇게까지 각인되지 못한 이유 가운데 하나라 생각된다.[4] 주지하다시피 양계초의 『청대학술개론』은 명말청초 이후의 사상을 연구하는 학자들에게는 입문서 형식을 띠고 있는데, 여기서 다루어지지 않은 사상가를 연구대상으로 삼는다는 것은 그리 쉬운 일 만은 아니었을 것이다. 또한 우리의 중국사상 연구자들의 주된 관심분야가 선진(先秦) 제자백가(諸子百家)와 송명대(宋明代) 주자학 및 양명학에 치중되어 있었던 것도 한 원인이라 생각된다.

한편 중국에서는 1986년 10월 7일~11일 사이에 당견사상에 대한 집중적인 학술회의를 통해 명말 3대 사상가 외에 당견을 동시에 저명한 사상가로 소개하고 있으며, 특히 정치사상에 있어서는 독보적인 가치를 지닌 존재로 부각시키고 있다. 이 토론회에서는 명말청초 소위 3대사상가는 의당 4대사상가로 바꿔어야 한다고까지 주장하며, 당견의 전제군주에 대한 비판의식은 조기 계몽사상가로서 누구도 그를 넘지 못했다고 평가하고 있다. 그러나 이같은 당견에 대한 견해는 주로 정치사상에 국한된 평가에 지나지 않다. 당견의 정치사상이 중국사상사에서 괄목할 만한 것은 사실이지만, 그에 못지 않게 특징적인 그의 철학사상을 간과해서는 안될 것이다.

---

4) 양계초는 『청대학술개론』(1920년대 저술)에서 당견을 다루지 않았으나, 이후 저작인 『中國近三百年學術史』(1926)에서는 당견을 간략하게나마 다루고 있다(臺灣中華書局에서 1982년 간행한 판본에서는 160~167면에 논술되어 있다).

2. 생애와 학문방법

당견의 원명은 대도(大陶)였는데, 청조(淸朝)의 압박[5]을 피하기 위해 견(甄)으로 개명하였다. 그러나 당견이 개명할 당시의 나이가 57세인데, 이 때는 이미 노쇠하였기 때문에 단순히 청조의 '귀촉(歸蜀)'정책으로 인해 개명했다기보다는 청조의 관리와 지방 호강(豪强)들의 구박을 피하기 위해 개명하였다고 하는 견해가[6] 더 설득력을 갖는다. 그렇기 때문에 그는 개명한 이후 곧바로 은거 생활을 하였고, 가까운 친척 및 벗들과만 교유하였으므로 당대는 물론 후대 사람들이 당견을 널리 알지 못했던 것으로 보인다.

먼저 그의 사상 형성에 절대적 영향을 미쳤던 그의 생애에 대해서 간단히 살펴본다. 1640년 당견은 부친 당계태(唐階泰)가 강소(江蘇) 오강(吳江)에 진사(進士)하면서 그를 따라 당시 상품경제가 발달하면서 번창했던 소주(蘇州) 오강에 기거하였고, 1657년에는 사천(四川) 향시(鄕試)에 응시하여 거인(擧人)이 되었다. 그러나 그는 진사 고시에서 낙방한 뒤, 1671년 42세 때 강서(江西) 장자지현(長子知縣)으로 임명되었으나 사람들을 도피시켰다는 죄목으로 견책당하여 십 개월 만에 파직당했다.[7] 당견이 관직을 가졌다고 하는 것은 청초 상당수 지식인들이 청조의 관직 참여를 거부하고 은거했던 것과는 대조되는 점이라 유의할 필요가 있으나, 그가 관직에 몸담았던 것은 단지 오랜 유랑 생활로 인한 빈곤 때문이었다고 전한다.[8] 관

---

5) 康熙 25年(1686) 청조의 '驅蜀人歸蜀' 정책. 楊賓, 「唐鑄萬傳」, 『潛書』 所收, 中華書局, 1984, 224면; 李之勤, 「唐甄事迹叢考」, 같은 책, 254면 참조.

6) 李之勤, 위의 논문, 256면 참조.

7) "十月而革爲民."(『潛書』 「守賤」, 88면, 이하 『潛書』는 생략); "爲長子令甫十月, 以逃人註誤去職."(「西蜀唐圃亭先生行略」, 208면, 이하 「行略」); "甫十月, 以逃人註誤去官."(「淸史列傳」 唐甄傳, 『潛書』, 中華書局, 1984, 229~230면)

8). 당견은 「唐階泰墓表」에서 "參議旣卒七年, 家貧無所得, 大陶乃學爲時文, 還蜀鄕試, 名榜中. 仕長子知縣十月, 革爲民, 貧益甚"(214~215면)라고 하였고, 「守賤」에서도

직에서 물러난 이후로 그는 강남(江南)에 거주하였는데, 생활이 날로 곤궁해져, 갖고 있던 밭을 팔고 상업에 종사하기도 하였다.[9] 아무리 삶의 방편으로 상업에 종사했다고는 하지만 중국 전통사회 속에서 사대부가 상업에 종사한다고 하는 것이 예삿일은 아니다. 당견의 이같은 상업 종사는 당시 상업 경제의 발달과 그에 따른 의식구조의 변화 차원에서 시사하는 바가 크다. 명말청초의 유고(儒賈), 즉 선비상인이 당견 말고도 상당수 있었음을 감안할 때 당시 사회의 상황을 어느 정도 짐작하고 남음이 있다.

아무튼 당견은 명말청초 대내적인 농민봉기와 대외적인 이민족 만주족의 중국 침략 등의 사회적인 혼란기를 살면서 전통적으로 상업이 발달한 강남지역의 현실을 경험하며 살았다. 이와 같은 사회 경제적인 분위기는 당견의 사상 형성에 절대적인 영향을 주었음은 두말할 나위도 없다.

당견의 사상은 한마디로 경험과 실천을 중시하는 것에서 출발한다. 당견은 이론과 관념에 치우치는 것을 '공리(空理)'라고 비판하고 구체적인 현실 속에서의 실학적인 학문 태도를 취하였던 것이다. 학문이나 사상은 스스로의 노력과 실천 행위를 통해서 얻어진다고 생각했기 때문이다. 그는 자신의 노력과 실천 없이 학문이나 사상은 연마될 수 없다고 보았다. 당견의 저술인 『잠서』도 30년간의 몸소 체험한 것을 토대로 묶은 일종의 견문록이다.[10] 다시 말해 『잠서』의 내용은 단지 책상 앞에 앉아 이상적

"吾爲貧而仕"(88면)라고 하여, 관직에 나간 동기를 밝히고 있다. 한편 「行略」에서도 이에 대한 설명이 나와 있다. 「行略」에는 당견의 先代가 상당한 토지를 소유한 대지주 집안이었으나, 숱한 戰禍와 流浪생활로 唐甄 代에 와서는 빈곤을 면치 못했다고 한다.

9) 「食難」, 85면에서는 당견이 小地主로서의 賦稅부담을 논하고 그것을 팔아 小商人이 되는 과정을 상세히 설명하고 있다. 「行略」, 208 · 210면에는 당견이 관직생활을 통해 받던 祿을 박탈당한 뒤로 생활이 넉넉지 못하여 가족의 끼니를 걱정해야 할 정도였다고 한다. 또한 그가 죽었을 때에는 그를 장사지내지 못하다 翰林의 한 학자가 그 사정을 八親王에게 청하여 葬禮를 치렀다는 이야기도 실려 있다. 이 이야기는 楊賓의 「唐鑄萬潛書序」(『潛書』 84年판, 246면)에도 상세히 전하고 있는데, 여기서는 扶助金이 도착하기 전에 이미 葬禮를 치렀기 때문에 그의 壻 王聞遠이 돌려보냈다고 기록하고 있다.

으로 그려낸 것이 아니라, 철저히 사회현실을 직접 경험하고 그것에서 문제를 파악하고 해결하려는 실천적 의지를 담고 있다는 것이다. 이같은 당견의 학문 방법을 잘 드러내 주고 있는 문장을 좀 길기는 하지만 인용해 보기로 한다.

옛날 명나라 때 산동(山東)에 한 공자(公子)가 있었는데 집안이 부유하고 노는 것을 좋아하여 힘든 일에는 익숙하지 않아 가까운 동리에 갈 때에도 말이 없으면 가지 않았다. 하루는 서울을 가게 되어 좋은 말을 고르고 건장한 하인을 선택해서 좇게 하였다. 〈말을 탈 때는 하인이〉 재갈을 잡아주어야 오르고, 〈말에서 내릴 때에는〉 재갈을 잡고 내리고, 〈그리고 하인이〉 재갈을 잡고 험한 길을 지나갔다. 말이 좋고 하인이 건장해도 날마다 2백 리를 걸은 이후에나 쉴 수 있으니, 어찌 마음껏 즐거울 수 있겠는가! 〈그런데〉 길을 가다 도적을 만나 말을 잃고 또 하인을 잃고는 사방에다 대고 살려달라고 외쳐도 도와주는 이 하나도 없었다. 〈외치기를〉 그만두고 어찌할 수 없어서 곧 억지로 일어나 걸었다. 정강이가 부르트고 발바닥에 못이 생기면서 겨우 하간(河間, 河北省 소재)으로부터 15일 이후에나 서울에 도착했다. 대저 하인과 말은 먼길을 가는 데 도움은 될 수 있다. 〈그러나〉 일단 중도에 그것을 잃으면 사람의 발만 같지 못하고, 힘은 사람의 힘만 못해서, 나가고자 해도 나갈 수 없으며, 물러가고자 해도 물러갈 수 없고, 좌우 어느 쪽으로도 돌이킬 수 없다. 이때에 어찌 〈자신을〉 구렁텅이에 맡기겠는가? 돌이켜 자기에게서 그 원인을 찾을 뿐이다. 나에게 말이 없어도 발이 있으며, 나에게 하인이 없어도 힘이 있다. 발이 비록 약해도 다니지 못할 정도는 아니며, 힘이 비록 약해도 거동치 못할 정도는 아니다. 다른 사람들은 날 듯이 뛰어 서울에 도착할 수 있었지만 나는 발이 부러질 듯한 어려움 속에서 간신히 서울에 도착하였다. 다른 사람들은 나보다 훨씬 이전에 서울에 도착한 것이다. 진실로 수고로움을 꺼리지 않으며 뒤쳐지는 것을 부끄럽게 생각지 않으면 비록 하인과 말의 도움이 없어도 마침내 또한 반드시 도달할 수 있다. 학문을 하는 데 친구가 없는 것 또한 이와 같다. 나는 또한 산동 공자의 뒤를 좇겠노라.

—『潛書』「無助」

---

10)「潛存」편, 205면에 자세히 기록하고 있다.

당견이 말한 학문하는 방법은 한마디로 '반구저기이이의(反求諸己而已
矣)'[11]라고 하는 데 있다. 자기 스스로를 돌아보며 그것, 곧 자신의 경험
과 실천을 통해 터득한 그것에서 자신이 찾고자 하는 것을 탐구하는 것
이 학문의 기본 방향이다. 그렇기 때문에 다른 사람의 경험의 산물은 나
에게 직접적인 도움을 줄 수 없다는 것이다. 남에게 의존하는 학문은 결
코 바람직하지 않을 뿐더러 자기 자신에게 결과적으로 도움을 줄 수 없
다는 판단이다. 조력(助力)이라고 하는 것은 어디까지나 한시적이며 그 한
계가 뚜렷하다고 말한 것이다. 여기에 당견사상의 특징이 발견된다. 그는
양명학에서 시작해서 결코 양명사상을 답습하는 데 그치지 않고 독창적
인 사상체계를 형성시켜 나갔다. 예컨대 '성재합일론(性才合一論)' 및 '성
공합일론(性功合一論)', 즉 도덕적 본성으로서의 성(性)과 현실적 경험과 실
천으로서의 '재(才)'와 '공(功)'개념을 결합시키려고 한 것은 그 가운데 하
나라고 할 수 있다.

또한 그는 인간의 보편적이고 상식적인 범위를 초월한 것을 학문의
대상으로 삼기를 거부하고, 성중귀천(聖衆貴賤)을 가리지 않고 인간이면
누구나 추구할 수 있는 것을 학문의 대상으로 삼았다.

출입은 반드시 문으로 하며 담을 넘거나 벽에 구멍을 뚫고 거기로 다니는 사
람은 없다.[12] 밤에 잠자고 낮에 일어나는 것은 반드시 집에서 하며 새의 둥지에
올라가서 하거나 동굴 속에 들어가서 기거하는 사람은 없다.[13] 음식은 반드시
불을 이용해서 만들며 생고기나 야채로 그냥 배를 채우는 사람은 없다. 사람들
은 반드시 해야 할 일을 제쳐두고 하지 않는 경우는 없고, 반드시 해서는 안되는
일인데도 그것을 하는 경우도 없다. 반드시 해야 할 일인데도 하지 않는 것은 사
람의 도리가 아니다. 이 세 가지 경우를 가지고 도(道)를 비유하자면 도라고 하
는 것은 사람을 떠날 수 없고, 일을 떠날 수 없고, 잠시도 떠날 수 없는 것이

---

11) 이 문구는 『中庸』의 "子曰, 射有似乎君子, 失諸正鵠, 反求諸其身"에서의 '反求諸
其身'과 거의 같은 의미를 지니고 있다.
12) "子曰, 誰能出不由戶, 何莫由斯道也."(『論語』「雍也」)
13) "乃寢乃興."(『詩經』「小雅」'斯干')

다.[14] <이것은> 성인이나 일반사람이나 모두 같고, 귀한 사람이나 천한 사람이나 모두 한 가지이며, 어떤 다른 경우도 예외가 없다.

— 「勸學」

일반적으로 인간이 금수(禽獸)와 구별되는 까닭을 의식주의 해결에 있어서 불과 도구의 사용을 들고 있는데, 여기서 당견은 이같은 상식적인 입장을 대변하면서 동시에 이들 행위를 도(道)라고 하는 보다 추상화된 개념을 통해서 설명하려고 하였다. 당견은 도의 체득을 '주체적 인간[一人]'과 '구체적 행위[一事]'를 통해서 가능하다고 보았다. 인간과 인간의 일상을 떠나서 도를 체득할 수 없다는 것이다. 또한 도의 체득에 성중귀천(聖衆貴賤)의 차별이 있을 수 없다는 점에서 당견이 추구한 학문이 매우 구체적이면서도 혁신적인 면이 있음을 알게 한다.

3. 『잠서』와 학술연원

1) 『잠서』에 대해

『잠서』 상·하 97편은 당견의 대표적인 저작이다. 책의 체재는 상·하편으로 이루어져 있는데, 상편 50편은 주로 학술에 대해서 논하고, 하편 47편은 주로 정치에 대해서 논하고 있다. 본래 『잠서』의 원명은 『형서(衡書)』였다. '형(衡)'이란 "천하를 저울질한다"(「행략」)는 뜻으로 '잠(潛)'보다는 매우 적극적인 의미를 갖는다고 할 수 있으나,[15] "불행히 뜻을 얻지

---

14) "도라고 하는 것은 잠시도 떠날 수 없다. 떨어져 있다면 도가 아니다[道也者, 不可須臾離也, 可離, 非道也]."(『中庸』)

15) 侯外廬, 『中國思想通史』 제5권, 323면에서는 『潛書』의 『衡書』로의 改名을 두고,

못하여 『잠서』라고 고친 것이다"(「행략」)고 전한다.

『잠서』의 '잠'이란 『주역(周易)』 "잠용물용(潛龍勿用)"(「上經」, '乾上乾下')의 의미에서처럼, "물 속에 잠복해 있는 용(龍)이 자신의 때를 기다리며 함부로 나서지 않는다"는 뜻을 함축하고 있어서 황종희의 『명이대방록(明夷待訪錄)』의 '명이(明夷)'(『周易』 「下經」, '離下坤上.' 賢人이 暗君을 만나 화를 당하는 象. 그렇기 때문에 賢君의 도래를 대망한다는 뜻)의 용법과 같은 맥락에서 이해되어 진다. 그런데 흥미 있는 것은 『사고전서총목제요(四庫全書總目提要)』(王雲五 主編, 國學基本叢書, 臺灣商務印書館, 이하 『총목』)에서 『형서』 3권을 당대도(唐大陶)의 찬으로 『잠서』 4권에 대해서는 당견의 찬으로 나누어 설명하고 있다는 점이다.

『총목』 84면에서는 『형서』에 대해서 설명하며, 이 책은 「핵유(核儒)」·「인사(仁師)」·「오행(五行)」·「심지(審知)」·「이재(利才)」·「석맹(釋孟)」·「수임(受任)」·「억존(抑尊)」·「권실(權實)」·「천예(賤隸)」·「정은(貞隱)」·「명제(明悌)」·「부국(富國)」편 등 13편으로 이루어졌다고 하였는데, 이 가운데 「핵유」·「오행」·「석맹」·「천예」·「부국」편 등은 『잠서』에는 보이지 않는 편명들로 아마도 『잠서』의 「변유(辨儒)」·「오형(五刑)」 혹은 「오경(五經)」·「존맹(尊孟)」 혹은 「종맹(宗孟)」·「천노(賤奴)」·「부민(富民)」편에 해당되는 것들로 『잠서』에서 그 내용을 보완한 것으로 보인다.

이렇게 볼 때 『잠서』는 기존의 『형서』를 보완 가감하여 편찬된 것으로 볼 수 있으며, 『잠서』의 체재를 상·하편으로 나눈 것은 송대 이구(李覯)가 편찬한 「잠서」16)와 구분하기 위함이었다17)고 하는 분석이 타당한 것

'衡'은 민주성의 '精粹'였다면, '潛'은 봉건성의 '糟粕'이다"고 하며 그 차별성을 말하고 있다.

16) 「잠서」는 이구가 23세(1031) 때 지은 그의 첫번 저술로서 제20권으로 이루어져 있다. 그 내용은 크게 세 가지 측면에서 살필 수 있다. 첫째, "君以有民而貴"라고 하는 입장에서의 군주비판론이며, 둘째, 토지에 대한 평균사상(보다 본질적이고 구체적인 내용은 그의 「平土書」에서 다룸)이며, 셋째, 불교비판론이다. 이후로 이구는 「廣潛書」라고 하는 저술을 통해 「潛書」의 내용을 보완하였다(이상은 謝善元의 『李覯之生平及思想』, 中華書局, 1988, 66·76·77면 참조).

으로 보인다. 이로부터 당견은 이미 송대 이구의 부국·부민·안민(安民)·평토(平土)의 정치 경제적인 개혁 이론에 적지 않게 영향받았음을 추론할 수 있게 된다.

당견은 『잠서』의 대체적인 내용과 저술방법을 「잠존(潛存)」편에 직접 서술하고 있다. 그는 여기서 30년간 모은 자료들을 상·하편으로 나누어 상편은 학술을 하편은 정치를 언급하였다고 하였는데, 이것을 따른다면 『잠서』는 당견이 40세(1670)부터 견문을 기록하기 시작하여 30년 후인 70세(1700)에 완성한 것으로 보인다.

당견의 『잠서』는 지금까지 세 종류가 전하는 것으로 알려지고 있다. 하나는 왕문원(王聞遠)의 원각본(元刻本)이고, 다른 하나는 1883년 중강이씨(中江李氏) 및 1905년 성도등씨(成都鄧氏)의 중각저본(重刻諸本)이 그것이다. 여기서 번역한 『잠서』는 1955년 12월 북경 고적출판사(古籍出版社)가 간행한 것을 주로 참고하였는데, 나중에 1963년 6월과 1984년 4월에 북경 중화서국(中華書局)에서 당견의 일문(佚文) 및 관계 문헌을 보완한 『잠서』를 구해 내용을 새롭게 검토하였다. 이것은 모두 왕문원(王聞遠)의 원각본을 대본으로 하고 이각본(李刻本)을 참고한 것이다. 아울러 1984년 성도(成都) 사천인민출판사(四川人民出版社)가 출판한 『잠서주(潛書注)』의 주석을 입수하여 내용 가운데 가장 어려움을 겪은 고유명사를 이해하고 번역하는 데 도움을 받았다.

반뢰(潘耒, 1646~1708)는 당견의 『잠서』를 읽고, "그 문장이 매우 고상하여, 광대하고 펼치는 것은 장주(莊周) 같고, 엄하고 굳센 것은 한비(韓非) 같고, 통달함이 가의(賈誼) 같다"(「潘耒序」)고 평하고 있는데, 단순히 의례적인 표현이라기보다는 그만큼 『잠서』의 내용이 폭넓게 현실의 사회문제를 과감하게 폭로하고 있다는 지적인 것이다. 또한 명말청초 문장가였던 위희(魏禧)가 당견의 『잠서』를 읽고는 "오백 년 내 이같은 문장은 없

---

17) 『總目』, 88면 참조.

을 것이다"고 하며, 당견을 상석에 모시고 당하(堂下)에서 예를 갖추었다는 내용이 전한다.[18] 한편 청말민초(清末民初)의 양계초는 『잠서』를 명말청초 고염무의 『일지록(日知錄)』과 왕부지의 『사문록(思問錄)』과 비견된다고 하고, 당견을 '입언불후(立言不朽)'[19]의 인물로 평가하며, 중국사상사에서 당견과 그의 『잠서』가 차지하는 비중을 거론한 바 있다.

당견의 그 외 저술로는 『모시전전합의(毛詩傳箋合義)』·『춘추술전(春秋述傳)』·『잠문(潛文)』·『잠시(潛詩)』·『일기(日記)』 등이 있으나 거의 사라지고 전하지 않는다.

2) 사상연원과 그 주변 인물들

명말청초 사상가들을 분류하는 데에는 몇 가지 방법이 있다. 먼저 정주(程朱)·육왕학(陸王學)에 대한 태도를 따라 구분하려는 입장이다. 즉, 황종희·당견을 중심으로 한 육왕적 경향의 학자그룹, 육세의(陸世儀, 1611~1672)·장이상(張履祥, 1611~1674)을 정점으로 한 정주적 경향의 학자그룹, 손기봉(孫奇逢, 1584~1675)을 중심으로 한 정주·육왕 절충주의적 학자그룹, 안원(顏元, 1635~1704)처럼 정주·육왕 양가 모두를 비판한 학자 그룹 등 네 부류로 나눌 수 있다.[20]

둘째, 명말청초의 학풍을 경세치용이라고 하는 사조 속에서 그 차이점

---

18) "嬉方祖褐臥竹床納凉, 見其書, 讀之至五行, 蹴然起, 呼門者追客, 必使返, 而大陶猶在. 嬉衣冠迎入, 扶大陶坐堂上, 而自拜於堂下, 曰: '五百年無此文矣!'因呼傳鼎具食, 共讀之."(楊賓, 「唐鑄萬傳」, 224면) 한편 王闓遠의 「行略」, 209면(84년판은 228면)에서는 魏嬉가 '잠서'를 보고 "是周秦之書也, 今猶有此人乎!"라고 감탄했다는 구절이 보인다.

19) 梁啓超, 『中國近三百年學術史』, 臺灣 : 中華書局, 1982.10(10판), 167면 참조.

20) 趙宗正의 앞의 논문, 76면 및 張豈之 主編, 『中國儒學思想史』, 陝西 : 人民出版社, 1990.4, 438면, 그리고 吳雁南의 「淸代理學探析」, 『中國哲學史』, 中國 : 人民大學書報資料社, 1985.1, 111~115면 참조.

을 구별하는 방법이다. 실천파·기술파·경학사학(經學史學)파라고 하는 세 가지 입장에서 분류하는 방식이다.[21] 실천파에 속하는 학자는 손기봉(孫奇逢)·주지유(朱之瑜, 1600~1682)·육세의·이옹(李顒, 1627~1705)·육롱기(陸隴其, 1630~1692)·안원 등이며, 이들은 과거(科擧)를 위한 학문과 성리(性理)의 공담(空談)을 비판하고 진정한 실천과 수양을 학문의 근본 목적으로 하는 학자들이다. 기술파는 천문역산(天文曆算)·농업수리(農業水利)·병학화기(兵學火器) 등 기술적인 면의 실용을 강조한 사람들로, 대표적인 학자는 서광계(徐光啓, 1562~1633)가 선구적이며, 설봉조(薛鳳祚, 1628~1680)·왕석천(王錫闡, 1628~1682)·매문정(梅文鼎, 1633~1721) 등이 이에 속한다. 경학사학파는 성리의 공담을 부정하고, 대신 경학사학의 연구에 나아가 그 지식을 정치와 사회의 문제 해결에 치중한 이들로, 황종희·고염무·왕부지·모기령(毛奇齡, 1623~1716)·당견·만사동(萬斯同, 1638~1702) 등이 대표적 인물이다.

셋째, 양계초가 분류한 방식으로 그는 송명 도학파(道學派) 이래 명말에 이르러 사공파(事功派, 張居正이 대표)·문학파(文學派, 王世貞이 대표)·세리파(勢利派, 魏忠賢 일파) 등의 삼파[22]로 구분하고 있다. 이러한 분류방식은 주로 정치적인 입장을 염두에 두고 분류한 방법이라 생각된다.

이상과 같은 명말청초 학자들에 대한 분류 방식을 놓고 당견의 학문적 위치를 정리한다면, 먼저 첫 번째 분류에 따르면 육왕학자로, 두 번째 방법에 따르면 경학사학파로, 세 번째 방법에 의하면 사공파로 분류할 수 있다. 단순히 이것만을 놓고 본다면 당견의 학문은 현실 사회와 결코 무관할 수 없으며, 그렇기 때문에 순수 철학적인 면보다는 사회적이고 정치적인 데 치중하였음을 알게 한다. 또한 상기 열거한 학자들 가운데 당견은 몇 안되는 청조의 관직을 가졌던 인물이라는 사실이다. 물론 당견의 말을 빌려 관직을 가질 수밖에 없었던 까닭이 빈곤이었다고는 하나, 명말 상당수 한족 지식인들이 청조의 관직을 거부하고 은거하였던 것과

---

21) 山井湧, 『明清思想史の硏究』, 동경대학 출판회, 1980, 242~244면 참조.
22) 梁啓超, 『中國近三百年學術史』, 대만 중화서국, 1982, 3~4면 참조.

는 대조되는 입장이라 할 수 있다. 그렇다고 당견의 청조의 관직 참여가 그의 청의(淸意)를 훼손한다는 말은 아니다.[23] 오히려 당견은 관직에 나아가 자신의 개혁적인 사고를 직접 현장에서 실천하였다는 데 더 큰 의의가 있다고 할 수 있기 때문이다.

아무튼 당견은 육왕학적 경향을 띤 학자임이 분명하며, 그가 주로 사상적인 측면에서 비판의 대상으로 삼은 것은 정주학임은 두말할 나위도 없다. 한마디로 당견은 "송대에 이르러 유학이 크게 흥성한 것 같지만 사실은 크게 분열되었다"고 단언하는데, 이것은 그가 송대 도학이 문학(文學)과 사공(事功)을 각각 나누어 보면서[24] 학문 자체가 지리멸렬해졌다고 보았기 때문이다. 학자에게 문학과 사공이란 나누어 볼 수 없다는 인식을 갖고 당견은 이렇게 비판한 것이다. 학자가 수행하는 학문과 일상적인 삶은 별개가 아니며, 구별되어서도 안된다는 판단을 한 것이다. 또한 그는 송대 이후로 학술사상이 획일주의로 흐른 것에 대한 비판을 가하고 있다. 학술사상의 획일주의로의 편향은 주자학 일변도의 학술풍토를 말한다. 명대 중기 이후 시행된 팔고취사(八股取士) 제도의 획일적인 시행의 주된 교과서가 송대 도학자류의 것이었음은 주지의 사실이다. 도학류의 획일주의에 대한 비판은 명말청초 경세치용을 주장한 학자들의 일반적 주장이면서 당견사상의 핵심적인 요소이다.

그러나 당견이 정주를 비판하면서도 철저히 부정하는 데까지 이르지는 못하였다. 당견은 스스로의 정주비판을 정주학의 보완이란 차원에서 인식하고 있다. 이런 점에서 당견이 정주를 비판한 것은 유학사상사의

---

23) 명말 遺老들이 거의가 청조의 관직 수여에 대한 배려를 거부하고 심산유곡에 은거하며 漢族으로서의 不事二君의 淸意를 간직하려고 하였다. 그러면서도 상당수의 사람들이 관직에 간접적으로 참여하게 되는데, 대표적으로 黃宗羲는 그의 제자 萬斯同을 明史館에 나가게 했으며, 顧炎武의 外甥 徐乾學(1631~1694) 형제도 관직에 나간 대표적인 케이스다. 그러나 명말청초 진보적인 지식인 그룹의 경세치용의 학풍의 한계가 在野 지식계층에 의한 탁상공론이었다는 데 있다면, 당견의 관직에서의 개혁 실천은 또 다른 의미가 있다고 생각된다.

24) "至於宋, 則儒大興而實大裂. 文學爲一途, 事功爲一途."(「勸學」, 46면)

측면에서 볼 때 단절을 의미하기보다는,25) 이론보완의 한 측면을 보여
준 것이다.

> 고경범(顧景范, 1624~1680)26)이 나에게 말했다. '선생은 정자(程子)와 주자(朱
> 子)를 비난하였으니, 또한 성인의 문에 죄를 범한 것입니다.' 당견이 말했다. '무
> 슨 말입니까? 두 분은 옛날의 현인인데, 내가 어떻게 비난할 수 있겠습니까? 그
> 들의 학문은 안으로 정치(精緻)하나, 밖으로 빠뜨린 것이 있습니다. 그 정치한
> 것은 안연(顔淵)도 능히 덧붙일 수 없으나, 그 빠뜨린 것은 아마도 자로(子路)와
> 유자(有子)보다도 결여(缺如)한 것입니다.27) <따라서> 나는 두 분을 비판한 것이
> 아니라, 두 분의 이론을 보완한 것입니다.'
>
> —「有爲」

여기서 '정내(精內)'란 '견성(見性)할 수 있음'을 말하며, '유외(遺外)'란
'진성(盡性)할 수 없음'을 말한다.28) 당견은 내외(內外)를 나누어 '진성'만을
일삼는 도불(道佛)의 논리를 정주가 답습하면서 마침내는 "치세를 버리고
진성을 구한다[舍治世而求盡性]"고 비판한 것이다. 이것은 곧 정주가 도교
의 '양생(養生)'에 입각한 '사(私)'와 불교의 '명사(明死)'를 주로 하는 '공(空)'

---

25) 劉明鍾, 『청대철학사』(이문출판사, 1989), 107면에서는 당견이 程朱의 '主敬說'을 도
입하여 양명이 敬을 무시했던 것과는 대조된다고 하며, 정주사상의 영향을 지적하고
있다. 이같은 경향은 청초 陽明學 修正主義者들의 공통된 경향으로 판단하고 있다.
程朱의 主敬說이란 周濂溪가 主靜說을 주장한 것이 불교의 논리에 가깝다고 하며
'靜'字는 마땅히 '敬'字로 바꾸어야 한다는 설명이다. "故程子只說敬." "學者只是敬
以直內, 義以方外, …… 所以伊川謂只用敬不用靜." "程子主敬之說, 而不專主於靜
也"(이상 『性理大全』「太極圖」)라고 한 것은 정주학의 主敬說을 근거할 수 있는 내용
들이다. 그런데 양명은 이같은 정주의 主敬說이 主靜說과 다를 바 없이 불교적이라고
비판하였는데, 당견은 이를 재 비판하고 정주의 主敬說을 계승하고 있는 것이다. 이같
은 당견의 靜과 敬에 대한 설명은 「敬修」편, 41~42면에 자세하다.
26) 淸初 無錫 사람 顧祖禹로 자가 景范이다. 저술로 중국 고대 지리학의 명저로 꼽히
는 『讀史方輿紀要』가 있다.
27) 『史記』「孔子世家」와 「仲尼弟子列傳」에 보면 자로와 유자는 당시 魯나라와 衛나
라에서의 공적이 크다고 하였다.
28) "程子朱子作, 實能窮性之原 …… 盖彼能見性, 未能盡性. 外內一性, 外隔於內, 何
云能盡!"(「性才」, 16면)

의 논리에 치중한 것과 다르지 않다고 하며, 유교의 본질이 치세에 있음을 망각한 것이라는 비판이다.29)

이런 측면에서 당견은 주자학의 문제를 비판하면서 동시에 보완하려고 했던 것이다. 주자학의 미흡한 점을 당견이 적극적으로 수정 보완하고자 했던 분야가 정치론에 있음을 알게 한다.30) 그는 곽도(霍韜)의 글 가운데 "…… 정주는 강학하면서 정치에 대해서는 언급하지 않았기 때문에 그 학문에 대한 언급은 가히 본받을 만하나, 그 정치에 대한 언급은 의심할 만하다"는 것을 인용하고, "곽 선생31)의 말이 옳도다. 내가 하고 싶은 말을 먼저 하였다. 옛날의 성인은 말이 곧 행동이고 행동이 곧 말이었으며, 학문이 곧 정치였고 정치가 곧 학문이었다"(「有爲」)라고 하며, 자신의 학문이 정주학의 정치 이론을 보완한다는 측면에서 이루어졌다고 생각하였다.

아무튼 당견은 양명학의 본지를 통해 주자학을 보완하고 동시에 공맹 사상을 학문적으로 사사하고 있다. 특히 맹자에 대한 당견의 입장은 매우 적극적이다. 한마디로 당견의 사상은 표면상 맹자(孟子, B.C. 372?~289)를 으뜸으로 삼고(宗孟 · 尊孟) 왕양명(王陽明, 1472~1528)을 모범으로 한다(「法王」)고 할 수 있다. 그렇다고 그의 사상이 유학의 본질이라 할 수 있는 공자사상의 영향을 도외시 한 것은 아니다. 그는 양명과 맹자를 축으로 그 사승

---

29) "老養生, 釋明死, 儒治世. 三者各異, 不可相通; 合之者誣, 校是非者愚. 釋出天地外, 老出人外; 衆不能出天地外, 不能出人外. 一治一亂, 非老釋所能理; 是以乾坤管籥, 專歸於儒 …… 釋惟明死, 故究眞心實性, 以天地山河爲泡影. 老惟養生, 故求歸根復命, 以萬物百姓爲芻狗. 儒惟治世, 故仁育, 義安, 禮順, 智周, 天地山河, 萬物百姓, 卽所成性, 離之無以盡性. 譬如一家, 門庭房廩, 童僕婢妾, 諸器畢具, 乃爲主人; 若棄其廣宅, 棲身於野, 乃非主人 …… 儒嘗空釋而私老. 究其所爲, 吾見其空, 未見其實; 吾見其私, 未見其公."(「性功」, 22면)
30) 山井湧, 『明淸思想史の硏究』, 동경대학 출판회, 1980, 252면 참조.
31) 霍韜는 明代 南海人으로 字는 渭先, 初號가 兀厓였으나 나중에 渭厓라고도 하였다. 저서에 『詩經解』 · 『象山學辨』 · 『程朱訓釋』 · 『渭厓集』 · 『西漢筆評』 · 『渭厓家訓』 등이 있으나 당견이 여기서 인용한 책이 어떤 것인지는 확실치 않으나 내용상 『程朱訓釋』이 아닐까 생각된다.

관계(일종의 도통론)로서 공자를 현창하고 있다. 특히 공자사상의 '충서(忠恕)'에 주목한다.[32) 이를 통해 당견의 학문적 계통을 정리한다면 공자(忠恕)-맹자(良知心性論, 民本論)-왕양명(致良知論, 知行合一論)으로 이어지는 사상흐름을 따른다고 볼 수 있다.

이렇게 볼 때 당견의 사상은 양명학을 근본으로 하고 있음은 두말할 나위도 없다. 양명의 인식론과 심성론이 맹자의 양지심성론의 영향으로 이루어졌다면, 당견의 사상 또한 그것에서 찾을 수 있다. 그런데 그는 유종주(劉宗周, 1578~1645)의 제자이면서 사상적으로 양명학파였던 황종희(黃宗羲, 1610~1695)와는 거의 비슷한 시기를 살았으면서도 왕래의 흔적을 찾을 수 없다는 데 흥미를 더해 준다. 다만 황종희의 스승 유종주와 함께 활동했던 황도주(黃道周, 1585~1646)가 당견의 부친 당계태(唐階泰)와 절친한 관계였다는 점과 황종희의 동향[浙江] 후배 전조망(全祖望, 1705~1755)이 당견의 장인 이장상(李長祥, 達州에서 농민군과 대항)의 행장(行狀)을 기록하고 있다는 점을 감안한다면 어떠한 형태로든 영향을 받지 않았을까 하는 생각이다. 왜냐하면 둘 다 명말청초의 양명학자란 점에서뿐만 아니라, 당견의 『잠서』와 황종희의 『명이대방록(明夷待訪錄)』은 모두 반전제주의(反專制主義), 부민론(富民論), 민본사상 등을 정치사상의 핵심으로 하고 있다는 점에서 더욱 그러하다. 한편 같은 시대의 고염무(顧炎武, 1613~1682)와도 직·간접적인 관계가 있었던 것으로 보이는데, 그 까닭은 고염무의 문인 반뢰(潘耒, 1646~1708)가 『잠서』 서문을 쓰고 있다는 점에서 추정할 수 있다. 그렇다고 당견이 그의 저술 가운데서 고염무와의 관계를 논하고 있는 것은 아니다. 다만 명말청초라고 하는 전환기적 사회상황을 함께 겪은 사상가라는 점에서 기본적인 노선, 즉 경세치용의 실학적 성향이라는 측면에서 그 공통점을 찾을 수 있을 뿐이다. 물론 이것은 고염무뿐만 아니라 황종희·왕부지의 경우도 마찬가지다.

---

32) 「虛受」, 11~12면 참조. "仲尼之敎, 大端在忠恕. 卽心爲忠, 卽人可恕, 易知易能者也; 無智無愚, 皆可擧趾而從之."(「法王」, 9면)

당견이 직접 교유하고 토론했던 친구들로는 위희(魏禧, 字는 凝叔, 號齋. 寧都人)·왕원(王源, 字는 崑繩, 大興人)·고조우(顧祖禹, 字는 景范, 江蘇 無錫人, 東林 學派의 創始者)·서병의(徐秉義 字는 中允, 號는 果亭. 崑山人)·안광효(顔光敩, 字는 學山)·채방병(蔡方炳, 字는 息關, 崑山人)·방웅(方熊, 字는 飛熊, 一名 黃山道人. 烏桂人)·양빈(楊賓, 字는 耕夫, 號는 大瓠, 山陰人)·방자(方子, 常州人. 生平未詳)·이조후(李條候, 生平未詳)·달량보(達良輔)·고속원(高謖, 生平未詳) 등을 들 수 있다. 위희와 고속원은『잠서』에 대한 찬사를 아끼지 않았는데, 당견은 이들과 정치적인 문제에 대한 토론을 하였으며(「去奴」·「善施」·「厚本」·「行略」), 고조우는 당견과 주로 '내진(內盡, 修養論)'과 '외치(外治)'에 대한 논변을(「有爲」), 강희(康熙) 때 이부시랑(吏部侍郞)을 지낸 서병의·안광효와는 성인(聖人)의 학문을 논하며 '정(靜)'과 '경(敬)'을 변론하고 부국의 방도에 대해서 토론하였고(「勸學」), 양빈과는 유학의 성리(性理) 문제를(「辨儒」) 논하였고, 양빈은 「당주만문집서(唐鑄萬文集序)」·「당주만잠서서(唐鑄萬潛書序)」·「당주만전(唐鑄萬傳)」 등을 저술하고 당견이 졸한 뒤「망우(亡友)」를 지어 애도하였다. 방자와는 병사(兵事)·문장(文章)·치도(治道)에 대한 논의를 하고 있으며(「知言」), 무예인(武藝人)으로 보이는 이조후와는 병사와 병세(兵勢)를(「審知」) 토론하고 있다. 왕원은 당견으로부터 직접『잠서』를 접하지는 못했으나 나중에 그것을 얻어 읽고『서당주만잠서후(書唐鑄萬潛書後)』를 저술하였다.

당견이 이같이 주변 친구들과 교류하며 토론했던 주된 내용들은 크게 학술방면(修己·內聖)과 정치방면(治人·外王)이었다. 내성외왕(內聖外王)의 유학적 범주를 통해 이루어진 그의 학적 교류는 맹자의 양지 심성론의 영향으로 계승 발전된 양명의 인성론과 맹자 이후로 전개된 민본사상의 영향을 기초로 이루어졌다는 점에서 먼저 이것을 살펴봄이 마땅할 것이다.

3) 존맹법왕(尊孟法王)

당견의 학문은 본질적으로 전통 유학에 근거하며, 특히 사물의 가치 판단의 근거로 『춘추(春秋)』를 기준하고 있다.33) 『춘추』는 본래 공자가 그의 독자적인 역사의식과 가치관을 가지고 필삭(筆削)을 가한 것으로 당견이 『춘추』에 근거해서 사물에 대한 판단 근거로 삼았다고 한 것은 공자의 사상이 자신의 학문에 근본이 된다는 뜻이기도 하다. 물론 『춘추』 외에도 오경에 대한 당견의 생각은 여타의 유학자들과 다를 바 없다. 당견은 『역(易)』은 음양을 말하고, 『서(書)』는 치법(治法)을 밝혀주고, 『시(詩)』는 미추(美醜)를 보여주고, 『춘추』는 사정(邪正)을 변별케 해 준다34)는 입장에서 오경의 중요성을 역설한 바 있다. 사서에 대한 견해도 마찬가지로 지식인으로서 마땅히 숙독해야 할 책으로 설명하고 있다. 그러나 이러한 사서오경에 대한 당견의 견해는 '명심(明心)'을 대전제로 하고 있다는 점에서 그 특징이 있다. 단순히 사서오경을 통달하는 것이 학문의 목적이 아니라 '명심'을 위한 수단으로서 사서오경을 중시한다는 입장이다.35) 이같은 인식은 송명대 도학자들의 사서오경에 대한 태도를 비판하는 것에서 출발하였는데, 그는 당대의 도학자들을 '외적 사무에만 매달리며 내심을 잊고 있고[務外忘內]', '근본을 버려두고 말단을 추구한다[舍本求末]'(「五經」, 61면)고 하며, 그들의 학문방법을 비판하였다. 당견이 본 본질적인 학문의 방법은 '명심'을 토대하고 있기 때문에 이것 아닌 다른 학문 방법을 잘못되었다고 평가하는 데서 비롯한 것이다.36)

---

33) "春秋, 是非之準也. 其所予奪, 大異常見. 人以爲忠, 而春秋以爲非忠. 人以爲孝, 而春秋以爲非孝. 人以爲仁, 而春秋以爲非仁. 人以爲義, 而春秋以爲非義. 人以爲信, 而春秋以爲非信. 人以爲道, 而春秋以爲非道."(「破崇」, 98면)

34) "乃繫易以道陰陽, 序書以明治法, 刪詩以著美惡, 脩春秋以辨邪正, 定禮以制言行."(「五經」, 61면)

35) "故夫心之不明, 性之不見, 是吾憂也; 五經之未通, 非吾憂也."(「五經」, 63면)

36) 그렇다고 당견의 학문이 불교를 옹호하는 방향으로 흐른 것은 아니다. 당견은 道教와 더불어 佛教를 "若務外忘內, 舍本求末, 三五成群, 各夸通經, 徒炫文辭, 騁其議

'명심'을 근본으로 하는 이러한 당견의 학문관은 당연히 양명의 심학 계열임이 분명하다. 이로부터 당견의 사상은 양명의 심학을 전수하고 양명이 가장 크게 영향받은 맹자를 존숭하는 것에서부터 시작한다. 이것은 당견 스스로 '존맹법왕'이라고 한 데도 잘 나타나 있다.

　먼저 맹자사상의 영향을 살펴보자. 당견은 "내가 비록 불민하나 원컨대 맹자를 배우고 싶다"(「潛存」, 205면)고 하며, 맹자의 학문에 대한 관심을 적극적으로 표현하고 있다. 그는 맹자의 '부동심(不動心)'에 대한 논의를 학문의 중요한 요소로 설명하고 있다.

　　맹자의 도는 '호연지기(浩然之氣)'를 기르고 마음을 동요시키지 않는데(不動心) 있다.[37] 지금 발로 밟고 있는 곳은 넓이로는 2촌(寸)에도 미치지 못하고, 길이로는 7촌에도 못 미친다. 2촌 7촌 이외에는 모두 남는 땅이다. 저 계곡 연못의 나무다리는 넓이가 2~3자[尺] 정도이니, 〈어찌〉 발을 디딜 수 없겠는가! 그렇지만 천길 낭떠러지 잴 수 없는 아래 연못을 내려가 다가설 때에는 겁을 먹은 사람을 건너가게 하면 놀라 현기증이 나서 떨어질지도 모른다. 발이 약해서가 아니라 마음이 발을 믿지 못한 것이다. 대장장이가 풀무질하는 도구를 남쪽에서는 독(櫝)이라 하고, 북쪽에서는 탁(橐)이라고 하였다. 그 풀무의 손잡이를 당겼다가 힘있게 밀면 바람이 일어나면서 불을 세차게 만들어 온갖 금속을 녹이고 다양한

論, 雖極精確, 毫無益於身心. 則講五經者, 猶釋氏之所謂戱論, 莊周之所謂糟粕也, 與博奕何異!"(「五經」, 61면)라고 하며, 폄하하고 있다. 또한 그는 「性功」, 22면에서도 道佛에 관한 비판적 입장을 정리하고 있는데, "老養生, 釋明死, 儒治世. 三者各異, 不可相通; 合之者誣, 校是非者愚. 釋出天地外, 老出人外; 衆不能出天地外, 不能出人外. 一治一亂, 非老釋所能理; 是以乾坤管鑰, 專歸於儒 ……. 釋惟明死, 故究眞心實性, 以天地山河爲泡影. 老惟養生, 故求歸根復命, 以萬物百姓爲芻狗. 儒惟治世, 故仁育, 義安, 禮順, 智周, 天地山河, 萬物百姓, 卽所成性, 離之無以盡性. 譬如一家, 門庭房廐, 童僕婢妾, 諸器畢具, 乃爲主人; 若棄其廣宅, 棲身於野, 乃非主人 ……. 儒訾空釋而私老. 究其所爲, 吾見其空, 未見其實; 吾見其私, 未見其公"라고 하며, 佛敎를 實없는 空으로 道敎를 公 없는 私로 비판하고 있다. 나아가 道佛과 儒敎는 各異하기 때문에 相通이 불가능하다고 판단, 이른바 당시 일각에서 일고 있었던 三敎統一論을 부정한 바 있다.
37) "나는 나이 사십에 부동심하였다[我四十不動心]." "나는 나의 호연지기를 잘 기른다[我善養吾浩然之氣]."(『孟子』「公孫丑」上)

기구를 주조할 수 있으니, 풀무의 쓰임은 큰 것이다. 만약 〈풀무에〉 송곳이 들어갈 정도의 구멍이 나 있다면 그것을 눌러도 가운데가 텅 비고, 밀어도 바람이 일지 않아 기구를 완성할 수 없다. 풀무가 쓰기에 부족한 것이 아니라, 공기가 풀무를 채우지 않은 것이다. 마음이 발을 믿지 못하면 험한 데를 다닐 수 없고, 공기가 풀무를 채우지 못하면 그릇을 완성시킬 수 없다. 천하의 막중한 임무도 그렇다. 기(氣)가 크면 마음이 안정되고, 마음이 안정되면 재능이 충족하다. 〈이것이〉 참으로 온갖 험난한 시련을 이겨내고 공을 이루는 도리인 것이다.

—「尊孟」

견은 맹자의 부동심에 이르는 방법을 기대(氣大)—심정(心定)—재족(才足)—역험(歷險)—성공(成功)의 과정으로 설명하고 있다. 기(氣)—심(心)—재(才)—역(歷)—공(功)은 당견의 사상 속에서도 매우 중요한 개념들이다. 뒤에서 자세히 언급하겠지만 여기서 기는 송명 이학에서의 리(理)에 상대되는 기는 물론 아니다. 맹자의 '호연지기(浩然之氣)'의 기에 가깝다. 심은 인간의 본성으로서의 '양지(良知)'다. 재는 재주·재능을 의미하며, 공은 사공(事功)을 말한다. 당견에게서 기와 심에 대한 문제는 내치의 문제(內聖·修己)로, 재와 공의 문제는 외치(外王·治人)의 문제로 연관된다. 재와 공에 대한 구체적인 논의는 나중에 다루기로 하고 여기서는 먼저 당견의 심학적 경향에 대해 살펴본다.

당견은 "양명에게는 성인의 학문이 있고 성인의 재주가 있어서 맹자 이후로 능히 그에 미친 자가 없다"(「法王」)고 하며, 양명을 맹자 이래 가장 뛰어난 사상가로 평가하였고, 나아가 "만약 공자가 다시 살아난다 해도 반드시 양명의 말을 바꾸지 못할 것이다. 이는 참으로 성인의 학문이다"(「法王」)고 하면서, 양명의 사상을 부추기고 있다. 「법왕」편은 양명을 모범으로 하겠다는 편제이기도 하며, 『잠서』 전체의 저류에는 양명에 대한 긍정적인 시각이 도처에 수록되어 있다. 특히 '심학'과 '치양지설' 그리고 '지행합일설'은 당견사상의 핵심을 이루는 부분들이다.

그렇다고 당견이 양명학을 철저히 답습만 한 것은 아니다. 당견은 양명학을 묵수한 것이 아니라 비판적으로 계승하였다. 예컨대 당견은 양명을 두고 "성인의 덕이 없다"(「虛受」)고 비판하고 있다. 그 이유를 당견은 양명이 "공자를 과소 평가하고 스스로 제멋대로 병법을 익혔기 때문이다"(「虛受」)고 하였다. 또한 양명이 요순(堯舜)과 공자를 비교하며, 요순에게 더 높은 점수를 준 것[38]에 대해, 당견은 "공자에게 만족할 것이 없다면 반드시 만족할 만한 것이 있을 것이요, 공자에게 능하지 못할 것이 있다면 반드시 능할 만한 것이 있을 것이니, 그 <양명의> 오만함이 또한 너무 심했다. 그래서 '성인의 덕이 없다'고 한 것이다"(「虛受」)고 하며, 양명을 비판하고 있다.

그런데 한 가지 당견의 사상 연원을 살피며 흥미를 갖게 하는 것은 명말 양명사상의 분파에 따른 당견의 학문 성향을 살피는 일이다. 일반적으로 양명학의 분파는 지역을 기준으로 나누는 방식과[39] 학자의 학문적 성향을 통해 나누는 방식[40]이 있으나, 당견의 경우 어느 쪽에 속했는지는 기존의 연구 성과로는 알 수 없다. 다만 학문적으로 '존맹법왕'의 입장에서서 양명학을 존중하면서 기존의 좌우파를 통섭하는 입장에 있으면서 경우에 따라서는 양명사상을 비판적으로 해석하는 '양명학 수정'[41]의 입

---

38) "然聖人之才力, 亦有大小不同, 猶金之分兩有輕重. 堯舜猶萬鎰, 文王孔子猶九千鎰, 禹湯武王猶七八千鎰, 伯夷伊尹猶四五千鎰, 才力不同."(『傳習錄』卷之上, 67면)

39) 양명학을 지역에 따라 분류하는 방식은 黃宗羲의 『明儒學案』에 기초한다. 황종희는 양명학을 姚江學이라고 하며 지역적 분포에 따라 7개 학파에 총83인의 학자들을 망라해서 소개하고 있다(宋河璟, 「陽明學派의 形成과 그 展開(I)」, 554면; 儒敎學會 編, 『儒敎思想硏究』第4卷 5輯 所收, 1992.7).

40) 일반적으로 左右派로 나눈다. 좌파는 王龍谿 · 錢德洪 · 王心齋 · 何心隱 · 李贄 등이 대표적이며, 우파는 鄒守益 · 羅洪先 · 歐陽德 · 胡直 · 劉宗周 등이 대표한다(송하경, 「양명학파의 형성과 그 전개」1, 『유교사상연구』제4 · 5집, 유교학회 편, 1992, 555면). 학문 성향의 차라함은 양명의 '無善無惡'에 대한 해석상의 논란이다. 소위 양명의 4言敎라 별칭되는 이 문장을 두고 좌파의 학자들은 '욕망긍정론'으로 확대 해석하였고, 우파의 학자들은 이 것은 스승의 학설이므로 조금도 가감해서 해석해서는 안된다고 하였다. 곧 우파는 좌파의 '無善無惡說'에 대한 '反無善無惡論'이라고 할 수 있다.

41) 劉明鍾, 『청대철학사』, 이문출판사, 1989, 69~115면에서는 명말청초 陳確(1604~1677)과 唐甄을 陽明學의 修正主義者로 분류하고 있다. 한편 侯外廬도 『中國思想通史』제5권,

장에 서 있었기 때문에 그를 양명학 수정주의자로 평가하기도 한다. 양계초는 이같은 양명학 수정의 입장을 두고, 당견은 "심학을 단지 수단으로 생각한 것이지 목적으로 삼지 않았다"[42]고 설명하였다. 따라서 양명 좌우파의 이론에 따른 당견의 사상적 위치 매김은 큰 의미가 없으며, 또한 개명(改名)한 이후 가까운 친척이나 친구 이외의 다른 사람들과는 교류를 피한 관계로 그를 양명학 좌우파 학자들과의 관계를 설정한다는 것 자체가 무의미할지 모른다.[43] 나아가 명조의 멸망으로 인한 한족(漢族)의 민족적 수모에 따른 반전제적 성향과 맞물려 좌우파의 사상적인 논쟁거리가 이제는 무모한 것이 되어 버렸고, 결국 이들에게 있어서 주된 관심이 사회정치적인 비판의식에 치중되면서부터 기존의 사상적 방향과는 달리 나타났음도 주지할 필요가 있을 것이다.

4. 양명학적 세계관의 전개와 변용

1) 도론(道論)

도개념에 대한 인식은 중국철학에 있어서, 특히 존재론과 인식론에 있어서 핵심적인 범주의 하나로 볼 수 있다. 송명대 이래 도학자류의 도에

317면에서 "他雖然提倡王守仁的學說, 但經過他的修正, 有了唯物主義因素"라고 하며, 당견의 학문을 양명학에 대한 수정이라고 하였다.

42) 梁啓超, 『中國近三百年學術史』, 대만 중화서국, 1982, 162면 참조.

43) 당견은 朋黨에 대해 매우 거부감을 갖고 있었다. 나아가 講學까지도 비판한다. 그 이유는 붕당이나 강학은 모두 名을 얻기 위한 방편으로 아무리 순수한 동기와 정당한 목적을 갖고 시작했어도 결국은 邪黨으로 전락하고 만다는 인식에서다. 이로부터 당견은 명말청초 사대부 출신들의 東林, 復社의 활동에 대해서도 내심 부정적인 견해를 피력한다(「除黨」, 162~164면 참조).

대한 기본인식은 유학의 이론을 보다 철학화시켰다고 해도 과언이 아니다. 당견도 예외는 아니어서 도에 대한 인식을 통해 그의 사상의 단면을 보여주고 있다.

먼저 인식상의 존재[氣]와 원리[理]에 대한 개념을 당견의 표현을 빌려 살펴본다. 당견은 송명 유학자들이 그렇게도 자주 언급하던 리(理)와 기(氣)의 개념을 그렇게 많이 사용하고 있지는 않다. 그는 "物有條理, 乃見天道"(「性才」)라고 한 조리 개념과, "神可以御氣, 氣可以養形, 形不壞而長生矣"(「格君」)라고 한 정신과 기, 그리고 형체에 대한 개념, 그리고 "天有六氣, 陰陽風雨晦明也"(「厚本」)[44]고 한 것이 그의 존재에 대한 설명이다. 또한 당견은 만물의 존재원리로서의 음양이론을 소박한 자연과학적 지식을 통해 설명하고 있는데, '계란과 병아리'를 예로써 설명하고자 한 것이 그것이다.

> 계란이란 수컷이 없어도 낳을 수 있다. 앞부분이 뾰족하고 뒷부분이 뭉툭하며, 흰자가 바깥에 노른자가 안쪽에 있기 때문에 비록 지극히 정밀한 사람이라도 어느 것이 유정란이고 어느 것이 무정란인지 구별할 수 없다. 어미 닭이 품은 이후에 유정란은 병아리가 되고 무정란은 상하고 말 것이다. 계란이 섞여 있으면 그 가운데 어느 것이 양(陽)이 결여되어 있는지 할머니가 알지 못한다. 배운 것이 혼잡하면 그 가운데 어느 것이 양이 결여되어 있는지 선비들이 알지 못한다.
> —「性才」

여기서 당견은 무정란을 양이 없는 상태(無陽)로 묘사하고, 양이 없는 계란을 불완전한 상태라고 하며, 음양의 조화를 말하고자 하였다. 즉 그는 만물의 존재법칙을 음양의 원리로 설명하려는 기존의 논의를 따르면

---

44) 본래 '六氣'說은 『春秋左氏傳』 卷第二十 昭公一(影印本), 保景文化社, 1983, 372면에서 "六氣曰陰陽風雨晦明也. 分爲四時, 序爲五節. 過則爲災, 陰淫寒疾, 陽淫熱疾, 風淫末疾, 雨淫腹疾, 晦淫惑疾, 明淫心疾"라고 언급되어 있다. 여기서 氣는 相反相成하는 陰陽・風雨・晦明이며, 이것의 운동에 따라 인간의 생명활동은 비롯된다고 설명한다.

서 생(生)의 연속을 '유양(有陽)'으로 설명한 것이다. 이같은 '유양'의 관점에서 당견은 만물의 존재원리를 설명하는 데 그치지 않고, 인간의 생의 원리로까지 소급해서 적용하려고 하였는데, 곧 그는 "생명이 일어나 그치지 않는 것은 마음의 양이 있기 때문이다"(「性才」)고 하며, 음양의 원리를 인간의 심성에 적용하였다. 물론 이같은 존재론에 대한 문제를 심성론으로 소급 적용하려는 경향은 당견사상의 특징적 측면이라 아니할 수 없다.

아무튼 전대의 사상가들이 이기론에 입각해서 사물에 대한 인식을 주로 했던 것과 비교한다면 당견은 이기개념을 그렇게 많이 사용하고 있지는 않다. 이같은 경향은 이미 양명학의 큰 특징 가운데 하나이기도 하지만, 그렇다고 우주의 본질에 대한 탐색을 전혀 도외시 한 것은 아니었다. 당견은 인간의 행위 및 심성과 관련된 개념을 통해 우주의 근원을 설명하면서 본질적인 근원에 대한 탐색보다는 현실적인 삶의 교화를 강조하고자 했다.

> 순박한 것은 천지의 처음 기운이며, 물(物)로 말하면 싹이 되고, 계절로 말하자면 봄에 해당되고, 사람에게서는 어린아이에 해당되고, 나라에 있어서는 장차 흥하려고 하는 조짐이다. 사치라고 하는 것은 천지의 끝나는 기운이며, 만물의 무성함이며, 계절로 치면 가을이고, 사람에게서는 늙어 욕심 많은 상태이고, 나라에 있어서는 장차 망하려고 하는 조짐이다. 성인이 올바른 사회 풍조의 기운을 잡고 천하 백성을 교화하는데, 그 방법은 사치함을 제거하고 순박함을 지켜 실천하는 데 있다.
>
> —「尙治」

'박(樸)'과 '사(奢)'는 본래 인간의 현실적 삶 속에서의 태도를 표현하는 개념이지 결코 우주의 근원을 설명하기에는 적합하지 않은 용어다. 그런데도 당견은 박·사 개념을 동원해서 천지의 시종(始終)을 설명하고 있다. 결국 당견의 우주 근원에 대한 관심은 소박하다고 볼 수밖에 없으며, 당견사상의 특징이 우주론이나 존재론에 있는 것이 아니라 심성론에 있다는 것을 알게 한다.

따라서 당견이 말한 도의 범주는 인간의 구체적인 실천과 행위, 그리고 경험을 강조하는 데 있다고 할 수 있다. 인간의 실천과 행위 그리고 경험은 당견의 인식이론을 설명하는 기본적인 요소인 것이다. 먼저 당견은 인식의 주체가 인간이며 인식의 대상이 사물인 것을 상정하고, 그 사물에 대한 직접적인 경험을 강조하고 있다.

> 하늘이 만물을 낳았지만 도는 만물에 있고 하늘에 있지 않다. 하늘이 인간을 낳았지만 도는 인간에게 있고 하늘에 있지 않다. 그것을 하나의 사물에 나아가 말하자면 도는 구체적인 이 사물[此物]에 존재하며, 추상적인 저 사물[彼物]에 존재하지 않는다. 한 사람에 나아가 말하자면 도는 나에게 존재하며, 다른 사람에게 존재하지 않는다.
>
> ─「自明」

당견은 구체적 사물을 하늘로부터 발생하였다고 하는 형이상학적 경향성을 보이고 있으면서도, 그 도에 대한 인식은 인간을 주체로 하고 있으며, 인식 주체로서의 인간의 도에 대한 탐구는 경험적 세계[此物]에서 찾아야 한다는 입장을 표명하고 있다. 인식 주체인 인간에게 있어서도 피아(彼我)라고 하는 상대적 관계성 속에서도 아(我)의 주체적 측면을 강조한 것이다.

> 천지의 도를 배우는 데 비록 천지에 대해서는 알았다 하더라도 도가 여전히 천지에 있다면 나에게 무슨 소용이 있겠는가! 성인의 도를 배우는 데 비록 성인에 대해서는 알았다 하더라도 도가 여전히 성인에 있다면 나에게는 무슨 소용이 있겠는가! 군신(君臣) 부자(父子)의 도를 배우는 데 비록 그 도를 알았다 하더라도 그 도가 여전히 군신 부자에게 있다면 나에게 무슨 소용이 있겠는가! 시장을 지나가는 사람이 보물을 보고 기뻤는데, 길을 가다가 그것을 잊지 못하고 들어가 가질 수도 없다. 보물이 자기 소유가 아니니 하찮은 물건과도 같다. 어찌 이 보물을 보물이라고 할 수 있겠는가! 이것으로 도를 비유하자면 도가 자기 소유

가 아니라면 어찌 그 도를 도라고 할 수 있겠는가!"

—「自明」

당견의 이러한 인식에는 양명이 깊은 산에서 자개자락(自開自落)하는 꽃에 대한 이야기를 하면서, "네가 이 꽃을 보지 못했을 때, 이 꽃과 네 마음은 모두 무관계[寂]하였다. 네가 와서 이 꽃을 볼 때, 이 꽃의 빛깔은 일시에 명백하게 되어 곧 이 꽃이 너의 마음 밖이 아니라는 것을 알 것이다"[45]고 한 '심외무물(心外無物)'의 세계관을 보여준다. '무물(無物)'이라고 한 것은 존재의 유무가 아니라 경험의 유무를 말한다. 경험적인 것만이 가치 있다고 한 표현이다.

사람의 몸에는 〈볼 수 있는〉 눈이 있으니, 눈에는 눈 밝음[明]이 있으며, 사람의 몸에는 〈들을 수 있는〉 귀가 있으니, 귀에는 귀 밝음[聰]이 있다. 도는 눈 밝음에 있지 눈에 있지 않고, 도는 귀 밝음에 있지 귀에 있지 않다. 도는 눈 밝음을 밝히는 데[明明] 있지 눈 밝음 자체에 있지 않으며, 도는 귀 밝음을 밝히는 데[聰聰] 있지 귀 밝음 자체에 있지 않다.

—「自明」

당견은 눈·귀라고 하는 물질적인 존재보다는 '보아서 밝히는 것[明明]'과 '들어서 아는 것[聰聰]'이라는 경험적 작용에 문제의 초점을 두고서, 도라고 하는 것도 절대부동의 대상적 존재 그 자체는 무의미하며, 경험적 작용에 의해 체득되었을 때 그 의미가 있다고 인식하였다. 이로부터 당견은 도의 개념을 명(明)·정(靜)·통(通)·변(變)·광(廣)의 의미와 결부시키며 이해한다.

도(道)는 밝음[明]이 귀하고, 밝음은 고요함[靜]에서 나온다. 도는 통함[通]이 귀하고 통함은 밝음에서 나온다. 도는 변화[變]가 귀하고 변화는 통함에서 나온

---

45) "爾未看此花時, 此花與汝心同歸於寂. 爾來看此花時, 則此花顏色一時明白起來, 便知此花不在爾的心外."(『傳習錄』下)

다. 도는 광대함[廣]이 귀하고 광대함은 변화에서 나온다.

—「性才」

　여기서 당견은 도에 대한 인식을 명(明)·정(靜)이라고 하는 정태적(靜態的) 요인과 통(通)·변(變)이라는 동태적(動態的) 요인을 결합시켜 설명하고 있는데, 이것을 선차성을 두고 말한다면 정(靜)—명(明)—통(通)—변(變)—광(廣)이라 할 수 있다. 정태적인 것으로부터 점차 동태적인 것으로 나가는 논리를 취하고 있다. 그러나 여기서 당견이 문제의 초점으로 맞추고 있는 것은 '변(變)'과 '광(廣)'의 의미에 있다고 볼 수 있다. 왜냐하면 당견은 "聖賢之言, 因時而變"(「辨儒」)이라고 하며, 시대와 상황의 변화에 주목하였기 때문이다. 나아가 그는 도를 추구하는 데 있어서 편협된 것을 부정하고 다양성[廣] 속에서 이해하려고 하였던 것이다.

　이러한 도에 대한 인식을 통해서 당견은 '궁리진성(窮理盡性)'의 보다 구체적인 인식방법을 제시한다. 선진유가 이래 '궁리'와 '진성'은 유학의 인식이론의 기본문제로 이어져 내려왔다. 특히 송대 주자학 이후 사물의 객관적 원리를 규명[窮理]하는 데 있어서 그 방법상의 차이(예컨대 格物에 대한 주자와 양명의 철학적 방법에 의한 해석상의 차이)로 인하여 유학사상은 보다 철학적으로 심오해졌으며 발전을 거듭하였다. 당견은 이같은 흐름 속에서 격물에 대한 구체적인 언급은 하지 않았지만 '궁리'의 방법으로서 양명학적 인식방법의 틀을 근거로 자신의 이론을 전개하였다.

　공자가 말했다. '리(理)를 궁구하고, 본성을 다하면, 명(命)에 이른다.'46) 리는 홀로 밝혀지는 것이 아니다. 천지만물이 소통하지 않음이 없는 것, 이것이 리이다.47) 본성은 〈인간만이〉 홀로 터득한 것이 아니라, 천지만물이 모두 함께 공유

---

46) "리를 궁구하고 본성을 다하면 명에 이른다[窮理盡性, 以至於命]."(『周易』「說卦」)
47) 이 말은 周濂溪, 『太極圖說』과 張橫渠, 『西銘』의 '萬物一體論'과 程子가 말한 "한 사람의 마음이 곧 천지의 마음이다. 한 사물의 이치가 곧 만물의 이치이다[一人之心, 卽天地之心. 一物之理, 卽萬物之理]"고 한 내용과 상통한다.

한 것인데, 이것이 성이다. 천지만물과 격리되면, 궁리(窮理)할 수 없다. 하늘이 위에 안주하지 않고, 땅이 아래에 안주하지 않고, 만물이 그 가운데 안주하지 않으면, 진성(盡性)할 수 없다.

—「良功」

당견이 인식한 리(理)는 주희(朱熹, 1130~1200)가 말했던 것처럼 객관적 실재[太極·天理]의 개념은 아니다. 주희의 리는 경우에 따라서 인식 범위를 초월한 객관적 존재로서의 실재라고 한다면, 당견이 말한 리는 천지만물과 분리되지 않은 주관적 경험 속에서 터득되어진 리다. 상대적 세계 내의 범위에서만 리를 궁구할 수 있다는 것이다. 그래서 그는 "하늘의 운행을 좇고, 땅의 질서를 인하여 상황[情]을 따라 변화에 도달하면 능히 궁리할 수 있다"(「良功」)고 하였다. 결국 당견이 언급한 '궁리진성'이란 존재와 사유의 인식관계를 표현한 것으로 '궁리진성'의 범위는 인간의 경험 세계에 국한된다. 경험 세계를 초월한 '궁리'를 당견이 '공리(空理)'라고 한 것은 바로 이 때문이다.

당견은 인식의 근본이 인심(人心)임을 말하며, "천지가 비록 장대해도 그 도는 오직 인간에 있다. 사람들이 비록 많아도 그 근본은 오직 마음에 있다"(「尙治」)고 하였는데, 이같은 그의 인식론을 학자들이 주관적 관념론으로 평가한 것[48]은 타당한 것으로 이해된다.

---

48) 陳瑛 外, 『中國倫理思想史』, 貴州 人民出版社, 1985, 726~727면 참조. 그밖에 당견의 학문 성격에 대한 연구자들의 견해를 소개하면 다음과 같다. 趙宗正의 「淸初經世致用思潮簡論」, 『哲學硏究』, 1983, 第6期 哲學硏究雜誌社, 76면에서는 명말청초 사상가들의 사상적 방향을 王夫之·顏元은 유물론자로, 唐甄·孫夏峰은 유심론자로, 黃宗羲·顧炎武는 유물주의를 지향하는 학자로 구분하고 있다. 반면에 蘇顯信의 「論唐甄哲學思想的唯物主義傾向」, 北京 人民大學, 『中國哲學史』, 1985, 94~98면에서는 당견을 유물론으로 평가하는데, 그 이유는 당견의 '道在天地'·'道在聖人'·'道在物'의 명제가 그러하며, 그렇기 때문에 '自以爲'의 주관주의 사상으로 보는 것은 잘못이라 평가한다.

2) 심성론(心性論)

인식 작용의 주체로서 당견은 심(心)을 말하고, 심 이외의 것을 통한 어떠한 인식도 불가함을 말하였다. 이 심은 인간의 지(知)·정(情)·의(意)를 통괄한다. 또한 당견이 파악한 심은 양지(良知)를 가리킨다. 양지는 인간의 본성으로 맹자 심성론의 핵심이자, 양명이 계승 발전시킨 논리이며, 당견의 심성론의 기본 개념이다.

> 양지를 모르는 자는 자기에게 보물이 있는 것을 모르는 자다. 양지를 알면서도 이루지[致] 못하는 자는 보물을 품고도 잘 이용할 줄 모르는 자다.
>
> —「知行」

당견은 이렇게 양지를 보물에 비유하며, 이 보물은 인간이면 누구나 차등 없이 갖고 있는 것으로 인식하였다. 다만 그 보물의 사용 여부에 따라 차등이 발생한다고 하였다. 양지는 인간이면 누구나 태어나면서부터 소유한 인간의 마음이라는데 '천부의 인권'이라 할 수 있다. 이 점에서 인간 누구나 양지를 갖고 있다는 데 평등하다. 당견은 이러한 인간의 양지 심성을 잠재된 형태의 것으로 인식하였다. 이같은 심성에 관한 논의는 심(心)과 서(書)에 대한 언급 속에 잘 나타나 있다.

> 의학 서적이 있어도 그 책을 읽은 사람이 사람을 살리지 못하고, 점치는 책이 있어도 그 책을 읽은 사람이 길흉화복을 예측할 줄 모르고, 성인의 책이 있어도 그 책을 읽은 사람이 천하를 다스리지 못한다. 〈이것은〉 그 지극한 도가 책 속에 있는데도 그것을 스스로 터득하지 못했기 때문이다. 그러므로 상고(上古)시대에는 책이 없었어도 도가 나왔으며, 중고(中古)시대에는 책이 적었어도 도가 밝혀졌으며, 요즘 시대에는 책은 많아도 도가 사라졌다.
>
> 마음[心]은 과일나무와 같고 책은 토양과 같다. 가지와 낙엽은 과일나무에서 나오고 토양에서 나오지 않는다. 스스로 터득함이 없는데도 계속해서 책을 읽는 것은 그 〈과일나무의〉 종자를 버리고 토양에서 가지와 낙엽을 구하는 것이다.
>
> —「自明」

당견은 독서도 중요하지만 독서를 통해 본질을 이해하지 못하는 것은 마음속에서 온전한 그 원인을 찾지 못했기 때문이라고 하였다. 마음에 대한 공부를 강조하면서 사색과 체인을 학문 방법으로 삼았던 양명학의 일단이 여기에 보여지며, 동시에 독서를 강조하고 있다는데 당견의 학문적 특징이 발견된다. 마음을 종자(種子)로 책을 토양으로 비유하면서, 현실의 결과[枝葉]는 심에서 찾아야 한다는 주장을 하고 있다. 그러나 당견의 이러한 심에 대한 인식의 이면에는 독서의 중요성을 설명하고 있다는 것을 간과해서는 안될 것이다. 왜냐하면 종자[心]가 토양[書] 없이 배양될 수 없을 뿐만 아니라 자랄 수도 없기 때문이다. 따라서 당견이 말한 마음과 책은 불가분의 관계라는 사실을 지적하지 않으면 안된다. 이 점에서 명말청초 학문의 기초 방법으로 중시된 독서와 명대 심학에서 강조한 사색을 통한 체인 방법이 둘 다 당견의 사상 속에 포용되어 있음을 알게 한다.[49]

아무튼 당견은 사물 인식의 기준을 심(心)에 설정하고 있다는 점이다. 즉 인간은 자신의 주관적 심성을 통해 세계[존재]를 인식한다고 한 것이다.

경험한 일, 접한 사물, 독서한 글, 전해 받은 학문은 모두 마음이 바탕이다.
— 「自明」

결국 당견 철학사상의 기초는 심에서 출발하며, 그것이 곧 당견이 추구한 도(道)라고 할 수 있다. 심을 통해서 당견은 도를 터득할 수 있다고 본 것이다.

---

49) 山井湧의 『明淸思想史の硏究』, 동경대학 출판회, 1980, 252면에서는 명대 심학과 명말청초 경세치용지학의 방법상의 차이점을 논하면서, 심학은 思索·踐履·體認을 주로 하였고, 경세치용학에서는 讀書·博學·實證·政治的 活動을 학문의 방법으로 중시하였다고 분석하고 있다. 논자는 이같은 분석이 명대 이후 명말청초의 학문방법에 대한 총체적 평가란 점에서 卓見이라 생각한다. 따라서 명말청초 당견이 양명학자란 점에서 심학적 방법과 경세치용학적 방법이 모두 수용되어 있다는 것은 당연하다고 생각한다.

마음은 비유하자면 불이요, 도(道)는 비유하자면 밝음이다. 어찌 둘로 볼 수 있겠는가.

　　　　　　　　　　　　　　　　　　　　　　　　　　　　—「居心」

　당견이 심을 불에, 도를 밝음에 비유한 것은 인식방법을 말한 것이다. 이것이 주자학의 격물치지(格物致知)의 인식 방법과는 구별되는 점이다. 이것은 객관사물[物]을 인식하는데, 주희의 방법처럼 격물의 단계를 거쳐 치지에 이른다는 이분법적인 방법을 지양하고, 주체와 객체를 동일시하는 '주객동일(主客同一)'50)의 입장을 피력한 것이다.

　　나는 늦게나마 도(道)에 뜻을 두어 마음이 도라고 하는 사실을 알고 외물(外物)에서 구하지 않고 마음에서 오로지 하니 많은 우환과 자주 성냄을 걱정하는 것이 마음의 해가 됨을 근심한다.

　　　　　　　　　　　　　　　　　　　　　　　　　　　　—「悅入」

---

50) '主客同一'에 관한 문제는 서양철학에 있어서는 '主客辨證法(subject-object-dialectics)'이란 말로도 표현한다. 主體와 客體에 대한 정의는 철학사의 흐름과 관련지어 차이를 드러내고 있는데, 고대철학에서의 주체 개념은 "物質, 즉 변형된 實體나 만들어진 것, 대상적인 것이었다." 이러한 주체 개념은 中世로 접어들면서 객체 개념과 대립되는 용어로 사용되었고, 17~18세기에 이르러서는 이 문제에 대한 새로운 접근법이 발전하였다. 이것은 "인간을 자율적으로 사고하고 활동하는 이성적 개체로, 곧 자립적인 사고와 행위를 할 수 있는 주체로 파악하려는 노력과 연관되었다 …… 주체는 정신의 능동적 자기 활동으로 파악되었고, 객체는 그 활동의 대상으로 파악되었다." 헤겔은 양자를 변증법적인 관계로 묶어서 파악하였는데, 이것이 바로 헤겔의 '주객변증법'이다. 헤겔은 "사회와 역사적 현상을 끊임없이 인간의 활동으로부터, 노동으로부터 출현하려는 과정으로서 설명하려고 한다. 자신을 객관화하거나 外化하고 동시에 이 외화를 지양하는 주체의 활동, 자신의 他者로 몰입하지만 동시에 이 타자를 타자로서 지양하여 자신을 자기 운동으로서 실현하는 주체의 활동, 바로 이 속에서 역사 발전의 내적 내용을 보았던 것이다." 바로 이같은 헤겔의 주객변증법을 맑스와 레닌은 사변적이고 관념적인 것을 비판하면서 계승하였고, 그것이 바로 변증법적 유물론 및 역사적 유물론인 것이다 (이상 인용문은 한국철학연구회 편, 『철학대사전』, 동녘, 1989, 1192~1193면 참조). 이같은 주객변증법에 관한 내용과 당견의 주객동일에 관한 문제는 철학적 일반성에 입각해서 본다면 공통점을 갖는다. 특히 헤겔의 사변적 관념적 주객변증법과 유사한 면이 없지 않다.

이것을 통해 '심외무물(心外無物)', '심외무사(心外無事)'의 심학적 입장이 당견의 기본사상임을 알게 한다. 이 점에서 보면 당견의 사상은 양명학의 범주를 벗어난 것으로 볼 수 없다. 그러나 당견은 양명이 말한 마음[心]의 범주를 보다 구체화시키고 있다는 점에서 그 차이가 드러난다. 당견이 전적으로 양명사상을 답습한 것이 아니란 점이다. 당견은 '성(性)'을 '공(功)'·'재(才)'의 개념과 통일시켜 설명하면서 현실적이고 구체적인 데까지 '성'을 결부시키고자 하였다. 그는 "4덕[仁·義·禮·智]에 공이 없으면 반드시 그 재는 충만하지 않으며, 재가 충만하지 않으면 반드시 그 성은 다할 수 없다"[51]고 하여, 기존의 심성론에 '재'와 '공'개념을 결부시키면서 현실의 실제성에 접근하려고 노력하였다. 당견은 선천적 품성을 현실의 구체적 '재'와 '공'개념에 부합시킴으로서 사상적 방향을 현상세계의 가시적 형태와 경험적 결과에 집중시키고 있다.

3) 성재합일론(性才合一論)

당견은 '성'에 대한 인식을 경험적 결과로 나타나는 '재(才)'와 결부시키고 있는데, 이것이 그의 사상적 특징 가운데 하나라 할 수 있다. 그는 선천적 품성으로서의 '성'과 후천적 재능으로서의 '재'를 통일시킴으로서 전통적인 '성'과 '재'에 대한 입장을 대신하였다. 기존의 성에 대한 개념은 『중용』의 '하늘이 명한 것을 성'이라고 한 것과 『맹자』의 '성선'의 성의 내용이 대표적이라고 할 수 있는데, 이같은 성에 대한 논의는 송대로 넘어 오면서 본연지성(本然之性)과 기질지성(氣質之性)을 구별해서 보아야 한다는 견해로 발전하였다. 먼저 인간의 본래성으로서의 본연지성은 순선(純善)의 상태를 가리킨다. 하늘로부터 받은 본연의 성은 악(惡)이 조

---

51) "四德無功, 必其才不充; 才不充, 必其性未盡."(「性才」, 15면)

금도 개재되지 않은 순선이라는 것이다. 반면에 후천적인 기질지성은 선악이 혼재하고 있어서 본연지성과는 질적으로 구분된다고 말한다. 여기서 인간의 선과 불선은 기질의 청탁여부에 달려 있다는 설명을 가능케 한다. 이것을 송대 학자들의 언설을 따라 도식화한다면 다음과 같이 말할 수 있을 것이다.

性＝天(本然之性)＝純善
才＝(氣質之性)＝淸濁에 의한 善不善 混在 [52]

이같은 성재(性才)에 대한 차별적 이해는 왕양명에게도 그대로 계승되었는데, 양명은 성인이 되는 까닭은 천리(天理, 心·性)에 있지 재능에 있지 않다고 분명히 지적하고 있다. 오히려 양명은 지식과 재능이 성인의 학문을 방해한다고 하였다.[53] 그렇다면 당견이 '성'과 '재'를 합일의 관점에서 보았다면 기존의 성론에 대한 전면적인 수정이란 측면에서 이해할 수 있다. 먼저 성재에 대한 당견의 언설을 살펴보자.

사람은 성(性)이 있고 성에는 재(才)가 있음이 마치 불에 밝음이 있고 밝음에 빛이 있는 것과 같다. 촛불에 불을 붙여 방 가운데 놔두면 사방 상하가 통하지 않음이 없이 모두 밝음이 미친다 …… 또한 무광(無光)의 밝음이 있는데 마치

---

52) 이같은 전거는 송대 張載 및 二程 이후 朱熹의 글 속에 여러 번 언급되어 있는데, 여기서는 伊川과 朱熹의 설명을 예로 든다. "性出於天, 才出於氣. 氣淸則才淸, 氣濁則才濁. 譬猶木焉, 曲直者性也, 可以爲棟梁, 可以爲榱桷者才也. 才則有善與不善, 性則無不善."(『二程遺書』 제19권, 上海 : 古籍出版社, 1992, 199면) "孟子言人性善是也. 雖荀楊亦知性, 孟子所以獨出諸儒者, 以能明性也. 性無不善, 而有不善者才也. 性卽是理. 理則自堯舜至於塗人一也. 才稟於氣. 氣有淸濁. 稟其淸者爲賢, 稟其濁者爲愚."(『二程遺書』 제19권, 上海 : 古籍出版社, 1992, 199면) "性者, 心之理; 情者, 心之動. 才便是那情之會恁地者. 情與才絶相近."(『朱子語類』, 卷第五)

53) "所以爲聖者, 在純乎天理而不在才力也…… 後世不知作聖之本, 是純乎天理, 却專去知識才能上求聖人…… 知識愈廣而人欲愈滋, 才力愈多而天理愈蔽."(『傳習錄』 卷之上, 67~68면)

촛불을 끄고 향불을 피우는 것과 같아서 방안의 손님들이 그 밝음을 볼 수 없는 것은 아니다. 그러나 그 빛은 사람들에게 미치지 못한 바 사람들이 모두 혼란해 져 행동할 수 없고 어디에 앉아야 할지 모르며 동서 어느 방향으로 가야 할지를 모르고 출입문을 알 수 없으니 사람들이 또한 어찌 이 밝음에 의지하겠는가 ……. 이로서 비록 밝음이 있더라도 사람들에게 미치지 못함이다. 재 없는 성이 바로 이와 같다.

—「性才」

여기서 당견은 '성'을 불[火]에 '재'를 밝음[明]에 비유하고 있다. 불의 본질은 사물을 밝히는 데 있다. 사물을 밝힐 수 없는 불은 의미를 지닐 수 없다는 것이다. 바로 이같은 인식에 기초하면서 당견은 '성'과 '재'를 설명한다. 즉 그는 '성'이 주체이면서도 잠재되어 있다면 제 기능을 다하지 못한다고 생각하였다. 그래서 당견은 주체로서의 '성'을 발현시키는 것으로 '재'를 말하였다. '재'란 인간의 '재능'으로 '성'이 선험적 의미라면 경험적 개념이라 할 수 있다. 선험적 본성이 드러나는 것은 현실적인 '재'를 통해서 가능하다는 말이다.

세상 사람들은 성덕(性德)은 알고 성재(性才)는 모른다.

—「性才」

이같은 '성재'에 대한 당견의 인식은 선천적 품성으로서의 '성'과 후천적 재능으로서의 '재'를 통일시킴으로서 전통적인 '성중재경(性重才輕)'의 입장을 비판한 것이다. 즉 당견은 '성'과 '재'를 차별적으로 이해했던 것을 '성재합일'의 관점에서 비판한 것이다. 이것은 기존 심성론의 덕성을 중시하고 재능을 경시하는 사고에 대한 비판적 입장이라 할 수 있다.[54]

54) 周桂鈿, 『中國傳統哲學』(北京 : 師範大學出版社, 1990.7), 265~278면에서는 중국사상사에서 볼 수 있는 '才能'과 '品行'을 논하며 공맹을 연원으로 漢代 董仲舒와 宋代 司馬光이 발전시킨 '德重才輕論', 魏晉시기의 徐干·曹操 그리고 葛洪이 대표되는 '才重德輕論', 荀子로부터 시작해서 송대 歐陽修, 명대 呂坤이 계승한 '才德殊用論', 송대 二程과 朱熹로 대표되는 '才德相資論', 명청 교체기의 王夫之가 주창한 '德才體

당견은 인간의 본성을 설명하는 데 단순히 도덕적 품덕으로서의 인의예지만 갖고 설명한 것이 아니라, 인간의 경험적 재능을 동시에 인식해야 한다고 강조한 것이다. 이것은 명말청초 인간의 욕망을 자연한 인간의 본성으로 인정하는 흐름을 반영한 것이기도 하다. 당견 자신도 인간의 욕망을 인간의 자연한 본성으로 인식하고 있음은 두말할 나위도 없다.

상론한 바와 같이 '성중재경'의 입장에서는 '본연지성'으로서의 순선한 성과 '기질지성'으로서의 '유선유불선(有善有不善)'의 차별적 이해가 불가피하였다. 사람마다의 품부한 기의 청탁 여하에 따라 현우(賢愚)의 차별이 생긴다고 하는 논의다. 기질로서 드러난 성, 곧 '재'에는 청탁이 있어서 그것으로 인하여 사람은 차별된다는 것이다. 그렇다면 '재'의 청탁은 무엇에 근거하는가? 두말할 나위도 없이 거기에는 인간의 욕망이 개재된다. 욕망을 얼마나 잘 절제하고 조절하느냐의 여하에 따라 청탁의 구별은 가능하다. 여기서 천리 인욕에 의한 현우의 차별적 인식이 가능했으며, 이것이 주자학의 요체가 되었는데, 이같은 인식의 근저에는 맹자의 성선론이 개재되어 있다는 것은 두말할 나위도 없다. 그렇다면 당견이 '성재합일'론을 통해 상기한 '성중재경'의 입장을 대신하였다면, 맹자의 성론에 대한 비판이자 보완이라 생각지 않을 수 없다. 이 점에서 당견의 '성재합일'의 사상은 비록 그가 '존맹(尊孟)'이라고 하면서 맹자사상의 계승자로 자처하였지만, 단순한 계승 차원이 아닌 비판·수정·보완의 차원에서 이해되어야 할 것이다. 이에 대한 보다 구체적인 형태는 '성'과 '공'을 합일시켜보는 데에도 자세하게 나타나 있다.

用論' 등 다섯 가지로 분류하고 있다. 이것을 토대로 보면 당견은 '才德殊用論'과 '才德相資論'에 가깝다고 할 수 있다.

4) 성공합일론(性功合一論)

'공'개념은 이미 언급한 '재'개념과 더불어 당견사상을 구체화시키는 용어라고 할 수 있다. 당견의 '공'에 대한 논의를 위해서는 기존의 '사공(事功)'이론을 살피는 것이 우선되어야 할 것이다. 사공이론은 이미 송대 주희(朱熹)와 대립했던 사공파(事功派)에게서 찾을 수 있다.55) 사대부 관료 사회였던 중국 사회에서 유학은 본질적으로 정치 현실과 뗄래야 뗄 수 없는 관계임은 두말할 나위도 없다. 특히 송대 사대부 관료 사회 속에서의 유학과 정치철학은 불가분의 관계였으며, 이로부터 학자들의 관심은 내성외왕(內聖外王)의 문제에 봉착하게 되었다. '내성'을 중시하는 학자들과 '외왕'을 상대적으로 중시하는 학자들이 나타나게 되었는데, 송대에는 이정(二程)·주희가 '내성'을, 왕안석(王安石) 이후 진동보(陳同甫, 1143~1194) 같은 학자 등이 '외왕'을 강조한 학자들로 구분된다. 여기서 진동보류의 학자를 사공파라 하였는데, 주희는 이들 사공파에 대해서 "내성 없이 외왕에만 치우치는 것"이라고 비판하고 있다. 주희가 사공파를 비판했던 것은 이들 사공파의 논의가 현실 정치에 몰두하다 보면 패도(覇道)나 술수(術數)에 빠질 위험성이 있으며, 그러다 보면 인욕(人欲)에 매몰될 가능성이 있기 때문이라고 하였다. 따라서 주희가 본 이들 사공파의 이론은 심성수양론에 배치될 수밖에 없다는 논리다. 물론 주희가 '외왕'의 입장을 전면적으로 부정한 것은 아니다. 내적인 자기 반성과 수양[內聖] 없이 현실 문제에 접근하는 것에 대한 경계에서 나온 발상이다. 이같은 논리가 사공이론에 대한 전면적인 부정은 아니더라도 현실문제에 대한 소극적인 경향으로 나타난 것만은 사실이며, 명대 이후 양명에 이르러 보다 적극적인 자세로 전환하게 되었던 것도 사공에 대한 비판적 견해에 대한 반성 작용의 일환으로 보여진다.

---

55) 金守中, 「양명학의 대동사회의식에 관한 연구」, 서울대 박사논문, 1991, 40~41면 참조.

양명의 사공에 대한 입장은 '사상마련(事上磨鍊)'(『傳習錄』卷之下, 6면)의 논의 속에 어느 정도 나타나 있다. 그렇다고 양명 심학의 본질적인 내용이 현실 사회의 문제보다는 인간의 내면적 수양에 치중하였던 주자학에서의 심성 수양론의 문제를 완전히 벗은 것은 아니다. 다만 상대적 측면에서 주자학보다는 사공이론에 적극성을 띠었다는 지적일 따름이다.

이렇게 볼 때 당견의 사공에 대한 견해는 양명의 '사상마련'의 논의의 연장선상에서 보다 구체적인 이론을 제시하고 있다는데, 그 의미를 찾을 수 있다. 당견은 인간의 자기 반성과 수양으로서의 '내성'과 현실 문제에 대한 '공'의 문제를 통일된 입장에서 보아야 한다고 인식하였다. 그는 「변유」편에서 양빈(楊賓, 字는 耕夫, 號는 大瓠)과 토론하는 가운데, "유자(儒者)는 공을 꾀하지 않는다고 들었다"고 하는 말에, 당견은 "그렇지 않다. 유자가 귀하게 여기는 것은 혼란을 안정시키고 폭거를 제거하며 백성을 편안케 하는 일이다. 만일 유자가 공을 말하지 않으면 순임금이 반드시 유묘(有苗, 남방 오랑캐)를 정복하지 않았을 것이며, 탕왕이 반드시 하(夏)를 평정시키지 않았을 것이고, …… 순황(荀況)이 반드시 병(兵)에 대해 말하지 않았을 것이다"(「辨儒」)라고 하며, 유자의 사회적 책무를 '공'을 통해 설명하고 있다.

> 유자가 사공은 말하지 않고 〈그것을〉 바깥일이라고 생각하면, 나라안의 형제가 기근으로 죽고 전쟁으로 죽고 학정으로 죽고 외환으로 죽고 내환으로 죽어 〈결국〉 재앙이 군부(君父)에 미치어 나라가 파멸할 것이다.
>
> —「良功」

이 말은 사공을 자신과는 상관없는 외무(外務)라고 생각한 도학자들의 풍조에 대한 비판이다. 유자의 책무가 현실적인 사공에 있다고 보기 때문이다. 소위 '위기지학(爲己之學)'이란 명목으로 사회적 책무를 등한히 하는 도학자들에 대한 강한 반발이었던 것이다. 당견은 이들을 두고 '위기지학'이 아닌 '실기지학(失己之學)'을 하는 자들로 단정하며 비판하고 있다.56) '위기지학'을 한다고 하며 홀로 현자(賢者)인양 하면서 사회적 위기에 대해서는 전혀 대응치 못하는 도학자를 두고 한 말이다. 사공과 관계없는 '위기지학'은 '실기지학'으로 '공리(空理)'요, '공언(空言)'에 지나지 않다고 단정하였다. 공리란 실사(實事)가 없기 때문이요, 공언이란 실행(實行)이 아니기 때문이다.57)

그래서 그는 어떤 문제보다도 '공'을 강조하고 있다. 그는 "생명[生]의 귀함은 사람[人]만 같지 못하고, 사람의 귀함은 마음[心]만 같지 못하고, 마음의 귀함은 성(聖)만 같지 못하고, 성의 귀함은 공만 같지 못하다"(「有爲」)고 하며, '공'의 가치를 가장 우월한 것으로 평가하고 있다. 따라서 '공'없는 '성(性)'에 대한 탐구, 즉 순수한 인간 본성에 대한 탐구는 일종의 공염불에 지나지 않다는 것이다.

여기서 공이란 구체적으로 이목(耳目)을 통해 설명할 수 있다.58) 이목은 인간의 경험적 도구로서 필수 요소다. 나아가 이목은 인간의 감각기관이면서 이성적 사유판단의 기초가 된다. 감각을 떠난 이성적 사유는 불가능하며, 그렇기 때문에 이성적 사유판단은 감각작용에 의존한다. 당견은 공을 이목으로서 설명하면서 이목의 사유주체가 마음이라는 사실을 강조한다. 즉 공을 이루는 경험적 방법들은 모두 마음을 그 바탕으로 한다는 것이다. 마음에 의지해야만 그 공은 이룰 수 있다는 것이다. 당견은 "경험한 일, 접촉한 사물, 독서한 책, 전수한 학문은 모두 마음이 그 바탕이다"(「自明」)라고 하며, 경험적 작용의 주체를 마음에 설정한다. 사물에 대한 인식의 주체를 마음에 설정한 것이다. 이로부터 당견은 "본성을 다하지 못하면 성인이 아니고, 공이 나타나지 않으면 본성을 닦았다고 할 수 없다"(「有爲」)라고 하면서 공을 성(性)·성(聖)과 결부시키며 강

---

56) "彼自以爲爲己之學, 吾以彼爲失己之學."(「良功」, 53면)
57) "……皆空理, 無實事也 ……皆空言, 非實行也."(「良功」, 53면)
58) "以此述功, 功在耳目."(「非文」, 63면)

조하였다. 본성의 발현이 곧 공이라고 한 것이다. 이것은 당견의 사상이 단순히 순수 형이상학적인 것에 국한되지 않다는 사실을 증명한 것이다.

> 천하에 어찌 심성에서 나오지 않은 공이 있겠는가. 공이 심성에서 나오지 않 았다고 하는 것은 천지가 없는데 만물이 있다는 것과 같다. 어찌 심성만 있고 공 이 없겠는가.
> —「良功」

이로부터 당견은 송명대 유학의 실천론의 핵심이었던 심성 수양론에 있어서도 공 없는 수양은 결코 헛되다는 사실을 역설한다.

> 수양이란 내적인 것이 아니며, 공이라고 하는 것은 외적인 것이 아니다. 내외 를 나누는 것으로부터 관중(管仲)과 소하(蕭何)의 류가 손님[賓]이 되었고, 정자 와 주자에 속한 이들이 주인[主]이 되었다. 손님을 물리쳐 들어오지 못하게 하 고 주인은 집안에만 거처하게 하여 나가지 못하게 하면, 손님은 집안의 그윽함 을 볼 수 없고 주인은 거마의 편리함을 익힐 수 없다. 내외를 나눔으로부터 공자 의 도가 분열되었고, 백성들은 생을 영위할 수 없었다.
> —「良功」

당견은 심성 수양을 내적인 것으로(內聖), 사공이론을 외적인 것으로(外 王) 분리하는 그 자체를 비판한 것이다. 구체적으로 그는 나무의 뿌리와 가지를 예로 제시하며,59) 나무의 가지와 뿌리는 불가분의 관계라는 상식 적인 논리로서 내외를 구분하는 것을 반대하고 있다. 이것은 기존의 내성 외왕의 이원론적 방법에 대한 비판에서 비롯한 것이다. 앞에서도 언급하 였듯이 당견은 송대 이정과 주희가 지나치게 내성만을 강조하여 외왕을 홀대한 관계로 유학의 분열을 가져왔다고 진단하고, 개인의 인격 수양과 현실 사회의 문제를 이원화시킬 수 없는 문제로 파악한 것이다. 이같은

---

59) "天下無無本之枝, 壹於外者失之矣; 天下無無枝之本, 壹於內者失之矣."(「有爲」, 51면)

당견의 생각은 '지행일치(知行一致)'의 사상 속에 보다 구체적으로 표현되고 있다.

5) 지행일치론(知行一致論)

지행에 대한 전통적인 입장을 몇 가지 유형별로 살펴보면, 북송대 정이천(程伊川, 1033~1107)과 주희의 '선지후행론(先知後行論)', 남송대 육상산(陸象山)과 명대 왕양명의 '지행합일론(知行合一論)' 그리고 명말청초 왕부지의 '선행후지론(先行後知論)' 등이 있다. 물론 이러한 분류는 이론적으로 지와 행, 어느 것을 강조하느냐에 따라 달리 설명된 것에 지나지 않다. 이것을 토대로 해서 당견의 지행관을 살핀다면 육·왕의 '지행합일론'에 가깝다. 즉, 당견이 언급한 지행관의 근간은 양명의 '지행합일'로부터 비롯되며, 그 출발은 정·주의 '선지후행'에 대한 비판으로부터 시작한다. 구체적으로 당견은 정주학의 맹점을 이론에 치중하다 보니 정치적인, 현실적인 문제는 등한히 하였다고 보았다. 그는 정·주의 지행관을 행보다는 지에 치중한 것으로 이해하고, 양명의 지행합일론을 근거로 '지행'관계를 정리하였다. 그렇지만 그는 단순히 '지'와 '행'의 합일에 그치는 것이 아니라, 양명적 '지행합일'보다 적극적인 '지행일치'를 추구하였다.

> 단 것[甘]을 아는 것이 지다. 그 단 것을 알고 먹는 것이 곧 행이다. 따뜻한 것을 아는 것이 지다. 따뜻한 것을 알고 옷을 입는 것이 행이다.
>
> ─「知行」

당견은 '지'의 대상을 객관사물(甘食, 暖衣)에 두고 있다. 이 점에서 '행'이란 '의지소재(意之所在)'가 아닌, '식지(食之)', '의지(衣之)'에 있다. 다시 말해 "知之所在, 卽行之所在"(「知行」, 14면)라고 하는 '지행일치'의 인식이다.

옛날 성인들은 말[言]이 곧 행이요, 행이 곧 말이었으며, 학문이 곧 정치요, 정치가 곧 학문이었다.

—「有爲」

현실 사회의 문제를 떠난 학문은 큰 가치를 지닐 수 없다는 말이다. 당견은 현실적인 문제에 기초한 학문관을 통해 지행관을 전개하였다. 정치의 방법을 잘 알고 있다고 해서 저절로 다스려지는 것은 아니다. 인식에 기초한 실천을 통해서 현실사회는 다스려 진다는 말이다.

천하가 어떻게 다스려 지는가. 명령하여 실천[行]되면 다스려 진다. 천하가 어찌 다스려지지 않는가. 명령해서 실천되지 않으면 다스려지지 않는다.

—「權實」

이렇게 당견은 실천에 그 초점을 맞추며 지행관을 정리한다. 양계초는 이같은 당견의 지행관을 두고 양명과 구별하고 있다. 양계초는 "당견은 비록 심학을 극력 제창하였지만 송명 유자의 '명심견성(明心見性)'의 설과는 같지 않다. 그는 심을 함양하여 오로지 정치를 행하고 쓰임[用]을 강조하기 때문에 그의 심학은 단지 수단에 불과하며 목적은 아니었다"[60]고 하면서, 당견의 심학과 양명의 심학의 차별성을 강조하였다. 당견의 지행관이 행에 강조점이 있고, 양명의 지행합일은 지에 강조점이 있다고 하는 말이다. 다시 말해 양명의 지행합일론이 "一念發動處, 便卽是行了"(『傳習錄』 卷之下, 17면)라고 하는 '이지대행(以知代行)'의 입장이라면, 당견은 행을 수반치 않는 지는 공리라고 하는 입장에서 이해했다는 것이다.

이러한 당견의 지행관은 근본적으로 정주의 '선지후행'의 입장을 비판하기 위한 것이다. 정주학의 지행관에 나타난 인식이론을 당견은 '공리'·'공언'으로 보았기 때문에 '실사'·'실행'을 통해 극복해 보자는 논

---

60) 梁啓超, 『中國近三百年學術史』, 대만 중화서국, 1982, 162면.

리가 바로 그것이다.[61] 당견이 말한 실사와 실행의 구체적 내용은 물론 구체적이고 현실적인 데 있다. 따라서 당견은 명과 실의 문제를 거론하며 명을 공리로 단정하며 비판한다.

6) 명실론(名實論)

'명(名)'과 '실(實)'은 상대개념으로 당견은 '명'을 현실로부터 거척되어야 할 것이라고 하였다. 당견은 송대 이래로 도학(道學)·기절(氣節)·문장(文章)이 발전하면서 '명'을 꾸미는 상황이 전개되었다고 개탄하고, 이것이 사회를 해치는 주요한 요인이라고 지적하였다. 송대 이전 사회에 있어서는 악인일지언정 자기 자신을 꾸미며 선인으로 자처하지는 않았다고 하면서, 실례로 폭군의 대명사처럼 불리는 '유왕(幽王)과 여왕(厲王)'(『孟子』「離婁」上편과 「告子」上편 참조)도 스스로를 요순이라 칭하지 않았다고 지적한다. 그러나 지금은 도학을 숭상한다고 하면서 스스로를 공맹(孔孟)이라 부추기고 주자가 다시 소생했느니 맹자가 다시 태어났느니 라고 하며, '명'을 꾸미고 있다고 비판한다.[62] 즉 "蓋名者, 虛而無實"(「去名」)라고 단정하고, 그렇기 때문에 '명'을 추구하는 것을 두고 "마치 씨에 구멍을 뚫어 그 종자를 없애는 것과 같다"(「去名」)[63]라고 당견은 인식한 것이다. 당견의 '명'에 대한 비판 의지는 "심(心)의 종자가 끊어지면 덕(德)이 끊어지고, 덕이 끊어지면 도(道)가 끊어지고, 도가 끊어지면 치(治)가 끊어진다"(「去名」)고 하며, 그 절박함을 드러내고 있다. 다시 말해 명말청초의 절박

---

61) "後儒豈不曰: '天地吾心, 萬物吾體'; 皆空理, 無實事也. 後儒豈不曰: '湯武可法, 桀紂必伐'; 皆空言, 非實行也."(「良功」, 53면)

62) 「去名」편, 58~60면 참조. 이 편에서는 시종 '名'의 허실을 비판하며 송명대 도학자들의 道學·氣節·文章을 숭상하는 것을 '名'을 꾸미는 것이라 힐난하고 있다.

63) 이것은 晉나라 淸談의 한 사람인 王戎의 古事를 인용한 것이다. 왕융은 "좋은 오얏나무씨를 뚫어 남이 심지 못하게 하였다"고 한다.

한 사회 상황의 본질적인 원인이 호명자(好名者)들 때문이라는 인식이다. 왜냐하면 '명'을 좋아해서 그것을 추구하는 사람들은 특권층이며, 이들은 일하지 않고 먹는 사람들이기 때문에 사회악이라는 주장이다.

『시』에 '곡식을 심지도 않고 거두지도 않으면서, 어찌 벼 삼백 廛(한 집의 살림. 한 집은 百畝의 땅을 분배받았다고 한다)을 쌓았는고 사냥도 하지 않고 어찌 담비가죽을 뜰에 매다나'고 하여, 일하지 않고 곡식을 얻고 사냥하지 않고 짐승을 얻는 것, 이것은 호명자가 전리품을 얻는 것과 같다.

—「去名」

여기서 『시』는 「국풍(國風)」 위풍(魏風)에 근거하며, 그 내용은 일하지 않고 먹는 특권층을 비꼰 내용을 담고 있다. 이같은 맥락에서 당견은 호명자들을 전리품[捷]에 비교하며 비판하고 있다. '명'이란 수고하지 않고 얻은 전리품과 같다는 것이다. 호명자의 대표적인 예는 도학자들이다. 이들 도학자들은 도학・기절・문장을 숭상한다. 당견은 이것을 '삼명(三名)'이라 지칭하고 맹렬히 비난한다.[64]

나는 도학을 좋아하지 않아서, 공자를 말하고 맹자를 모사하고 주자를 높이며 육상산을 배척하는 것을 나는 관여하지 않는다. 나의 관심은 충신(忠信)이다. 나는 기절을 좋아하지 않아서, 붕당을 세우고 비판을 일삼고 귀양보내기를 즐기며 벌주는 것을 좋아하는 것을 관여하지 않는다. 나의 관심은 정직이다. 나는 문장을 좋아하지 않아서, 어지러이 찾고 두루 지나칠 정도로 살펴서 한유(韓愈)를 본뜨고 구양수(歐陽修)를 모방하는 것을 나는 관여하지 않는다. 나의 관심은 성언(聖言)이다.

—「去名」

---

64) 劉明鍾 教授는 『청대철학사』, 이문출판사, 1989, 105면에서 '道學'과 '氣節'을 비판한 것을 두고 '혁명적 선언'이라 표현하고 있으며, '文章'에 대한 비판도 전통적 문예관을 비판한 것으로 이해하였는데, 논자는 이같은 견해를 당견사상의 특징을 이해하는 중요한 단서가 된다고 판단하며 동의한다.

여기서 도학·기절·문장은 송명대 명분론자들의 학문을 말한다. 이것을 좇다보니 주·육이 나뉘어 다투고, 당쟁이 나고, 고문(古文)이다 팔고문(八股文)이다 하는 다툼이 일어났다는 것이다. 이들 도학자류는 '명'을 통해 정당성을 확보하려고 하였다. 당견은 이렇게 전대의 현인들을 빗대어 '명'을 꾸미는 자들로 비판한다. 현인들의 이름을 빌려 자신을 과대 포장하는 명분론을 당견은 거부한 것이다. 충신·정직·성언으로 비춰진 것만이 실리(實理)이고 실사(實事)라고 한 것이다. 이미 말한 바와 같이 '명'은 공리며, '실'은 실리요 실사라고 할 수 있기 때문이다. 당견은 '삼명'이 마음을 해치는 가장 큰 원인이라고 생각하였다.[65] 따라서 당견은 '삼명'을 부정 비판하는 것으로부터 윤리 도덕은 물론 올바른 사회를 건설할 수 있다고 생각하였다. 비록 그 대안으로 제시된 충신·정직·성언이란 것이 다소 추상적이어서 구체적인 실천성을 담보하고 있지는 못하지만, 당대 명분론자들에 대한 비판을 통해 문화 전반에 관한 반성을 시도했다는 점에서 당견사상의 진취적 성향을 어느 정도 보여주고 있다고 할 수 있다.

이같은 명분론을 비판하는 입장에서 나아가 당견은 꾸밈[文]을 비판하였다. '문(文)'의 상대개념은 '질(質)'이다. '질'이란 '실질(實質)'의 의미를 갖는다. 또한 사물의 진실성과 구체성을 뜻한다. 당견이 '실'을 강조한 것은 결국 현실적이지 못한 것에 대한 부정 비판으로 설명된다.

문에는 반드시 질이 있다. 지금 세상에는 문의 폐단을 구하여 그 질을 모두 잃고 있다. 옛날 서울에 얼음을 조각해서 사람의 형상을 만드는 자가 있어서 의상을 입히고 붉고 푸른색을 얽어 매어놓아 안색이 산 사람과 같고, 형체는 진짜 같았다. 서울 날씨가 추워 그것을 집 뒤에 두었는데, 그 날이 지났는데도 변하지 않았다. 변하면 그것을 고치었다. 지나가며 구경하는 사람들이 날마다 수백 사람이며 모두 그 교묘하고 신기함에 탄복하며 놀랐다. 하루는 〈조각한 사람이〉 군

---

65) "此三名者, 害心之大者也."(「去名」, 60면)

중들에게 말하기를 '누가 나에게 곡식 서 말을 주겠는가. 내가 그것으로써 나의 작품을 주겠노라'고 하자 아무도 대답하지 않았다. 이에 물으며 말하기를 '나의 기교는 또한 정교하다. 내가 그 기교를 팔고자 하여 곡식 서 말을 요구하자 아무도 응답하지 않았는데 그 까닭은 무엇이요'라고 했다. 어떤 이가 웃으며 말하기를 '그대의 기교는 참으로 정교하오 그대가 어찌 금으로 옥(玉)을 쪼는 데 한계가 없으리요. 하·은·주·한의 그릇을 만들면 가히 보배로서 망가트릴 수 없노라. 지금 얼음을 쪼아 장난감을 만들어 그 형체는 비록 닮았어도 날이 지나면 변하고 만다. 나는 심히 그대의 기교를 애석하게 여기나 그것은 진짜가 아니며 마음은 수고로우나 쓸모가 없어 눈요기로서는 가하나 대대로 오랜 동안 전할 것으로는 불가하네'라고 했다. 꾸밈[文]에 질이 없다고 하는 것은 이와 같다.

—「非文」

여기서 당견은 실질 없는 꾸밈을 철저히 비판한 것이다. 꾸밈이란 일시적인 것이지만 실질은 그렇지 않기 때문이다. 나아가 당견은 당시 지식인들의 문장에 대해서도 비판적인 입장을 취한다.

문(文)이란 군자가 귀중하게 여기는 것이다. 〈그런데〉 오늘날의 문은 과거에 말하던 문은 아니다. 그 말은 비록 훌륭하다 하더라도 실의(實義)가 아니라서 나는 취해서 보고자 하지 않는다. 경(經)이란 도(道)와 치(治)의 소재다. 지금 사람들이 궁경(窮經)하며 독창적인 견해를 제시하기 좋아하나 실용이 없고, 이것은 경을 속이는 것이어서 내가 취해서 그것을 보려고 하지 않는다.

—「無助」

당견이 문장을 비판한 것은 명분에 휩싸인 도학자들이 글로서 자신을 꾸미기 때문이다. 결국 당시 도학자들의 글이란 실제적인 의미(實義)가 없다는 것이다. 경을 궁리하는 것도 또한 실용적인 가치가 없다고 판단하며 당견은 이를 비판한다. 이같은 실리(實理)·실사(實事)·실의(實義)·실용(實用)의 강조는 명말청초 경세치용의 실학사조의 한 흐름이기도 하다. 송명대 도학자들의 폐단을 공리로 비판하고 실리의 입장에서 현실사회의 문제에 적극적으로 대처하고자 한 당견의 학문적 태도를 살피게 된다.

송명 도학자들은 개인의 수양[克己]을 중심으로 자신들의 세계관을 형성하고 교육하였지만, 이같은 학문이 명말청초라고 하는 사회분위기 속에서는 어울리지 않다고 당견은 인식한 것이다. 송명 도학자들의 학문 방법을 공리라고 비판한 것은 바로 이 때문이다. 당견은 이같은 송명 도학자들의 문제를 실리·실사·실의·실용이라는 보다 구체적이고 현실적인 것을 통해 극복하려고 했다. 당견이 실리로서 공리를 비판한 것은 명말청초의 실학사조의 일면을 대변한 것이며, 그 시대를 사상적으로 치유[66]하고자 하는 노력의 일환이었다.

5. 결론

어떠한 사상이든 사상가가 속해 있는 시대와 사회의 구속을 받는다. 사상의 역할은 그 사회의 문제를 어떠한 형태로든 반영하며 시대의 문제를 해결하려고 한다. 이런 점에서 당견의 사상은 명말청초라고 하는 시대와 사회의 특수한 관계 속에서 형성되었으며, 그 시대의 문제를 해결하려는 차원에서 이해되어야 한다.

명말청초의 중국사회는 이미 앞장에서 살핀 것처럼 정치적으로는 '천붕지해(天崩地解)'로 불릴 정도의 혼란기였으며, 경제적으로는 자본주의 맹아현상을 출현시킨 전환기였다. 또한 서양의 선진문물의 전래로 일부 개명한 지식인들 사이에서의 새로운 문화에 대한 적극적인 수용자세를 보인 시기이기도 하다.

---

66) 당견이 '名實論'에서 '實'을 강조한 것은 당시 혼란한 사회풍토와도 관련을 갖는다. 쇠미한 明朝와 타락한 특권 귀족들의 名分論에 집착하는 것을 비판하고 동시에 異民族이었던 淸朝에 대항하는 논리로서 '實'을 강조한 것으로 이해된다는 것이다.

당견이 처했던 명말청초 중국사회의 가장 큰 문제는 민족적인 갈등과 경제적인 생산력의 확대에서 나타난 생산관계의 모순이었다. 만주족의 중국지배에 의한 한족의 심리는 매우 참담하였으며,[67] 이로부터 일부 지식인들은 항청운동에 가담하였고, 다른 부류의 지식인들은 산천에 은 거하여 저술에 전념하였던 시대였다. 당견의 주변 인물들도 이같은 당시 지식인들과 다름없었는데, 특히 그의 부친 당계태는 청조의 압제를 피해 숨어 다니다 가산을 탕진하는 지경에까지 이르렀다. 이것이 계기가 되어 당견은 청조의 관직에 참여하게 되었으며, 나중에는 그나마 갖고 있던 전답을 팔고 상업에 종사하게 되었다. 토지 겸병의 문제와 그로 인한 전 호(佃戶)·노복(奴僕)의 봉기가 당시 사회를 더욱 혼란케 하였으며, 도시의 번성에 따른 상품작물과 수공업 제품의 대량 출하는 무산 근로계층을 유발하였고, 이들이 고용 노동자로 흡수되면서 나타난 사회 경제적 발달 은 이른바 자본주의 맹아라고 하는 새로운 형태의 사회를 만들어 내게 되었다.

당견의 사상은 이같은 사회 상황과 경험에 기초해서 이해되어야 할 것 이다. 특히 명대 이후 관학으로서 확고 부동했던 주자학이 점차 그 기능 을 다하지 못하고 지식인은 점차 새로운 학문에 대한 욕망을 갖게 되었 으며, 이런 욕망은 결국 양명학을 탄생시켰고, 양명학 또한 명말청초에 이르러 변화된 사회 속에 새롭게 변신하지 않으면 안되었다. 사회적인 위기의식이 결국 새로운 사상과 학문을 요구하였으며, 그것이 곧 명말청 초 경세치용의 실학적 학문 풍토라고 하는 새로운 사조를 낳았던 것이다. 당견의 학문을 명말청초 경세치용의 실학적 시대 사조의 한 흐름 속에서 이해하고자 하는 뜻도 여기에 있다.

따라서 당견의 학문은 명말청초라고 하는 시대 사조 속에서의 그 언 어와 문법적인 체계를 통해서 이해함이 마땅하다. 당견의 사상은 전통적

---

67) 중국을 지배한 滿洲族은 전체 漢族의 2%에 지나지 않았다. 이같이 다수의 한족들 이 소수의 만주족에게 망한 것은 한족들의 자존심을 크게 손상시켰다.

인 유학의 틀 속에서 이해할 수 있는 부분이 있는 반면에 명말청초라고 하는 특수한 시대 상황 속에서 이해해야 할 것들이 있다. 가령 '공'과 '재'개념을 '성'과 합일시켜서 보려고 했던 부분은 주목해야 될 것이다. 당견의 '성재합일'론과 '성공합일'론의 사상은 기존의 유학사상 속에서도 다른 특징적인 측면을 대변하고 있다. 선천적 인간의 본성을 경험적 '공'과 '재'에 결부시키며 인식했다고 하는 것은 기존의 유학적인 틀, 특히 주자학의 '성즉리(性卽理)'의 선험적 '성'의 사상과 구분된다고 볼 수 있다. 경험의 산물 내지 실천의 결과로 의미를 부여할 수 있는 '재[才能]'와 '공[事功]'의 개념을 '성'과 결부시켜 재·공 없는 '성'을 무가치한 '공리'로 인식한 당견의 사상은 기본적으로 '재'와 '공'을 경시했던 기존의 학문 풍토와는 다르다고 할 수 있다. 당견은 주자학 이래의 심성 수양론의 한계를 재·공이라는 보다 구체적이고 현실적인 개념을 통해 극복하려고 했다. 주희가 실천을 강조한 것은 심성 수양[克己]의 의미가 강하며, 이것에서 양명도 크게 벗어나지는 않았다. 그러나 당견은 심성 수양에 국한하지 않고 '재'와 '공'이라고 하는 외재적 경험적 결과를 중시하며, '재'와 '공'을 괴리한 '성'을 부정 비판하였던 것이다.

나아가 당견은 '지행일치'의 인식과 실천에 대한 논의를 전개하면서, 지에 관심의 초점을 두면서 '지행합일'을 주장했던 양명과 차별상을 보여주었다. 다시 말해 당견은 행의 문제에 관심의 초점을 두고 있으면서 구체적인 실천성을 강조하였기 때문에 지에 관심의 초점을 두었던 양명과는 구별된다는 것이다. 실천할 수 없는, 혹은 실천되지 않은 지는 무의미하며, 그렇기 때문에 명분만 있는 지는 실리가 없는 공리로 배제해야 한다는 것이다. 당견이 실없는 명의 부정을 통해 실천과 경험을 강조한 것 또한 지행일치의 연장선상에서 이해되어지는 문제다.

이같이 실리의 입장에서 명분을 비판하고, 경험과 실천으로 담보할 수 없는 인식의 문제를 비판한 당견의 사상은 명말청초 경세치용의 실학 사조의 한 단면을 보여준다고 할 수 있다. 앞에서도 간단히 언급했듯이 주자학을 비롯한 기존의 학문이 지나치게 원리적이고 관념적이어서 이것을 가지고 변화된 사회의 문제를 해결하는 데에는 한계를 노정할 수밖에 없었다. 날로 부패해지고 다양해진 사회 속에서 이를 개혁하고 지도하는데, 당시 지식인들이 경세치용의 실학 방법을 동원하려고 했던 이유도 여기에 있으며, 이같은 계몽적 사고가 당시 사회의 사상적 특징으로 부각되었던 것도 당연한 것이라 생각된다. 다만 그 방법적인 측면에서 어떤 학자들은 주자학에 대해서, 어떤 학자들은 양명학에 대해서, 어떤 학자들은 주·왕 모두에 대해서 비판적 시각을 갖고 해결점을 모색하였고, 다른 한편에선 서양의 학문을 통해서 당시 사회를 구제해 보려는 노력을 하였다. 당견은 그 가운데 양명학적 세계관으로 출발해서 주자학을 비판하고, 당시 사회의 문제에 접근하며 구제책을 제시하고자 했다. 여기서 사상사의 흐름상 중요한 단서를 발견하게 된다. 당견이 제시한 사상체계는 당시 공리공론으로 비판받던 주자학의 한계를 양명학적 세계관을 통해 극복하려고 했으며, 그 결과 양명학적 세계관의 한계까지도 극복할 수 있었다는 점에서 철학사상의 발전이란 측면에서 그 의미를 찾을 수 있다는 것이다. 당견의 사상은 명말청초 경세치용의 실학 사조의 한 단면으로서 양명학적인 세계관을 통해 주자학의 한계를 극복하려 하였고, 그런 과정 속에서 양명학적인 한계까지도 극복하려는 특징을 보여주었다는 평가를 받기에 충분할 것이다.

제1부

잠서(潛書) 번역편

潛書

상편상

유자를 분별함[辨儒]

불교도인 대호(大瓠)[1]가 우리집 앞을 지나다 들렀다. 내가 기뻐하며 차와 음식을 대접하고 그와 함께 종일토록 이야기를 나누었다.

대호가 말했다.

"선생님은 천하의 시비를 잘 판별하는 선비이시기는 하나, 아직 도(道)를 배우지 못하신 것 같습니다."

내가 대답했다.

"도를 배운다는 것은 무엇을 말합니까?"

이에 대호가 다음과 같이 말했다. "유학은 세상의 으뜸[宗]이며, 몸은 사람의 겉[表]이며, 마음은 사물의 근본[本]입니다. 군자가 세상을 바꾸고자 한다면 반드시 그 으뜸 되는 것을 세우고, 사람을 바르게 하고자 한다

---

1) 명말 安徽 宣城의 沈麟生이다. 그는 부친 沈壽岳이 국난으로 죽자 出家하였고, 대호는 법명이다.

면 반드시 그 겉을 단장하고, 사람을 선하게 하고자 한다면 반드시 그 근본에 힘써야 합니다. 『삼시(三詩)』2)를 외우고, 〈『주역(周易)』의〉 괘(卦)를 정하고, 상(象)을 공부하고, 예(禮)3)를 실천하고, 『상서(尚書)』를 말하고, 『춘추(春秋)』의 시비판단에 부합되려고 하는 것이 모두 몸을 한정하고[閑],4) 마음을 수양하기 위한 것입니다. 인륜의 법칙을 살피고, 성명(性命)의 심오하고 미세한 뜻을 탐구하고, 성(誠)과 신(信)의 입장에 근본하면서, 인(仁)과 의(義)의 도리로 돌아가 지키면, 요(堯)·순(舜)5)이 비록 먼 옛날 사람이긴 하지만 그들의 발자국을 밟듯이 그들을 잘 따르고 그들의 그림자와 합한 것처럼 하나가 되어 뜻을 세울 수 있습니다. 만일 이런 사람이 있다면 살아서는 사람들의 스승이 될 수 있고, 죽어서는 선사(先師)의 제사 받을 만하고, 〈그의〉 말을 본받고, 행동을 본보기로 하여 영원무궁토록 유전될 것이니, 어찌 군자라고 말하지 않을 수 있겠습니까? 이것은 옛사람들이 그렇게 하려고 밤낮으로 노력했던 것이고, 늙어 죽음에 이르러서까지도 게을리 하지 않았던 것입니다."

그러자 내가 다시 말했다.

"선생님의 말씀은 매우 훌륭하며 그럴 듯 합니다. 비록 그렇다 하더라도 성현의 말씀이 시대에 따라 변하는 것은 그 부족한 점을 보완하기 위한 것이며, 또 옛것을 그대로 시행하지 않는 것은 시대의 실정에 맞게 실현하기 위한 것입니다. 옛날 선사가 돌아가시자 다양한 말들이 어그러지고 분열되었습니다. 송(宋)나라 이래로 성인의 말씀이 크게 흥성하니, 옛것을 근본으로 하여 바로 잡는데 종사하고, 공을 세워도 소문남이 없

---

2) 『詩經』의 風·雅·頌을 말한다.
3) 『儀禮』·『周禮』·『禮記』 등의 三禮를 말한다.
4) 閑은 '範圍' '限界'를 뜻한다. 『論語』 「子張」에 "大德不踰閑, 小德出入可也"라고 했는데, 이때의 閑의 뜻이 '한계'이다. 여기서는 직역하여 '閑身'을 "몸을 한정한다"로 하였다.
5) 堯舜 모두 중국 전설 속의 聖君으로 요임금은 唐堯라고 순임금은 虞舜이라고도 불렀다.

었습니다. 이런 말을 변론하지 않으면 선생님의 그 말씀은 내용 없는 헛소리[虛言]가 될 것 같습니다."

대호가 말했다.

"송나라로부터 명나라에 이르기까지 성현의 말씀은 크게 흥성하였고, 수많은 학설이 모조리 다 없어졌어도 이상한 소문으로 잘못되지 않았습니다. 현명한 선생님들은 높은 뜻을 세상에 펼치시어 본받을 만하였으니 그 공이 적지 않습니다. 그런데 선생님께서는 홀로 공적이 없다고 하시니 무슨 말씀이십니까?"

내가 대답하였다.

"내가 듣기로는 노(魯)나라 애공(哀公, 기원전 494~480) 때, 제(齊)나라 사람들이 크게 군사를 일으켜 노나라를 정벌하였습니다. 계손(季孫)씨6)는 조정에서 여러 대부(大夫)들에게 적당한 장수를 추천하라고 하였습니다. 그러자 여러 대부들이 모두 말하기를 '염구(冉求)7)가 적임자입니다'고 하였습니다. 이에 계손씨는 그를 들어 장수로 삼고 제나라 사람들과 싸우게 하였습니다. 〈그런데〉 염구는 제대로 싸움을 하지 못하고 그만 노나라 군대는 크게 패하고 전차 3백대와 군사 5천명을 잃고 말았습니다. 계손씨가 염구를 벌주려고 하자, 염구는 두려워 떨며 초나라로 도망했습니다. 그 후 전상(田常)8)이 노나라를 정벌하려고 하자 자공(子貢)9)이 노나라를 구하려고 나섰습니다. 공자가 이를 중지시키며 말하기를 '나의 도가 어찌 이것(전쟁)을 위한 것이겠는가!'라고 하자, 자공은 이를 듣지 않고, 오(吳)나라와 진(晉)나라의 군주에게 가서 제나라를 포위해서 노나라를 보존케 해달라고 설득하였습니다. 오나라와 진나라의 군주는 약속을 지키지 않고 오히려 전상에게 일렀습니다. 그러자 전상이 크게 노하며 자공을

---

6) 춘추전국시대 노나라 정권을 잡고 있던 세 귀족 가운데 하나이다.
7) 공자의 제자로 노나라 사람이다. 성은 冉, 이름은 求, 자는 子有이다. 일찍이 계손씨의 가신이 되었다.
8) 춘추시대 말기에 제나라를 다스렸던 陳恒이다. 田成子 혹은 陳成子라고도 했다.
9) 공자의 제자로 성은 端木, 이름은 賜, 자공은 자이다.

처벌하였습니다. 〈제나라〉 군대가 〈노나라의〉 성문 가까이 근접하자 노나라의 군주와 신하들이 무릎꿇고 항복을 청하였고, 세 읍을 헌상하자 정벌을 풀었으며, 이후 전상은 이들(노나라의 군주와 신하)을 석방해 주었습니다. 당시 노나라는 거의 망한 것이나 다름없었습니다."

대호가 놀라며 말했다.

"나는 글에서 그같은 내용을 아직 보지 못했는데, 선생님께서는 어떻게 그것을 알고 계십니까?"

내가 말했다.

"여기에 그 이상의 것도 있습니다. 옛날 송(宋)나라는 영토가 점점 줄어들어 오월(吳越, 지금의 강소성과 절강성) 일대로 제한되었습니다. 그 후 여러 유학자들이 연이어 일어나 정심(正心)·성의(誠意)의 학문으로[10] 그 군주를 보좌하여 풍속을 변화시켰습니다. 그러자 금(金, 女眞族)나라 사람들이 이를 두려워하며 감히 남침하지 못했습니다. 이에 〈송나라는〉 금나라를 정벌하면서 한 명의 군사도 죽이지 않고, 한 명의 졸병도 상하지 않고, 한 개의 화살도 낭비하지 않고, 창 하나도 사용하지 않았습니다. 송나라 사람들은 무장을 해제하고 쫓아가자 금나라 사람들은 창을 버리고 도망갔습니다. 그래서 마침내 북쪽으로 유주(幽州, 지금의 하북성 일대)를 취하고 서쪽으로 서하(西夏, 寧夏·陝北·甘肅 서북부·靑海 동북부 일대)를 평정하고 동서로 수천 리를 개척하여 선대로부터 물려받은 영토보다 2/10~3/10을 넓혔습니다. 선생님께서는 이것을 들어보셨습니까?"

이에 대호가 크게 웃으며 말했다.

"선생님은 농담을 잘 하시는군요?"

내가 말했다.

"농담이 아닙니다. 청컨대 저의 말을 들어보시지요 염구와 자공의 학

---

10) 『大學』의 "그 마음을 바르게 하고자 하는 자는 먼저 그 뜻을 진실하게 하고, 그 뜻을 진실하게 하고자 하는 자는 먼저 그 지식을 지극히 하라[欲正其心者, 先誠其意, 欲誠其意者, 先致其知]"란 말이 있다.

문은 문제가 많으니 마땅히 공적이 없는 것 같습니다.[11] 여러 유학자들의 학문은 마치 화롯가에서 연단한 것과 같아 가히 백대의 사표가 될 만하고, 마땅히 공적이 있는 것 같습니다. 그러나 득실을 따져보자면 서로 반대여서 〈오늘날 유학자들의〉 공적과 업적은 서로 멀기만 합니다.[12] 내가 일찍이 장자현(長子縣)[13]에서 관직을 지낸 적이 있는데, 〈그때〉 상당(上黨)[14]의 인삼이 천하의 양약이라는 소문이 있어 의사들에게 명하여 그것을 바치라고 했습니다. 그 〈인삼의〉 형태는 비쩍 말랐으면서도 길었고, 그 색깔은 회백색이었습니다. 어떤 사람이 말하기를 '이 인삼이 생겨나 그것이 변한 지 너무 오래되어 그것을 먹으면 비록 보약은 되어도 쇠약한 몸을 일으킬 수는 없습니다'고 하였습니다. 참 이상하지요! 같은 산골짜기, 같은 뿌리와 잎사귀, 같은 비와 이슬인데도 옛날 것은 양약이 되고 지금의 것은 그렇지 못합니다. 옛날의 유학자들은 예전의 상당의 인삼과 같고, 후대의 유학자들은 오늘날 상당의 인삼과 같습니다."

대호가 말했다.

"나는 유학자들이 공적을 헤아리지 않는다고 들었습니다."

내가 대답하였다.

"그렇지 않습니다. 유학자들이 귀하게 된 것은 혼란을 평정하고 폭거를 제거하고 백성을 편안하게 할 수 있었기 때문입니다. 만일 유학자들

---

11) 『論語』「雍也」에 "염구가 말했다. '선생님의 도를 기뻐하지 않는 게 아니라 힘이 부족할 따름입니다.' 공자가 말했다. '힘이 부족한 사람은 중도에 폐지하지만 너는 지금 스스로 한계를 긋는 것이다'[冉求曰, '非不說子之道, 力不足也.' 子曰, '力不足者, 中道而廢, 今女劃']"라고 하며, 염구의 소극적 태도를 지적한 공자의 말이 있고, 「憲問」에는 "자공이 사람들을 서로 비교하였다. 공자가 말했다. '사야 참 넌 똑똑도 하구나! 나는 그럴 틈이 없구나!'[子貢方人. 子曰, '賜也, 賢乎哉. 夫我則不暇']"라고 하며, 공자가 자공을 역설적으로 꾸짖은 말이 있다.

12) 염구와 자공은 자신의 실제 행동으로 공업(功業)을 세웠다면, 후대(아마도 송대 유학자들)은 공리공론만 일삼았기 때문에 제대로 된 공적이 없다는 뜻이다.

13) 당견은 한 때 山西省 동남부에 위치한 장자현 知縣으로 약 10개월간 근무했다.

14) 縣이름으로 지금의 산서성 長治縣이다.

이 공적을 말하지 않았다면, 순(舜)임금이 유묘(有苗)15)를 반드시 정복하지 않아도 되고, 탕(湯)왕이 하(夏)를 반드시 평정하지 않아도 되며, 문(文)왕과 무(武)왕이 상(商)을 반드시 평정하지 않아도 되고, 우(禹)임금이 반드시 치수사업을 하지 않아도 되며, 요순시대의 농업관리 책임자 기직(棄稷, 곧 后稷)16)이 반드시 곡식을 풍년들게 하지 않아도 되고, 순임금 시절에 산택(山澤)을 관리했던 백익(伯益)17)이 반드시 산을 깎아 평지를 조성하지 않아도 되고, 순임금 시절에 형벌을 담당했던 고요(皐陶)18)가 반드시 형벌을 잘 관리하지 않아도 되고, 순임금 때 용(龍)19)이 반드시 먼 곳에 사는 사람과 외빈을 초대하지 않아도 되고, 주무왕이 은을 무너뜨릴 때 보좌한 여망(呂望)20)이 반드시 묘책을 내지 않아도 되고, 공자가 반드시 주나라의 문화를 다시 부흥하려고 하지 않아도 되고, 자여(子輿 곧 孟軻, B.C. 372~289)21)가 반드시 제선왕(齊宣王)을 보필하지 않아도 되고, 순황(荀況, 곧 순자 B.C. 313~238)이 반드시 군사문제에 대해 언급하지 않아도 되었을 것입니다. 이처럼 여러 성현들이 다만 자기 완성만 취하였다면 무엇이 보통사람들과 다를 바가 있겠습니까? 공자가 '마음[心]은 일의 근본이다'고 하였습니다. 여기서 근본을 귀하게 여기는 비유는 예컨대, 저 나무를 심는 사람이 그 뿌리를 흙으로 두껍게 덮어 주고 아침저

---

15) 고대 중국 남방의 蠻族으로 三苗를 말한다. 有는 助詞이다.

16) 周나라의 先祖 棄의 다른 이름이다. 농사짓는 데 능하여 요순시대에 그를 農官으로 임명하여 백성들에게 농사를 가르쳤다고 전한다.

17) 순임금 시절의 백예(伯翳)이며, 皐陶의 아들이다. 禹임금 때에는 治水사업을 도와 공을 세웠다.

18) 舜임금의 신하로 자는 庭堅이며, 관직은 司寇, 즉 獄官의 長을 지냈다.

19) 순임금 시절에 納言의 관직을 지냈다.

20) 주나라 초기의 정치가로 齊나라의 시조이다. 자는 子牙이며, 呂尙·呂望·太公望·師尙父·姜太公이라 부르기도 하였다. 조상들은 東海(지금의 山東省 동쪽)에 자리하였다가 나중에는 주로 呂·申 일대(지금의 河南省 南陽부근)에서 활동하였다.

21) 전국시대 鄒(지금의 산동성 鄒縣) 출신의 사상가로 이름은 軻, 자는 子輿이고, 子思의 문인에게서 배웠다. 齊·宋·滕·魏 등의 나라에서 유세하였고, 한 때 제선왕의 客卿이 된 적이 있었지만 그의 의견이 채택되지 않자 그만 두었다. 그의 사상은 萬章 등 그 제자들이 기록한 『孟子』7편에 자세히 나와 있다.

녁으로 물을 주며 5일에서 10일 간격으로 비료를 줍니다. 이같은 일을 기꺼이 하는 것은 아름다운 꽃을 보고 기뻐할 수 있고, 열매를 먹을 수 있기 때문입니다. 그 나무가 꽃을 피지 못하고, 꽃이 펴도 열매를 맺지 못한다면 어찌 쓸모 없는 뿌리를 귀하게 여기겠습니까? 그 뿌리를 뽑아서 불태우는 것만 못할 것입니다. 마음 또한 그렇습니다. 일이 이루어지지 않고 공(功)이 서지 않으면, 또한 어찌 쓸모 없는 마음을 귀하게 여기겠습니까? 차라리 그 마음을 내버리고 방치하는 것만 못합니다. 나무는 뿌리가 있어 자라서 열매맺지 않음이 없으며, 사람은 마음이 있어 운용하여 이루지 않는 것이 없습니다. 만일 지금의 학문같이 하면 장차 강한 사람을 약하게 하고, 융통성이 있는 사람은 융통성이 없어지며, 충실하고 신실한 사람을 고루하게 하고, 돈독한 사람을 마비시키고, 간소하고 정직한 사람을 혼란하고 맑지 못하게 합니다. 하늘은 알차게 재능을 생기게 하였지만, 〈이런 방식으로〉 배우면 망가지고 말 것입니다."

대호는 유학자이면서 학문을 좋아하고 식견을 널리 구하며, 초나라 소체시부(騷體詩賦)를 잘하였다. 그 부친께서는 자기 수명대로 죽지 못하였으며, 그는 불문(佛門)에 도망하여 재난을 모면한 사람이다. 다른 날 내가 가서 말할 바 있어서 〈그를 보고〉 그것을 저울질하게 하고 싶었다. 그런데 대호는 병들어 죽고 말았다.

마음을 바르게 하고[正心] 뜻을 성실하게 하는 것[誠意]은 학문의 근본이다. 옛날 사람들은 정심·성의하면 성인(聖人)이 되었지만, 후대의 사람들은 정심·성의하면 고루한 유학자가 되었다.

마음을 다스리는 방법은 자기 자신의 이익을 생각하지 않고 의로운 것을 생각하며,[22] 거짓을 멀리하고 성실을 주로 하는 것이다. 의(義)로우면 한결같이 의롭고, 성실하면 한결같이 성실하다. 성실은 한결같지만 거기엔 나뉨이 있는 것이다. 의와 이익을 가지고 따지지 말고 의와 의를

---

22) 『論語』「憲問」편에서는 "이익을 보면 의로운지 생각하라[見利思義]"고 했고, 「季氏」편에서는 "이득을 보면 의로운가 생각하라[見得思義]"고 했다.

가지고 따지며, 성실과 거짓을 가지고 따지지 말고 성실과 성실을 가지고 따진다.

계란은 흰색이고 꿩의 알에는 무늬가 있어서 이것은 쉽게 구별된다. 〈그러나〉 계란과 계란을 구별하는 것은 매우 어렵다. 알을 품고 있는 동안 살펴보아도 만져 보아도 형상을 알 수 없으니, 어떻게 암수의 구분이 있겠는가? 그러나 암수는 이미 구별되어 있다. 수컷을 품은 것은 성인이 되고, 암컷을 품은 것은 비속한 유자(儒者)가 된다.[23]

춘추시대 송(宋)나라 양공(襄公)의 의(義)가 있고,[24] 주나라 문왕(文王)의 의가 있다.[25] 미생(尾生)의 믿음[信]이 있고,[26] 계로(季路)의 믿음이 있다.[27] 어찌 반드시 홍(泓)이라는 지방에서 전쟁을 치룬 뒤 양공이 되었고, 숭(崇)지방에서 전쟁을 한 뒤 문왕이 되었겠는가! 종일토록 묵묵히 앉아 있으며, 하루종일 일을 하고, 책을 읽고, 생각에 주목하고, 마음에 보존한 것에서 이미 송양공과 주문왕은 그 가운데 구분되는 것이다. 〈원

---

23) 이 문장은 앞뒤 문맥으로 보아 단순히 암수 차별을 위한 내용이 아니라 내적 수양을 통한 학식과 재능의 축적인가(성인) 그렇지 않은가(비속한 유자)에 대한 비유이다.

24) 양공은 춘추시대 송나라의 군주이다. B.C. 638년 송 양공은 鄭나라를 정벌하는 데 정나라를 구원한 楚나라 군대와 泓땅에서 싸움을 하였다. 그때 양공은 스스로를 仁義의 군대라고 자칭하면서 초군이 완전히 강을 건너올 때까지 기다렸다가 싸움을 하였다. 결과는 송 양공의 참패였다. 그때 양공은 상처를 입고 결국 치료가 불가능하여 죽고 말았다. 훗날 사람들은 이런 양공의 인의를 두고 假仁假義라고 비웃었다.

25) 虞와 芮 두 나라가 전쟁하는데 문왕이 몸소 德治를 행하자 두 나라의 전쟁터까지 그 德化가 미쳐 전쟁을 중지하고 서로 양보하였다는 내용이다. 『史記』「周本紀」와 『詩經』「大雅」편에 기록되어 있다.

26) 『莊子』「盜跖」편에 미생의 일화가 전한다. 미생은 전국시대 魯나라의 약속[信]을 잘 지키는 사람이었다. 한 번 미생이 한 여자와 다리 밑에서 만나기로 약속을 하였는데 여자가 오지 않았다. 비가 많이 내려 다리가 점점 물로 차오르기 시작했지만 미생은 여전히 그 자리를 떠나지 않고 교각을 잡고 있다 죽고 말았다는 이야기이다.

27) 계로는 춘추시대 衛나라 사람으로 공자의 제자 仲由, 곧 子路를 말한다. 『論語』「顔淵」편에 "승낙하는 것을 잠시도 묵히지 않고 곧바로 하였다[子路無宿諾]"라고 했다. 朱熹는 이 문장을 주석하면서 "천승의 나라가 그 맹약을 믿지 않고 자로의 한마디 약속을 믿었으니, 자로가 남에게 신임 받은 것을 알 수 있다[千乘之國, 不信其盟而信子路之一言, 其見信於人, 可知矣]"라고 하면서, 자로에 대한 믿음의 강도를 표현하고 있다.

래〉 수컷이 될 것을 품었는데 암컷이 되었거나, 〈원래〉 암컷이 될 것을 품었는데 수컷이 된 경우는 없다.

마음이 움직이는 데에는 사랑과 증오·옳고 그름의 작용과, 충신(忠信)·인의(仁義)의 도리가 있다. 쓸모 있는 믿음은 반드시 우매하지 않으며, 쓸모 있는 인(仁)은 반드시 나약하지 않다. 쓸모 있는 의(義)는 반드시 고루하지 않다. 이것은 마치 흑백이 분명히 분별되어 있는 것처럼, 남들이 아직 알지 못하지만, 자기 스스로는 알고 있다.

양기(陽氣)는 음력 10월에 감춰져 있다가 11월에 드러나는데,[28] 이것은 천둥 번개와 더불어 내리는 비의 근원이 된다. 믿음이란 첩과 노복을 속이지 않고, 어린이조차 속이지 않는 것으로, 이것은 흉포한 자를 유순하게 길들이고 야만적인 자들을 복종시키는 근원이 된다. 인이란 가축이 도살되는 것을 차마 보지 못하며,[29] 잠자고 있는 새를 해치지 않는 것으로,[30] 이것은 온 세상 사람들에게 혜택을 베푸는 근원이 된다. 의란 이익을 탐하지 않고, 사랑을 가리지 않으며, 죄악을 따라하지 않는데, 이것은 폭거를 제어해서 천하를 안정시키는 근원인 것이다. 군자는 이미 그 근원을 터득하고 또한 그것을 잘 배양한다. 이것을 잘 배양하게 되면 그 뿌리가 살아나고, 잘 배양하지 못하면 그 뿌리가 썩고 만다.

단계(丹溪)[31]는 과거 훌륭한 의사였다. 소변을 제대로 누지 못하는 환자를 치료하지 못하고, 음기를 북돋고, 황벽(黃蘗)·지모(知母)와 같은 약

---

28) "十一月陽氣動, 萬物孳."(『說文』)
29) 『孟子』「梁惠王」上편에 "그렇기 때문에 군자는 푸주간을 멀리한다[是以君子遠庖廚也]"란 말이 있다. 곡속(觳觫)에 쓰이는 소와 양을 두고 이를 측은히 여기는 제선왕(齊宣王)에게 맹자가 한 말이다. 맹자는 여기서 '차마 하지 못하는 마음[不忍人之心]'을 언급하였다.
30) 『論語』「述而」편에 "공자는 낚시는 해도 촘촘한 그물로 고기를 잡지 않았고, 사냥하면서 앉아 있는 새를 쏘지 않았다[子釣而不網, 弋不射宿]"고 하는 말이 있다.
31) 원나라 절강성 義烏縣 사람 朱震亨으로 자는 彦修다. 의술에 밝았고 당시 많은 사람들이 그를 존경했다고 한다. 저술로 『局方發揮』·『金匱鉤元』·『格致余論』 등이 있다.

을 먹이었다. 어찌 그가 육계(肉桂) 3푼 쓰는 것을 알았겠는가!32)

마음은 영물(靈物)이다. 쓰지 않으면 항상 그대로 있으며, 작게 쓰면 작은 성과를 내고, 크게 쓰면 큰 성과를 내고, 변통해서 쓰면 신성한 경지에 이른다. 멈춰 있는 물처럼 해서는 안된다. 물이 〈흐르지 않고〉 멈추어 있으면 맑지 않다. 응고돼 있는 아교처럼 해서는 안된다. 아교가 응고되어 있으면 붙지 않는다.

옛날 촉(蜀, 사천)땅의 어느 마을에 장(蔣)씨 성을 가진 심성이 매우 착한 이가 있었다. 그는 선을 베풀기를 좋아하고, 악행 저지르는 것을 싫어했다. 성실하고 믿음이 있으면서 다른 사람들을 기만하지 않았기 때문에 동네 사람들이 모두 그를 따랐다. 어느 부자가 지권(紙券)33)을 쓰지 않고 그에게 천금(千金)을 주었다. 〈그것을 가지고〉 그는 협(陝)·락(洛) 일대에서 장사를 하였는데, 고향에서 하던 방식대로 그 곳에서도 그대로 하자, 〈그곳〉 사람들이 좋아하지 않았다. 3년이 지나자 갖고 있던 재물을 모두 탕진하고 〈고향으로〉 돌아왔다.

이같은 사람을 어찌 진실하고 선하지 않다고 하겠는가! 선을 행하였으나 남의 돈 천금을 모두 잃었으니, 무엇이 문제였을까? 물이 멈추고 아교가 응고되었는데, 육계 없이 소변이 나오도록 인도한 것이다. 이것은 이른바 고향 동네의 선함을 벗어나지 못한 것이다.34)

옛날 왕양명(1472~1528) 선생이 어렸을 때 그의 계모(繼母)가 자주 좋지 않은 일을 하자 선생이 그것을 근심하였다. 무당이 오자 양명 선생이 어머니에게 다음과 같이 말해달라고 부탁했다.

"지금 신이 나[무당]에게 말했습니다. 어머니, 불선(不善)한 일을 하지 마십시오 선을 행하면 복이 오고, 불선을 행하면 화가 미칠 것입니다."

---

32) 黃蘗은 黃柏이라고도 하며 知母(百合科에 속한 宿根草), 肉桂(계수나무의 두꺼운 껍질)와 함께 이뇨작용을 한다.
33) 일종의 어음이다.
34) 이것은 고향에서만 통용되던 방식이지 결코 다른 지역에서도 통용되는 방식은 아니다.

그러자 그 어머니는 흔쾌히 그런 자신의 행동을 고치고 하루아침에 어진 어머니가 되었다. 이것은 간사한 꾀로 자기 모친을 대한 것이니, 군자는 그것을 잘못으로 여긴다. 그러나 그는 다른 날 이 방법을 썼는데, 속임수로 군대를 써서 영왕(寧王)을 사로잡고 이두(洌頭)의 일어난 반란을 평정시키는 공적을 세웠다.35) 마음 다스리는 방법을 여기에서 발견할 수 있다.

맹자를 존숭함[尊孟]

정이(程頤, 1033~1107)36)는 매우 고루하다. 맹자가 "나는 성인이다"37)고 했는데, 정이는 그를 성인이 아니라고 하였다.38)

옛날 사람들은 대다수가 착실하였다면 요즘 사람들은 상당수가 허망하다. 그래서 옛사람들은 스스로 알고 있었고, 지금 사람들은 스스로 알지 못한다. 자로(子路)의 재능은 천승지국(千乘之國)을 능히 다스릴 수 있고, 염구(冉求)의 재능은 70리 정도의 작은 나라를 다스릴 수 있다고 했

---

35) 명대 1519年(正德 14) 寧王 朱宸濠의 반란을 양명이 격퇴시키고 주신호를 포로로 잡았고, 1518年(正德 13) 池仲容이 洌頭에서 일으킨 반란을 평정시켰다.
36) 자는 正叔이며 河南사람으로 보통 伊川 선생이라고 부른다. 그의 형 程顥와 더불어 송대 성리학의 기초를 다졌다.
37) 『孟子』에는 이런 말이 없다. 이 말은 아마도 당견이 맹자를 그렇게 평가하려는 의지 같다.
38) 정이는 『河南程氏遺書』 第2卷에서 "공자와 맹자의 차이는 다만 성인과 현인의 구별일 뿐이다. 만일 맹자가 공자의 사업을 하였더라도 성인과 같다고 하기는 어렵다. 예컨대 화려한 종이를 잘라 꽃을 만들었다고 하자. 그 꽃은 〈진짜와〉 비슷하지 않은 것은 아니지만 다만 다른 것이 아니라 만든 공로의 조화일 뿐이다[孔孟之分, 只要別個聖人賢人. 如孟子, 若爲孔子事業, 則盡做得只是難似聖人. 譬如剪彩以爲花, 花則無不似處, 只是無他造化功]"라고 했으며, 또 같은 책 제18에서는 맹자를 성인에 버금가는 亞聖은 될지언정 성인은 될 수 없다고 하였다.

는데,39) 그들의 이러한 자기 자신들에 대한 평가를 공자도 역시 동의하였다. 과거 공손추(公孫丑)가 맹자에게 다음과 같이 물었다.

"선생님은 성인이십니까?"

맹자가 대답했다.

"성인은 공자도 자처하지 않았는데, 무슨 말인가!"40)

〈여기서 맹자는〉 성스럽지 않다고 스스로 말하지 않았으며, 공자가 〈성인을〉 자처하지 않았다는 이유로 그것을 사양하였는데, 대개 성인이라고 자처하지 않았을 뿐이다. 공손추가 〈맹자의〉 이 말뜻을 이해하지 못하고, 또 질문하였다.

"그렇다면 선생님께서는 안연(顏淵, B.C. 521~490)41)보다 편안히 자처하십니까?"42)

맹자가 대답하였다.

"잠시 이런 문제는 접어두자."43)

길을 가는 것은 지나간 흔적을 버리는 것이다. 계단을 오르는 것은 지나간 층계를 버리는 것이다. 버리는 것은 지나간(통과한) 것이다. 안연을 지나친 이는 어떤 사람인가?44)

---

39) 『論語』「先進」편 참조.
40) 『孟子』「公孫丑」上 참조.
41) 공자가 가장 아꼈던 제자. 이름은 回, 자는 子淵, 보통 안연이라 불렀다. 총명하고 부지런하며 好學하여 공자로부터 많은 칭찬을 들었다.
42) 『孟子』「公孫丑」上편에 "감히 선생님께서 편안히 자처하시는 바를 묻겠습니다[敢問所安]"고 하였는데, 여기서 '安'을 주자는 '편안히 처(處)하는 것'이라 주석하였다.
43) 『孟子』「公孫丑」上편에 자세히 나와 있다. 요약하자면 공손추가 맹자에게 "선생님은 성인이십니다"고 하자, "공자도 성인이라고 자처하지 않았는데, 무슨 말을 하는가?"라고 답했다. 공손추가 다시 "안연이 성인으로서의 자격을 갖추고 있지만 조금 미약하였다면 선생님은 안연보다 낫지 않겠습니까?"라고 말하자 맹자가 "우선 이런 사람들(원문에서는 안연말고 冉牛 · 閔子를 함께 지칭하고 있다)에 대한 말을 접어두자"고 하면서 확답을 회피하였다. 이것을 가지고 당견은 맹자가 "스스로 성인이다"고 한 것으로 파악한 것 같다.
44) 안연보다 후대를 산 맹자가 훨씬 낫다는 차원에서, 당견은 맹자를 성인이라 부르고 이같은 설명을 하고 있다. 다시 말해 당견은 계단을 오르는 사람은 이미 지나친 계단

사나운 호랑이가 깊은 산 속에 있으면 많은 짐승들이 무서워 떨 테지만, 어찌 〈호랑이가〉 기린(麒麟)45)을 보고 굴복할 것을 않겠는가? 기린은 좋은 짐승이다. 손으로 그 뿔을 만지고, 손가락으로 그 이빨을 셀 수도 있다. 사람들이 그것을 보고 호랑이의 먹잇감이라고 말할 것이다. 그런데 〈호랑이가 기린에게〉 굴복할 수 있음을 알지 못하는 것은 기린과 호랑이가 서로 만난 적이 없기 때문이다. 성인은 기린이고, 간웅(奸雄)은 호랑이이다. 세상에 성인이 없으니, 혹 성인이 있다 하더라도 기용되지 않기 때문에 간웅들이 복종할 곳이 없어 천하에 판치는 것이다.

옛날 맹자가 살던 시대에는 천하의 강대국이 일곱이었다. 진(秦)나라 효공(孝公, B.C. 361~338)46)은 서쪽 변경지방에서 위력을 떨치며 〈백성들에게〉 은혜를 베풀고, 고아와 과부를 구휼하고, 〈유능한〉 전사(戰士)를 모집하였으며, 공적을 세운 이에게 상주는 것을 분명히 하여 서쪽으로 융족(戎族)의 왕을 죽이고, 남쪽으로 강성했던 초(楚)나라를 정벌하며, 다른 여섯 나라를 호시탐탐 위협하며, 그들 지역에 대한 제패를 노리고 있었다. 여섯 나라의 군주와 신하들은 위협을 느끼고 두려워하며, 다양한 대책을 세우고 함께 나아가, 서쪽을 향하여 진나라에 대응하였다.

연(燕)나라 소왕(昭王, B.C. 311~279)47)은 유능한 인재를 잘 기용하는 데 일가견이 있었고, 한(韓)나라 소후(昭侯)48)는 나라를 다스리는 데 밝았으

을 몸 뒤로하면서 더 높은 곳에 오른다는 것이다. 여기서 안연은 계단 아래에 처해 있다면 맹자는 그 위에 섰다는 설명이다.

45) 상상 속의 동물이다. 성군이 나와 왕도정치가 실현되면 나타나는데, 그 모양은 사슴과 같고 이마는 이리, 꼬리는 소나 말 같으며 머리에는 뿔이 한 개 있다고 한다. 여기서 麒는 수컷이고 麟은 암컷이다. 옛날 사람들은 이 동물을 성정이 선량해서 仁獸라고 불렀다.

46) 이름은 渠梁이며, 秦獻公의 아들이다. 商鞅을 기용하여 변법을 시행하고, 진나라를 부강케 하였다.

47) 성은 姬이고, 명은 平이다. 그가 즉위하였을 때 燕나라는 齊나라의 침략을 받아 국세가 매우 위태로웠으나 인재를 잘 기용하여 제나라를 물리치고 점차 나라를 중흥시켰다.

48) 전국시대 韓나라의 군주였다. 그는 申不害를 재상으로 기용하여 術을 닦고 道를 행

며, 조(趙)나라 무령왕(武靈王, B.C. 325~299)[49]은 말을 잘 타고 활쏘기에 능숙하여 북방에서 기세를 떨치고 있었다. 소대(蘇代)[50]와 진진(陳軫)[51]은 기묘한 계책이 뛰어나 〈그것을〉 이루 다 헤아릴 수 없을 정도이며, 백기(白起)[52]·조사(趙奢)[53]·악의(樂毅)[54]는 용병술이 거의 신기에 가까워 그들이 가는 곳마다 당할 적이 없었다. 이때 사람들은 모두 병법을 익히고, 전쟁에 익숙하여 갑옷과 투구로 방석을 삼고, 행군하는 것을 바둑 두는 것 정도로 여겼다. 지모(智謀)에 뛰어난 이들을 모두 기용하고, 군사 백만을 거느리고 천 리나 되는 전쟁터에서 나가 싸우자, 시체가 들판을 가득 메우고 피의 흐름이 방패를 띄울 정도로 흥건하였다.

〈전국시대〉 일곱 영웅이 함께 각축을 벌이는데, 그 세력이 〈모두 엇비슷하여〉 서로 낮추어 볼 수 없었다. 논자들은 당시 이같은 전국칠웅의 세력을 평가하며, 비록 강태공(姜太公)이 다시 태어난다 해도 쉽게 평정할 수 없을 것이라고 생각했다.

그런데 맹자는 이렇게 말했다.

"제나라로 하여금 왕 노릇하게 하는 것(천하를 평정하는 것)은 손바닥 뒤집는 것처럼 쉬울 것이다."[55]

왕 노릇 한다는 것은 진효공·연소공·조무령왕의 무리로 하여금 토

하여 내치를 하자 제후들이 감히 넘보지 못하였다.

49) 전국시대 趙나라의 군주로 재위기간 동안 군사개혁을 실시하였다. 胡服을 고쳐 입고 말타기와 활쏘기를 연마하여 산 속에 있던 林胡·樓煩을 평정하고 나라의 세력을 확장하였다.

50) 전국시대의 縱橫家로 일찍이 燕나라와 秦나라가 연합해서 齊나라를 정벌할 것을 권하였다.

51) 전국시대 사람으로 유세를 잘하였고, 秦나라와 楚나라에서 벼슬하였다.

52) 전국시대의 군사전략가로 진나라 昭王을 위해 많은 공을 세워 武安君으로 봉해졌다.

53) 전국시대 趙나라의 장수로 용병술에 뛰어났다. 조나라 惠文王 19年(B.C. 270) 秦나라가 조나라를 침략했을 때 진나라를 군대를 지금의 山西和順 서북방에서 크게 무찔렀다.

54) 전국시대 연나라 장군으로 연나라 소왕을 위해 제나라를 격파해서 70여 개의 성을 함락시켰다.

55)『孟子』「公孫丑」上편의 원문은 "以齊王, 由反手也"로 되어 있는데, 여기서 '由'는 '猶'의 의미이다.

지와 인민의 수에 의거하여 머리를 조아려 신하가 되게 하고, 상벌을 〈제 나라의〉 명에 따르는 것이다. 〈그리고〉 백기·조사·소대·진진의 무리로 하여금 입을 틀어막고 음모를 꾸미지 못하게 하고 창을 던져 감히 싸움을 하지 못하게 하는 것이다. 간사함을 변화시켜 선량하게 하고, 강한 남성 같은 기질을 부드럽게 해서 여성스럽게 만들게 된 뒤라야 천하를 평정할 수 있고, 제나라가 왕 노릇할 수 있는 것이다. 아아! 어찌 신묘하지 않은가! 성인이 아니라면 이같이 할 수 있겠는가?

세상에는 인(仁)보다 강한 게 없다. 인을 행하면서도 공(功)이 없는 것은 인을 행한 양을 가득 채우지 못하기 때문이다.[56] 물은 배를 뜨게 할 수 있다. 배를 뜨게 할 수 없는 것은 물이 얕기 때문이다. 인은 사람들을 감복시킬 수 있는 것이다. 그 사람을 감복시킬 수 없는 것은 인이 작기 때문이다. 인이 큰 자는 강한 사람도 순종하지 않을 수 없고, 간사한 이도 친근히 따라오지 않을 수 없다. 인한 행동이 천하를 이길 수 있다고 하면 어리석은 사람은 모두 비웃을 것이다. 어리석은 사람은 겉으로 드러난 형태를 보지만, 지혜로운 사람은 내면의 마음을 본다. 예의를 갖추고 칼을 쓰지 않으며, 유자(儒者)의 복장을 하고 활을 지니지 않는 것이 〈겉으로 드러난〉 형태이다. 칼로 내가 찌르는 것은 아니지만 도리어 나를 위해 잡고 있고, 화살로 내가 해치지는 것은 아니지만 도리어 나를 위해 발사하는 것은 〈내 속의〉 마음이다.

전국(戰國)시대의 혼란한 형국으로 치달리자, 성인은 마음을 더욱 극진히 하였다.[57] 어떻게 그것을 알 수 있는가? 천하의 사람들 가운데에는

---

56) 이 말은 『孟子』「告子」上편의 "맹자가 말했다. 仁이 不仁을 이기는 것은 물이 불을 이기는 것과 같다. 오늘날 인을 행하는 자들은 한 잔의 물로 한 수레에 가득 실은 섶의 불을 끄는 것과 같다. 그리하여 불이 꺼지지 않으면 물이 불을 이기지 못한다고 말하니, 이는 또 불인을 돕기를 심히 하는 것이다[孟子曰, 仁之勝不仁也, 猶水勝火. 今之爲仁者, 猶以一杯水, 救一車薪之火也. 不熄則謂之水不勝火, 此又與於不仁之甚者也. 亦終必亡而已矣]"라고 한 데서 힌트를 얻은 것 같다.
57) 이 말의 의미를 쉽게 풀어쓴 주석을 참조하면 다음과 같다. "전국시대라고 하는 혼란기는 군주에 대한 백성들의 표면적인 복종을 불러 왔지만 성인들은 백성들의 마음

마음의 경지는 어느 정도 이르렀는데, 몸이 따르지 않는 자들이 네 부류가 있다. 어린 시절의 어린이가 그렇고, 집안에 있는 부녀자가 그렇고, 농토에 매어 있는 백성이 그렇고, 장수의 말에 복종해야 하는 삼군(三軍)의 병사들이 그렇다. 이들 네 부류의 사람들은 국가가 유지되는데 의지해야만 하는 이들이다. 그렇지만 마음은 어느 정도 경지에 도달했어도 몸이 따르지 못하는 사람들이다. 현명하고 재능 있는 사람들은 이들 네 부류 사람들의 배[舟]나 수레와 같다. 〈재능 있고 현명한 사람들이〉 없어지면 이들 네 부류의 사람들도 모두 없어져 나라는 망하고 만다. 그들이 돌아오면 이들도 돌아와 나라는 흥성하게 된다.

그러므로 성인이 인심(人心)을 얻는 것은 현명하고 재주 있는 사람이 되는 것으로부터 비롯된다. 예컨대 한 집안에 두 나라가 있다고 가정해 보자. 저쪽 나라를 살펴보자.[58] 군주는 〈신하를〉 의심하고 신하들은 〈서로〉 시기하며, 싸움은 빈번하고 형벌도 잔혹하여, 노인과 아이들이 굶주리고 추위에 떨고 부부가 헤어져 흩어진다. 이쪽 나라를 살펴보자.[59] 군주는 현명하고 신하는 충성하여 위아래가 서로 화목하고 편안하며, 노인과 어린이가 배불리 먹고 따뜻해 하며 산 사람을 잘 부양하고 죽은 이를 잘 장사지내는 데 유감이 없다.

저 백기·조사·소대·진진의 무리는 저 나라를 좇은 것인가? 이 나라를 좇은 것인가? 저 몇 사람들도 군주의 칭찬을 듣고 공적을 성취하고, 농토와 집을 장만해서 자손들에게 남겨 주고 싶을 것이다. 어찌 헤아릴 수 없는 조정에 안주하며 보유하기 힘든 부귀를 취하려고 했겠는가! 돌아와 귀속하는 것은 아마도 후자임은 의심할 것도 없다. 현명하고 재능 있는 사람들이 이미 돌아왔는데도 저 진효공·연소공·조무령왕의 무리는 〈현명하고 재능 있는 자의〉 어깨를 끊어 버리고 날개를 꺾어 버려 자

을 불러왔다."(注釋組注, 『潛書注』, 四川 : 人民出版社, 1984, 19면 참조)
58) 相은 視의 의미이다.
59) 여기서도 相은 視의 뜻이다.

립(自立)할 수 없다. 배반하면 포로가 되고, 돌아오면 제후가 되었으니 어찌 계략을 기대하겠는가! 맹자가 말한 "손바닥 뒤집는 것 같다"는 말은 참으로 옳다.

맹자의 도는 '호연지기(浩然之氣)'를 기르고 마음을 동요시키지 않는 데 [不動心] 있다.[60] 지금 발로 밟고 있는 곳은 넓이로는 2촌(寸)에도 미치지 못하고, 길이로는 7촌에도 못 미친다. 2촌 7촌 이외에는 모두 남는 땅이다. 저 계곡 연못의 나무다리는 넓이가 2~3자[尺] 정도이니, 〈어찌〉 발을 디딜 수 없겠는가!

그렇지만 천길 낭떠러지 잴 수 없는 아래 연못을 내려가 다가설 때에는 겁을 먹은 사람을 건너가게 하면 놀라 현기증이 나서 떨어질지도 모른다. 발이 약해서가 아니라 마음이 발을 믿지 못한 것이다. 대장장이가 풀무질하는 도구를 남쪽에서는 독(櫝)이라 하고, 북쪽에서는 탁(橐)이라고 하였다. 그 풀무의 손잡이를 당겼다가 힘있게 밀면 바람이 일어나면서 불을 세차게 만들어 온갖 금속을 녹이고 다양한 기구를 주조할 수 있으니, 풀무의 쓰임은 큰 것이다. 만약 〈풀무에〉 송곳이 들어갈 정도의 구멍이 나 있다면 그것을 눌러도 가운데가 텅 비고, 밀어도 바람이 일지 않아 기구를 완성할 수 없다. 풀무가 쓰기에 부족한 것이 아니라, 공기가 풀무를 채우지 않은 것이다. 마음이 발을 믿지 못하면 험한 데를 다닐 수 없고, 공기가 풀무를 채우지 못하면 그릇을 완성시킬 수 없다.

천하의 막중한 임무도 그렇다. 기(氣)가 크면 마음이 안정되고, 마음이 안정되면 재능이 충족하다. 〈이것이〉 참으로 온갖 험난한 시련을 이겨내고 공을 이루는 도리인 것이다.

---

60) "나는 나이 40에 부동심하였다[我四十不動心]" "나는 나의 호연지기를 잘 기른다[我善養吾浩然之氣]"(『孟子』「公孫丑」上)

맹자를 종주로 삼다[宗孟]

본성(本性)은 천지만물을 갖추고 있다.[61] 사람들이 〈이것을〉 알지 못함이 없고, 말하지 아니함도 없었다. 그러나 반드시 천지만물이 나의 본성 가운데 있다는 것을 참으로 보아야 하고, 그 본성이 천지만물에 부합될 수 있어야 한다. 마치 머리를 으뜸으로 해서 손과 발이 모두 내가 하고 싶은 대로 이르는 것과 같다. 이와 같아야 "본성을 다했다[盡性]"[62]고 할 수 있는 것이다.

〈『주역(周易)』의〉「계사(繫辭)」와 『중용(中庸)』은 〈그 내용이〉 광대하고 정밀해서 〈거기에〉 들어가 〈진리를〉 찾을 때, 비록 그 방법이 있어도 요체를 체득하기가 어렵다. 본성은 원래 나에게 있어서, 종일토록 본성을 말해도 마침내 본성의 소재를 알지 못한다. 이에 본성을 찾는 자가 어리둥절하며 어쩔 줄 모른다. 맹자가 그것을 일러 이렇게 말했다.

"본성은 다른 것이 아니라 인의예지(仁義禮智)이다."[63]

여기서 본성을 찾는 사람이 의거하는 곳이 있게 될 것이다.

인(仁)은 천하를 다스릴 수 있는데, 요(堯)·순(舜)으로 표준을 삼는다. 의(義)는 천하를 통제할 수 있는데, 탕(湯)·무(武)로 표준을 삼는다. 예(禮

---

61) 『孟子』「盡心」上편에 "맹자가 말했다. 만물이 모두 나에게 갖추어져 있다[孟子曰, 萬物皆備於我矣]"라고 하였는데, 이 내용을 말한 것 같다.

62) 『中庸』에 "오직 천하에 지극히 성실한 사람이어야 그 본성을 다할 수 있으니, 그 본성을 다하면 능히 사람의 본성을 다할 것이요, 사람의 본성을 다하면 능히 물건의 본성을 다할 것이요, 물건의 본성을 다하면 천지의 화육을 도울 것이요, 천지의 화육을 도우면 천지와 더불어 참여하게 될 것이다[惟天下至誠, 爲能盡其性, 能盡其性則能盡人之性, 能盡人之性則能盡物之性. 能盡物之性, 則可以贊天地之化育, 可以贊天地之化育, 則可以與天地參矣]"라고 한 내용 참조.

63) 『孟子』「告子」上편에 "측은지심을 사람마다 다 가지고 있으며, 수오지심을 사람마다 다 가지고 있으며, 공경지심을 사람마다 다 가지고 있으며, 시비지심을 사람마다 다 가지고 있다. 측은지심은 인이요, 수오지심은 의요, 공경지심은 예요, 시비지심은 지이다[惻隱之心, 人皆有之, 羞惡之心, 人皆有之, 恭敬之心, 人皆有之, 是非之心, 人皆有之. 惻隱之心仁也, 羞惡之心義也, 恭敬之心禮也, 是非之心智也]"라고 하였다.

는 천하를 규범화시킬 수 있는데, 주공(周公)[64]으로 표준을 삼는다. 지(智)는 천하를 두루 살필 수 있는데, 이것은 〈앞의〉 다섯 성인으로 표준을 삼는다. 반드시 다섯 분의 성인 같아야만 그 뒤에 사덕(四德, 仁義禮智)이 온전해질 수 있다.

한 모퉁이만을 지키지만 두루 미칠 수 없고, 몸체를 갖추었으나 채울 수 없다면, 비록 〈선인들의〉 앞선 말이 있어서 준행하고 실천해도 그것은 모두가 따라서 모방한 것이지, 끝내는 나의 소유가 아니니, 마침내 그 덕(德)을 온전히 할 수 없다. 그리하여 인·의·예·지를 실천하는 이는 또 어리둥절하며 어쩔 줄 모른다. 맹자는 그것을 이렇게 알려주었다.

"인·의·예·지란 다른 것이 아니라, 인간의 마음[人心]이다. 천하에 어찌 마음이 없는 사람이 있겠는가! 사덕은 내가 스스로 가지고 있는 것이요, 밖에서 녹아 들어온 것이 아니다."[65]

여기서 인·의·예·지를 실천하고자 하는 사람이 좇아야 할 것을 알게 될 것이다.

마음이라고 하는 것은 드러나 있으면서도 지극히 은밀하고, 미세하면서도 지극히 광대하다. 성인은 사덕에 대해서 신묘한 변화가 무궁하다. 일반사람들은 사덕에 대해서 멀리가면 진창이 되어 불통(不通)하여 버린다.[66] 고요히 정(靜)을 주로 하고 동요하지 않으며, 의연하게 욕망을 억누르고 마치 도적처럼 겉으로는 전일하나, 속으로는 분란하며, 외모로

---

64) 西周 초기의 정치가. 성은 姬, 이름은 旦 또는 叔旦이고 주나라 武王의 동생이다. 무왕을 도와 商을 멸망시켰고, 무왕이 죽은 뒤 成王이 어린 나이로 즉위하자 대신 섭정하였다. 이에 형제인 管叔·蔡叔·霍叔 등이 불복하며 반란을 일으켰다. 주공이 이들의 반란을 평정하고 제후에게 分封을 실시하였다.

65) "인의예지는 밖으로부터 나를 녹여서 들어오는 것이 아니요, 나에게 고유한 것이지만 사람들이 생각하지 못할 뿐이다[仁義禮智, 非由外鑠我也, 我固有之也, 弗思耳矣]" (『孟子』 「告子」 上)

66) "자하가 말했다. '비록 작은 도라도 반드시 볼 만한 것이 있으나 원대함에 이르는 데 장애 될까 두렵다. 이 때문에 군자가 하지 않는 것이다[子夏曰, '雖小道, 必有可觀者焉 致遠恐泥, 是以君子不爲也']."(『論語』「子張」) 여기서 泥를 주자는 不通으로 해석하였다.

는 순수하나 안으로는 복잡하여 진위를 판별하지 못하고, 마침내 마음의 소재를 알지 못한다. 이에 마음을 찾는 자가 어리둥절하며 어쩔 줄 모른다.

맹자는 그것을 이렇게 말했다.

"사람들이 나면서 함께 공유한 것이 양지(良知)이다. 어려서 손잡고 가는 어린아이가 부모를 사랑할 줄 알고, 점점 어른이 되어서는 웃어른을 공경할 줄 안다. 측은지심(惻隱之心)·수오지심(羞惡之心)·사양지심(辭讓之心)·시비지심(是非之心)은 사람이라면 모두 이런 마음이 있다. 이 사단(四端)을 미루어 사덕을 추구하며, 위반하지 않고, 작위하지 않으며, 그 자연스런 모습을 따르면 〈완벽하게〉 갖추어 결함이 없는 것이다."[67]

여기서 마음을 구하는 사람이 따라야 할 바를 알게 될 것이다.

양지(良知)는 나에게 있는 것이고 외물(外物) 같은 것에 있는 것이 아니어서 그것을 구해도 얻을 수 없다. 〈양지를〉 실현할[致] 수 없는 것은 힘을 쓰지 않기 때문이 아니다. 즐겨 좋아하는 것으로 섞이고 예의(禮義)에 구애되기 때문이다. 비록 나 자신의 고유한 것이라 하더라도, 마치 경치를 보며 형체를 더듬는 것 같아 그 좋다는 것을 분명히 보면서도 결국은 그 좋은 것을 소유할 수 없을 것이다. 이에 양지를 이루고자[致良知]하는 사람은 또한 〈혼란에 빠져〉 어찌할 줄 모르는 것이다.

맹자가 그것을 일러 이렇게 말했다.

"도(道)에 나아가는 방법[68]은 다른 것이 아니라, 스스로 체득하는 것[自

---

67) 『孟子』「盡心」上편의 "맹자가 말했다. 사람이 배우지 않고도 능한 것을 양능이라 하고, 생각하지 않고도 아는 것을 양지라고 한다. 어려서 손을 잡고 가는 아이가 그 어버이를 사랑할 줄 모르는 이가 없으며, 그 장성함에 미쳐서는 그 형을 공경할 줄 모르는 이가 없다[孟子曰, 人之所不學而能者, 其良能也, 所不慮而知者, 其良知也. 孩提之童, 無不知愛其親也, 及其長也, 無不知敬其兄也]"라고 한 것과 「公孫丑」上편의 "이로부터 보자면 측은지심이 없으면 인간이 아니요, 수오지심이 없으면 인간이 아니요, 사양지심이 없으면 인간이 아니요, 시비지심이 없으면 인간이 아니다[由是觀之, 無惻隱之心, 非人也, 無羞惡之心, 非人也, 無辭讓之心, 非人也, 無是非之心, 非人也]"라고 한 것을 아울러 설명한 내용이다.

得]을 귀중하게 생각하는 것이다. 아버지가 체득했다고 해서 자식이 체득했다고 할 수 없으며, 선생님이 체득했다고 해서 제자들이 체득했다고는 할 수 없다. 질병이 나에게 있고 배고프고 목마른 것이 나에게 있는 것이기 때문에 치료하고 요양하고 물을 마시고 음식을 먹는 것은 내가 스스로 알아서 할 일이지 오로지 〈다른 사람의〉 강습(講習)을 기대할 필요가 없다."69)

여기서 치양지를 구하는 사람이 쫓을 바를 알게 될 것이다.

마음의 본체[心性]와 본성의 덕행[性德]은 이미 스스로 수양된 것이다. 천지만물은 무엇으로 함께 다스릴까? 반드시 〈덕행을〉 정사(政事)에 실천한 이후에 도달할 수 있다. 옛날 요순이 천하를 다스릴 때 〈덕행의〉 바람이 불면 움직였고, 가르치면 순종하였고, 상을 주지 않아도 권장되었고, 형벌을 가하지 않아도 바로 잡을 수 있었다. 〈그러나〉 후대에는 바람을 일으켜도 완고해지고, 교화해도 그르치고, 상주고 벌을 주어도 징계되거나 권장되지 않았으니, 이에 정치하는 사람들은 또한 어찌해야 할지를 모르고 있다.

맹자가 그것을 일러 이렇게 말하였다.

"요순의 정치는 다른 것이 아니라, 농사짓고 김매는 것이 이것이다. 뽕나무 심고 누에치는 것이 이것이다. 닭·돼지·개 등을 기르는 것이 이것이다. 백성들이 만족하면 범죄를 생각하지 않는다. 그런 뒤라야 감화와 가르침이 베풀어질 수 있고 상벌(賞罰)이 시행될 수 있다."70)

---

68) '造'는 '詣(나아감)'로 『孟子』 원문에는 "深造之以道(깊이 나아가는 것을 도로써 함)"으로 되어 있다.
69) 이 내용은 『孟子』 「離婁」 下편의 "맹자가 말했다. '군자가 깊이 나아가기를 도로써 함은 그 자득하고자 해서이니, 자득하면 거함에 편안하고, 거함에 편안하면 이용함이 깊고, 이용함이 깊으면 좌우에서 취하여 씀에 그 근원을 만나게 된다. 그러므로 군자는 자득하고자 하는 것이다[孟子曰, '君子深造之以道, 欲其自得之也. 自得之則居之安, 居之安則資之深, 資之深則取之左右逢其原. 故君子欲其自得之也']"는 것을 풀어 쓴 말 같다.
70) 이 말은 『孟子』 「公孫丑」 下편의 "저는 요순의 도가 아니면 감히 왕 앞에서 말씀드

여기서 다스림을 구하는 자가 따라야 할 바를 알게 될 것이다.

학문이 자득(自得)으로 말미암는다면, 그 얻은 것이야말로 참되게 얻은 것이다. 양지가 이루어 질 수 있으면, 본래의 마음은 이에 드러나고, 인의예지가 모두 실공(實功)이 된다. 곧바로 본성[性體]을 탐구하면, 모든 것이 통섭(通攝)되고 밖으로 빠지는 것이 없으며, 더욱이 의혹이나 오류가 없게 된다. 그것이 천하에 시행되면 남과 나는 간격이 없게 되어 마치 한 방에서 있는 것처럼 여겨지며, 각기 싫어하고 바라는 것을 완수할 수 있을 것이다.71)

리지 않습니다[我非堯舜之道, 不敢以陳於王前]"라는 내용과 「梁惠王」 上편의 "그러므로 현명한 군주는 백성의 생업을 제정해 주되 반드시 위로는 족히 부모를 섬길 만하며, 아래로는 족히 처자를 기를 만하여 1년 내내 배부르고, 흉년에는 사망에서 면하게 하나니, 그런 뒤에야 백성들을 몰아서 선하게 합니다. 그러므로 백성들이 명령을 따르기가 쉬운 것입니다. 지금에는 백성의 생업을 제정해 주되 위로는 족히 부모를 섬기지 못하며, 아래로는 족히 처자를 기를 수 없어서 풍년에는 1년 내내 고생하고, 흉년에는 사망을 면치 못합니다. 이것은 오직 죽음을 구제하기에도 부족할까 두려우니, 어느 겨를에 예의를 다스리겠습니까? 왕이 이것을 행하고자 하신다면 어찌 그 근본을 돌이키지 않습니까? 다섯 무의 집 가장자리에 뽕나무를 심는다면 50세 된 자가 비단옷을 입을 수 있으며, 닭과 돼지와 개와 큰 돼지를 기름에 새끼칠 때를 잃지 않게 한다면 70세 된 자가 고기를 먹을 수 있으며, 일백 무의 토지에 농사철을 빼앗지 않는다면 여덟 식구의 집안이 굶주림이 없을 수 있으며, 庠序의 가르침을 삼가서 효제의 의리로써 거듭한다면 머리가 반백이 된 자가 도로에서 짐을 지거나 이지 않을 것이니, 늙은 자가 비단옷을 입고 고기를 먹으며, 黎民이 굶주리지 않고 춥지 않게 하고, 이렇게 하고서도 왕노릇하지 못하는 자는 있지 않습니다[是故明君制民之産, 必使仰足以事父母, 俯足以畜妻子. 樂歲終身飽, 凶年免於死亡然後, 驅而之善, 故民之從之也輕. 今也制民之産 仰不足以事父母, 俯不足以畜妻子. 樂歲終身苦, 凶年不免於死亡, 此惟救死而恐不瞻, 奚暇治禮義哉. 王欲行之則, 盍反其本矣. 吾畝之宅, 樹之以桑, 五十者可以衣帛矣. 鷄豚狗彘之畜, 無失其時, 七十者可以食肉矣. 百畝之田, 勿奪其時, 八口之家可以無飢矣. 謹庠序之敎, 申之以孝悌之義, 頒白者不負戴於道路矣. 老者衣帛食肉, 黎民不飢不寒, 然而不王者未之有也]"라고 하는 내용 참조

71) '各遂其惡欲矣'의 뜻은 『孟子』 「離婁」 上편에 "천하를 얻음에 길이 있으니, 백성을 얻으면 천하를 얻을 것이다. 백성을 얻음에 길이 있으니, 그 마음을 얻으면 백성을 얻을 것이다. 마음을 얻음에 길이 있으니, 원하는 바를 주어서 모이게 하고, 싫어하는 바를 베풀지 말아야 한다[得天下, 有道, 得其民, 斯得天下矣. 得其民, 有道, 得其心, 斯得民矣. 得其心, 有道, 所欲, 與之聚之, 所惡, 勿施爾也]"고 한 것을 참고해서 의역해야 뜻이 통한다.

저 음양(陰陽)의 순종하고 거역함은 인간의 기(氣)에 감응한 결과이다. 백성이 이미 평안하고 뜻하지 않은 재난이 해소되면, 곧 땅에서는 산이 붕괴되거나 물이 넘치는 변고가 없고, 하늘에서는 장기간의 폭염과 폭우와도 같은 재앙이 없을 것이다. 만물이 번창하게 자라며 모두가 그 생명력을 얻는다. 〈이것은〉 모두 마음이 관통한 결과이며, 이상한 일이 아니다.

요순 이래 도(道)를 전하는 것은 모두 마음을 전하는 것이었다. 사람들이 알지 못한 것도 아니고, 말하지 않은 것도 아니다. 그런데도 도는 마침내 밝힐 수 없는 것은 무엇 때문이겠는가? 그같은 방법으로 비록 마음은 알았지만 배워도 한결같지 않았고, 구한 것이 전일(專一)하지 않았다. 마치 하늘의 현상은 모두 보았지만 그 중심을 잡지 못하는 것과도 같다. 육자정(陸子靜)[72]이 『맹자』를 읽고 스스로 체득한 것이 있었는데, 〈그것은〉 큰 것[大體]을 세우면 작은 것[小體]를 빼앗을 수 없다는 것이다.[73] 양명 선생은 치양지(致良知)를 오로지 해서 혼란을 평정하고 참언과 참소를 잘 처리하여 도달하지 않은 것이 없었다.[74] 이들 두 선생님(육자정과 왕양명)은 모두 핵심을 잘 파악하였던 분들이다.

학문하는 방법은 반드시 들어가는 문을 찾아야 한다. 만일 들어가는 문을 찾을 수 없으면, 잘못 밖에서 들어갔다가 안에서 나올 수 없을 것이다. 성인(聖人)의 도는 넓고도 크다. 그 본심을 잃으면 한갓 그 겉 형상만 보게

---

72) 이름은 九淵, 자가 子靜이다. 남송시대의 '心卽理'를 말한 사상가로 학자들은 그를 象山 선생이라고 불렀다. 그의 학문은 명대 왕양명이 계승 발전시켰다.

73) 여기서 '立大'는 『孟子』「告子」上편에 "마음의 기능은 생각할 수 있으니 생각하면 얻고, 생각하지 못하면 얻지 못한다. 이것은 하늘이 우리 인간에게 부여해 주신 것이니, 먼저 그 큰 것에 선다면 그 작은 것이 능히 빼앗지 못할 것이니, 이것이 大人이 되는 이유일 뿐이다[心之官則思, 思則得之, 不思則不得也, 此天之所與我者. 先立乎其大者, 則其小者不能奪也, 此爲大人而已矣]"고 하였는데, 이것을 두고 한 말로, 큰 것은 마음이요, 작은 것은 감각기관을 가리킨다.

74) 왕양명이 1519年(正德 14)에 宸濠의 반란을 평정하자 당시 환관 張忠·許泰가 오히려 그를 참소하며 왕양명이 반드시 반란을 도모할 것이라고 하였을 때 정덕황제는 이를 긍정하지 않았다.

될 것이다. 마치 드넓은 바다에 떠돌면서 그 끝을 볼 수 없는 것과도 같다. 이와 같다면 자기의 본성을 어떻게 말하겠는가! 남의 본성을 어떻게 말하겠는가! 만물을 어떻게 대하겠는가! 천지를 어떻게 대하겠는가!

왕양명을 본받다[法王]

양명 선생에게는 성인의 학문이 있고, 성인의 재능이 있어서 맹자 이후로 그를 따를 수 있는 자가 없었다.

공자의 가르침은 근본적으로 충서(忠恕)에 있다. 마음에서 말하자면 충(忠)이고, 다른 사람을 두고 보자면 서(恕)이다. 〈이것은〉 쉽게 알 수 있고 쉽게 할 수 있는 것이다. 지혜로운 사람이나 어리석은 사람 모두 이를 실천할 수 있다. 그러나 쉬울 것 같지만 실제로는 쉽지 않다.

대개 세월은 나날이 내려오면서 옛날의 풍조는 순박하였으나, 지금의 풍조는 각박하다. 옛날의 〈좋지 않은〉 관습은 심각하지 않았으나, 지금의 〈잘못된〉 관습은 매우 심각하다. 그래서 옛날 사람들의 마음은 마치 맑은 거울에 먼지가 끼어 있는 것과 같고, 지금 사람들의 마음은 바다에 던져진 진주와도 같다. 본심이 사라지고 객심(客心)이 스며들어 주인 노릇한다. 욕심을 탐하는 마음이 안에서 굳어져 나와 남이 밖에서 격리되고 말았다. 이로써 마음으로 충서를 구하는 것은 마치 산에 올라 그물로 고기를 잡고, 물에 들어가 참새를 잡는 것과 같다.

충서를 구하는 것은 바로 마음이 아니겠는가? 그러나 이(충서와 마음) 두 가지는 차이가 있다. 충서는 쓰임[用]이고, 마음은 바탕[質]이다. 바탕이 없으면 쓰임은 무엇하겠는가! 옛사람들은 마음이 있기 때문에 충을 구하면 충성스럽게 되고, 서를 구하면 용서하였다. 지금 사람들은 마음이 없기 때문에 충을 구해도 충성스럽지 않고, 서를 구해도 용서하지 않는다. 여러 유자(儒者)의 말은 모두 각기 터득한 것이 있다. 그러나 그 말을 듣는 사람들로 하여금 이미 그 없는 마음으로 그 말에 부합할 것을 구한다면 시작부터 잘못되어 그림자를 본래 모습이라 여기는 격이다. 몇 번 전환되어 버리면 가짜를 진짜로 여긴다. 마치 돌을 옥(玉)이라 생각하고, 조각하는 기술자가 비록 정교한 기술을 갖고 있고 부지런히 새기더라도 마침내는 조잡하고 추한 그릇밖에 될 수 없는 것과 같다. 바탕 때문이 아니다.

양명 선생이 죽을힘을 다해 바깥 사물에서 〈이치를 찾으려고〉 연구해 보았지만, 오래 되어도 터득할 수 없었다.[75]

이에 밖에서 구하지 않고, 오히려 마음에서 구하였다. 하루아침에 깨닫고 여러 성인의 학문을 한 곳에 모아 맹자의 말씀을 근본으로 삼고, 양지를 그 핵심으로 삼았다.

손을 잡고 가는 어린아이가 그 부모를 사랑할 줄 모르는 이가 없는데, 이것은 부모 사랑을 가르쳐서 그렇게 된 것이 아니다. 어른이 되어서 그 형을 공경할 줄 모르는 이가 없는데, 이것은 형을 공경하게끔 독려하여 그런 것이 아니다.[76] 천하의 어린아이 모두가 같다.

부모를 사랑하는 마음이 충만하면 인(仁)이 두루두루 통하지 않음이 없으며, 형을 공경하는 마음이 충만하면 의(義)가 마땅하지 않음이 없을 것이다. 앞뒤의 성인들이 모두 여기서 벗어나지 않았다. 이 양지라고 하

---

75) 왕양명은 37세 때 貴州 龍場에서 "밤중에 홀연히 格物致知의 宗旨를 크게 깨닫고, ……. 비로서 聖人의 道는 나의 본성에 스스로 갖추어져 있다. 예전에 사물에서 理를 구한 것은 잘못이었다[忽中夜大悟格物致知之旨, ……. 始知聖人之道, 吾性自足, 向之求理於事物者誤也]"(『王陽明全集』卷33 年譜 1)라고 선언하였다.

76) 『孟子』「盡心」上편에 "어려서 손을 잡고 가는 아이가 그 어버이를 사랑할 줄 모르는 이가 없으며, 그 장성함에 미쳐서는 그 형을 공경할 줄 모르는 이가 없다. 어버이를 친애함은 仁이요, 어른을 공경함은 義이니, 이것은 다른 것이 아니라 온 천하에 공통되기 때문이다[孩提之童, 無不知愛其親也. 及其長也, 無不知敬其兄也. 親親仁也, 敬長義也, 無他, 達之天下也]"라고 한 말을 양명이 양지를 설명하면서 인용한 것이다.

는 것은 장강(長江)과 한수(漢水)의 원천이며, 고여 있은 물이 아니다. 어찌 고갈되어 바다에 도달하지 못하겠는가!

하늘이 인간을 낳음에 형체가 있으니 곧 마음도 있었다. 귀가 있으니 반드시 듣게 되고, 눈이 있으니 반드시 보게 되고, 코가 있으니 반드시 맡게 되고, 입이 있으니 반드시 맛보게 되고, 손이 있으니 반드시 잡게 되고, 발이 있으니 반드시 다니게 된다. 듣는 것은 마음이 듣는 것이고, 보는 것은 마음이 보는 것이고, 냄새맡는 것은 마음이 맡는 것이고, 맛보는 것은 마음이 맛보는 것이고, 잡는 것은 마음이 잡는 것이고, 다니는 것은 마음이 다니는 것이다. 형체가 온전해서 결함이 없다면 마음도 온전해서 결함이 없는 것을 알 수 있다. 요순에게 결함이 없다면 나도 역시 결함이 없을 것이다.

그렇기 때문에 비록 어리석은 사람이라도 옳고 그름이 저절로 나타나니, 반드시 옳은 것을 그르다 하고, 그른 것을 옳다고 하지 않게 될 것이다.[77] 선악도 저절로 드러나니, 반드시 선을 악이라 하고, 악을 선이라고 하지 않게 될 것이다. 마음으로 그 옳음을 알면서도 옳음을 저버리고 그름을 달가워하고, 마음으로 그 선을 알면서도 선을 등지고 악을 좇는다면, 이것이 어찌 마음의 본래 모습이겠는가? 이욕(利慾)이 그것[마음]을 가리고 있기 때문이다.

착(浞)과 예(羿)[78]는 나라를 찬탈하였지만, 의로운 마음은 스스로 존재하였고, 도척(盜跖)[79]은 사람을 살상하였지만, 어진 마음은 스스로 존재하였다. 해가 뜨기 전인 묘시(卯時), 해가 진 후인 유시(酉時), 그리고 밤낮

---

77) 『中庸』의 다음 구절을 참조 "부부의 어리석음으로도 참여하여 알 수 있으되 그 지극함에 이르러는 비록 성인이라도 또한 알지 못하는 바가 있다[夫婦之愚, 可以與知焉, 及其至也. 雖聖人亦有所不知焉]."
78) 두 사람은 모두 夏나라의 왕위를 찬탈하였다. 예는 궁술이 뛰어났다고 한다. 착은 예의 寵臣이었다가 그를 죽이고 지위를 강탈하였다. 『論語』 「憲問」, 『孟子』 「離婁」 下, 『書經』 「五子之歌」, 『左傳』 '襄公 4年', 『楚史』 「離騷」・「天問」 참조
79) 도척은 秦나라의 大盜로 9천명의 부하를 거느렸다고 전한다. 『莊子』 雜篇 「盜跖」 편에서는 柳下季의 동생이라고 하나 실제로는 아니다.

은 계속 반복되어도 햇빛은 스스로 존재한다. 양지설로부터 출발하여 천하의 그 마음을 어둡게 한 사람들로 하여금 여기에서 그것(마음)을 구하게 한다. 마치 밤길을 가는 사람이 눈에 보이는 것이 없어 동서 방향을 분간하지 못하는 것과 같다. 수탉이 두 번 울 때에야 한쪽 방향을 바라보고, 어렴풋이 훤한 빛이 있어 해가 그 쪽에서 뜨는 것을 알게 된다. 밝은 빛이 해가 뜨는 단서이듯 양지는 마음을 볼 수 있는 단서이다. 이것을 잡고 〈양지로〉 나아가는데, 곧게 가면서 돌아가지 않고, 드러내면서 숨기지 않아야 한다. 〈그러면〉 여러 갈래로 갈라진 길을 가면서도 배회하지 않는 것과 같을 것이다.

그렇기 때문에 "인간은 누구나 요순이 될 수 있다"[80]고 말한 것이다. 인간이면 누구나 요순이 될 수 있다고 한 것은 인간은 모두 마음을 밝힐 수 있다[明心]는 것이다. 공자는 충서를 가르침의 근본으로 삼았는데, 마치 〈들과 산의〉 잡초를 제거하고 길을 개척한 것과 같다. 양명 선생은 양지를 통해서 학문의 기본을 삼았는데, 마치 길 잃은 사람을 인도해서 길가로 안내하는 것과 같다. 만약 공자가 다시 태어난다면 결단코 양명 선생의 이 말을 고치지 않을 것이다. 이것(양지학설)은 참으로 성인의 학문이다.

재능은 배움에서 이루어진다. 삼대(三代) 이후 뛰어난 재능을 지닌 사람들이 많았는데, 모두 타고난 것이며, 학문을 통해서 얻어진 것이 아니었다. 더욱이 일을 많이 하면서도 식견이 민첩하여 혼란을 평정시키고 나라를 안정시킬 수 있었다. 그 가운데에는 학문을 좋아한 사람도 있었는데, 그들은 단지 〈성인의〉 언행을 본받고 따라하면서 성인의 외면만을 체득했을 했을 뿐 마음에 대한 이해는 철저하지 못했다.

〈이것은〉 마치 촛불로는 먼 곳까지 비출 수 없는 것과 같으며, 우물을

---

80) 『孟子』 「告子」 下편에 "조교가 질문하기를 '사람들은 모두 요순이 될 수 있다고 하는데, 그런 말이 있습니까?'라고 하자, 맹자가 '그렇다'고 답했다[曹交問曰, '人皆可以 爲堯舜, 有諸.' 孟子曰'然']"라고 한 구절 참조

파서 나오는 물을 가지고는 넓은 영토를 적실 수 없는 것과도 같다. 그래서 그들이 행한 것은 혹 강(剛)한 것에만 몰두하고, 혹 유약(柔弱)한 것에만 오로지 하였다. 혹 이것에는 장점이 있어도 저것에는 단점이 있고, 혹 다섯까지는 미칠 수 있지만 열에는 이르지 못하는 경우였다. 비록 자그만 성취는 있었더라도 결국은 완전한 상태를 이룩한 것은 아니다. 이것이 주공(周公) 이후 〈그와〉 비교할 만한 인물이 없었던 이유이다.[81]

양명 선생은 양지를 이루는 것에 전념하고 이 한 가지만을 시종일관하면서, 〈이것을〉 밝히는 것이 마치 해와 달과도 같았다. 어떤 위험과 어려움을 만나도 극복하면서 어디에나 통달하고 막힘이 없었다. 실제적인 행동에서 보인 것은 사람들이 각기 그 재능을 다하게 하고, 〈사람마다의 특수한〉 사정을 고려하며 각기 그 마땅함을 얻게 하였다. 환난에 처해서도 그 쓰임을 온전히 할 수 있고, 소인(小人)을 만나도 그 바름을 잃지 않았다. 곤란한 환경에서도 마침내는 공업(功業)을 보전하였다. 그 행한 자취를 따라가 보면 대체로 주공과 비슷하다.

명나라가 천하를 차지한 것 역시 개탄할 일이다! 군주된 자는 사납지 않으면 우둔하였고, 신하된 자는 물정에 어둡지 않으면 편당하였다. 교활하고 음험한 꾀가 조정에 끊임없이 이어졌고, 환관의 횡포가 하늘 아래 가득 차고 넘쳐나도 조금도 거리낌이 없었다.

양명 선생이 재상이 되지 않은 것이 애석하구나! 만일 재상이 되었다면 군주의 신임을 오로지 차지하여 마치 성왕(成王)이 주공을 대우했던 것 같았을 것이고, 〈양명 선생은〉 반드시 군주의 우둔함을 깨우치고, 군주의 횡포함을 교화시키고, 편당하는 무리를 해산하고, 사악한 무리를 쫓아냈을 것이다. 〈이것을 하는데〉 장황하게 떠벌리며 하지 않고 조용

---

81) 주공은 주문왕의 아들로 武王이 紂를 평정하는 것을 도와 주왕조를 건립하였다. 무왕이 죽고 成王이 즉위할 때 그의 나이가 너무 어려 주공이 섭정하였고, 이때 管叔·蔡叔·武庚이 일으킨 반란을 몸소 평정하였다. 이후 주나라의 禮樂 제도는 주공에 의해서 정비되었다.

히 남모르게 하였을 것이며, 그래서 천하가 제대로 다스려졌을 것이다. 이것이 진실로 성인의 재능인 것이다.

마음을 비워라[虛受]

양명 선생에게는 성인의 학문이 있고 성인의 재능이 있다. 그러나 성인의 덕성은 없는데, 이 점을 살피지 않을 수 없다. 그에게 성인의 덕성이 없다고 이르는 것은 어째서인가? 그가 공자를 경시하고 군사를 잘 안다고 스스로 자랑했기 때문이다.

순임금은 요임금에 미치지 못하였고, 우임금은 순임금에 미치지 못하였고, 탕왕(湯王)과 무왕은 우임금에 미치지 못하였고,[82] 요·순·우·탕·무는 공자에 미치지 못하였다. 『서경(書經)』에 보아도 상세하고, 공자·맹자·자사(子思)의 말을 보아도 분명하다.[83]

그러나 양명 선생은 이것을 반대하며 이렇게 말했다.

"요순은 황금 만 냥이고, 공자는 황금 구천 냥이다."[84]

---

82) 이것은 아마도 우임금은 제위를 선양받아 올랐고, 탕무는 정벌을 통해서 제위에 오른 것을 염두하고 쓴 표현같다.

83) 『論語』「泰伯」편에서는 "공자가 말했다. '위대하시다. 요의 임금 노릇 하심이여! 높고 크다. 오직 저 하늘이 가장 크거늘, 오직 요임금만이 그와 같으셨으니, 〈그 공덕이〉 넓고 넓어 백성들이 무어라 형용하지 못하는구나'[子曰, '大哉, 堯之爲君也, 巍巍乎唯天爲大, 唯堯則之, 蕩蕩乎, 民無能名焉']"라고 했고, 『孟子』「公孫丑」上편에서는 "생민이 있은 이래로 공자보다 더 훌륭하신 분은 계시지 않다[自生民以來, 未有盛乎孔子也]"라고 했고, 『中庸』에서는 "중니는 요순을 조술하시고, 문왕과 무왕을 헌장(법받음)하시며, 위로는 천시를 따르시고, 아래로는 수토(風土)를 인하셨다[仲尼祖述堯舜, 憲章文武, 上律天時, 下襲水土]"라고 했다. 한편 『禮記』「禮運」편에서는 요순시대를 "大道之行也, 天下爲公"으로 우탕문무의 시대를 "今大道旣隱, 天下爲家"라고 하였다.

84) "堯舜猶萬鎰. 文王孔子猶九千鎰." 여기서 鎰은 고대 무게단위로 24兩이 鎰이다. (『傳習錄』上)

나는 그가 무슨 기준으로 헤아려서 그 경중을 이처럼 결정했는지 모르겠다. 마치 어떤 사람이 홀로 신비한 능력을 지니고 있어서 태산(泰山)을 보고 태산의 흙이 화산(華山)보다 얼마나 무겁고 가벼운지를 말하고, 화산을 보면 화산의 흙이 태산보다 몇 근 몇 냥이나 무거운지를 말한다고 하면, 사람들이 이것을 믿겠는가? 양명 선생이 요임금과 공자를 헤아린 것이 마치 이것과 비슷하다.

군사문제는 나라의 대사이다. 주공이 말했다.

"군사를 잘 다스리고 천하 사방에 좋은 정치를 하여 해외까지 감복하지 않는 자가 없게 하라."[85]

성인이면서 아직 군사에 대해 알지 못하는 사람은 없다. 공자가 신중히 했던 것은 전쟁이다. 〈그런데 막상〉 전쟁을 당하면 두려워하면서도, 도모하기를 잘 하여 성공하고,[86] "나는 싸우면 이긴다"[87]고 하였다. 그가 진성자(陳成子)[88]를 토벌해야 한다고 한 것은 노(魯)나라의 약소함으로 제(齊)나라의 강대함을 이길 수 있다는 것이다.[89] 그래서 염유(冉有)는 말

---

85) 『書經』 「周書」 '立政'에 "其克詰爾戎兵, 以陟禹之迹, 方行天下, 至于海表, 罔有不服"라고 했는데, 여기서는 '以陟禹之迹'란 말이 빠져 있다.

86) 『論語』 「述而」편에 "자로가 말했다. 선생님께서 삼군을 움직이신다면 누구와 함께 하시겠습니까? 공자가 대답하였다. 맨손으로 범을 잡으려 하고, 맨몸으로 강하를 건너면서 죽어도 후회함이 없는 자와는 나는 함께 하지 않을 것이며, 반드시 일에 임하여 두려워하고, 도모하기를 좋아하여 성공하는 자를 데리고 할 것이다. …… 공자가 조심한 것은 齊戒와 전쟁과 질병이었다[子路曰, 子行三軍則誰與. 子曰, 暴虎馮河, 死而無悔者, 吾不與也, 必也臨事而懼, 好謀而成者也. …… 子之所愼, 齊戰疾]"라고 하였다.

87) "我戰則克."(『禮記』 「禮器」)

88) 제나라 대부로 이름이 恒이다.

89) 『論語』 「憲問」편에 "진성자가 간공을 시해하자, 공자가 목욕하고 조회하시어 애공에게 고하며, '진항이 그 군주를 시해였으니 그를 토벌하소서'라고 하셨다[陳成子弑簡公, 孔子沐浴而朝, 告於哀公. 曰陳恒弑其君, 請討之]"라고 하였는데, 이 기록은 『左傳』 '哀公 14年'에 "제나라 진항이 그 임금 壬을 舒州에서 시해하였다. 공자가 3일 동안 재계하고 세 번이나 제나라 토벌하기를 청하였다. 그러나 애공이 말하기를 '우리 노나라가 제나라보다 약해진지 이미 오래되었다. 그대는 어떻게 이를 치겠다는 말인가?'라고 하니, 공자가 말했다. '진항이 그 임금을 시해하였으니 백성들 가운데 절반은 참여하지 않을 것입니다. 우리 노나라의 군사들과 제나라 사람 반수가 더해지면 이길 수 있습니다.' 그러자 애공이 '그대는 계손과 상의해 보라'고 하자, 공자가 사양하고

한 것이다.

"나의 군사에 대한 지식은 공자에게 배웠다."[90]

또한 성인은 능하지 않은 것이 없으며, 연습하지 않아도 날래지 않음이 없다. 그러나 양명 선생은 말한다.

"칼로 대적하고 살인하는 일은 몸소 연습하지 않으면 할 수 없는 것이다. 공자가 군사문제에 대해 배우지 않았다고 한 것은 역시 겸손히 말한 것이 아니다."

이것은 무슨 말인가? 보잘것없는 반역자를 사로잡았다고 마침내 공자를 업신여긴 것이로다! 공자를 황금 구천 냥에 비유한 것은 공자에게 부족한 점이 있다는 것이다. 군사에 대해 연습하지 않은 것은 공자가 할 수 없었던 것이 있었다는 것이다. 공자가 완벽하지 않기 때문에 반드시 완벽할 수 있는 자가 있어야 한다는 것이고, 공자가 할 수 없는 것이 있기 때문에 반드시 할 수 있는 자가 있어야 한다는 것이다. 〈양명 선생의〉 오만함이 또한 너무 심하도다! 그렇기 때문에 〈양명에게는〉, "성인의 덕성이 없다"고 한 것이다.

학문하는 방법은 다른 사람에게 겸손히 하는 것을 귀하게 여기는 데 있다. 남에게 겸손히 하면 누가 그에게 선으로 알려주는 것을 즐거워하지 않겠는가? 연못은 아래쪽에 있기 때문에 구석구석의 물이 거기로 모이고, 장강(長江)과 한수(漢水)는 아래쪽에 있기 때문에 각 지방의 물이 흘러 들어오고, 바다는 아래쪽에 있기 때문에 천하의 모든 물이 거기로 모여든다. 처음 배우기 시작해서 성인의 경지에 이르는 것은 모두 이것에서 벗어나지 않는다.

옛날 곽선보(郭善甫)[91]는 그 제자 양선(良善)과 함께 초(楚, 호남 호북)땅에

물러갔다[齊陳恒弒其君壬於舒州, 孔子三日齊, 而請伐齊三, 公曰, 魯爲齊弱久矣, 子之伐之, 將若之何? 對曰, 陳恒弒其君, 民之不與者半. 以魯之衆加齊之半, 可克也. 公曰, 子告季孫. 孔子辭]"라고 되어 있다. 신하가 군주를 시해한 것은 人倫을 해친 결과이기 때문에 반드시 응징해야 마땅하다는 것이다.

90) "冉有曰, 學之於孔子."(『史記』「孔子世家」)

서 월(越, 절강)땅으로 양명 선생에게 배우려고 가는 도중에 쟁론을 그치지 않았다. 그 쟁론한 것을 양명 선생에게 질문하자 양명은 그 문제에 대답하지 않고, 먹고 있던 죽을 가리키며 말했다.

"그릇이 아래에 비어 있기 때문에 죽을 가득 담을 수 있고, 식탁이 아래쪽에 있기 때문에 그릇을 놓을 수 있고, 건물 마루판이 아래 있기 때문에 식탁을 올려놓을 수 있고, 땅이 아래쪽에 있기 때문에 건물 마루판을 세울 수 있는 것이다. 〈따라서〉 오직 아래쪽에 있는 것이 위대한 것이다."

이 말은 지극히 훌륭한 말이다. 어찌 앞의 〈요순과 공자를 황금에 비유한〉 이야기는 이 말과 다르겠는가?

교만은 인간이 갖고 있는 고질병이다. 어찌 오직 일반사람들만 그렇겠는가! 성현도 〈이것을〉 면하지 못함을 두려워하였다. 그래서 우(禹)가 순임금에게 경계하면서 이렇게 말하였던 것이다.

"단주(丹朱)와 같이 교만하지 마세요!"[92]

순임금은 성인으로 지극히 완선했고,[93] 우임금도 성인으로 흠잡을 데가 없다.[94] 흠잡을 데 없는 사람으로서 더할 나위 없이 완선한 성인에게

---

91) 湖北 黃崗人으로 이름은 慶이다. 왕양명 문하에서 배운 것은 그의 나이 오십을 넘어서였다. 『王陽明全集』 上(上海 : 古籍出版社, 1992) 「贈郭善甫歸省序」에서 왕양명은 그에게 학문하는 방법을 농사짓는 것에 비유한 바 있다.

92) 『書經』 「虞書」 '益稷'에 우가 순임금에게 "요임금의 아들 丹朱처럼 게으름과 안일을 탐하며 교만하고 난폭해서 밤낮을 가리지 않고 악행을 저지르고, ……" 하는 등등의 잘못을 범하지 말라는 간언이다.

93) 『論語』 「八佾」편에 "공자가 韶樂을 평하시며 '지극히 아름답고 지극히 좋다' 하셨고, 武樂을 평하시며 '지극히 아름답지만 지극히 좋지는 못하다'고 하셨다[子謂韶, 盡美矣, 又盡善也. 謂武, 盡美矣, 未盡善也]"라고 하였는데, 여기서 韶는 순임금의 음악이고, 武는 武王의 음악이다. 美는 소리와 모양의 성대함이고, 善이란 아름다움의 실제 내용이다.

94) 『論語』 「泰伯」편에 "공자가 말했다. 우임금은 내가 비난할 데가 없으시다. 평소의 음식은 간략하게 하시면서 〈제사에는〉 귀신에게 효도를 다하시고, 의복은 검소하시면서도 黻·冕의 제복에는 아름다움을 다하시고, 궁실은 낮게 하시면서도 〈백성을 위한〉 치수사업에는 힘을 다하셨으니, 우임금은 내 비난할 데가 없으시다[子曰, 禹吾無間然矣.

진언한 것이 어찌 직언한다는 명분을 좋아하고, 그리고 반드시 그렇게 되지 않도록 방지하기 위해서이겠는가? 〈거기에는〉 반드시 〈다른〉 깊은 견해가 있었을 것이다.

일반사람들의 교만은 볼 수 있는 겉모습에 있고, 성현의 교만은 보이지 않는 세미한 데 있다. 생각하는 사이에 스스로 만족하여 만족함을 드러내고, 남보다 뛰어나서 남보다 뛰어남을 드러내는 것, 이것이 교만이다. 만족스럽다 하여 부족하다고 생각지 아니하고, 남보다 뛰어나다고 하여 남에게 미치지 못하다고 생각하지 않는 것, 이것이 교만함이다.

그래서 공자는 어리석은 사람의 질문에 답하면서 스스로 텅텅 비어[空空] 무지하다고 하였다.95) 술로 인해 곤혹 당하지 않는 것은 일반인들의 선한 일이지만, 〈공자〉 스스로는 이를 능히 할 수 없다고 하였다.96) 그 마음이 이와 같았기 때문에 넓고 큰 도량을 베풀고 더할 수 없는 최고 경지에 이르러 천지와 덕을 합칠 수 있었다. 공자가 또한 그러했거늘 어찌 하물며 나 같은 사람임에랴!

나와 같은 이는 어찌해야 하는가? 뜻을 세우는 데 반드시 요임금이나 공자의 수준에 이르러야 하며, 조금이라고 기준을 낮추어서는 안되며, 마음을 다스릴 때에는 일반인들의 한 마디 한 행동을 보아도 우리가 미치지 못하는 것이 있다. 있어도 없는 것처럼 하고, 나가면서도 물러서는 것처럼 한 이후에 가히 배울 수 있는 것이다. 스승이나 친구들과 말할

菲飮食而致孝乎鬼神, 惡衣服而致美乎黻冕. 卑宮室而盡力乎溝洫, 禹吾無間然矣]" 고 하며 공자의 우임금에 대한 평가가 있다.

95) 『論語』「子罕」편에 "공자가 말했다. 내가 아는 게 있는가? 나는 아는 것이 없다. 그러나 어떤 비천한 사람이 나에게 물으면, 그가 아무리 무식하다 하더라도 나는 그 〈묻는 내용의〉 양단을 다 말해 준다[子曰, 吾有知乎哉, 無知也. 有鄙夫問於我, 空空如也, 我叩其兩端而竭焉]"라고 하였다.

96) 『論語』「子罕」편에 "공자가 말했다. 나가서는 공경을 섬기고, 들어와서는 부형을 섬기며, 喪事를 감히 힘쓰지 않음이 없으며, 술로 곤혹을 당하지 않는 것, 이 중에 어느 것이 나에게 있겠는가?[子曰, 出則事公卿, 入則事父兄, 喪事, 不敢不勉, 不爲酒困, 何有於我哉]"라고 하였다.

때 반드시 과대평가 받기를 기대한다.

그러나 사람의 마음은 대부분 오만해서 촌(寸)을 얻으면 척(尺)이 되고, 척을 얻으면 장(丈)이 된다. 큰 것으로 나가고자 하나 아직 그 큰 것을 보지 못하는 것은 먼저 오만했기 때문이다. 성인의 말을 가지고 덕행을 손상시키는 자가 있고, 또한 성인의 말을 가지고 도리를 배반하는 자도 있다. 저울이 정밀하지 않으면 그 해악은 매우 크다. 양명 선생의 학문은 내가 배우기를 바라는 것이다. 여기서 신중하게 〈위의 사실들을 평가〉한 것은 그 말에서 잘 선택하지 못하고, 다만 이것으로 오만을 키울까봐 이 때문에 스스로를 살핀 것일 뿐이다.

앎과 실천[知行]

채방병(蔡方炳)97) 선생의 부친 충양공(忠襄公)98)은 일찍이 꿈속에서 양명 선생을 보고 도(道)에 대해 질문하였다고 한다. 채방병은 그것을 그림으로 그리고 나에게 그 옆에다 글을 써달라고 청하였다. 나는 거기에 이렇게 적었다.

"무릇 도를 추구하는 사람은 도를 따라야 하는 방법이 없는 것을 걱정한다. 이미 따라야 할 것을 알았으면 몸이 이르지 못할 것을 걱정한다."

『시경(詩經)』에 이런 말이 있다.

"구불구불 굽이쳐 흐르는 강물을 거슬러 올라가다 보면 길이 막히고도 험하도다. 흐르는 강물을 따라 내려가다 보면 완연히 물 가운데 있

---

97) 崑山人으로 자는 九霞, 호는 息關, 長洲諸生이며, 저서에 『愿學齋集』이 있다.
98) 蔡懋德으로 자는 維立, 萬曆 년간에 進士하고, 훗날 山西巡撫를 지내면서 李自成 농민군과 싸우다 포로가 되어 자결하였다. 시호가 忠襄이다. 그는 어려서부터 왕양명을 흠모하였다.

는 듯하다."99)

물을 거슬러 올라가다 보면 길이 막혀 있어 소재를 알 수 없고, 물을 따라 내려가다 보면 완연히 가운데 있어 소재는 알 수 있어도 가까이 갈 수 없다는 것이다.100) 몸이 피곤한 것도 생각지 않고 위로 아래로 왔다갔다하며 그 도를 추구하는 것을 부지런하다고 이른다. 그러나 마침내 바라보아 보이는 것 같지만 몸이 이르러 그 사람의 곁에 도달할 수 없는 것은 무엇 때문인가? 도를 찾는 방법을 터득하지 못했기 때문이다.

이런 사람이 있다. 비록 노(魯)나라 애공(哀公)시절에 태어나 동쪽에 있는 노나라의 각 지방을 돌아다니다가 공자의 문하에 들어가게 되었지만, 몸은 오랑캐 융적(戎狄)과 다를 바가 없는 것 같았다.101) 〈그래서 『시경』〉 「겸가(蒹葭)」의 시구를 내가 부끄러워하는 바이다.

『서경』에 이런 말이 있다.

"사람들이 성인을 볼 수 없는 것이 마치 〈무능해서〉 볼 수 없는 것처럼 하다가 막상 성인을 보면 성인을 따르지 않는다."102)

이미 성인을 보았다면 성인의 곁에 있는 것이며, 물 가운데서 일정한 거리를 두고 있는 것과는 다르다. 이때 성인의 말씀을 듣고 성인의 행동을 볼 수 있는 것이 마치 도랑에 물을 끌어들이는 것 같고 범선이 바람을 탄 것과 같아 어디를 가든 순조롭지 않을 수 없다. 그런데 어찌 〈성인의 언행을〉 따르지 않는 것이겠는가! 따르는 방법을 터득하지 못했기 때

---

99) "蒹葭蒼蒼, 白露爲霜. 所謂伊人, 在水一方. 溯洄從之, 道阻且長. 溯游從之, 宛在水中央"(『詩經』「秦風」 '蒹葭')의 내용으로, 물을 거슬러 올라가 사랑하는 사람을 만나는 것을 표현한 것이다. 여기서 당견은 '溯洄'는 '구불구불 흐르는 강물을 거슬러 올라가는 것'이라 하였고, '溯游'는 '흐르는 강물을 따라 내려가는 것'이라 하였다. '宛在水中央'이란 '완연히 물 가운데 있는 듯함'을 말하며, 의역하면 '바로 거기'라는 뜻으로 '가까이 갈 수 없다'는 내용이다.
100) 여기서 '卽'은 '접근하다' '가까이 가다'는 뜻이다.
101) 『孟子』「滕文公」 上편에 "나는 중화의 법을 이용해서 오랑캐의 도를 변화시켰다는 말은 들었고, 오랑캐에게 변화 당했다는 말은 듣지 못하였노라[吾聞用夏變夷者, 未聞變於夷者也]"라고 하였는데, 여기서 戎狄은 (蠻)夷와도 같다.
102) "凡人未見聖, 若不克見. 旣見聖, 亦不克由聖."(『書經』「周書」 '君陳')

문이다.

이런 사람이 있다. 비록 공자의 문하에 들어가 안연(顔淵)과 자로(子路)의 행렬에 끼어 날마다 성인의 풍모를 보았어도 아직 보지 못한 것과 같고, 매일 성인의 말씀을 들어도 듣지 못한 것과 같았다. 〈그래서 『서경』〉「군진(君陳)」편을 내가 유감스럽게 생각한다.

저들은 물 가운데 있는 것은 알아도 몸 안에 있는 것은 모르고, 저들은 성인의 성인된 것을 따라야 하는 것은 알아도 자기 마음의 성인된 것은 따를 줄 모른다. 스스로 터득하려고 하지 않고 밖에서 구하려고 하기 때문에 〈성인의 도리가〉 있는 것 같지만 있는 것이 아니고, 〈성인의 도리를〉 따르려고 하지만 따르는 것이 아니다.

양명 선생은 말했다.

"양지(良知)는 내 스승이다. 시비(是非)가 스스로 밝혀지고, 〈양지에〉 의지하면 〈도와〉 거리가 멀지 아니하여 저절로 도에 부합한다."[103]

인물로 말하자면 양명 선생은 충양공이나 채방병의 스승이 될 것이다. 양지로 말하자면 충양공이 곧 양명 선생이고, 채방병이 곧 양명 선생이니, 길가며 본 모든 사람이 양명 선생일 것이다. 말과 겉모습과는 관계없이 각기 스스로 터득한 것[양지]이 스승인데, 어찌 탄식하면서 말미암고자 하는 것으로 이겨내려고 하지 않는가! 양지를 모르는 사람은 자기에게 보물이 있는 것을 모르는 사람이다. 양지를 알면서도 이루지 못하는 자는 보물을 품고 있으면서 잘 활용할 줄 모르는 사람이다.

내가 비록 어리석으나 또한 양명 선생의 학문을 배우기를 원하며, 미치지 못한 것을 감히 사양하지 않은 것은 지행합일(知行合一)의 가르침에

---

103) 이 문장을 어디서 발췌했는지 알 수 없으나 다음 문장들이 가장 접근한 것 같다. 『전습록』中「答歐陽崇一」. "故良知卽是天理, 思是良知之發用. 若是良知發用之思, 則所思莫非天理矣. 良知發用之思, 自然明白簡易, 良知亦自能知得. 若是私意安排之思, 自是紛紜勞擾, 良知亦自會分別得. 蓋思之是非邪正, 良知無有不自知者." 『전습록』下「黃省曾錄」: "道卽是良知. 眞知原是完完全全, 是的還他是, 非的還他非, 是非只依著他, 更無有不是處, 這眞知還是你的明師."

감복한 바가 있기 때문이다. 지와 행을 둘로 나누어 본다면 비록 안다하더라도 모르는 것과 같으며, 이루었다 하더라도 이루지 못한 것과 같다.

지행합일이란 앎을 이루는 실제적인 공부[實功]이다. 비록 약한 사람이라도 할 수 있고, 어리석은 사람도 이를 수 있는 것이다. 무엇 때문에 그런가? 선(善)은 마치 맛있는 음식과 따뜻한 옷과 같으며, 악(惡)은 마치 상한 음식과 누더기 옷과 같다. 그 맛있는 것을 아는 것이 지(知)이고, 맛있는 것을 알고 먹는 것이 행(行)이다. 따뜻한 것을 아는 것이 지이고, 따뜻한 것을 알고 입는 것이 행이다. 만일 맛있는 것을 알고도 배고픔을 참으며 먹지 않고 내일을 기다려 먹으며, 〈옷을 입으면〉 따뜻해지는 것을 알면서도 추위를 참으며 옷을 입지 않고 내일을 기다려 입는다면, 천하에 어찌 이런 일이 있겠는가!

상한 음식과 누더기 옷은 이와 반대이다. 이것으로 앎과 행동을 비유하자면 합일(合一)이란 자연스런 추세이며, 나누어 둘이 된다면 스스로 〈이치에서〉 멀어지는 견해이다.

내가 이 그림(채방병의 그림)을 보고 돌이켜 마음에서 찾으며, 밖에서 빌리지 않았다. 앎이 있는 곳에 곧 행동이 있기 때문에 별로 시간들이지 않고 힘들임이 없이 채병방의 요구를 따랐는데, 혹 이만하면 되었을 것 같기도 하다!

본성의 작용으로 드러난 재능[性才]

세상 사람들은 본성의 속성[性德][104]은 알고 있어도 본성의 능력과

---

104) 德은 사물의 속성, 곧 사물이 갖고 있는 고유한 성질이다. 유가에서 말하는 仁義禮智는 인간이 지닌 속성이며, 당견은 「宗孟」편에서 이 네 가지를 四德이라고 표현하였다.

작용으로 드러난 재능[性才]¹⁰⁵⁾은 모른다. 위로는 하늘을 두루하고, 아래로 땅에 닿고, 그 사이 인간과 사물의 다양함을 보아도 천하에 이것(성재)보다 큰 것이 없다. 권세로 복종시킬 수 없는 것을 복종시키고, 명령으로 통솔할 수 없는 것을 통솔하고, 지략으로 얻을 수 없는 것을 얻을 수 있으니. 천하에 이것보다 강한 것이 없다. 드러난 형체에 간격이 없고, 같은 종류이면서 차이가 없고, 험난함이 장애가 되지 않으니, 천하에 이것보다 이로운 것이 없다.

도는 오직 하나의 본성이니, 어찌 두 가지 이름이 있겠는가! 사람들이 본성을 말하면서도 본성의 작용[性功]을 이해하지 못하기 때문에 본성이 하지 못하는 것이 없는 것을 별도로 재능이라고 말한다. 별도로 재능이라 말하면 편견과도 같다. 바로 천하의 원리를 궁구하여 천하의 일을 완성하는 것이 최고의 재능이며,¹⁰⁶⁾ 이것이 하나의 본성이다. 별도로 재능이라고 말한다면 외견(外見)과도 같다. 바르게 천하의 원리를 궁구하여 천하의 대사를 완성하는 것이 모두 하나의 본성 안에 있는 것이며, 다른 특별한 재능이 없다.

옛날에 진성(盡性)¹⁰⁷⁾을 하는 사람은 내가 인(仁)을 다하여 반드시 천하를 화육할 수 있었고, 내가 의(義)를 다하여 반드시 천하를 재량할 수 있었고, 내가 예(禮)를 다하여 반드시 천하를 바로 잡을 수 있었고, 내가 지(智)를 다하여 반드시 천하를 비출 수 있었던 자이다. 인의예지 사덕에 공(功)이 없으면 반드시 그 재능이 불충분하였으며, 재능이 불충분하면 반드시 그 본성을 다하지 못하였다.

---

105) 才는 재주와 재능이다. 이것은 인간의 고유한 능력이자 작용이다.
106) '莫尙之才'는 최고의 재능, 곧 최고의 능력과 작용이다.
107) 『中庸』에 "오직 천하에 지극히 성실한 분이어야 능히 그 性을 다할 수 있으니, 그 성을 다하면 능히 사람의 성을 다할 것이요, 사람의 성을 다하면 능히 물건의 성을 다할 것이요, 물건의 성을 다하면 천지의 화육을 도울 것이요, 천지의 화육을 도우면 천지와 더불어 참여하게 될 것이다[惟天下至誠, 爲能盡其性, 能盡其性則能盡人之性, 能盡人之性則能盡物之性. 能盡物之性, 則可以贊天地之化育, 可以贊天地之化育, 則可以與天地參矣]"라고 하며 '盡性'을 말하고 있다.

맹자 이후로 본성의 재능을 충분히 발휘할 수 있는 사람이 없어서 본성은 어두워졌다. 오늘날에 이르러 본성 아닌 재능이 있고, 재능 없는 본성이 있게 되었다. 본성이 아닌 재능은 작은 정치는 할 수 있어도, 큰 정치는 할 수 없다. 재능이 없는 본성은 소현(小賢)은 될 수 있어도, 대현(大賢)은 될 수 없다.

성인의 도가 쇠잔해지면서 관중(管仲, ?~B.C. 645)[108]·국교(國僑)[109]·신불해(申不害, ?~B.C. 341)[110]·상앙(商鞅, ?~B.C. 338)[111]이 번갈아 나타나 세상을 바로 잡고 백성을 다스리려고 했지만, 순결한 것을 드러내고 지저분한 것을 감추어 백성들로 하여금 행동을 제약하고 인정을 흩어지게 하여, 마침내 제(齊)·정(鄭)·진(秦)·한(韓)으로 나라가 난립하게 되었다. 본성의 도리에서 보자면 성인은 더 많아지지 않고, 일반 백성은 더 적어지지 않는다. 얻어도 얻은 것이 아니며, 잃어도 잃은 것이 아니니 성인의 행위가 아닌 것은 모두 이로부터 나온 것이다. 그러나 중정(中正)을 잃고 한결같이 외부수단에 의존하면,[112] 비록 본성에서 나왔다 하더라도 이미 본성이 아니기 때문에 다스릴 수 없는 것이다.

비유컨대 곡식의 정기(精氣)처럼 지나치면 돌피[稊稗]지만, 절구질하면 가루가 되어 그 맛이 곡식과 똑같다. 비록 곡식에서 나왔다 하더라도 이미 정상적인 곡식은 아니다. 또한 이것을 갖고는 요기는 할 수 있어도 항상 먹을 수는 없으며, 계속 이를 먹으면 질병이 생길 것이다.

또 한 가지 예를 들자면 별들의 좋지 못한 기운처럼 흩어져 혜성[彗孛][113]

---

108) 춘추시대의 정치가로 이름은 夷吾, 자는 仲이며, 훗날 존칭해서 管子라고 하였다.
109) 鄭穆公의 손자로 자는 子産이다. 정나라에서 40년간 집정하였다.
110) 전국시대 韓나라의 정치가로 저서에 『申子』가 있다.
111) 전국시대 정치가로 秦나라 孝公의 변법실행을 보좌하여 진나라의 부국강병에 기초를 세웠다. 『商君書』는 그의 사상을 잘 표현한 저술이다.
112) '外假'에 대한 용례는 『孟子』「盡心」上편에 "맹자가 말했다. 요순은 본성대로 하신 것이요, 탕무는 실천하신 것이요, 오패는 빌린 것이다. 오래도록 빌리고 돌아가지 않았으니, 어찌 그 자신이 가지고 있는 것이 아님을 알겠는가[孟子曰, 堯舜性之也, 湯武身之也, 五覇假之也, 久假而不歸, 惡知其非有也]"라고 한 것을 참조

이 되어도 밝은 형체를 갖고 있고 역시 하늘에 달려 있다. 비록 별에서 나왔다 하더라도 이미 정상적인 별은 아니다. 〈이것은〉 영원히 빛을 발할 수 없으며, 빛을 발한다면 홍수나 가뭄·전쟁 등의 재앙을 불러온다.

관중과 국교는 돌피이고, 신불해와 상앙은 혜성이다. 본성에서 나온 재능이 아니면 이와 같은 일들만 일어날 것이다.

이때부터 천년이 넘는 기간 동안 세상 사람들은 본성을 몰랐고, 〈본성에 대해〉 말하는 사람은 있었어도 편벽되어 순수하지 않았다. 정자(程子)와 주자(朱子)가 나타나 실로 본성의 근원을 궁구하여, 선을 근본으로 하면서 본성회복을 구하였고, 사사로운 것을 구별함으로써 하나로 나아가게 하였다. 그들은 공자와 맹자의 언설과 부합하는 것과 같았다. 여기서 그 얻은 바 나는 그것을 따랐고, 이것을 내가 따르자 사람들은 내가 〈몸소〉 얻은 것이 아니라고 한다면 어떻겠는가?

대개 저들(程朱)은 본성을 볼 수[見性]는 있었어도 본성을 다하지[盡性]는 못하였다. 본성은 내외(內外)가 하나인데, 밖이 안과 나누어져 있다면 어떻게 다한다고 할 수 있겠는가!

사람에게는 본성이 있고, 본성에는 재능이 있다. 마치 불에 밝음이 있고, 밝음에 빛이 있는 것과 같다. 초에 불을 붙여 방 한가운데 놓아두면 방 구석구석 비춰지지 않는 곳 없이 모두 밝아진다. 〈이것은〉 특별히 다른 것이 아니라 빛이 있기 때문이다.

또한 빛 없는 밝음도 있다. 마치 촛불을 끄고 향불을 붙이면 방안에 있는 사람들이 그 밝음을 볼 수 없는 것은 아닌 것과 같다. 그러나 그 밝음은 사람들에게까지는 미치지 못하여 사람들이 모두 어둠으로 혼란하여 움직일 수 없고, 어느 자리인지 위치를 알지 못하고, 동서 방향을 분간하지 못하고, 출입문이 어디인지 알지 못한다. 어떻게 이런 밝음에 의지하겠는가!

---

113) 孛星으로 이 별이 나타나면 난리가 일어날 조짐이라 한다.

만약 이같은 밝은 빛을 모아 비추면 어떻게 빛이 없다고 걱정하겠는가! 그런데 향촉의 가는 끝에 그치고 향불을 피우더라도 비출 수 없으니, 이로부터 비록 밝음은 있다해도 사람들에게 미치지 못하는 것이다.

재능 없는 본성이 이룬 것이 이와 같다. 본성의 재능[才]이 되는 것은 그렇기 때문에 두루 하지 않음이 없다. 무엇으로 성인은 두루 세상을 비출 수 있었고, 후세의 유자들은 겨우 자기 몸만을 비추었을까? 생각건대 수양을 잘 하면 두루 할 수 있고, 수양을 잘 하지 못하면 두루 할 수 없었기 때문이다.

본성은 천지를 통어하고 만물을 갖추고 있다. 천지를 도울 수 없고 만물을 기르지 못하고, 저기에 틈이 있는 것은 곧 자기에게 틈이 있는 것이다. 돌이켜 틈을 없애고자 한다면 반드시 틈이 없어지도록 수양해야 한다.

수컷과 교배하지 않고 낳은 알을 촉(蜀)[114]지역의 사람들은 '과부 알[寡彈]'[115]이라고 하였다. 어느 할머니가 계란 10개를 샀는데, 파는 사람이 유정란 5개, 무정란(과부 알) 5개를 주었다. 어미 닭이 이 알을 품어 병아리가 나온 이후에야 그 무정란을 알 수 있었다. 계란이란 수컷이 없어도 낳을 수 있다. 앞부분이 뾰족하고 뒷부분이 뭉툭하며, 흰자가 바깥에 노른자가 안쪽에 있기 때문에 비록 지극히 정밀한 사람이라도 어느 것이 유정란이고 어느 것이 무정란인지 구별할 수 없다. 어미 닭이 품은 이후에 유정란은 병아리가 되고 무정란은 상하고 말 것이다. 계란이 섞여 있으면 그 가운데 어느 것이 양(陽)이 결여되어 있는지 할머니가 알지 못한다. 배운 것이 혼잡하면 그 가운데 어느 것이 양이 결여되어 있는지 유자들이 알지 못한다.

유자가 어찌 음양을 모르겠는가! 아마도 그 생각하는 것이 정밀하지

---

114) 四川省지방을 말한다. 당견은 고향이 사천성 達縣이었기 때문에 아마도 이런 표현이 있는 것 같다.
115) '彈'은 '蛋'을 상징적으로 표현한 것이다.

못하고, 전일(專一)하지 못해서 일 것이며, 이치에 빠져 헤어 나오지 못하고 일에 침체되고 고집을 꺾지 못하여 생기를 찾지 못하고 있기 때문일 것이다. 이에 복괘(復卦)116)를 구해도 박(剝)괘117)가 나오고 태(泰)괘118)를 구해도 비(否)괘119)가 나온다.

10월이 되면 양기가 비록 있어도 작용하지 않아 토양은 맥(脈)을 소통시키면서도 만물을 고동할 수 없기 때문에 양기가 없다[無陽]고 이른다. 사람의 마음 또한 그렇다. 마음의 양기란 무엇과 같은가? 도(道)는 밝음[明]을 귀하게 여기고, 밝음은 고요함[靜]에서 나온다. 도는 통함[通]을 귀하게 여기고, 통함은 밝음에서 나온다. 도는 변화[變]를 귀하게 여기고, 변화는 통함에서 나온다. 도는 광대함[廣]을 귀하게 여기고, 광대함은 변화에서 나온다. 끊임없이 발생하는 것이 마음의 양기이다. 옛날 성인은 만물과 하나가 되었고, 공능이 천지와 함께 해서 시행한 것이 적합하지 않은 것이 없었던 것은 모두 여기[陽氣]에 있었다.

도(道)는 비록 힘써서 비록 넓힐 수는 있지만 널리 효험을 이룰 수는 없다.120) 비록 나아가 미루어 볼 수는 있어도 실제로는 고요함으로 말미암아 밝음을 얻는 것이다. 고요함 가운데 스스로 만족하면 밝음에 이

---

116) 震(☳)下 坤(☷)上으로 機運이 순환하는 상이다.
117) 坤(☷)下 艮(☶)上으로 小人이 성하고 君子가 어려움을 겪는 상이다.
118) 乾(☰)下 坤(☷)上으로 음양이 조화를 이루어 만사형통하고 편안함을 누리는 상이다.
119) 坤(☷)下 乾(☰)上으로 하늘과 땅의 陰陽이 서로 통하지 않아 사물이 꽉 막혀 있는 상이다.
120)『論語』「衛靈公」편에 "공자가 말했다. 사람이 도를 넓히는 것이지, 도가 사람을 넓히는 것이 아니다[子曰, 人能弘道, 非道弘人]"라고 하였고,『사서집주』에서는 이것을 "사람 밖에 도가 없고, 도 밖에 사람이 없다. 그러나 인심에 깨달음이 있고 道體가 무위하기 때문에 사람이 능히 도를 크게 할 수 있고, 도가 사람을 크게 할 수 없는 것이다. 張子가 말했다. '마음이 능히 본성을 다하여 사람이 도 넓히는 것이다. 본성이 그 마음을 검속할 줄 모르니, 도가 사람을 넓혀 주는 게 아니다'[人外無道, 道外無人. 然人心有覺, 而道體無爲, 故人能大其道, 道不能大其人也. 張子曰, '心能盡性, 人能弘道也. 性不知檢其心, 非道弘人也']"라고 하였다. 다시 말해 주체적·능동적 인간의 심성과 대상적·피동적 道體를 구별하고 있는 것이다. 당견의 이 문장도 이 맥락에서 봐야 할 것이다.

르러 드러난다. 밝음이 그런 밝음이 아니면 고요함을 지켜도 끝내 막히고 만다. 고요함이 그런 고요함을 얻으면 크게 밝아져 생동하게 된다.

수레의 축(軸)으로 고요함을 보자면 수레 축의 빈 곳을 통해서 밝음을 보는 것이며, 수레의 움직임을 통해서 통함을 보는 것이며, 수레의 제어하는 것을 통해서 변화하는 것을 보고, 수레가 이르는 것으로써 광대함을 보는 것이다. 축의 비어 있는 부분이 가로막대와 서로 맞물려 돌아가는데, 그 빈곳은 직경 2촌(寸)이 채 안되지만 둥글게 회전하면서 막힘이 없다. 온 세계의 거리는 크고 작은 길들이 교차하는 것이 그 수를 헤아릴 수조차 없다. 애당초 수레를 처음 만들기 시작할 때부터 이런 것(수레의 이 작은 축의 직경) 안에서 생각했던 것이다.

인간 본성의 작용[재능]도 이것을 생각하자면 의심할 것도 없다. 본성을 말할 때, 반드시 재능을 말하는 것은 본성이 비어 있는데 거하면서 그 조리(條理)를 볼 수 없어도 조리는 모두 이로 말미암아 나온 것이다. 천도(天道)에 비유하자면 생명체는 무수히 많은데, 하나의 미미한 잡초에서 하나의 잎사귀를 취해 살펴보면 표피 줄기의 맥락도 수도 없이 얽혀 있다. 사물에 조리가 있는 것에서 이에 천도를 볼 수 있는 것이다.

요순이 비록 성인이라도 어찌 아무 말 없이 단정히 앉아서 베푸는 것도 없이 천하 사람들로 하여금 먹게 하고, 입게 하면서 각기 그 뜻을 이루게 할 수 있었겠는가! 반드시 우(禹)에게 명령해서 치수(治水)사업을 하게 하고, 직(稷)에게 농사를 가르치게 하고, 설(契)에게 인륜을 밝히게 하고, 고요(皐陶)에게 형벌을 관리하게 하고, 후기(后夔)에게 음악을 정리하게 하여 모든 직무에 빈틈이 없게 하고 모든 정무에 허점이 없게 하였기 때문에 성공할 수 있었던 것이다.

요순이 본성을 다한 것은 이와 같았다. 후대의 정치가들은 마음이 밝지 않아 큰 일을 이루지 못하고, 큰 일을 이루지 못하니, 본 것들이 대부분 어긋나고, 실천한 것들이 대부분 잘못된 부분에서 헤어나지 못하고 있다. 그들은 공허한 본성을 갖고서 마침내 스스로 자기를 망치고 말았으니, 무엇이 본성이란 말인가! 진실로 〈그들 후대의 정치가들이〉 돌이켜 본성에서 구하고 그 본체(本體, 本質)를 다 실현하면 그 재능은 저절로 드러날 것이다.

본성은 혼연하여 사물이 아닌 것 같으나[無物], 그 가운데 대동(大同)세계가 구비되어 있어서 인(仁)은 이로 말미암아 나온다.[121] 진실로 그것(仁)을 잘 닦으면 사물은 같지 않음이 없을 것이다(대동세계가 될 것이다). 인은 사사로운 것과는 상반된다. 만일 사사로운 욕망을 제거하고 〈본성을〉 다 실현할 수 있다면 마치 비단에 조그만 먼지나 때가 묻지 않은 것과도 같다. 이것은 무욕(無欲)이라고는 할 수 있어도 무사(無私)라고는 할 수 없다. 사람들은 개인의 사사로움[人私]은 알아도 하늘의 사사로움[天私]은 모른다. 하늘은 자기 혼자의 만족을 위해 스스로 선한 것으로써 전횡하지 않는데, 만일 이것을 하늘의 사사로움이라고 한다면 비록 하늘이라도 인하지 않은 것이다.

인이라고 하는 것은 내재할 때는 보이지 않다가 밖으로 실천하면 보인다. 마음속에서만 알고 있을 때는 드러나지 않다가 사물에 접촉하면서 드러난다. 우주에 빈틈없이 가득 차고 끊임없이 유동하는 본체이며, 다만 작용하지 않을 뿐이다. 생기(生氣, 氣機)가 이르지 않으면 싹이 텄다가 곧바로 요절하고, 나뭇가지는 말라비틀어지는 것을 볼 것이다. 요절하고 말라비틀어지면 인은 어디에 존재하겠는가! 그러므로 헛되이 받는 것으로 인을 말해서는 안된다. 반드시 이런 도가 널리 베풀어져야 하며, 그런 뒤에 인은 마음에 온전해지고 천하에 도달하는 것이다.

본성은 혼연하여 사물이 아닌 것 같으나 그 안에 큰 질서[大順]을 갖추고 있어서 의(義)가 여기서 나온다. 진실로 이 의를 잘 닦으면 행동하는데 규칙에 따르지 않음이 없게 될 것이다. 의는 한 가지를 고집하는 것과는 상반되어 일정한 방식이 따로 없다. 무릇 덕행은 쉽게 알 수 있

---

121) 여기서 대동세계는 「宗孟」편에서 "性具天地萬物, 人莫不知焉, 人莫不言焉"이라 하고, 「性才」이 편에서는 "性統天地, 備萬物"이라고 한 차원에서 이해되어야 한다.

지만, 의는 알기 어렵다. 마음속에 의를 간직하는 것을 아는 것은 쉽지만 의를 겉으로 드러내면서 실천하는 것을 아는 것은 어렵다. 오직 정직한 마음을 오로지 간직하고 변화에 능동적으로 실천해야 한다.

마음은 저울추[權]와 같고 세상은 저울대[衡]와 같아서 저울추가 고정되지 않고 움직이면서 저울질 할 수 있는 것이다. 원칙을 확고히 하면서 융통성이 없는 것을 경직된 의[石義]라 하고, 이름을 시끄러울 정도로 널리 알리면서 사람들을 굴복시키는 것을 소문난 의[聲義]라고 한다. 이런 두 가지 의가 비록 정당하다 해도 포악을 길들이고 백성을 편안하게 할 수는 없다. 우리들의 감정은 본래 일반사람들과 다를 바가 없다. 하나의 감정이 사람마다 달라지는 것은 마치 하나의 먹줄을 잡아매어 수많은 매듭으로 짓는 것과 같아 그 가운데를 따라서 풀려고 해도 풀 수 없지만, 양끝을 잡고 곧게 잡아당기면 각기 스스로 풀려 다시 하나의 먹줄이 될 것이니, 어찌 순조롭지 않겠는가! 여기서 의를 안다면 그런 뒤에 의가 천하에 통달할 것이다.

본성은 혼연하여 사물 같지 않으나, 그 가운데 크게 사양하는 마음이 있어서 예(禮)가 거기서 나온다. 진실로 이 예를 잘 닦으면 사람들이 사양하지 않음이 없을 것이다. 예는 다투는 것과 상반된다. 옛날 『예경(禮經)』[122]의 내용을 후대에는 대부분 실천할 수 없었는데, 〈자기가〉 실천할 수 없다고 예를 책해서는 안된다. 예가 상실된 것은 의례나 제도의 잘못이 아니라 서로 다투는 잘못 때문이다. 옛날에는 예를 가지고 갈등을 중지시켰는데, 후대에는 예를 가지고 분쟁을 부채질하였다. 군자이면서 다투지 않으면 군자의 이름이 나지 않고, 도덕적 행위를 하면서 다투지 않으면 도덕이 드러나지 않는데, 어찌 하물며 공로(功勞)나 부귀(富貴), 간특(奸慝)을 다투는 데 있어서랴! 천하의 대란은 여기에 뿌리가 있다. 대란이 일어난 다음에 이를 구제하려고 한다면 어떻게 구제할 수

---

122) 『儀禮』와 『周官』.

있겠는가!

예를 아는 사람은 먼저 가도록 양보하거나 〈손님을〉 오른쪽에 모시는 것과 같이 양보하는 데 있지 않고,[123] 마음에서 어진 이를 모시는 것이다. 어진 사람을 높이는 세상에는 반드시 진정으로 어진 사람이 없다. 남에게 현명한 것을 보이는 것은 재화를 뽐내는 상인보다 더 부끄러운 일이며, 자기에게 현명하다고 갖다 붙이는 사람은 재물을 훔치는 도둑보다 더 욕된 일이다. 세상 사람들은 어진 이를 어질다고 하지만, 나는 다투지 않는 이를 어질다고 하겠다. 겸양하는 덕을 갖춘 것 외에 따로 더 무엇을 갖고 어질다고 하겠는가!

겸손히 물러날 줄 알고 화목해 하면 일부러 연습하지 않아도 예를 갖춘 풍토가 저절로 이루어지며, 군자는 사사로이 편당하지 않고, 소인은 반란을 일으키지 않게 되어, 비록 예를 논의하지 않아도 예가 저절로 천하에 시행될 것이다.

본성은 혼연하여 사물 같지 않으나 그 가운데 크게 밝음이 있어서 지(智)가 거기서 나온다. 진실로 이것을 잘 닦으면 사물이 통하지 않음이 없을 것이다. 지의 본체는 일월(日月)과도 같다. 강보에 싸여 있을 때부터 차츰 자라나면서 지식이 날로 깊어지고 가리는 것[掩蔽]도 날로 두터워 진다. 눈 밝음(明)을 가리고 있는 것이란 다른 게 아니라 자신의 작은 지혜[明]이며, 귀 밝음[聰], 곧 총명함을 가리고 있는 것은 다른 게 아니라 자신의 잔꾀[聰]이다. 우리가 순임금의 경지에 이르지 못하는 까닭은 우리는 오로지 하나의 눈 밝음만 있고, 순임금은 네 개의 눈 밝음이 있기 때문이며, 우리는 오로지 하나의 총명만 있고, 순임금은 네 개의 총명이 있기 때문이다.[124] 그렇기 때문에 우리는 하나의 사물을 헤아리기

---

123) 옛날 사람들은 주인은 언제나 찾아온 손님을 앞서가게 하고, 자리에 앉거나 식사할 때에는 오른쪽에 앉게 하는 것을 예라고 생각하였다.
124) 『書經』 「舜典」에 "月正의 元日에 舜이 文祖께 이르시다. 四岳에 물으시어 사방의 네 門을 열어 잘 연락되도록 하고, 네 눈을 밝히고, 네 귀밝음[聰]을 통달하게 하시었다[月正元日, 舜格于文祖. 詢于四岳, 闢四門, 明四目, 達四聰]"라고 하였다.

에도 부족하며 순임금은 천하를 비춰도 남음이 있는 것이다.

사람의 귀와 눈은 서로 큰 차이가 없다. 십 리 밖의 소와 말을 분별하기 어렵고, 오리 밖의 북소리나 종소리를 듣기 어렵다. 진실로 순임금의 지혜를 본받을 수 있다면 세상의 복된 소리나 저주하는 소리가 귀에 대고 하는 것처럼 들릴 것이며, 아직 복과 재난이 이르지 않았어도 눈앞에 있는 것처럼 알 수 있을 것이다. 지혜가 부족한 것을 걱정하는 사람은 정직한 것으로 거짓을 이기지 못할까를 걱정해야 한다. 거짓된 밝음은 작은 밝음[小明]만 같지 못하고, 작은 밝음은 편벽된 밝음[偏明]만 같지 못하고, 편벽된 밝음은 큰 밝음(大明)만 같지 못하다. 큰 밝음이 있으면 비록 몸이 여러 역경을 지나치고 일에 숙련되어 있지 않아도 지혜가 늘 천하에 두루 미칠 것이다.

〈인·의·예〉이 세 가지 덕의 수양은 모두 지를 따라서 들어온다. 세 가지 덕의 공능은 모두 지에서 나온다. 선(善)과 불선(不善)은 비록 그 틈이 작더라도 구별하기 어렵지 않다. 그래서 불선을 알고 제거하며, 선을 알고 실천하는 것을 궁극적인 일이라고 한다. 여기서 지혜를 써도 지혜의 역량을 얻을 수는 없다. 덕을 수양하는 사람이 비록 지극히 정밀하게 해서 깊은 데 침잠해서 얻더라도 그 안에서 쉽게 교착되고 말 것이다.

지혜의 참된 모습은 융통성이 있으면서 도량이 충만하여 모난 것을 만나면 모난 것을 이루고, 둥근 원을 만나면 원을 이룬다. 인(仁)이 그것(지혜)을 얻으면 이모저모에 두루 관통(貫通)하고, 의가 그것을 얻으면 융통성 있게 변화(變化)하고, 예가 그것을 얻으면 화동(和同)을 이룬다. 성인은 이것[지혜]을 가지고 조화시키고, 현인은 이것을 가지고 크게 할 수 있다.

〈그런데〉지혜를 잘못 이해하는 사람은 지혜를 스스로 유일한 덕이라고 여겨 다른 덕성과 조화시키지 않는다. 그같은 덕은 이미 성취했다 해도 겨우 몸 겉에만 화려하게 채색하는 데에만 충실했을 뿐 실제적인 작용을 볼 수 없다. 지혜를 다른 덕성과 조화시켜야만 그 덕성이 신성해진다. 그러므로 세 가지 덕을 닦는 것은 모두 지혜로부터 들어온다. 사람들은 진실로 나와 동일하지만 작은 것을 쌓아서 큰 것에 이르고, 가까운 데서 시작해서 먼 곳에 이르는 데에는 같지 않은 것도 있다.

세상에는 하나의 관직을 잘 지키고, 하나의 읍을 잘 다스려 칭송 받는 자가 있지만 천하를 잘 다스린다고 하는 사람은 아직 듣지 못했다. 크고 작은 것은 기세가 같지 않고 멀고 가까운 것은 정황이 다른 것인데, 어찌 천지를 축소시켜 삼리(三里)의 작은 성으로 만들며, 어찌 만물을 작게 해서 삼백 호 정도의 인구로 만들 수 있겠는가! 덕성이 비록 지극히 순수해도 원대한 데 이르지 못하는 것은 모두 지혜로 이끌지 못하기 때문이다. 지혜로 이끌 수 없기 때문에 비록 요순의 인(仁)을 본받는다 해도 널리 〈백성을〉 사랑할 수 없으며, 비록 탕무의 의(義)를 실천해도 포악한 무리를 복종시킬 수 없는 것이며, 비록 주공의 예(禮)를 배워도 세상을 통솔할 수 없는 것이다. 지혜로 이끄는 사람이 있다면 비록 나무 가지를 꺾지 않는 〈사소한〉 어진 마음이라도,125) 그 인을 이루다 쓸 수 없으며, 비록 올빼미를 죽이지 않는 〈보잘것없는〉 의로운 마음이라도,126) 그 의로움을 다 쓸 수 없으며, 비록 연장자보다 앞서가지 않는 〈작은〉 예절이라도, 그 예절을 다 쓸 수 없다. 그러므로 이 세 가지 덕의 공능은 모두 지혜에서 나오며 이것이 대단히 중요하고 중심이 되는 것이다. 양기가 발생하고 수레의 축이 비어 있다고 한 앞에서의 비유는

---

125)『孟子』「梁惠王」上편에 "장자를 위하여 나뭇가지를 꺾는 것을 남에게 말하기를 '내 불가능하다'고 한다면 이것은 하지 않는 것일지언정 불가능한 것은 아니다[爲長者折枝, 語人曰, '我不能', 是不爲也, 非不能也]"라고 하였는데, 이것을 주석한 주희는 '惻隱之心'을 확충하는 것이 자기 자신에게 달려 있음을 말하고자 한 것이라고 하였다.

126)『韓非子』「外儲說左」下편에 "제선왕이 匡倩에게 질문하였다. '儒者는 博한가?' 광천이 대답했다. '그렇지 않습니다.' 왕이 다시 물었다. '왜 그런가?' 광천이 대답했다. '박하면 올빼미를 귀하게 여기는데, 승자는 반드시 올빼미를 죽이고, 올빼미를 죽이는 자는 죽이는 것을 귀하게 여기기 때문입니다'[齊宣王問匡倩, '儒者博乎.' 曰, '不也.' 王曰, '何也.' 匡倩對曰, '博貴梟, 勝者必殺梟, 殺梟者是殺所貴也']"라고 하였다.

모두 여기에서 취한 것이다.

본성과 그 작용으로 나타난 공능[性功]

유자(儒者)는 세 종류의 부류가 있다.[127) 큰 덕성은 헤아릴 수 없고 큰 교화는 계한(界限)이 없는데, 이들이 최상의 부류로 이들은 마치 해와 같다. 등용되어서 성취함이 없지 않으며, 어떤 방면에서도 순조롭지 않음이 없는데, 이들이 그 다음 부류로 이들은 마치 달과 같다. 자기 혼자 빛난다고 여기며 남들은 모두 어둡다고 여기는 부류는 가장 하등에 속하며, 이들은 마치 별과 같다. 또한 종류에 해당하지 않는 부류가 있는데, 이들은 마치 반딧불과 같다. 반딧불은 별빛과 혼동할 수 없으니 반드시 구별할 필요는 없다.

해가 떠올라 온 천지산하가 숨김없이 드러나고, 어느 각도에서 건물을 보더라도 구석구석 숨김없이 볼 수 있고, 푸른 색과 누런 색이 섞여 있어도 색깔을 숨길 수 없는데, 최고 부류는 이것과 같다. 달이 뜨면 이 땅의 모든 길을 볼 수 있고, 여러 방향으로 마차들이 움직일 수 있고, 농부들이 쟁기질을 할 수 있고, 새와 짐승들이 잠복도 하고 날고 뛸 수도 있는데, 그 다음 부류가 이와 같다. 별의 몸체는 밝지 않은 것은 아니나 밖으로 빛을 발할 수 없고, 그 빛은 〈다른 것을〉 비출 수 없고, 비추더라도 멀리 미치지 못하여, 해를 대신할 수 없고, 달을 도울 수도 없고, 사물을 비출 수도 없다. 〈그래서〉 촛불을 켜놓고 거하는 것만도 못하고, 등불을 붙여 길을 이끄는 것만 못한데, 최하 종류는 이와 같다.

---

127) 여기서 '倫'은 '類'다.

형상을 가지고 비유하자면 해와 달과 별은 다른 형태이며, 마음을 가지고 비유하자면 해와 달과 별은 오직 하나의 밝음이다. 자기 스스로만 비추는 것은 별이 되고, <그 빛이> 다른 사물에 미치면 해와 달이 된다. 해와 달의 밝음을 갖춘 자는 능히 방 한 칸을 비출 수 있고, 방 한 칸을 비출 수 있으면 성 하나를 비출 수 있다. 한 성을 비출 수 있으면 한 국가를 비출 수 있고, 한 국가를 비출 수 있다면 동서남북 억만 리를 비출 수 있다. 방 하나를 비출 수 있는 사람이라면 방안에 있는 사람들의 귀와 눈과 몸과 마음에 미치고, 한 성을 비출 수 있는 사람이라면 그 성안 사람들의 귀와 눈과 몸과 마음에 미치고, 한 나라를 비출 수 있는 사람이라면 나라안 사람들의 귀와 눈과 몸과 마음에 미치고, 동서남북 억만 리에 비출 수 있는 사람이라면 그 안의 모든 사람들의 귀와 눈과 몸과 마음에 미치지 않음이 없다. 별빛과 같은 사람은 지식이 경위(經緯)[128]를 다할 수 있고, 학문이 도수(度數)[129]를 궁구할 수 있기 때문에 해와 달에 비해 무슨 손색이 있겠는가! 성품에 조그만 흠집도 없고 몸은 순결하니 해와 달에 비해 무슨 손색이 있겠는가! 누가 그 현명함을 존중하지 않으며, 그 덕을 우러르지 않겠는가! 그렇지만 비록 현명하고 덕이 있어도 미세한 불빛으로는 땅을 비추면서 경영하고[營作], 날고 뛰고[飛走] 하는 종류에 혜택을 줄 수는 없다.

하늘에 세 가지 밝음이 있듯이 인간의 마음에도 세 가지 밝음이 있다. 인간 마음의 밝음은 별이 될 수 있고 달이 될 수 있고 해도 될 수 있다. 그런데 어찌 별이 되고 달이 되지 못하고 해가 되지 못하였는가? 요·순임금과 공자는 해에 해당되고, 우왕·문왕·주공·안연·맹자는 달에 해당하지만 후세의 유자들은 별에 해당된다.

변론하는 사람들은 항상 이렇게 말한다.

---

128) 六經과 六緯를 말한다. 육경은 『詩』·『書』·『禮』·『易』·『樂』·『春秋』며, 육위는 육경에 부수된 여섯 종류의 緯書이다.
129) 天文曆算을 말한다.

"성현들은 직위가 없었기 때문에 공적을 따질 수가 없다. 공자와 맹자는 무슨 공적을 세웠는가?"

무지하기가 이보다 심할 수는 없을 것이다!

공자는 밤의 해이고, 맹자는 낮의 달이다. 두 분 성인에 대해 공적이 없다고 말하는 것은 마치 밤에 해를 이야기하면서 해에 빛이 없다고 하는 것과 같으며, 낮에 달을 말하면서 달에 빛이 없다고 하는 것과 같다. 후세의 유자들은 직위를 얻어 공적을 세웠다고 하는데, 이것은 낮에 별을 논하면서 별빛이 또한 만방을 비추고 있다고 하는 것과 같다.

오늘날의 제도에서는 왕 앞에 조회할 때의 복장과 손님 접대할 때의 복장[朝賓之服]은 반드시 명주로 된 띠를 허리에 매야 한다. 명주 띠의 길이는 다섯 자[五尺]이고 거기에는 비단 주머니, 패도(佩刀)가 달려 있고, 좌우에는 겹으로 접은 수건이 달려 있다. 이 띠는 허리를 한 번 두르고 앞에서 매듭을 지은 다음에 술은 아래로 드리우는데, 이런 것은 유용한 띠이다. 만약 어리석은 사람이 다섯 자를 두 자 반[二尺五寸]씩 둘로 나누어 시장에 내다 판다면 허리에 두를 수 없을 정도로 짧아 허리를 동여 맬 수 없고, 어떠한 것도 〈띠에〉 달 수 없어 사람들이 필시 비웃으며 사지 않을 것이다. 그렇기 때문에 비록 아름다운 띠라 하더라도 반으로 자르면 마침내 띠가 될 수 없는 것이다.

"몸을 수양하고[修身] 천하를 다스리는 것[治天下]"130)이 하나의 띠와 같아서 몸을 수양하는 것만 생각하고 천하 다스리는 것을 신경 쓰지 않는다면 천하를 다스릴 수 없을 뿐더러 몸을 수양할 수도 없을 것이다.

"중화를 지극히 하면[致中和], 만물을 생육한다[育萬物]"131)고 하는 것

---

130) 『大學』에 "사물의 이치가 이른 뒤에 지식이 지극해지고, 지식이 지극해진 뒤에 뜻이 성실해지고, 뜻이 성실해진 뒤에 마음이 바르게 되고, 마음이 바르게 된 뒤에 몸이 닦아지고, 몸이 닦아진 뒤에 집안이 가지런해지고, 집안이 가지런한 뒤에 나라가 다스려지고, 나라가 다스려진 뒤에 천하가 평화롭게 된다[物格而后知至, 知至而后意誠, 意誠而后心正, 心正而后身脩, 身脩而后家齊, 家齊而后國治. 國治而后天下平]"고 하였다.

이 하나의 띠와 같아서 중화를 지극히 하는 것만 생각하고 만물이 생육되는 것을 신경 쓰지 않는다면 만물이 생육되지 않을 뿐더러 중화를 지극히 할 수도 없을 것이다.

"자기를 이기면[克己], 천하 사람들이 인(仁)으로 돌아간다[天下歸仁]"132)는 것은 하나의 띠와 같아서 자기를 이기는 것만 생각하고 천하 사람들이 인으로 돌아간다는 것을 신경 쓰지 않는다면 천하가 인으로 돌아가지도 않지만 자기를 이기지도 못할 것이다.

"효제충신(孝悌忠信)을 무기로 진(秦)나라와 초(楚)나라를 토벌한다"133)고 한 것은 하나의 띠와 같아서 효제충신만 생각하고 진나라와 초나라 토벌을 신경 쓰지 않는다면 진·초 두 나라 토벌은커녕 효제충신도 못 이룰 것이다.

만일 두 자 반의 띠를 이어서 다섯 자의 띠를 만든다면, 허리에 두를 수 있고, 맬 수도 있고, 이것저것 달 수도 있고, 양끝의 드리워진 술도 화려할 것이다. 그러나 그 가운데 연결하고자 묶은 부분이 있어서 결국은 온전한 띠는 될 수 없다.

큰 도가 이미 분열되어 개인은 개인대로 사회는 사회대로 나아가 이것은 저것에 이어지지 않고, 저것은 이것에 근거하고 있지 않다. 억지로 하나로 합해서 비록 나라가 비교적 안정되더라도[小康] 결국은 다스려지지 않을 것이다.

---

131) 『中庸』에 "致中和, 天地位焉, 萬物育焉"이라 하였다.
132) 『論語』 「顔淵」편에 "子曰, 克己復禮爲仁, 一日克己復禮, 天下歸仁焉"이라 하였다. 여기서 주희는 '歸'는 '與(허여한다)'라고 해석하였는데, 역자는 이를 '인정한다'로 보았다.
133) 『孟子』 「梁惠王」 上편에 "왕께서 만일 어진 정치를 백성에게 베푸시어, 형벌을 신중히 하시고, 세금 거둬들이는 것을 적게 하신다면, 백성들은 깊이 밭갈고 김을 잘 매고, 장성한 자들은 여가를 이용하여 효제와 충신을 닦아서, 들어가서는 부형을 섬기고 나가서는 윗사람을 섬길 것이니, 이들로 하여금 몽둥이를 만들어 秦나라와 楚나라의 견고한 갑옷과 예리한 병기를 매질하게 할 수 있을 것입니다[王如施仁政於民, 省刑罰, 薄稅斂, 深耕易耨, 壯者以暇日, 修其孝悌忠信. 入以事其父兄, 出以事其長上, 可使制挺, 以撻秦楚之堅甲利兵矣]"라고 하였다.

이같은 것은 무엇 때문인가? 자신과 세상은 하나의 몸체여서 마치 이어진 실과 같다. 자신과 세상은 하나로 다스려지기 때문에 마치 짜여진 명주 띠와도 같다. 이것과 저것은 나누어진 것이 아닌데, 어찌 이어진 것을 끊을 수 있겠는가! 또한 명주 띠에 비유해 보자면, 다섯 자를 만들 수 있는 실을 베틀에 넣어 띠를 만드는데, 단지 두 자 반만 만들고, 그 나머지 두 자 반은 더 이상 짜지 않고 여전히 실 상태로 풀어놓고 끝을 묶어 놓았다면, 어찌 명주 띠를 만들 수 있겠는가!

〈여기서〉 명주 띠 짜기를 시작하는 것은 근본에 비유하고, 그치는 것을 끝[末]에 비유해 보자. 일하는 데 시작하는 것에만 전념하면, 아직 반도 짜지지 않아서 자연히 띠를 만들 수 없다. 배움도 시작하는 것, 곧 심신 수양하는 데에만 전념하면, 아직 여러 사람을 다스리는데 미치지 못하여 자연히 다스려질 수 없다.

무엇 때문에 이러한가? 하나의 형태에는 하나의 본성이 있고, 만 개의 형태에는 만 개의 본성이 있다. 마찬가지로 한 그릇에는 한 그릇만큼의 물이 담겨 있고, 만 개의 그릇에는 만 개 그릇만큼의 물이 담겨 있다. 그릇이 비록 만 개가 있어도 물은 본성상 하나이다. 〈따라서〉 자기의 본성을 반드시 다해야 하며, 〈그 다한 본성을 가지고〉 다른 사람에게도 반드시 상통하게 해야 한다.

그러므로 본성을 다하는 방법은 두 가지 방법이 없으며, 또한 한 가지 방법도 아니다. 본성으로 본성을 상통하는데, 어찌 두 가지 방법이 있다고 하겠는가! 상통하기 어려운 것을 통하게 하는데, 어찌 한 가지 방법만 있다고 하겠는가!

아버지와 아들이 서로 해치고, 형제가 서로 원수 맺고, 부부가 서로 반목하면 본성이 어떻게 상통하겠는가! 자연재해로 농작물이 훼손되고, 인간의 잘못으로 재물이 손상되고, 추위와 굶주림으로 흩어져 서로 보호하지 못한다면 본성이 어떻게 상통하겠는가! 강도가 갑자기 나타나 성을 파괴하고 나라를 파멸에 몰아 넣고 백성을 죽이고 불태워 생명을 부지할 수 없고, 자기의 수명을 누리지 못한다면 본성이 어떻게 상통할 수 있겠는가! 다만 자기의 본성만을 밝히면서 세상을 구제하지 못하면 남을 가르칠 수는 있어도 완전한 인간[大人]이 될 수 없으며, 말단 관직을 차지할 수는 있어도 천하를 위한 관직은 맡을 수 없다.

천지가 처음 열릴 때 〈자연적인〉 도(道)는 있었어도 〈인위적인〉 덕(德)은 없었으며,134) 〈자연적인〉 치리(治理)는 있었어도 〈인위적인〉 정령(政令)은 없었고,135) 조용히 각자 자기 몸을 수양하였다. 황제[黃神]136)에 대한 책이 노자로부터 칭송되면서 서술되어 도의 근본을 전하였다.

요순시대로 접어들면서 사람들이 날로 늘어나고 정욕(情慾)도 날로 열려 새나 짐승과 함께 거처하지 않게 되었다. 황제가 다스리던 시대를 〈후대에〉 다시 볼 수 없었고, 〈이후로는〉 정치와 교화[政敎]가 이에 일어나고 학문이 생기었다. 오곡(五穀)을 음식으로 하고, 오행(五行)을 사용하고, 오교(五敎)137)를 학교에서 가르치고, 오병(五兵)138)을 갖고 나라를 보위하

---

134) 『老子』 38장에 "그러므로 도를 상실한 이후에 덕이 생기고, 덕을 상실한 이후에 인이 생긴다[故失道而後德, 失德而後仁]"라고 한 것과 『莊子』 「天地」편에 "태초에는 無가 있을 뿐이었으니, 물론 그때에는 일체의 존재가 있었을 리 없고, 사물의 명칭도 없었다. 이윽고 그 無로부터 一이 생겼으나 다만 一이 있는 것 뿐이요, 아직 형태는 생겨나지 않았다. 모든 사물은 그 일을 얻음으로써 생겨났는데, 그것을 德이라고 한다. 이 형태도 없는 일은 분화하게 되지만 그것 사이에는 아직 큰 틈이 없어서 그것을 命이라고 한다. 이것은 머물기도 하고 움직이기도 해서 만물을 낳게 된다. 만물이 이루어지면 이치가 생기는데 그것을 形이라고 한다. 형체는 정신을 보유하게 되어 각기 법칙을 갖게 되는데 그것을 性이라고 한다[泰初有無, 無有無名, 一之所起, 有一而未形. 物得以生, 謂之德. 未形者有分, 且然無間, 謂之命. 留動而生物, 物成生理, 謂之形. 形體保神, 各有儀則, 謂之性]"이라고 하며, 道(無)−德−命−形−性의 선차성을 부여하였다. 정리하자면 '道'는 만물의 근원이기 때문에 여기서 '有道'라고 한 것이며, 본성을 돌이켜 구하는데 본성 밖에서 德을 구하는 것이 아니기 때문에 '無德'이라 한 것이다.
135) 도가는 '無爲而治'를 말한다. 그렇기 때문에 治理는 있어도 政令은 없다는 것이다. 다시 말해 자연적인 '치리'와 인위적인 제도를 통한 '정령'은 구분된다는 것이다.
136) 『老子』 6장에 "곡신은 죽지 않는데 그것을 玄牝이라 한다. 현빈의 문은 이것을 일컬어 천지의 뿌리라 하는데, 이것은 이어지고 또 이어지는 것과 같고, 아무리 써도 마르지 않는다[谷神不死, 是謂玄牝, 玄牝之門, 是謂天地根, 綿綿若存, 用之不勤]"라고 하였다.

게 하고, 마음을 근본으로 몸을 본보기로 해서 백성을 윤택하게 하고 풍속을 바로잡으려고 하였다.

〈그러나〉 불교가 성행하면서 크게 달라졌다. 속세의 인연을 끊고 본체진여(本體眞如)[139]의 이치를 탐구하고, 생사윤회(生死輪廻)[140]의 연고를 찾고, 불생불멸(不生不滅)[141]의 근본을 세우려고 하였다.

노자(老子)는 양생(養生)을 말하고, 석가(釋迦)는 내세를 밝히고[明死], 유가는 치세(治世)를 말하였다. 이 세 가지는 각기 달라 상통할 수 없기 때문에 그것을 합하려고 하는 것은 기만하는 것이며, 시비(是非)를 비교하려고 하는 것은 어리석은 일이다. 석가가 천지 밖으로 나가고, 노자가 사람들 밖으로 나가려고 하나 대중들은 천지 밖으로 나갈 수 없고, 사람들로부터도 벗어날 수 없다.

한 번 다스려지고 한 번 혼란한 것[一治一亂]은 노자나 석가가 능한 이치가 아니다. 이로써 하늘과 땅을 다스리는 열쇠는 오로지 유가에만 있다. 그러므로 공자와 맹자가 도덕을 말하면서 반드시 구체적인 사업을 언급하였고, 분주히 백성을 구제하기 위해 혼란한 나라들을 전전하면서 하루도 편안할 날이 없었다. 몸소 기용되지 않았을 때에는 후세를 위해 저술과 언설로 유산을 남겨 놓았다.

---

137) '五常之敎'는 父義 · 母慈 · 兄友 · 弟恭 · 子孝 등이다. 『左傳』 '文公 18年' 참조

138) 『周禮』 「夏官」 '司兵'에 "掌五兵"이라 했는데, 이때 오병은 戈 · 殳 · 戟 · 酋矛 · 夷矛 등이다.

139) 불교의 '眞如'를 말한다. '眞'은 진실이니 허망하지 않음을 말하며, '如'는 항상 그러함이니 변화하거나 바뀌지 않음을 뜻한다. 모든 경우에 항상 그 본성대로 있으므로 '진여'라고 한다. 다시 말해 '진여'는 우주 만물의 본체이므로 '實相' '法界' 등과 같은 의미로 사용하였다.

140) 바라문교의 교설을 불교에서 발전시킨 것이다. 중생이 각자가 지은 善惡의 業因에 따라 天 · 人 · 阿修羅 · 地獄 · 餓鬼 · 畜生의 六道 속에서 생사를 거듭함이 마치 수레바퀴처럼 쉼이 없다하여 '輪廻' 혹은 '六道輪廻'라고도 한다.

141) 龍樹의 『中論』에 "不生亦不滅, 不常亦不斷, 不一亦不異, 不來亦不出, 能說是因緣, 善滅諸戱論, 我稽首禮佛, 諸說中第一"라고 하여 생사를 초탈한 경계를 말하고 있는데, 모든 불경은 이 범주를 벗어나지 않는다.

석가는 오로지 내세를 밝히려고 진심보성(眞心寶性)[142]을 구하면서 천지산하를 물거품과 그림자처럼 여기었다.[143] 노자는 오직 양생을 말했기 때문에 그 뿌리로 돌아가 제 명(命)을 돌이키고[歸根復命],[144] 천하 만물과 백성을 풀강아지[芻狗]로 여겼다.[145]

유가만이 오직 치세(治世)를 말하였다. 그래서 인(仁)으로 백성을 기르고, 의(義)로 세상을 평안히 하고, 예(禮)로 백성을 따르게 하고, 지(智)로 온 천하에 미치게 하여, 천지산하(天地山河)와 만물백성(萬物百姓)이 자기의 본성을 다 실현하였고, 이것을 벗어나서는 본성을 다 이룰 수 없게 되었다. 예를 들자면 한 집에는 문·정원·방·창고·시동(侍童)·노비·첩·온갖 가구와 기구가 갖추어져야 〈집주인이〉 주인이 될 수 있다. 만일 이 넓은 집을 버리고 들에서 살면 주인이 아니다.

치세를 버리고 본성을 다하는 것[盡性]을 구하면 어찌 이것과 다르겠는가! 지금 사람들은 내적 수양에 대해서는 매우 정밀한 데까지 이르렀

---

142)『楞伽經』에 海水와 파도를 갖고 眞·妄의 두 마음을 비유하면서, 해수는 항상 불변하여 眞이라 하였고, 파도는 일고 잠잠함을 되풀이하며 無常하여 變이라 했다. '眞心'은 諸佛如來의 마음이고, '妄心'은 凡夫外道의 마음이다. '寶性'은 如來藏의 다른 이름으로 眞如 가운데 번뇌하는 것을 말한다. 순금은 토사에 섞여 있지만 그 특성은 불변하는 것처럼 여래장의 본성도 중생의 번민 가운데 있지만 淸淨眞如의 성질을 잃지 않고 있어서 '寶性'이라고 한 것이다.

143) 여기서 물거품[泡]과 그림자[影]는 사물의 虛像과 生滅無常을 말한다.

144)『老子』16장에 "대저 만물은 무성하게 자라지만 각기 다시 뿌리로 돌아갈 뿐이다. 뿌리로 돌아가는 것을 靜이라 하고 이를 命으로 돌아간다고 한다[夫物芸芸, 各復歸其根. 歸根曰靜, 是謂復命]"라고 하였다.

145)『老子』5장에 "천지는 인자하지 않아 만물을 풀강아지로 여긴다. 성인은 인자하지 않아 백성을 풀강아지처럼 생각한다[天地不仁, 以萬物爲芻狗, 聖人不仁, 以百姓爲芻狗]" 하였는데, 여기서 풀강아지[芻狗]는 옛날에 제사 때 쓰던 것으로 제사가 끝나면 곧바로 폐기하였기 때문에 전하여 쓸모 없는 것을 말할 때 비유되는 말이다.『莊子』「天運」편에서도 "대저 풀강아지는 젯상에 올려지기 전에는 상자에 올려지고, 아름다운 비단에 싸여 있다가 祭主가 목욕재계한 뒤 그것을 바치지만, 제사가 끝난 뒤에는 길가는 사람들이 그 머리와 등을 밟고, 풀 베러 다니는 사람들이 그것을 가져다가 모아서 불에 태울 뿐이다[夫芻狗之未陳也, 盛以笑衍, 巾以文繡, 尸祝齊戒以將之. 及其已陳也, 行者踐其首脊, 蘇者取而爨之而已]"라고 하면서 추구의 허망한 신세를 말하였다.

지만, 외적 사무에 대해서는 잊고 있는 것과 같다. 천지산하가 물거품이나 그림자처럼 잊혀지고, 만물백성이 풀강아지처럼 내팽개쳐져 버렸다. 명분은 치세를 한다고 하지만 실제로는 치세가 아니니 본성을 다하는 것도 아니다.

〈후세의〉 유가는 일찍이 석가를 공허하다고 했고, 노자를 사사롭다고 했다. 이렇게 비판한 것을 따져보면 공허한 것만을 보고 그 실제를 보지 못한 것이고, 사사로운 것만을 보고 공적인 것을 보지 못한 것이다.

배운다는 것은 본성을 다하고, 상하와 네 방향으로 모두 미치어[四通六格][146] 한 몸에 모두 갖추는 데 있다. 마치 우물에서 물을 긷고, 부싯돌에서 불을 얻는데, 우물은 다함 없이 샘이 지속적으로 솟아나고, 부싯돌은 끊임없이 불을 낼 수 있는 것과 같다. 우물이 너무 작아서 두레박 하나 간신히 들어갈 정도이고, 부싯돌이 대추만하여 너무 작다면 어떻게 이처럼 끝없이 할 수 있겠는가! 천지의 물이 두레박밖에 들어가지 못하는 우물에 연결되고, 천지의 불꽃이 대추만한 부싯돌에 감추어져 있기 때문이다. 〈이것은〉 물과 불이 본래 스스로 무궁무진한 것이지, 우물과 부싯돌이 무한하기 때문이 아니다.

〈이렇듯〉 세상이 나를 채용하면 매일 물을 긷고 불씨를 만드는 것처럼 얼마든지 만족시킬 수 있다. 세상이 나를 채용하지 않으면 우물에서 물을 긷지 않고 부싯돌로 불씨를 만들지 않는 것이니, 우물이 물을 낼 수 없는 것이 이와 같고, 부싯돌이 불씨를 내지 못하는 것이 이와 같다. 우물에 연결된 물이 끝없기 때문에 물을 댈 수 있는 논밭도 넓고, 부싯돌에 감추어진 불씨가 무한하기 때문에 그 쓰임도 큰 것이다.

지금 본성을 말하는 사람들은 그것의 정밀함은 알지만 그 광대함을 모르고, 그 광대함은 알더라도 그 광대함을 널리 미치게 할 수는 없다. 안목이 좁고 생각이 고루하고, 공로로 따라온 이익을 멀리하고, 변화를

---

146) 上下와 네 방향으로 모두 통달하는 것. 格은 곧 至이다.

두려워하고, 자기만을 고집하다가 없어지는 것보다는 차라리 한 가지 재능을 키우고, 한 가지 재주를 전공하는 것만 못하다. 오히려 〈이것이〉 다스림에 유익할 것이다. 〈수신에 집착하고 치세하지 못하는 후세 유가의〉 협애한 생각을 타파해야 본성의 작용[性功]을 볼 수 있다.

참된 총명함의 발현[自明]

　지극한 도(道)는 크고 작음이 없는데, 지금은 모두 전하지 않고 있다. 의학 서적이 있어도 그 책을 읽은 사람이 사람을 살리지 못하고, 점치는 책이 있어도 그 책을 읽은 사람이 길흉화복을 예측할 줄 모르고, 성인의 책이 있어도 그 책을 읽은 사람이 천하를 다스리지 못한다. 〈이것은〉 그 지극한 도가 책 속에 있는데도 그것을 스스로 터득하지 못했기 때문이다. 그러므로 상고(上古)시대에는 책이 없었어도 도가 나왔으며, 중고(中古)시대에는 책이 적었어도 도가 밝혀졌으며, 요즘 시대에는 책은 많아도 도가 사라졌다.

　마음[心]은 과일나무와 같고 책은 토양과 같다. 가지와 낙엽은 과일나무에서 나오고 토양에서 나오지 않는다. 스스로 터득함이 없는데도 계속해서 책을 읽는 것은 그 〈과일나무의〉 종자를 버리고 토양에서 가지와 낙엽을 구하는 것이다.

　스승에게 배우는 것 또한 마찬가지다. 스승의 가르침 덕분에 배우는 사람은 자신의 몸을 먹줄로 재고 그 마음을 저울에 재는 것에 불과하여 군자인(君子人)이 될 뿐이다. 얻을 수 있는 것은 스승에게 있고, 얻지 못하는 문제점은 나에게 있다. 그래서 백어(伯魚)는 공자가 아버지였기 때문에 중간정도의 재능을 지니는 데 불과하였다. 맹자는 〈공자로부터〉

백여 년 뒤에 태어나 그의 제자가 될 수는 없었지만, 그 배움을 얻어 성인이 되었다.

천지의 도를 배워 비록 천지에 대해서는 알았다 하더라도 도가 여전히 천지에 있다면, 나에게 무슨 소용이 있겠는가! 성인의 도를 배워 비록 성인에 대해서는 알았다 하더라도 도가 여전히 성인에게 있다면, 나에게 무슨 소용이 있겠는가! 군신(君臣)·부자(父子)의 도를 배워 비록 그 도를 알았다 하더라도 그 도가 여전히 군신·부자에게 있다면, 나에게 무슨 소용이 있겠는가!

시장을 지나가는 사람이 보물을 보고 기뻤는데, 길을 가다가 그것을 잊지 못하고 돌아와 가질 수도 없는 노릇이다. 그 보물은 자기 소유가 아니기 때문에 마치 하찮은 물건과도 같은 것이다. 어찌 이 보물을 보물이라고 할 수 있겠는가! 이것으로 도를 비유하자면 도가 자기 소유가 아니라면 어찌 그 도를 도라고 할 수 있겠는가!

하늘이 만물을 낳았지만, 도는 만물에 있고 하늘에 있지 않다. 하늘이 인간을 낳았지만, 도는 인간에게 있고 하늘에 있지 않다. 그것을 하나의 사물에 나아가 말하자면, 도는 여기(此物)에 존재하며, 저기(彼物)에 존재하지 않는다. 한 사람에 나아가 말하자면, 도는 나에게 존재하며, 다른 사람에게 존재하지 않는다.

사람의 몸에는 〈볼 수 있는〉 눈이 있으니, 눈에는 눈 밝음[明]이 있으며, 사람의 몸에는 〈들을 수 있는〉 귀가 있으니, 귀에는 귀 밝음[聰]이 있다. 도는 눈 밝음에 있지 눈에 있지 않고, 도는 귀 밝음에 있지 귀에 있지 않다. 도는 눈 밝음을 밝히는 데[明明] 있지 눈 밝음 자체에 있지 않으며, 도는 귀 밝음을 밝히는 데[聰聰] 있지 귀 밝음 자체에 있지 않다.

나의 말을 이해하지 못하는 사람은 머물러서 통괄하지 못한데 머물고, 홀로되어 큰 흐름에 미치지 못한다고 생각할 것이다. 나의 말을 이해하는 사람은 머무름이 전체를 통괄하는 까닭이 되고, 홀로됨이 큰 흐름에 미치는 까닭이 되었다고 생각할 것이다.

과수원의 농부가 나무를 베어 접목시킬 수 있는 것은 나무가 서로 이어져 있기 때문이 아니라 살아 있는 것이 서로 이어지기 때문이다. 갑자기 사람의 사지가 마비되는 것은 몸이 서로 연결되어 있지 않아서가 아니라 살아 있는 맥이 서로 이어지지 않았기 때문이다. 도가 〈만사만물로〉 분산되어 구체적인 형체로 보이며, 도가 원래 상태로 돌아가면 다시 구체적인 형체는 보이지 않는다. 하늘과 땅은 사람의 머리와 발이 되고, 몸과 마음은 북쪽의 호(胡)와 남쪽의 월(越)이 되는 것처럼 몸과 세상의 연고가 이렇게 구별될 수 있다.

　　많이 듣고 많이 아는 것은 약식(藥食)에 비유할 수 있다. 내적으로 충실하고 총명한 것은 기혈(氣血)에 비유할 수 있다. 기혈은 약식에 바탕을 두고 있지만, 약식이 곧 기혈은 아니다. 사람들은 약식이 곧 기혈이 아니라는 것은 알고 있지만, 많이 듣고 많이 아는 것이 곧 총명한 것이 아니라는 사실은 모르고 있다. 마음은 공(空)으로 밝아질 수 없으며, 의지하는 것을 두어서 밝아질 수 있는 것도 아니다. 경험한 일, 접촉한 사물, 읽은 책, 전수받은 학문이 모두 마음의 바탕이 되는 것이다.

　　그러나 이 네 가지에 의지한다면 마음은 네 가지를 빌려서 총명하게 되었다 하더라도 본래 총명함은 보이지 않는다. 본래 총명함이 보이지 않는다면 학문한 것과 학문하지 않은 것이 모두 사라지고, 배워서 옳다고 여긴 것과 배워서 잘못이라고 판단한 것이 모두 사라지고, 배워서 정당하다고 한 것과 배워서 편벽되다고 한 것이 모두 사라질 것이다.

　　마음을 스스로 볼 수 없는 것은 마치 자기 등을 볼 수 없는 것과 같다. 마음을 스스로 알 수 없는 것은 마치 자기 내장을 알 수 없는 것과 같다. 그러나 거울 두 개로 앞뒤에 세워놓고 보면 자기 등을 볼 수 있으며, 손가락 세 개로 맥을 짚으면 내장의 흐름을 알 수 있다. 등과 내장은 오히려 알 수 있지만, 마음은 보아서 알 수 없다. 생각을 너무 깊이 하면 결국 환각 증상이 나타나고, 보는 것을 너무 지나치게 하면 결국 환상이 떠오를 것이다. 천성(天性)에 대해서 스스로 매우 미세한 것까지 통달했다고 여기고, 모든 사물에 대해서도 마치 확연히 그것을 관통한 것처럼 생각한다. 이와 같은 것은 곧 그 마음이 빌린 것이지, 바른 마음이 아니다.

초(楚)나라에 눈이 나쁜 사람이 있었다. 하루는 그 처에게 말했다.

"내 눈이 좋아졌습니다. 내가 이웃집 지붕 위의 큰 나무가 보입니다."

그 처가 말했다.

"이웃집 지붕 위에는 나무가 없습니다."

상산(湘山)에 기도하러 가면서 또 그 몸종에게 말했다.

"내 눈이 좋아졌다. 저 네거리가 보인다. 분주히 오가는 것들이 마차와 행인들 아닌가?"

그 몸종이 대답했다.

"앞에 보이는 것은 모두 산과 강입니다. 무슨 네거리가 있습니까?"

나무가 없는데도 있다고 하고, 네거리가 없는데도 있다고 한다면 어찌 그 눈을 밝다고 하겠는가? 눈에 분명 병이 있는 것이다. 통달하지 못했는데도 통달했다 하고, 관통하지 못했는데도 관통했다고 한다면 어찌 마음이 밝은 것인가? 마음의 질병이다. 그 질병을 없애지 못하고 질병을 만들었는데, 어찌 마음에 대해 말할 수 있으리요!

마음에는 참된 밝음[眞明]이 있어서 사람들이 대개 자의적인 생각을 밝다고 여긴다. 마음에는 참된 본체[眞體]가 있는데도 사람들이 대개 그림자를 본체라고 생각한다. 이로써 학문을 하고 일을 하는 것은 자의적인 생각으로 일에 대응하기를 기대하는 것이며, 그림자를 가지고 행동을 지배하려는 것을 바라는 것이다. 진체와 진명, 그리고 크고 작은 징후는 안에서 한 촌(寸)으로 보이면, 밖에서 한 촌으로 응하고, 안에서 한 척(尺)으로 보이면, 밖에서 한 척으로 응한다.[147]

---

147) 이 내용은 한편으론 韓方의 맥짚는 방법을 응용한 말이다. 간단히 말하자면, "진정한 총명함과 진정한 본체에 도달했다면 마치 한의사가 진맥할 때 정확히 맥박을 짚을 때 내외가 일치하듯 겉으로 드러나 사물을 정확히 볼 수 있다"는 뜻이다.

마음에는 장단(長短)이 없어서 쉽게 결과로 나타나는 것이 안으로 하나를 얻었다면 밖으로 나타난 효과도 하나에 불과하며, 안으로 열 개를 얻게 되면 밖으로 드러난 결과도 열 개를 넘을 수 없다. 마음에는 많고 적음이 없어서 쉽게 효과로 드러나는 것이 이미 일로 드러나고 이미 시험되어 안과 밖이 항상 균형을 이루어 마치 저울 눈금이 언제나 일정한 것과 같다. 이것을 가리켜 마음의 본체를 터득했다고 하는 것이다.

옛날 사람들은 9년 동안 공부하면 사리판단을 할 줄 알고, 20년을 공부하면 사람의 마음을 헤아리게 되고, 30년간 공부하면 하늘의 원리를 알았다. 사리판단을 할 줄 알면 곡식 농사하는 것을 관리할 수 있고, 군대를 부릴 수 있으며, 사람의 마음을 헤아릴 줄 알면 정치에 종사할 수 있고, 사직을 편안히 할 수 있으며, 하늘의 원리를 알면 온 나라를 덕으로 윤택하게 할 수 있고, 동서남북의 야만민족을 교화시킬 수 있다.

후대에 이르러 성명(性命)을 말하지 않은 것도 아니고, 성인의 공적을 본받지 않은 것도 아니다. 이단을 판별하는 데에도 옛날보다 더 나았고, 행실을 바로잡는 것도 옛날보다 더 철저히 하였고, 옛것을 대조하고 고찰할 때에도 옛사람들 보다도 더 착실히 하였고, 말하고 논변할 때에도 옛사람보다 더 넓게 하였다.

〈그러나〉 사직을 안정시킬 방책을 묻게 되면 멍청해지면서 아무런 대답[契]도 하지 못하고,[148] 천하 평정하는 방법을 물으면 극히 상투적인 말로 대답한다.

옛날 사람들은 학문을 통해서 정치에 나아가는 것이 마치 배를 만들어 강에 띄우고, 수레를 만들어 육지에 다니게 하는 것과 같아서 이롭

---

148) '其契'에 대한 용례는 『春秋左傳』 '襄公 10年'에 보인다. 周나라 천자의 두 卿인 王叔陳生과 伯輿가 서로 정권을 다투자 范宣子가 그 두 사람에게 "천자가 오른쪽이라고 하는 것을 나도 또한 오른쪽이라고 여기고, 천자가 왼쪽이라고 하는 것을 나도 또한 왼쪽이라고 여긴다[天子所右, 寡君亦右之, 所左亦左之]"고 하면서 그 증거를 맞추어 보라고 하자 "왕숙은 그 증거(대답)를 제출할 수 없어서 진나라로 도망갔다[王叔氏不能擧其契, 王叔奔晉]"는 기록이 있다.

지 않음이 없었다.

후대 사람들은 학문을 통해서 정치에 나아가는 것이 마치 배를 만들어 육지에서 움직이게 하고, 수레를 만들어 강에 띄우려고 하는 것과 같아서 쓸모 없다.

군자는 천하의 어머니이고, 군자의 학문은 천하를 키우는 젖이다. 사람들을 기를 수 없다면 낳고 교화하는 데 도움이 없어서 제왕의 통치가 끊어지고, 윤리도덕이 사라져서 그 해악이 이단이 횡행할 때보다 더 심하다. 대개 이단이 세상을 미혹할 때에는 몸에 병이 있는 것과 같을 뿐이다. 〈그런데〉 쓸모 없는 도(道)를 배운 것은 마치 몸에 기운이 빠져 죽어 가는 것과도 같다. 이것을 깊이 헤아리지 못한다면 학문에 대해 논하지 말라.

충실한 인간의 본성[充原]

한 번은 여행을 갔다가 돌아와서 아내에게 물었다.

"내가 나간 뒤로 친구나 친척이 찾아온 적이 있었습니까?"

처가 대답했다.

"없습니다."

고 하고는, 이웃들이 잘해 주었다고 말했다.

이웃의 누구와 잘 지냈느냐고 묻자, 모두 이웃의 부인들이라고 대답하였다.

또 한 번 여행을 갔다가 돌아오자 아내가 과일과 야채를 내와 술을 마시었다. 〈그때〉 내가 물었다.

"집안에 먹을 것이 떨어졌을 텐데, 이 과일과 야채는 무엇으로 바꿔

온 것입니까?"

아내가 대답했다.

"이웃집 부인이 준 것입니다. 당신이 돌아왔는데 먹을 것이 없을까봐 남겨두고 당신을 기다렸습니다."

또 여행을 갔다가 돌아와 문안으로 들어오는데 딸 안(安)을 보고 사랑스러워 그 손을 잡고 머리를 쓰다듬고 얼굴을 만지며 웃으면서 아내에게 물었다.

"내가 나가 있는 동안 이 애는 무엇을 하고 놀았습니까?"

아내가 대답했다.

"어느 날 저녁 이웃집 여인이 우리 딸을 초대해서 음식을 차려 대접하고 또 돌아올 때에는 귤 12개를 주어 보냈습니다."

이에 나는 탄식하며 말했다.

"부인의 지혜는 남자들만 못합니다. 어찌 남자들이 본래부터 박절하고, 부인들이 본래부터 후덕했겠습니까? 남자들이 세상일에 빠져서 자연본성에서 이탈했다면, 부인들은 세상에 빠지지 않아서 자연본성에 가까운 것입니다."

옛날 나는 오(吳, 강소)지역 남쪽지방을 여행하면서 영생(甯生)의 집에 머물렀는데, 그는 약관(弱冠)[149]의 어린 나이였지만 나와는 형제처럼 매우 친하게 지냈다. 밤에 잘 때는 떨어져 있는 것이 아쉬워서 같이 잠자리에 들었고, 배가 고프면 함께 죽을 끓여 먹었다. 배에 올라와 나를 환송할 때에는 눈물이 나자 잠시 뒤돌아 섰다가 다시 배를 따라 강가로 달려왔고, 배가 보이지 않자 돌아갔다.

다시 10년 만에 만나자 예모를 더욱 갖추었지만 감정은 〈전보다〉 멀어졌다. 또다시 10년이 흘러 그 집에 머물렀다. 〈그때 그 집에〉 손님이 와서 접대하는데, 손님이 오른쪽에 앉았고 나는 왼쪽에 앉았다. 〈그가〉

---

149) 『禮記』「曲禮」上편에는 "二十曰弱, 冠"이라 했다. '약'은 어리다는 뜻이고, '관'은 남자 나이 스물이면 성년의 冠禮를 치른다는 것이다.

음식을 권할 때에는 반드시 오른쪽 손님에게 권했고, 술을 권할 때에도 반드시 오른쪽 손님에게 권했고, 농담을 할 때에도 반드시 오른쪽 손님에게만 하였다. 〈그래서 난〉 다음날 새벽 일어나자마자 핑계거리를 만들어 인사를 하고 그곳을 떠났다.

여기서 난 그때를 생각하며 탄식했다.

"어린이의 지혜가 어른만 같지 못하도다. 이 사람 영생이 어찌 어렸을 때에는 후덕하다가 어른이 되어서는 박절해졌다고 하겠는가? 어린아이는 아직 세상물정에 빠져들지 않아서 자연본성에 가깝고, 어른들은 이미 세상에 깊이 빠져들어서 자연본성에서 멀어진 것이다."

일찍이 월(越, 절강)지방의 한 노인에게서 이런 얘기를 들었다.

"곽홍려(郭鴻臚)[150]는 상을 치를 때, 처음 돌아가셨을 때부터 담제(禪祭)[151]에 이르기까지 효금(絞衾)[152]·우부(虞祔)[153]·곡용거식(哭踊居食)[154]이 모두 제도에 합당하였는데, 양명 선생은 그것을 의례를 차릴 줄 아는 것이라고 하였다. 다른 날 한 어린이의 어머니가 돌아가셨는데, 방에 들어가 엄마를 찾아도 찾을 수 없었다. 울면서 우유를 3일간이나 먹지 않고 쌀가루에 의지하며 살았다. 양명 선생이 그것을 보고 제자들에게 말하기를 '먼저 번 곽홍려의 상 치르는 것이 이 어린아이가 상을 잘 치른 것만 같지 못하도다!'고 하였다."

양명 선생이 50세 되던 해 생일을 맞아 제자가 축하하러 와서 이렇게 말했다.

"오직 선생님만 세월을 헛되이 보내지 않은 것 같습니다. 『시경(詩經)』

---

150) 郭은 성씨이고, 鴻臚는 관직명으로 홍려시경(鴻臚寺卿)이다.
151) 大祥(사람이 죽은 지 두 돌만에 지내는 제사)을 지낸 그 다음 달에 지내는 제사.
152) 束帶의 일종으로 시체를 장식하는 데 썼다.
153) '虞'는 虞祭로 부모의 장례를 지낸 날에 지내는 제사이고, '祔'는 삼년상이 끝난 뒤에 그 신주를 사당에 모셔 한 곳에서 제사지내는 것을 말한다.
154) '哭'은 부모님이 돌아가셨을 때 아침저녁으로 곡하는 것이고, '踊'은 죽음을 슬퍼하며 행하는 跳躍의 의식이고, '居'는 부모상을 치르면서 허름한 초막에서 거처하는 것이고, '食'은 喪中 거친 음식을 먹는 것을 말한다.

에 '내가 날마다 매진하고, 달마다 노력하여, 아침에 일찍 일어나 저녁에 늦게 자면서, 낳아준 부모님께 욕됨 없게 하리'155)라고 하였는데, 선생님을 두고 한 말 같습니다. 선생님은 하늘이 낸 철인(哲人)이라 저희들이 미칠 수 없습니다."

그러자 모두가 찬탄하였다.

양명 선생이 말했다.

"참! 너희들은 나를 아직 잘 모르고 있다. 일반사람들은 나이에 순응해 가지만 성인은 나이를 거슬러 올라간다.156) 지식은 나이와 함께 증가하고, 식견도 나이와 함께 풍부해지고, 견문도 나이와 함께 넓어진다. 지식이 깊어지면 본심을 침잠시키고, 식견이 넓어지면 본심을 가리고, 견문이 쌓이면 본심을 잃고 만다. 본래 이 세 가지(知・見・聞)는 본심에 뿌리를 두고 있지만 오히려 본심을 해치는 것이다. 나이 듦에 순응하는 것은 마치 강물이 흐르는 데 따라 내려가는 것과 같으며, 나이를 거슬러 올라가 어린아이의 마음으로 돌아가는 것은 마치 강물을 거슬러 올라가는 것과도 같다. 나도 50년이란 세월을 살았구나! 어린아이와도 같은 마음으로 돌아가고자 해도 할 수 없구나."

제사지내기 전에 제단 앞에서 방자히 노래와 춤을 추는 것을 가서 보았다. 어떤 사람이 말했다.

"옛날의 음악은 이해할 수 없는데, 지금 들은 저 음악은 광대하고 화평해서 나의 성정(性情)을 감동시킵니다. 이것은 필시 우(虞)・하(夏)・상(商)・주(周)의 음악소리일 것입니다. 성인이 만든 악기로 음악을 연주하니 참으로 아름답습니다!"

내가 말했다.

"성인이 어찌 악기를 만들고 음악을 연주하겠습니까? 천지가 만물을 낳자 여덟 개의 악기[八器]157)가 구별되었고, 여덟 개의 악기가 구별되자 여

---

155) "我日斯邁, 而月斯征, 夙興夜寐, 無忝爾所生."(『詩經』 「小雅」 「小宛」)
156) 어린아이와도 같은 본성으로 돌아가고자 한다는 내용이다.

덟 가지 소리[八音][158]가 갖춰졌습니다. 음(音)은 악기가 내는 고유한 소리입니다. 이에 성인이 사빈(泗濱)의 돌로 경(磬)을 만들고,[159] 해곡(嶰谷)의 대나무를 갖고 관(管)을 만들고,[160] 역산(嶧山) 남쪽의 오동나무를 베어 금슬(琴瑟)을 만들었습니다.[161] 〈인간의 본성에서 우러나는 감정을〉 찬탄하는 말을 수식하는 것으로 노래와 음악을 만들고,[162] 육률(六律)[163]로써 그것에 조화를 주고, 오음(五音)[164]으로 소리를 내어 그 고유한 소리를 전한 것

---

157) 金・石・絲・竹・匏・土・革・木의 여덟 가지 재료로 만든 악기. 예컨대 鐘・磬・塤・鼓・琴・柷・笙・管 등이다.

158) '八器'에서 나는 소리.

159) 泗濱은 오늘날 山東省 泗水縣 東蒙山 남쪽 기슭으로 이곳에서 나는 돌로 경을 만들었다. 『書經』「禹貢」에 "泗濱浮磬"이라 하였고, 孔穎達은 이를 "사수는 산을 끼고 흐른다. 돌이 사수가에 있으면서 흐르는 물 곁에 있어서 마치 물에 떠 있는 것처럼 보였다. 이 돌로 경쇠를 만들었기 때문에 부경이라고 하였다[泗水傍山而過, 石爲泗水之涯, 石在水傍, 似若水浮, 此石可以爲磬, 故曰浮磬]"라 해석하여, 이 돌이 마치 물에 떠 있는 것과 같아서 부경이라고 하였다는 것이다.

160) 嶰谷은 昆侖山의 북쪽계곡이다. 『漢書』「律曆志」에 "황제가 영윤으로 하여금 대하의 서쪽 곤륜산의 북쪽 해곡에서 자라는 대나무를 잘라서 구멍을 고르게 뚫어 두 마디를 취해 그것을 불게 하여, 이것으로 황종의 宮을 삼았다[黃帝使伶倫, 自大夏之西, 昆侖之陰, 取竹之解(嶰)谷生, 其竅均厚者, 取兩節間而吹之, 以爲黃鐘之宮]"고 하였다.

161) 嶧은 嶧山으로 산동성 鄒縣 동남쪽이다. 『書經』「禹貢」편에 "嶧陽孤桐"이라 했고, 『傳』에 "역산의 남쪽에서 특별히 자라는 오동나무가 금에 적합하였다[嶧山之陽, 特生桐, 中琴瑟]"고 해설하고 있다.

162) 『禮記』「樂記」편에 "그러므로 노래라고 하는 것은 길게 말하는 것이다. 무엇으로써 소리를 길게 하여 말나는가. 〈사물에 감촉하여〉 기뻐하게 되면 입으로 말하며, 말로도 부족하기 때문에 길게 말하게 된다. 이것이 노래의 시작이다. 길게 말해서도 부족하기 때문에 차탄하게 된다. 차탄해서도 부족하기 때문에 손과 발을 놀리며 춤을 추면서도 어찌할 줄 모른다[故歌之爲言也, 長言之也. 說之故言之. 言之不足, 故長言之. 長言之不足, 故嗟歎之. 嗟歎之不足, 故不知手之舞之, 足之蹈之也]"라고 하면서 노래의 의미를 말하고 있다. 다시 말해 노래란 사람의 감정을 표현하는 구체적 방법으로 때로는 길게, 그것 갖고 부족할 때는 차탄하면서, 차탄(감탄하는 것) 갖고 부족할 때는 손과 발을 이용한 춤으로 표현한다는 것이다.

163) 六律六呂의 약칭으로 樂律이라고도 하는데, 이것은 陰陽 각기 여섯 개의 竹管으로 이루어져 모두 12가지가 있다. 陽을 律이라 하고, 陰을 呂라고 한다. 육률의 명칭은 黃鐘・太簇・姑洗・蕤賓・夷則・無射이고, 육려는 大呂・夾鐘・仲呂・林鐘・南呂・應鐘이 있다.

164) 宮・商・角・徵・羽의 다섯 음계로 五聲이라고도 한다.

입니다. 후기(后夔)가 비록 총명하고, 공수(工倕)[165]가 비록 정교해도, 어찌 〈이런 오묘한 음악을〉 가감할 수 있겠습니까? 모두가 천지자연의 본연한 소리입니다. 도덕이 타락하고 세상이 나빠졌으며, 감정이 사라지고 사욕이 넘쳐나서, 간악한 소리가 더욱 기승을 부립니다. 종경(鐘磬)·관약(管籥)·금슬(琴瑟) 같은 악기에 천박한 악공(樂工)과 간교한 가동(歌童)이 음절을 방탕하게 하고, 아첨하는 미성을 내고, 가볍고 방정맞은 소리를 내어, 시끄러운 음악[譁樂]을 만들었습니다. 이것은 음란한 뜻을 갖고 지은 것이지, 천지자연의 본연한 소리가 아닙니다. 그러므로 옛날 성인들은 음악으로 정치를 완성하였는데, 〈이것은〉 음악을 연주하는 것에서 벗어나지 않았습니다. 나라가 화평하고, 만물이 번창하고, 천지가 평안한 데 이르는 것은, 다른 것이 아니라 본연의 소리가 그 본성에 도달했기 때문입니다. 혼란한 세대에는 음악도 혼란하게 됩니다. 임금과 신하사이에 질서가 없고, 부자사이에 예절이 없고, 남녀사이에 구별이 없어 전쟁이 일어나 나라가 붕괴하는 데 이르는 것은, 다른 것이 아니라 간교한 소리가 사악한 풍조를 조장했기 때문입니다. 대개 성인들이 몸을 수양하고 만물을 기를 때에는 본래부터 있던 것으로 한 것이며, 외부에서 덧붙이지 않았습니다. 본래 있는 〈자연적인〉 것은 항상 사물을 생성하지만, 임의로 외부에서 덧붙인 〈인위적인〉 것은 반드시 해치는데, 사물이라는 것은 본래 그러합니다."

내가 말했다.

"순임금이 천하를 다스릴 때 유묘(有苗)가 복종하지 않았습니다. 유묘는 천하의 어리석은 사람들이라 정벌해도 두려워하지 않았고, 가르쳐도 알지 못했습니다. 순임금이 그들을 바로 잡을 수 있었는데, 이것은 바로 잡지 못할 것이 없다는 것입니다. 『역(易)』에 말하기를 '믿음이 돼지나 물고기에 미친다[信及豚魚]'[166]고 했는데, 돼지나 물고기는 동물 중에서

---

165) 요임금 때의 유명한 목수.
166) '돼지고기나 생선도 길하며, 큰 내를 건너는 것이 이롭다. 결실하고 저장한다. 단전
    에서 이렇게 말했다. 중부괘는 柔爻가 안에 있고 剛爻가 중앙의 위치를 얻고 있다. 즐

도 난폭한 종류인지라, 나무토막이 물에 떠내려오다가 혹 닿기라도 한다면 강력한 수포를 내뿜어 그것을 뒤집어 버립니다.[167] 믿음이 그같은 것에도 미칠 수 있으니, 믿음은 이렇게 신기한 것입니다. 미칠 만한 것이 아닌데도 바르게 할 수 있고, 종류가 다른 데도 함께 할 수 있어서 신기하다고 한 것입니다. 성인이 할 수 있다면, 나라고 못할 것도 없습니다. 서로 통하는 것과 그렇지 못한 것은 차이가 있습니다. 하늘이 만물을 낳아서 수많은 종류가 나왔지만, 그 종류를 얻지 못하면 사람과 만물은 별개입니다. 하늘이 사람을 낳아서 수많은 형태가 나왔지만, 그 형태를 얻지 못하면 사람과 사람은 별개입니다. 어머니가 자식을 낳아서 이런저런 모양을 지녔지만, 그 몸을 얻지 못하면 자식과 어머니는 별개입니다. 어찌 그뿐이겠습니까? 귀의 기능은 듣는 데 있어 수많은 소리를 듣습니다. 그런데 그 소리를 들을 수 없다면 귀와 마음은 별개입니다. 눈의 기능은 보는 데 있어 수많은 색을 봅니다. 그런데 그 색을 볼 수 없다면 눈과 마음은 별개입니다. 마음에는 감각기능으로 아는 것이 있어 수많은 생각을 합니다. 그런데 생각을 할 수 없다면 마음과 나[我]는 별개입니다. 참으로 이같은 도리를 알게 된다면[168] 순임금과 묘민(苗民)이 한 몸[一身]이 되고, 순임금과 돼지와 물고기가 하나의 기(氣)가

겨하여 따르니 誠意로써 나라를 감화시킨다. 돼지고기나 생선이라도 길하니 신의가 돼지와 생선에 미친다. 큰 강을 건너는데 빈 목선을 탄 것과도 같다. 성의가 차 있으니 결실하고 저장한다. 이에 하늘이 감응할 것이다[豚魚吉, 利涉大川, 利貞. 象曰 : 中孚, 柔在內而剛得中. 說而巽, 孚, 乃化邦也. 豚魚吉, 信及豚魚也. 利涉大川, 乘木舟虛也. 中孚以利貞, 乃應乎天也]"(『周易』「中孚」(☰☰))

167) 여기서 胯는 원래 오줌보[膀胱]이지만 泡의 의미로 해석하는 것이 나을 듯하다. 물고기 또한 고래와 같은 큰 종류로 보이며, 고래의 물 뿜는 것을 연상하고 이런 말을 하고 있는 것으로 보인다.

168) '天人合一'의 도리와 『孟子』「離婁」下편의 "요순과 사람들은 같을 뿐이다[堯舜與人同耳]", 「告子」下편의 "사람은 모두 요순이 될 수 있다[人皆可以爲堯舜]", 그리고 송대 張載의 "民吾同胞, 物吾與也"(『西銘』), 程明道의 '萬物一體'의 도리를 말한다. 이런 논리가 결국 당견에게서는 본 장의 다음 장 「居心」편에서 "聖人與我同類者也"로 표현되었다.

됨을 아는 것입니다. 이같은 도리를 알지 못하면 묘민과 돼지·물고기
가 그 자기만의 <교화되지 않은> 마음만을 가지고 있을 뿐이니, 그같은
마음을 무엇하겠습니까? 그같은 마음을 무엇하겠습니까? 컵에 담겨 있
는 물과 바다에 있는 물이 어찌 별개이겠습니까? 그러나 두 개의 다른
컵에 담겨 있는 물이 서로 나란히 놓여져 있으면서 간격이 조금이라도
떨어져 있다면, 하나의 물이 될 수 없습니다. 사해(四海)가 서로 멀리 떨
어져 그 거리를 헤아릴 수 없어도 물고기는 헤엄쳐 도달할 수 있습니다.
어찌 다른 물이라고 할 수 있겠습니까? 산천초목과 암수의 형질(形質)이
크게 다르지만, 하늘이 낳고[生] 땅이 길러[生], 만물이 생겨난 것으로
각기 다른 별개의 생명은 없습니다. 따뜻한 기운이 비춰질 때는 겨울잠
에서 깨어나고, 만물이 소생하는 변화가 생기고, 가지에 싹이 나고, 무
성해지는데, <여기에서> 벗어나는 다른 생명은 없습니다. 한 방향에서
각기 그 방향만을 보고, 정해진 사물 내에서 각기 정해진 사물만을 보
게 되기 때문에 상통할 수 없는 것입니다. 성인의 본성을 다함[盡性]은
마치 바다와 같아서 근원으로부터 본성을 회복하고, 이로써 같은 종류
와 통하고, 같지 않은 종류와도 통하게 됩니다."

마음을 편안히 하라[居心]

성인도 우리와 같은 인간이다.169) 사람의 인간됨은 성인보다 결코 모
자랄 것이 없으나, 사람들이 성인 보기를 마치 하늘을 사다리로 오르지
못하는 것처럼 생각하니,170) 어찌된 일인가?

---

169) 『孟子』에도 비슷한 말이 있다. "堯舜與人同耳."(「告子」下) "人皆可以爲堯舜"(「離婁」下)
170) "부자를 따르지 못함은 하늘을 사다리로 오르지 못하는 것과 같다[夫子之不可及也,

어떤 사람이 말했다.

"천지의 기운이 말세(末世)에 있기 때문에 사람을 낳을 때에도 품부한 기운의 많고 적음[厚薄]이 있습니다. 내가 과거의 역사를 살펴보니 혹 100년에 한 번 성인이 나오고, 혹 500년 만에 성인이 나오고, 혹 몇몇 성인이 같은 시절에 나와 활동하고, 혹 몇몇 성인들이 어깨를 견주며 경쟁하기도 하였습니다. 〈그런데〉 주나라 이후로 마침내 성인이 나오지 않았습니다. 이것은 품부한 기운이 약해서 성인이 나지 않은 것이며, 사람들이 성인이 될 수 없어서 그런 것이 아닙니다."

내가 말했다.

"옛날과 지금의 품부한 기운에 많고 적음이 있다고 말한다면, 반드시 옛날 사람들은 장적(長狄)171)과 같고, 지금 사람들은 신체가 왜소하다고 [侏儒] 할 것입니다. 옛날의 말은 코끼리보다 배는 컸을 것이고, 지금의 말은 형체가 개보다 못하다고 할 것입니다. 그러나 그렇지는 않습니다. 이로써 사람에 대해 말하자면 몸에 품부된 기운이 약하지 않아도 형체가 되는 바에 약하게 될 수도 있으니, 반드시 그런 것은 아닙니다."

또 내가 말했다.

"옛날의 학자들의 공부는 일상적인 것을 배양하는 것으로부터 시작했습니다. 일상적인 것을 공부하면 반드시 그것이 쌓여서 장대하게 되고, 장대하면 반드시 정밀하고 치밀하게 되고, 정밀하고 치밀하면 반드시 변화에 능동적으로 되고, 변화에 능동적이면 반드시 신묘한 데 이르게 됩니다. 〈이런 변화 성숙의 과정은〉 마치 시간이 서서히 흘러가지만 그 흐름을 볼 수 없는 것과 같고, 세월이 지나가지만 그 지나감을 볼 수 없는 것과 같습니다. 농부가 백곡을 파종하고 묵묵히 기다리며 수확의 시기를 잃지 않는 것과도 같습니다. 〈그런데〉 오늘날의 학자들은 그렇지 않습니다. 옛날보다 많은 책을 읽고, 옛날보다 많은 견문을 갖고 있

猶天之不可階而升也]."(『論語』,「子張」) 여기서 '階'는 '梯'이다.
171) 중국 북방에 사는 신체가 거대한 사람들을 말한다.

어, 논리를 옛날보다 상세히 갖추고 있습니다. 성인의 말씀도 저런 것에 덧붙여져서 더욱 신묘하게 보입니다. 〈그래서〉 그들의 말은 신묘함에 부합하나, 그 사람됨은 일반적인 사람을 넘지 못하고, 보통사람들의 수준을 벗어나지 못하고, 또한 일반인의 신세를 면하지 못할 뿐입니다."

"지금의 사람은 옛날 사람과 같고, 오늘날의 학문은 과거의 학문과 같습니다. 학문을 좋아하는 사람은 안으로 반성하고, 밖으로 살피며[內省外察], 오직 잠시라도 성인의 뜻에 부합하지 못할까 걱정하지만, 결국은 거리가 먼 것이 이와 같으니 왜 그럴까요? 어찌 또한 그 마음에서 구하지 않겠습니까? 사람들 가운데 누가 편안한 집에 있는 것을 마다하겠습니까? 친구의 집을 지나치다 들러 정담을 나누고 음식을 먹고 나면 그냥 떠납니다. 남의 집에 묵게 되면 가깝게는 하루나 한달 길게 잡으면 한 계절이나 일년정도 머물다 떠나지요. 연(燕)지역이나 조(趙)지역에 간 사람이 여관에 머물러 하루 이틀 묵고 떠납니다. 자기 집이 아니면 지나가면서 〈오랜 동안〉 머물지 않고, 자기 집이라면 종신토록 떠나지 않아도 됩니다. 〈사람들은〉 집 문제에 대해서라면 자기가 〈어떻게 해야 할지를〉 알고 있지만, 마음에 대한 것은 잘 알지 못합니다. 집을 보는 관점으로 마음을 본다면 마음을 알 수 있고, 집에 거하는 방식으로 마음을 거하게 하면 마음에 얻는 것이 있을 것입니다."

"그렇다면 어떻게 마음을 편안하게 거하게 할 수 있을까요? 숭악(嵩嶽)[172]의 산은 천지가 시작하는 곳에 서 있고, 또한 천지가 끝나는 곳에 위치하고 있습니다. 천지사방(天地四方) 육합(六合)의 가운데에 있으면서 그 위치를 잡고, 사방의 끝[四極]에 연접하면서 그 뿌리가 됩니다. 이것 또한 더없이 지극한 생각이지요. 마음의 한결같음이 이와 같습니다. 큰 바다의 물은 남북에서 바람이 불고 동서로 파도가 요동치면 해역의 일정한 곳을 표시할 수 없고, 일정한 장소에 머물러 지탱할 수 없습니다.

---

172) 五嶽의 하나로 하남성 登封縣 북쪽에 있다.

이것은 또한 일정한 곳에 이를 수 없다는 것입니다. 마음을 일정하게 할 수 없는 것이 이것과 같습니다. 성인의 마음은 숭악과 같고, 보통사람들의 마음은 바다와 같습니다. 마음을 편안하게 잘 거하게 하는 사람은 바다를 변하게 해서 산이 되게 하여, 곧 요임금과 공자처럼 성인의 경지에 가깝게 될 수 있습니다."

어떤 사람이 물었다.

"마음이 이미 정해졌다면, 도를 구하는 데에는 무엇을 따라서 해야 합니까?"

내가 되물었다.

"그대는 마음으로 도를 구하고자 합니까?"

그 사람이 대답했다.

"예! 그렇습니다."

내가 다시 물으며 말했다.

"그대는 장차 마음에서 도를 구하고자 하면서 어찌 도로써 지극히 신묘한 하나의 사물이라 여기지 않는가? 〈그래서〉 보아도 보이지 않는 것입니다. 장차 마음을 다하고 세월을 다하면 마치 어망으로 고기를 잡고, 새총으로 새를 잡는 것과 같습니다."

그러자 그 사람이 말했다.

"아! 그렇습니까?"

그때 나는 등(燈)을 가리키며 말했다.

"나와 그대가 어두운 방에 있으면, 눈으로 아무 것도 볼 수 없지만, 등에 불을 붙여 방안 네 벽면을 비추면, 보이지 않는 것이 없으니, 어찌 불빛 때문이 아니겠습니까? 그런즉 불빛은 그 자체로 밝음이 있고, 밝음은 불빛에서 나온 것입니다. 불빛은 여기에 있는 것이지, 따로 〈어떤 것을〉 빌려서 밝게 만드는 것이 아닙니다. 마음을 비유하자면 불과 같고, 도는 비유하자면 밝음과 같습니다. 어찌 이것을 두 가지 다른 것이라고 볼 수 있겠습니까?"

문제점 제거하기[除疾]

내가 말했다.

"나에게 문제가 있다면 방종하는 것[逸]이라고 말한다.[173) 고요할 때에는 마치 액체와 같이 흐르고, 움직일 때에는 액체처럼 배출되어 그것이 어디로 흘러가는지 모른다. 만일 양을 밧줄로 묶는 것처럼 나의 마음을 묶을 수만 있다면, 어찌 어려움이 있겠는가! 방종하지 않으려 하는데도 방종하게 되고, 묶어두려고 하는데 묶을 수 없다. 이 문제를 해결하지 않으면 결국 참된 진리의 경지에 이르지 못할 것이다."

"나에게 또한 문제가 있다면 조급해[躁] 하는 것이라고 말한다.[174) 사람은 자신이 난 지역에 따라 그 성격은 대부분 그 지역과 같다. 나는 높고 험한 계곡의 물이 흐르는 지역에서 태어났다.[175) 그래서 나의 성격도 세차게 흐르는 물처럼 조급하고 거칠다. 문을 닫고 나서 환경을 바꾸어 앉아 있지 못하고 반드시 위치와 환경을 바꾸고, 밥을 다 먹기도 전에 반드시 뭔가 다른 일을 하고, 아침의 고요함이 물러가기 전에 곧

---

173)『孟子』「告子」上편에 "학문하는 도는 다른 것이 아니라 放心을 구하는 것일 뿐이다[學問之道無他, 求其放心而已矣]"라고 하였는데, 주자는 이것을 주석하면서 "학문의 일은 진실로 한 가지가 아니나, 그 도인즉 방심을 구하는 데 있을 뿐이다. 능히 이와 같이 하면 志氣가 청명해지고 의리가 밝게 드러나 위로 통달할 수 있고, 그렇지 못하면 혼미하고 放逸하여 비록 학문에 종사한다 하더라도 끝내 발명하는 바가 있지 못할 것이다[學問之事, 固非一端, 然其道則在於求其放心而已. 蓋能如是, 則志氣淸明, 義理昭著, 而可以上達, 不然則昏昧放逸, 雖曰從事於學, 而終不能有所發明矣]"라고 하여 放逸를 학문의 장애요소로 꼽았다.

174)『論語』「季氏」편에 "공자가 말했다. '군자를 모심에 세 가지 허물이 있으니, 말씀이 미치지 않았는데 말하는 것을 조급함[躁]이라 하고, 말씀이 미쳤는데 말하지 않는 것을 숨김[隱]이라 하고, 안색을 보지 않고 말하는 것을 봉사[瞽]라고 말한다'[孔子曰 '侍於君子 有三愆 言未及之而言 謂之躁 言及之而不言 謂之隱 未見顏色而言 謂之瞽']"라고 해서 조급함을 허물이라 하였다.

175) 당견의 고향은 四川省 達縣이다. 달현은 높은 산세를 타고 강물이 세차게 흐르는 곳이다.

바로 활동을 한다. 이 문제를 해결하지 못한다면 결국 참된 진리에 이르지 못할 것이다."

"소강(少康)이 나라를 빼앗겼다가 착(浞)을 멸하고 다시 나라를 회복하였다.176) 그렇지 않았다면(소강이 착을 죽이지 않았다면) 교외의 사람들이 모두 착의 무리였을 것이고, 성문을 지키는 사람들도 모두 착의 사람들이었을 것이고, 궁궐을 호위하는 사람들도 모두 착의 신하였을 것이다. 소강이 교외로 왔을 때 누가 그를 들여보내며, 소강이 성문에 이르렀을 때 누가 성문을 열어 주며, 소강이 궁궐에 이르렀을 때 누가 궁궐 문을 열어 주겠는가? 비록 그 집이 과거의 자기 집이라 하더라도 마침내 들어갈 수 없었을 것이다. 반드시 교외에서 전쟁을 하고 성문 지키는 사람들을 죽이고 궁궐수비병을 물리친 뒤라야 들어갈 수 있었을 것이다. 내가 나의 이 두 가지 문제를 제거하고자 하는 마음이 꼭 이것과 같다."

"노는 것을 좋아하는 어린이들이 어느 날 선생님을 모시고 성인의 예절을 교육받고 있었다. 어린이들이 기뻐하면서 단정히 앉아 움직이지 않는 것이 어른들과 다를 바가 없었다. 선생님이 잠시 나가자 그 친구들과 즐겁게 놀면서 야단법석 이리 뛰고 저리 뛰며 노는 것이 처음과 같았다. 내 나이 56세, 고요히 멈춤을 구하나 오래 가지 못하는 것이 마치 저 어린아이들과 같으니, 어찌 부끄럽지 않겠는가! 지금부터 아이처럼 행동하지 않으려고 한다."

"동네 사람 가운데 싸움을 좋아하는 자가 있었다. 동네에서 제사지내는 일이 있어 자리에 나아가 아랫자리에 앉았고, 잔을 들 때도 공손한 것이 선한 사람들과 다를 바가 없었다. 어느 날 경박한 사람과 함께 있다가 한마디 말이 맞지 않자 싸움을 하며 처음 상태로 돌아갔다. 나는

---

176) 夏나라 王이다. 浞이 소강의 아버지 相을 공격하여 그를 죽였을 때, 소강은 외가에서 태어났다. 소강이 장성해서 착을 공격하여 정권을 다시 회복하였다. 참고로 기원전 21~16세기에 있었다고 하는 하나라 왕의 계보는 다음과 같다. 禹-啓-太康-仲康-相-少康-杼 …… 桀.

성인의 도를 배우는 자로서 고요함[靜]을 구하나 오래가지 못하는 것이
저 동네 사람 같으니, 어찌 부끄럽지 않으리오! 바라건대 저 동네 사람
처럼 하지 않겠노라."

양생의 길[病獲]

　내가 학문을 한지 10년이란 세월이 흘렀다. 그 동안 도주공(陶朱公)[177]
과 의돈(猗頓)[178] 두 사람의 재부(財富)를 마치 쥐가 땅속에서 파낸 흙처럼
여겼고, 조맹(趙孟)[179]의 존귀함을 마치 오리털처럼 가벼운 것으로 보았다.
　그런데 방종한 마음을 잡지 못하고, 조급한 마음을 제거하지 못하고,
명예를 보면 역시 좋아하고, 여색을 보고 역시 즐거워한다. 내 나이 60
세, 술을 너무 많이 마셔서 아침에 일어나 입가에 거품 있는 침을 뱉다
가 점차 있을 지도 모르는 중풍을 두려워하며 이에 술 마시는 것을 중
지하였다.

---

177) 춘추시대 越王 句踐의 신하 범려(范蠡)의 다른 이름. 陶縣(지금의 산동성 定陶縣)에
　　 서 살았기 때문에 도주공이라 했으며, 수많은 재부를 축적했다.
178) 춘추시대 魯나라 사람으로 처음에는 매우 가난했으나 도주공의 소문을 듣고 축재방
　　 법을 배워 크게 부자가 되었다고 한다. 일명 '猗頓之富'하면 큰 부자를 가리킨다.
179) 춘추시대 晉나라 대부 趙武를 말한다. 晉平公때 正卿이 되어 賢臣들을 부렸다. 『孟
　　 子』「告子」上편에 "맹자가 말했다. '귀하게 되려고 하는 것은 사람의 똑 같은 마음이
　　 니, 사람마다 자기에게 귀한 것이 있건마는 생각하지 않아서 모르고 있을 뿐이다. 남이
　　 귀하다고 한 것은 良貴가 아니니, 조맹이 귀하게 해준 것을 조맹이 능히 천하게 할 수
　　 있다'[孟子曰, '欲貴者, 人之同心也. 人人有貴於己者, 弗思耳. 人之所貴者, 非良貴
　　 也, 趙孟之所貴, 趙孟能賤之']라고 하였는데, 주자는 "조맹은 진나라 경이다. 능히 작
　　 록을 남에게 주어서 그로 하여금 귀해지게 할 수 있다면 또한 능히 빼앗아서 천하게
　　 할 수 있는 것이다[趙孟, 晋卿也. 能以爵祿與人而使之貴, 則亦能奪之而使之賤矣]"
　　 라고 주석하였다. 여기서 본연한 귀함[良貴]은 주거나 뺏을 수 있는 것이 아니라는 것
　　 이다.

질병으로 인해서 생명을 생각하고, 생명으로 인해서 몸을 생각하고, 몸으로 인해서 양생을 생각하고, 양생으로 인해서 등용되는 것을 생각하고, 등용되는 것을 인해서 경영을 생각하고, 경영으로 인해서 죽음을 생각하였다. 그래서 생명은 아침이고, 죽음은 저녁이라고 한 것이다.

양은 도살장 문 앞에서 서로 뿔싸움을 하면서 곧바로 죽을 것을 모르고, 닭은 부뚜막 아래서 교미를 하면서 곧 삶아질 것을 모르고 있다. 사람들이 남에게 이길 것을 구하며 그 하고자 하는 바를 모두 한다면 무엇이 이것과 다르겠는가!

주씨(朱氏)의 학당에 양생에 관한 책이 있어서 빌려서 보았다. 거기에 이런 말이 있다.

"정신[神]은 기(氣)를 지배하고, 기는 형체[形]에 머문다. 마음[心]이 생(生)하면 정신은 없어지고[亡], 마음이 사라지면[死] 정신은 거(居)한다."

이 말을 해석하면 이렇다.

"마음에는 생사(生死)가 없다. 생사라고 하는 것은 순임금의 이른바 인심(人心)이다.[180] 심신(心神)이 모두 사라지면 결국 그 몸은 근심 많은 소인이 되어 명이 단축되어 죽을 것이다.[181] 〈이것은〉 마음의 움직임인가? 정신의 움직임인가?"

젓가락을 들면서 생각했던 것이 젓가락을 내려놓으면서 변하였다. 앞에 놓여진 음식이 바야흐로 맛이 없다가 갑자기 맛있게 느껴지는데, 그것은 마치 그릇(음식물)이 바뀐 것과도 같다. 앞에 있는 종에게 바야흐로 성을 내다가 갑자기 좋아하게 되는 것이 마치 종이 바뀐 것과도 같다.

외출해서 근심하지 않고, 집에 들어와서 걱정하지 않고, 염려거리가 있어도 거기에 생각을 두지 않고, 아름다운 여인을 보아도 눈이 머물지

---

180) "인심은 위태하고 도심은 적으니 精하며 一하여야 진실로 그 中을 잡을 수 있다[人心惟危, 道心惟微. 惟精惟一, 允執厥中]" 여기서 인심은 人欲이고 도심은 天理를 말한다.(『書經』「虞書」'大禹謨')

181) "공자가 말했다. 군자는 평탄하여 여유가 있고, 소인은 늘 걱정스러워한다[子曰, 君子坦蕩蕩, 小人長戚戚]."(『論語』「述而」)

않는다. 10년을 공부하면서 아직 그런 일이 없었는데, 밥을 먹다가 갑자기 이것을 터득했으니, 이보다 더 큰 즐거움은 없을 것이다. 이것을 끌어들여 곧게 해야 하며, 다시는 구부러지지 않게 해야 한다. 이것을 도와 바르게 하고, 다시 편벽되지 않게 해야 한다. 밥 먹다가 이것을 터득하였으니, 또한 밥 먹다가 잃을 수도 있기 때문이다.

선입관이 없는 허중(虛中)한 상태로 사람들과 대해야 하며, 정직한 모습으로 남의 거짓을 대해야 한다. 나를 알아준다고 기뻐하지 않고, 나를 몰라준다고 성내지 않고,[182] 나를 칭송한다고 해서 나를 중시한다고 여기지 않고, 나를 만홀하게 한다고 해서 나를 무시한다고 생각하지 않는다.

내 집안을 비우고, 내 방안을 청결히 하고, 내 창문을 밝게 하고, 내 방문을 단속하고, 그 가운데 처하면서 집 밖에서 원하는 것 없이 그냥 이처럼 세월을 보내고 싶을 뿐이다.

기쁨으로 마음의 본체를 구하라[悅入]

내가 늦게 도에 뜻을 두고 안 것이 곧 마음이 도라는 것이다. 마음 밖에서 찾지 않고 마음에서 오로지 찾아야 하고, 근심과 성냄이 많은 것을 걱정하는 것은 마음에 해가 될 뿐이다.

어떤 사람이 나에게 고요함을 주로 하라고 하여[主靜],[183] 처음에는 그렇게 했지만 시간이 지나자 다시 요동하였다. 어떤 사람이 나에게 공경함을 주로 하라고 하여[主敬],[184] 처음에는 그렇게 했지만 시간이 지

---

182) "人不知而不慍, 不亦君子乎."(『論語』 「學而」)
183) 主靜은 송대 陸象山의 주된 가르침이었다.
184) 主敬은 主一無適의 공부로서 송대 程伊川의 주된 가르침이었다.

나자 다시 방종하였다. 성인의 말씀을 따르고, 널리 많은 학자들의 의견을 구하여 힘을 다하지 않은 것은 아니지만, 근심·성냄의 병통은 마침내 벗을 수는 없었다.

이 때문에 마음의 본체를 생각하였는데, 그것은 허령(虛靈)하고, 어떠한 잡념도 없는 것이다. 시간에는 궁달(窮達)이 있지만, 마음에는 궁달이 없다. 공간 속에서는 고락(苦樂)이 있지만, 마음에는 고락이 없다. 인간의 삶에는 순역(順逆)이 있지만, 마음에는 순역이 없다.

이 세 가지(곤궁·고락·순역)가 있는 사람은 세상의 망령이 있는 것이고, 이 세 가지가 없는 사람은 마음의 본체가 없다는 것이다. 어찌 망령되이 있는 것으로 본체의 없는 것에 억지로 갖다 붙이겠는가!

마음은 본래 걱정과 성냄이 없는데도 그 마음을 수고롭게 하면서 걱정과 성냄을 다스린다. 바깥의 병통을 아직 제거하지 못하였다면 내부의 마음이 먼저 훼손되어, 이런 방법으로는 얻을 수 있는 것이 아니다.

이미 이런 것을 알고 있다면, 장차 어떻게 마음 구하는 방법을 찾아 들어가겠는가?

일찍이 유능한 의사는 사람의 질병을 치료하는데, 보이는 질병을 치료하는 것이 아니라, 반드시 질병이 어디서 왔는가를 찾아서 그것에 따라 치료한다고 들었다. 그렇게 하면 약은 반드시 효과가 있고, 질병은 쉽게 치료된다는 것이다.

나는 지금 나의 질통이 어디서 왔는가를 알았다. 내가 사람을 대하는데 스스로 좋아하지 않으면서도 그를 보았다면, 그 사람에 대해서 마땅하게 생각지 않을 것이며, 내가 음식을 먹는데 먹고 싶지 않은데도 차려져 있는 데로 나아간다면, 그 맛이 마땅치 않을 것이다. 내가 만나는 사람들 가운데 대개는 마땅한 것이 적다. 그래서 하인들에게 욕하고, 자식에게 성내면서도 처에게는 완벽하게 구비되기를 구했다.

어느 날 나는 깨달았다. 같은 사람, 같은 일인데도 혹 아침에는 괜찮다가 저녁에는 못마땅하고, 혹 아침에는 마땅치 않았는데 저녁에는 괜찮다는 사실이다. 못마땅한 것은 내가 반드시 기쁘지 않을 때를 당해서 그렇고, 맘에 들 경우는 반드시 내가 기쁨을 당할 때이다. 그렇다면 마땅한 것은 마음의 기쁨에 있는 것이지, 외적 사물에 있는 것이 아니다. 기쁨은 마음에 있으며, 마땅함에 있지 않다.

그러므로 기뻐하지 않는 것은 마음을 해치는 칼날이 되고, 기뻐하는 것은 도(道)에 들어가는 문이 되는데, 여기에 어떤 다른 방도가 없음을 알았다. 여기서 옛날에 했던 방식을 버리고 마음에 기쁨을 얻는 것으로부터 〈도에〉 들어가려고 한다.

기쁨이란 자의적인 감정대로 하는 것이 아니고, 사사로운 욕망 좇는 것을 말한 것이 아니다. 마음의 본체는 비어 있는 것[虛]이 마치 하늘[太空]과 같고, 밝음[明]이 태양과 같다. 하늘이 하늘 본래의 모습으로 돌아가는데 장해가 되는 것이 없고, 태양이 태양 본래의 모습으로 돌아가는데 그것을 가리는 것이 없다. 자연스럽게 거기에 따라가 억지로 수고로움에 의지함이 없으면 편안히 얻을 수 있는 이익이 있는데, 나의 이른바 기쁨이란 이와 같은 것이다.

나의 마음이 기쁨을 누리면서부터 근심 걱정하지 않고 항상 평안하였다. 〈그로부터 나는〉 근심 걱정을 치료하려고 한 것도 아닌데도 과거의 근심 걱정이 어떻게 점차 해소되었는지 모르겠다. 성내는 것을 치료한 것도 아닌데도 과거의 성내었던 것들이 어떻게 사라졌는지 모르겠다. 이 두 가지 병통이 비록 완벽하게 사라진 것은 아니지만, 진실로 10개 가운데 7~8개는 없어졌다.

뿐만 아니다. 10년 전에는 전심전력해서 조급해 하는 것과 방종하는 것을 고치려고 노력하였다. 〈그때는〉 마치 조금도 가만있지 않는 원숭이를 묶어두고 항상 역류하려는 성질을 가진 수은(水銀)을 병에 담아두려고 하는 것처럼 더욱 조심하려고 하였지만 실패하였다. 기쁨에 몰입하는 것으로부터 오랜 동안 조급증과 방종을 고치려고 하지 않았다. 지금 점차 평안하게 되었으니, 원숭이가 잠시도 가만있지 않고 계속 움직이는 것과 같은 데로 가지는 않으며, 지금 점차 머물 줄 알게 되었으니, 수은의 역류하는 것과 같은 데 이르지 않는다. 이 두 가지 병통이 비록 완전히 없어진 것은 아니지만, 진실로 10개 가운데 5~6개는 없어졌다. 이것이 내 열입(悅入)의 공이다.

사람과 사람은 서로 협조하기 어렵고, 사람과 사물이 서로 일치하기 어려운 것은 모두 사람의 마음이 작용하기 때문이다. 마음은 본래 작용할 수 있지만, 혹 〈상대편에까지〉 도달할 수 없는 경우도 있다. 이럴 때는 오직 기쁨으로써만 도달할 수 있다. 기쁨으로 하지 않는다면 분노를 품게 되고, 공평하지 않은 것과 불합리한 것을 많이 보게 되고, 얼굴빛이 부드럽지 않고, 말하는 것이 공순하지 않다. 〈이렇게 되면〉 군주와 신하 사이에 반드시 서로 사랑하지 않고, 부모 자식 간에 반드시 서로 친밀하지 않고, 부부 사이에 반드시 서로 마땅하게 여기지 않고, 형제 사이에 반드시 서로 좋아하지 않으며, 나라와 나라 사이에도 반드시 원망이 많아질 것이다. 이와 같다면 안으로 본성에 위배되고, 밖으로 사람 사이에 간격이 생기어, 그 도에 어긋남이 심해질 것이다.

기쁨으로 한다면 마음에 위배되거나 괴리되는 것이 없어서 보는 것이 공평하지 않은 것이 없고, 합리적이지 않은 것이 없으며, 얼굴빛이 온화하고, 말하는 것이 공순할 것이다. 〈이렇게 되면〉 군주와 신하가 반드시 서로 사랑하고, 부모자식이 반드시 서로 친밀하고, 부부가 반드시 서로 융합하고, 형제가 반드시 서로 좋아하며, 이웃 나라와는 반드시 원망함이 없을 것이다. 이와 같다면 안으로 본성에 위배되는 것이 없고, 밖으로 사람사이에 간격이 없어져, 도에 어긋나지 않을 것이다.

기쁨으로 하지 않는다면 군주는 외롭게 높은 자리에 있을 것이고, 신하는 아래에서 원망하고, 백관(百官)이 서로 다투고, 붕당이 기승을 부릴 것이다. 이런 방법으로 정사를 처리하면 좋아할 일과 화낼 일에 공평치 않게 되며, 공평치 않으면 형벌이 정확하게 적용되지 못하고, 형벌이 정당하지 못하면 백성들은 평안하지 못할 것이다. 〈따라서〉 이것으로 천하 다스리는 방법을 구하는 것은 곤란할 것이다.

기쁨으로 한다면 군주와 신하가 서로 친밀하게 되고, 위아래가 서로 교통하게 되고, 백관이 화해 협력하게 되어 서로 다투며 경쟁하지 않는다. 이런 방법으로 정사를 처리하면 좋아할 일과 화낼 일들이 공평하게 되고, 이것이 공평하면 형벌이 정당하게 적용되고, 형벌이 정당하게 적용되면 백성들이 평안해질 것이다. 따라서 이것으로 천하 다스리는 방법을 구하는 것은 매우 쉬울 것이다.

해와 달이 온 천하를 비추기 때문에 만물이 모두 밝게 빛나 기뻐하고, 날씨가 흐리면 낮에도 밤처럼 어둡기 때문에 만물이 모두 어두워 우울해 보인다. 온화한 바람이 불어오면 만물이 모두 기뻐하고 천둥번개가 치면 만물이 모두 두려워한다.

마음에서 생겨 나온 것은 얼굴에 나타나고, 소리로 드러나고, 정치로 실현되니, 그 이치는 모두 하나이다. 그러므로 오직 기쁨은 천지의 기와 통할 수 있고, 만물의 정감을 잘 파악할 수 있다. 이것은 내가 아직 시험한 적은 없지만, 기쁨이 〈모든 것을 가능한 데로〉 이끌 수 있다고 확신한다.

공자의 가르침은 역시 다양하지만,[185] 기쁨으로 사람들을 가르치라는 것은 듣지 못했다. 내가 이런 기쁨으로 말미암는 것은 어떤가?

나는 촉(蜀, 지금의 사천성) 사람이다. 날 때 기질이 마치 그 곳의 산천(山川)과 같아서 급하면서 관용하지 않고, 항상 걱정하고, 자주 성을 내었다. 세밀히 이런 병통을 살펴본 결과 기뻐하지 않아서 이렇게 된 것이다.

기쁨은 나의 문(門)이지, 모든 사람들의 문은 아니다. 사람들이 처음 날 때에는 화내거나 성내는 것은 없다. 어찌 바탕이 도에 가깝지 않겠는가! 그런데도 어찌 도에 들어오지 못하는 까닭은 무엇인가?

대개 사람들은 날 때 그 바탕이 같지 않다. 병통되는 것 또한 다르다.

---

185) "맹자가 말했다. 가르침에는 또한 방법이 많다[孟子曰, 敎亦多術矣]"고 했다(『孟子』「告子」下).

혹은 어떤 사람은 강(剛)하고, 어떤 사람은 유(柔)하여 서로 같지 않다. 혹은 어떤 사람은 명분을 좋아하고, 어떤 사람은 실리를 좋아하여 마음씀이 하나같지 않다. 그 병통에 따라서 그것을 고쳐야 하며, 나와 같을 수는 없다.

항상 기뻐하라[恒悅]

내가 과중자(戈仲子)[186]에게 말했다.

"당신은 가난을 걱정하지 마십시오. 가난한 것은 하늘의 뜻이기 때문입니다. 당신이 만일 그것을 걱정한다면, 가난에서 벗어나지 못할 것입니다. 그리고 그 걱정 때문에 당신의 마음을 해치는 것이 가난보다 더 심할 것입니다."

과중자가 말했다.

"나 또한 즐거움[樂]을 구할 뿐입니다."

내가 물었다.

"당신은 장차 어떻게 즐거움을 구하겠습니까?"

그가 대답했다.

"나는 매일 즐거운 사람이 있으면 그와 함께 어울리고, 즐거운 시간을 만나면 그 시간을 잃지 않고 즐기며, 즐거운 곳이 있으면 가서 즐기겠습니다."

내가 말했다.

"만약 그렇다면 당신의 마음은 모든 근심이 모이는 곳이 됩니다. 당

---

186) 人名이나 자세히 알 수 없다.

신을 근심하게 하는 사람이 오고, 당신을 근심하게 하는 때가 이르고, 즐거움이 없는 곳에 다다르면 당신은 어떻게 하겠습니까? 이 세 가지 즐거워할 수 있는 것들은 밖에서 빌려온 것이고, 이 세 가지 근심하게 하는 것들은 마음 안에 근거를 두고 있는 것입니다. 당신이 근심을 피하는 것은 마치 원수를 피하는 것과 같고, 근심을 막으려고 하는 것은 도적을 막으려는 것과 같습니다. 그러나 원수와 도적이 이미 먼저 마음에 근거를 두고 있음을 모르고 있으니, 당신은 장차 어디로 도망할 것입니까?"

그러자 그는 아직 학문이 미천하여 마침내 더 이상 말하지 못하였다.

마음의 본체는 근심[憂]도 없고 즐거움[樂]도 없는 것으로 외부 사물에 영향받지 않으며, 외부 사물의 손상도 입지 않는다. 쇠를 제련하는 사람이 불을 왕성하게 가열시켜 쇠를 달구어서 비록 수많은 그릇을 만들고 수많은 형태를 만들어도 쇠의 성질은 변하지 않는다.

마음의 체(體)가 되는 것은 이것과 비슷한 것이 있으나, 마음을 보는 것이 어려운 것은 어째서 인가?

사람의 몸은 욕망을 갖고 태어나고 욕망에 젖어 길러져서 그 마음이 욕망 가운데 깊이 빠져 있는 것은 날 때부터 그런 것이다. 비록 〈마음의〉 본래 모습을 보고자 하나 실제로 본래의 모습을 회복하기 어렵고, 비록 자연스런데 순응하는 것 같지만 실제로는 자연스런데 부합하는 것이 어렵다. 〈마음의 본체를 찾으려고〉 힘쓴 지 이미 오래되어 점점 처음 상태로 돌아갈 수 있었지만, 마음이 즐거운 때에는 나타나지 않다가 근심할 때에 나타난다.

마음을 해치는 것은 마음을 기르는 처방이고, 마음을 가리는 것은 마음을 밝히는 약(藥)이다.[187] 그래서 과중자가 근심을 제거하고 즐거움을

---

187) '害心者'와 '蒙心者'는 다음에 계속 이어지는 時憂·地憂·人憂이다. 사람이 이런 시우·지우·인우를 만나면 마음의 본체를 보존할 수 없고, 마음이 요동하지 않을 수 없게 된다는 것이다.

구하려고 했으며, 나는 즐거움을 제거하고 근심에 나가려고 했던 것이다. 근심과 즐거움이 그 마음을 혼란시키지 않으면, 어떤 사정이 있더라도 만족하지 않을 수 없을 것이다.

마음의 본체는 비록 온전히 회복하는 것이 어렵더라도, 이로 말미암아 점차 나타날 것이다. 부열(傅說)이 힘든 일을 하는 죄수들[胥靡]에게서 밥을 얻어먹었고,[188] 여상(呂尙, 姜太公)이 맹진(孟津)에서 밥을 팔았고,[189] 관중(管仲)이 남양(南陽)에서 숨어 지냈고,[190] 백리해(百里奚)가 진나라 장터에서 소를 길렀다.[191] 이것은 시절이 만든 근심[時憂]이다.

순(舜)이 사슴이나 멧돼지와 같은 짐승들이 있는 곳에서 생활했고,[192] 태백(太伯)이 개구리와 맹꽁이들이 있는 곳에서 거처했고,[193] 안연(顔淵)

---

188)『呂氏春秋』「求人」에 "傅說, 殷之胥靡也"라 했는데, 여기서 '胥靡'는 苦役을 담당해야 할 죄수를 가리킨다. 또한『史記』「殷本紀」 裴駰『集解』에 "孔安國曰, 傅氏之岩, 在虞虢之界, 通道所經, 有澗水壞道, 常使胥靡囚人築護此道, 說賢而隱, 代胥靡築之, 以供食也"라고 하며, 부열이 죄수들에게 밥을 얻어먹은 기록을 하고 있다.

189)『史記』「齊太公世家」 司馬貞『索引』에 "譙周曰, 呂尙常屠牛於朝歌, 賣飯於孟津"이라고 하였다.

190)『史記』「管晏列傳」 司馬貞『索引』에 "관중과 포숙이 함께 남양에서 장사를 하였는데, 이익을 분배할 때면 관중은 언제나 포숙을 속이어 많이 차지하였다. 포숙은 관중에게 늙으신 어머니가 계신 것을 알고 더 탐하지 않았다[管仲與鮑叔同賈南陽, 及分財利, 而管仲常欺鮑叔, 多自取. 鮑叔知其有母, 不以爲貪]"이라 하였다.

191)『孟子』「萬章」 上편에 "만장이 물었다. '혹자가 이르기를 백리해가 스스로 秦나라의 희생을 기르는 자에게 팔려가서 다섯 마리 양의 가죽을 받기로 하고 소를 먹여 진나라 목공에게 등용되기를 요구했다'하니, 사실입니까? 맹자가 대답했다. '아니다. 그렇지 않다. 일을 만들어 내기 좋아하는 자들이 지어낸 말이다.' 백리해는 虞나라 사람이니 晉나라 사람이 垂棘에서 생산된 구슬과 屈땅에서 생산된 馬匹을 가지고 우나라에 길을 빌려 虢나라를 정벌하려 하자, 宮之奇는 이것을 간하였고, 백리해는 간하지 않았다. 이때 그의 나이는 칠십이었다[萬章問曰, 或曰百里奚, 自鬻於秦養牲者, 五羊之皮, 食牛, 以要秦穆公, 信乎. 孟子曰, 否, 不然. 好事者爲之也. 百里奚, 虞人也, 晉人以垂棘之璧, 與屈産之乘, 假道於虞, 以伐虢, 宮之奇諫, 百里奚不諫. 知虞公之不可諫而去之秦, 年已七十矣]"라고 하였고,『呂氏春秋』「愼人」에는 "백리해는 때를 만나지 못했다 …… 秦나라에서 소를 먹였다[百里奚之未遇時也. …… 飯牛於秦]"이라 하였다.

192)『孟子』「盡心」 上편에 "맹자가 말했다. '순임금이 깊은 산중에 거처할 때에 나무와 돌과 함께 지냈고, 사슴과 멧돼지와 함께 놀았다[孟子曰, '舜之居深山之中, 與木石居, 與鹿豕遊']"고 하며, 순임금이 歷山에서 野人生活을 한 것을 소개하고 있다.

193) 周나라의 선조 太王의 장자로 泰伯이라고도 쓴다. 태왕이 어린 아들 季力(周文王의

은 누추한 곳에서 살았고,194) 원헌(原憲)은 비가 새는 집에서 거처했다.195) 이것은 환경이 만든 근심[地憂]이다.

고수(瞽瞍)와 상(象)은 순(舜)을 죽이려고 했고,196) 관숙(管叔)과 채숙(蔡叔)은 주공(周公)을 해치려 하였고,197) 환퇴(桓魋)가 공자를 곤경에 빠지게 하였고,198) 장창(臧倉)이 맹자를 장애물로 저지하려고 하였다.199) 이것은 사람 때문에 생긴 근심[人憂]이다.

여기서 거론한 12명의 사람들은, 몸소 시절을 잘못 만나 근심을 갖게 되어 높은 자리에 있으면서 나라를 다스리는 최고 통치자와 다를 바가 없고, 몸소 환경으로 인한 근심을 갖게 되어 왕으로서 화려한 궁전에 있는 사람과 다를 바가 없고, 사람으로 인한 근심을 갖게 되어 친족들과 화목하고 여러 현자들과 함께 노는 사람들과 다를 바가 없다. 그러므로 즐거울 때에는 덕행 있는 군자(君子)임을 알 수 없고, 근심이 닥쳐

아버지)에게 왕위를 계승하려고 하자, 태백은 동생들과 함께 江南에 은거하면서 吳를 개발하여 吳國의 시조가 되었다고 전한다(『史記』「吳太伯世家」). 여기서 '蛙黽之鄕'은 아직 개발되지 않은 오나라 땅이다.

194) "공자가 말했다. 어질다, 안회여! 한 그릇의 밥과 한 표주박의 음료로 누추한 시골에 있는 것을 딴 사람들은 그 근심을 견뎌내지 못하는데, 안회는 그 즐거움을 변치 않으니, 어질다, 안회여![子曰, 賢哉, 回也. 一簞食, 一瓢飮, 在陋巷, 人不堪其憂. 回也, 不改其樂, 賢哉, 回也]"(『論語』「雍也」)

195) 춘추시대 魯나라 사람(혹은, 宋人)으로 공자의 제자로 자가 子思 혹은 原思이며, '貧而樂道'했다고 전한다.

196) 순임금의 아버지 고수와 그 후처의 아들 상이 항상 순을 죽이려고 하였다고 전한다(『史記』「五帝本紀」; 『孟子』「萬章」上 참조).

197) 武王이 죽자 그 아들 成王이 아직 나이가 어려 周公이 국정을 대신하고 있을 때 관숙·채숙 같은 귀족들이 정권쟁탈전을 벌이며 주공을 공격하자, 주공이 친히 군사를 이끌고 이들을 정벌하여 2년 만에 평정할 수 있었다(이 책 「法王」편 각주 참조).

198) "공자가 조나라를 떠나 송나라로 가서 제자들과 큰 나무아래서 예를 닦고 있었다. 송의 사마 환퇴가 공자를 죽이려고 그 나무를 빼자 공자가 떠났다[孔子去曹, 適宋, 與弟子習禮大樹下. 宋司馬桓魋欲殺孔子, 拔其樹. 孔子去]."(『史記』「孔子世家」)

199) 장창은 전국시대 魯平公의 신하로 평공이 맹자를 만나려고 할 때 만나 못하게 하였다. "악정자가 맹자를 뵙고 말했다. 제가 군주에게 아뢰니, 군주가 와서 뵈려고 하시었는데, 嬖人의 臧倉이란 자가 군주를 저지하였습니다. 군주께서는 이로써 끝내 오시지 않았습니다[樂正子見孟子曰, 克告於君, 君爲來見也. 嬖人有臧倉者沮君, 君是以不果來也]."(『孟子』「梁惠王」下)

야 군자임을 확인할 수 있다. 요(堯)가 순(舜)에 대해서 또한 반드시 세찬 폭풍우로 시험한 이후 미혹되지 않음을 알았다.[200] 하물며 배우는 사람들임에랴!

내가 점차 깨달은 것이 있다면 또한 반드시 시험을 거쳐야 한다는 것이다. 옛날 내가 연(燕, 지금의 하북성 북부)의 장터를 지나는데, 가죽으로 만든 술통을 파는 것을 보았다. 그것은 바탕이 정교하고 아름답게 그림 그려져 있었다. 적당량의 술을 담을 수 있었고, 가죽끈이 매달려 있어 가볍게 들고 다닐 수도 있고, 멀리 여행할 때에도 휴대할 수 있었다. 그것을 사 갖고 돌아와 술을 채우고 하루 밤을 두었는데, 끈이 풀어져 술이 밖으로 흘렀다. 다음 날 장터에서 더 좋은 것을 샀는데, 그것은 쓰기에 적당하였다. 술통을 사용해보지 않았을 때에는 그것이 어떤지 몰랐다.

〈마찬가지로〉 마음을 시험해 보지 않는다면, 어찌 항구적인 것인지 아닌지를 알 수 있겠는가! 내가 열입(悅入)하면서부터 감히 그 기쁨이 항구적인 것인지 자신할 수 없다가 그것을 근심하는 환경 속에 놓고 시험해본 뒤에야 항구적일 수 있음을 알았다.

옛날 〈나는〉 밭을 모두 팔아 우리 집에서 일하던 원(原)으로 하여금 장사를 하게 하였는데, 이익이 조금밖에 없었다. 원이 신통치 않았기 때문에 그 자본금을 모두 탕진하고 말았다. 또 그를 물건 중매인[牙人]이 되게 하여 옷감 장사와 거래하도록 하였다. 어떤 고객이 다른 고객의 돈을 훔쳐 물건값으로 하였는데, 원이 그 책임을 뒤집어썼다. 돈을 잃은 사람이 그 처자식 여러 명과 함께 가게에서 먹고 자면서 밤낮으로 울부짖고 자해하며 위협하였다. 돈을 훔친 사람은 그의 동료 여러 사람들과 함께 찾아와서 하인들을 제쳐두고 주인인 나에게 추궁하였다. 〈나아가〉 거리에 방을 붙여 내가 돈을 훔쳤다고 알리고, 마침내 소송까지 걸었다.

---

200) "순이 大麓에 들어가자 강한 바람과 천둥번개가 치는데도 미혹하지 않았다. 이에 요 임금은 순이 천하를 족히 받을 만 함을 알았다[舜入於大麓, 烈風雷雨不迷, 堯乃知舜 之足授天下]"(『史記』「五帝本紀」)

그때 난 혼자였고, 그 누구도 도와주지 않았다. 집안 식구들도 마음이 제각각 이었다. 비록 누가 죽은 것과도 같은 큰 문제는 아니더라도, 실로 나에게는 진(秦)·초(楚)의 군사들이 함께 나를 공격하는 것과도 같았다. 그때 그것을 배상하면 그만이지만, 이미 집안의 기물을 모두 팔아버린 상태여서 더 이상 배상할 수 없었다. 이로부터 가게의 손님은 끊기고, 재산도 탕진하고, 사업도 실패하고, 먹을 것도 떨어지고, 재난만 계속되었다. 당장의 재난도 멈추게 할 수 없는데, 그 뒤의 일을 걱정할 겨를이 어디 있겠는가? 어찌 안연의 궁핍함과 증자(曾子)의 곤궁함과 같겠는가마는,[201] 선비가 곤궁해도 이렇게까지 가지는 않았을 것이다.

아내가 말했다.

"5일만 지나면 먹을 것도 모두 떨어집니다. 이미 생활도 궁핍한데 더 큰 어려움이 닥칠 것입니다. 당장의 이 재난은 곧 해결되더라도 추위 굶주림은 점점 더해질 것입니다. 친구에게도 말하지 말고 친척에게도 말하지 말라 하시면 어떻게 살 수 있겠습니까? 당신의 최근 공부하시는 것이 기쁨에 오로지 전력하라는 것인데, 내가 보기에는 그 기쁨으로는 지금의 근심을 해소할 수 없으며, 근심이 오히려 당신의 기쁨을 해칠까 두렵습니다."

내가 말했다.

"먹을 것 없는 것이 어찌 근심이 아니며, 큰 재난이 어찌 근심이 아니겠습니까! 근심되는 것은 〈아무리 안 하려고 해도〉 저절로 근심이 되

---

201) "공자가 말했다. 어질다, 안회여! 한 그릇의 밥과 한 표주박의 음료로 누추한 시골에 있는 것을 딴 사람들은 그 근심을 견뎌내지 못하는데, 안회는 그 즐거움을 변치 않으니, 어질다, 안회여![子曰, 賢哉, 回也, 一簞食, 一瓢飮, 在陋巷, 人不堪其憂, 回也不改其樂, 賢哉, 回也]"(『論語』「雍也」) "증자가 위나라에 살고 있을 때, 입은 솜옷은 겉이 닳아 솜이 보이고, 안색은 영양실조로 부은 것 같고, 격렬한 노동으로 손발에는 더께가 붙어 있었다. 삼일 동안이나 밥을 짓지 않는 경우가 있었고 십년이 지나도록 새 옷을 마련하지 못했다. 관을 고쳐 쓰면 끈이 끊어지고 옷깃을 여미면 팔이 나왔으며 신을 신으면 뒤꿈치가 떨어지곤 하였다[曾子居衛, 縕袍無表, 顔色腫噲, 手足胼胝. 三日不擧火, 十年不製衣, 正冠而纓絶, 捉衿而肘見, 納履而踵決]"(『莊子』「讓王」)

지만, 근심이 미치지 못하는 곳도 있습니다. 비유하자면 손님이 밖에서 시끄럽게 떠드는데, 밖에서 떠드는 소리가 우리 마당까지 소란하게 하는 것은 아니며, 마당에서 떠든다고 우리 방안까지 소란해지는 것은 아닙니다. 마음은 방안과 같아서 시끄러움이 미치지 않습니다. 또 마당 앞에 있는 우물에 비유해 보겠습니다. 불타오르는 것 같은 더위는 피하고 싶어도 피할 수 없지만, 찬 샘물은 우물 속에 있으면서 불타는 더위를 알지 못합니다. 마음은 마치 우물과 같아서 더위가 미칠 바가 아닙니다. 안과 밖이 서로 미치지 않는데, 나의 근심이 어찌 나의 기쁨에 미칠 수 있겠습니까!"

진정한 도의 체득[七十]

내 나이 70인데 장씨(張氏) 집에 머물고 있다. 생일날을 맞이하여 마시다 남은 술을 꺼내어 대낮인데도 혼자 술을 마시며 자축하고 있었다. 70이란 나이는 태어난 날은 날마다 멀어지고, 죽을 날은 날로 가까워진 것이다. 이것은 제자들이 기뻐할 일이지 자축할 일은 아니다. 그렇다면 무엇을 자축하고 있는 것일까?

사람의 나이 많고 적음은 짐승과 다르다. 짐승은 수양할 줄 모르지만, 사람이라면 수양할 줄 안다. 내 머리카락은 비록 하얗게 변했지만, 내 마음은 변하지 않았다. 내 치아는 비록 빠졌지만, 내 마음은 여전하다. 어찌 변하지 않고 여전할 수 있겠는가마는, 장차 마음을 어린 시절로 돌이키고자 한다.

사람들은 나이가 들면 공부할 때가 지났다고 말하지만, 나는 나이 들었을 때야말로 바로 공부할 때라고 말한다. 금년 내 나이 70이므로 힘써 공부할 시기이다.

소년시절에는 도(道)를 배울 수 없다. 소년시절의 공부는 암송과 독서이지 도를 배우는 것은 아니다. 만일 도를 배울 수 있다면 반드시 그 지혜가 매우 조숙한 것이다. 이렇게 지혜가 조숙한 사람은 만에 하나도 얻기 어렵다.

장년시절에는 도를 배울 수 없다. 장년시절의 공부는 일반 지식을 보고들은 것이지 도가 아니다. 만일 도를 배울 수 있다면 반드시 그 도는 너무 일찍 이루어진 것이다. 이렇게 일찍 이루어진 도를 얻은 사람은 만에 하나도 얻기 어렵다.

대개 사람은 기(氣)와 혈(血)로 이루어진다. 기와 혈이 몸을 이루고, 몸에는 눈·귀·입·코의 네 기관이 있으며, 마음은 그 가운데 있다. 몸은 아름다운 옷을 입고 싶어하고, 눈은 아름다운 색을 보고 싶어하고, 귀는 아름다운 소리를 듣고 싶어하고, 입은 맛있는 음식을 먹고 싶어하고, 코는 아름다운 향기를 맡고 싶어한다. 뿌리가 되고 바탕이 되는 것은 임신 초기에 이미 갖추게 되는데, 이것이 바로 그런 것들이다. 태어나서 제일 먼저 맛을 알고, 그 다음 색을 알고, 그 다음 옷 입는 것을 알고, 그 다음 소리를 알고, 그 다음 향기를 안다.

기와 혈이 자라면 이 다섯 가지 욕망[五欲]도 그것과 함께 자란다. 기와 혈이 왕성해지면 오욕도 함께 왕성해진다.[202] 나이 20세 이상으로 선비된 자들은 앞다투어 공명을 얻으려 하고, 높은 벼슬자리에 올라 출세하려 하고, 일반사람들은 논밭을 장만하고, 재물을 모아 부자가 되려 하고, 빈천한 사람들은 온갖 정성을 다해 부귀를 구하고자 한다.

이렇다면 무엇을 위해서인가? 오욕을 추구하기 위해서이다. 따뜻한

---

202) 이 말은 『論語』 「季氏」편의 "공자가 말했다. 군자는 세 가지를 경계해야 하는데, 젊을 때에는 혈기가 정해지지 않았으므로 경계함이 여색에 있고, 장성해서는 혈기가 강하므로 경계함이 싸움에 있고, 늙어서는 혈기가 쇠하므로 경계함이 얻음에 있다[孔子曰, 君子有三戒, 少之時, 血氣未定, 戒之在色, 及其壯也, 血氣方剛, 戒之在鬪, 及其老也, 血氣旣衰, 戒之在得]"고 한 내용을 연상시킨다.

담비 가죽과 여우 털로 옷을 만들고, 화려한 비단으로 이부자리를 만드는 것은 몸을 위해서는 뭐든지 할 수 있다는 것이다.

오월(吳越, 강소 절강)지역의 아름다운 여인들과 어울리고, 기예가 출중한 고소(姑蘇) 일대의 배우들과 술 마시고 즐거이 노는 것은 눈을 위해서 뭐든지 할 수 있다는 것이다. 옥전(玉田, 지금의 하북성 唐山)에서 나온 기름진 쌀과 덕양(德陽)에서 빚은 술과 민(閩, 지금의 福建)·광(廣, 지금의 廣東)에서 나온 해산물, 이것은 입을 위해서는 뭐든지 추구한다는 것이다.

요염한 미녀의 경쾌한 노래와 우아한 춤, 기예가 뛰어난 악공의 연주소리, 간드러진 곡조의 유약(柔弱)이 사람의 마음을 미혹하는데, 이것은 귀를 위해서는 뭐든지 할 수 있다는 것이다. 정원에서 난화(蘭花)와 계화(桂花)가 향기를 짙게 풍기고, 방안에서 침향(沈香)·용연향(龍涎香)의 그윽한 향기를 내뿜게 하는 것은 코를 위해 뭐든지 할 수 있다는 것이다. 이것은 20세로부터 40~50세까지 〈추구하는〉 일이다.

마음의 지식(智識)은 모두 오욕의 기교(機巧)가 된다. 오욕의 기교는 오히려 마음의 지식을 돕는다. 오욕은 본심을 쫓아내고, 그 자리를 찬탈한다. 본래의 마음이 그 자리를 잃으면, 욕망이 주인이 되어 나를 낳은 것도 욕망이고, 나를 기른 것도 욕망이라고 생각한다. 사람들은 모두 욕망을 본래의 마음이라 여기고, 마음 본래의 다른 작용은 없는 것처럼 생각한다. 그 본래의 마음이 비록 없어진 것은 아니지만, 오랜 동안 〈욕망에〉 빠져 옷감이 염색하는 물에 들어가 원래의 색을 구별하지 못하는 것과 같으며, 바닷물에 빠진 진주를 다시 찾을 수 없는 것과도 같다. 이런 시기에 욕망을 버리고 도를 구하면 상황이 반드시 그렇게 할 수 없게 만든다. 소장(少壯)시절에 도를 배울 수 없다고 한 것은 이런 이유 때문이다.

혈기가 바야흐로 왕성할 때에는 오욕이 함께 왕성하게 되고, 혈기가 쇠약해지면 오욕도 함께 쇠약해진다. 부귀한 상태로 오랜 동안 지내면 마음은 만족할 것이고, 부귀해지려고 애쓰다 보면 생각이 침체할 것이다.

또한 남은 날이 길지 않기 때문에 마음은 적적해질 것이다. 지위를 상실할 것을 염려하지 않는데, 몸이 지위보다 먼저 사라질 것이기 때문이다. 재물이 없어질 것을 염려하지 않는데, 몸이 재산보다 먼 흩어질 것이기 때문이다. 빈천한 선비는 또한 이것을 보고 뜬구름처럼 여기며 자신과 무관하다고 생각한다.[203] 이같은 현상은 60~70대의 일이다.

　전에는 몸의 욕망대로 따라가다 도와 멀어졌지만, 지금은 담비 가죽과 여우 털옷의 따뜻함이 거친 베옷과 매한가지다. 몸을 가리고 있던 〈욕망의〉 꺼풀이 벗겨졌기 때문이다. 전에는 눈의 욕망대로 따라가다 도와 멀어졌지만, 지금은 아름다운 여인과 이모저모 볼품없는 부인이 매한가지다. 눈을 가리고 있던 〈욕망의〉 꺼풀이 벗겨졌기 때문이다. 전에는 입의 욕망대로 따라가다 도와 멀어졌지만, 지금은 왕후가 드시는 맛깔스런 음식과 일반사람들이 먹는 음식이 매한가지다. 입을 가리고 있던 〈욕망의〉 꺼풀이 벗겨졌기 때문이다. 전에는 귀의 욕망대로 따라가다 도와 멀어졌지만, 지금은 아름다운 음악이 없는 것만 못하다. 귀를 가리고 있던 〈욕망의〉 꺼풀이 벗겨졌기 때문이다. 전에는 코의 욕망대로 따라가다 도와 멀어졌지만, 지금은 아름다운 향내가 냄새 없는 것만 못하다. 코를 가리고 있던 〈욕망의〉 꺼풀이 벗겨졌기 때문이다. 이때 〈나는〉 부귀를 뜬구름처럼 볼 뿐만 아니라, 삶과 죽음도 아침과 저녁의 차이 정도로 보게 되었다. 전에는 견문이 있어도 쓸 수 없었는데, 지금은 견문을 모두 사용하고, 전에는 견해가 있었어도 제대로 사용하지 못했지만, 지금은 그 견해를 모두 사용할 수 있다. 전에는 좋은 생각이 있어도 쓰지 못했는데, 지금은 그 생각을 모두 사용할 수 있고, 전에는 힘이 있어도 제대로 쓸 수 없었지만, 지금은 갖고 있는 힘을 모두 사용할 수 있다.

---

203) "공자가 말했다. 거친 밥을 먹고 물을 마시며 팔을 굽혀 베더라도 즐거움은 또한 그 가운데 있으니, 의롭지 못하고서 부유하고 또 존귀함은 나에게 있어 뜬구름과 같도다[子曰, 飯疏食飲水, 曲肱而枕之, 樂亦在其中矣. 不義而富且貴, 於我如浮雲]."(『論語』「述而」)

〈이것은〉 다섯 가지 〈욕망의〉 꺼풀이 벗겨졌기 때문에, 하나의 본 마음이 드러난 것이다. 마치 하얀 천이 흙탕물에 떨어졌지만 물로 씻어내면 쉽게 흰색으로 돌아가는 것과 같다. 마치 진주를 방안에서 잃었지만 그것을 찾으면 쉽게 얻을 수 있는 것과도 같다.

그래서 나이 들어 공부해야 이룰 수 있다는 것이다. 마치 오(吳, 강소) 땅에서 농사지어 수확하는 것은 반드시 입동(立冬) 이후에 거둬들이는 것과 같다. 비록 그 이전에 수확하고자 해도 할 수 없기 때문이다. 공부는 비록 쉽게 이룰 수 있지만, 세월이 나를 기다려주지 않으니 민첩하게 구하고,[204] 나태하게 기다려서는 안된다. 그렇지 않다면 백 리 길을 가야 할 사람이 구십 리 가서 해가 저물면 〈그때〉 후회한들 무슨 소용이 있겠는가!

스스로 노력하라[無助]

나는 천하를 여행하면서 가보지 못한 곳은 광동(廣東) 이남지역뿐인데, 아직도 현인(賢人)을 만나지 못했다. 천하가 이렇게 크고, 집집마다 『시(詩)』·『서(書)』의 구절들을 암송하고, 사람들이 문학의 이름을 흠모하는데, 어찌 현인이 없겠는가? 그런데도 아직 현인을 보지 못한 것은 아마도 내가 명민하지 못해서 현명한 사람이 보이지 않은 것이다. 그래서 천하에 비록 수많은 현인이 있어도 볼 수 없었던 것이다.

내가 오(吳, 江蘇 蘇州)지역에서 30년간이나 생활하였지만, 아직 한 사람의 현인도 보지 못했다. 오 일대는 천하에 뛰어난 지역으로 온갖 서

---

204) "공자가 말했다. 나는 나면서부터 알고 있었던 것이 아니라, 옛것을 좋아하여 민첩하게 그것을 구한 사람이다[子曰, 我非生而知之者, 好古敏以求之者也]."(『論語』「述而」)

적이 갖춰져 있고, 뛰어난 명사들이 배출되었고, 각지의 사대부들이 여행하는 곳이다. 견문이 넓어 선비들은 대단히 영민한데, 어찌 현인이 없겠는가? 그런데도 한 사람의 현인을 보지 못한 것은 아마도 내가 명민하지 못해서 현명한 사람들이 보이지 않은 것이다. 이로써 오지역 일대에는 비록 현인이 있어도 볼 수 없었던 것이다.

문장은 군자가 소중하게 생각하는 것이다. 오늘날의 문장은 옛날의 문장이 아니다. 그 말은 비록 아름다우나 실속이 없어 내가 취해 보고 싶지 않다.

경전에는 도와 다스림의 방법이 실려 있다. 오늘날 사람들은 경전을 공부하면서 새로운 의견을 제시하는 것은 매우 좋아하지만 실용성이 없다. 이것은 경전을 속이는 것이어서 내가 취해 보고 싶지 않다.

본성은 본성일 뿐이니, 더 이상 무슨 말을 하리요! 오늘날의 학자들은 본성을 언급하기를 즐겨하면서 많은 단서를 가지고 논변을 하는데, 무엇이 본성과 관계되겠는가! 말을 잘하여 또한 본성을 논하지만 본성 보는 것을 추구하는 것이 아니기 때문에, 나는 그것에 대해 듣고 싶지 않다.

오늘날에도 정직한 사람은 있다. 말하는 것은 망령되지 않고, 행동은 구차하지 않지만, 다만 몸을 선하게 하면서 마음을 밝히지[明心] 못하고, 배우기는 하면서[下學] 경계에 도달하지[上達]205) 못한다 하면 내가 어찌 보지도 않고 그를 공경하겠는가! 그래서 이같은 공부는 하지 않겠노라. 오늘날의 선비들 가운데 나는 아직 이 네 가지에 도달한 사람을 보지 못했으니, 또한 나에게 무슨 유익이 되겠는가!

선생님과 친구를 귀하게 여기는 까닭은 선생님은 잘못된 길에서 바른 길로 유도하고, 친구는 게으름으로부터 깨우쳐 주기 때문이다. 이같

---

205) "공자가 말했다. 군자는 위로 통달하고 소인은 아래로 통달한다[子曰, 君子上達, 小人下達]." "공자가 말했다. 하늘을 원망하지 않고 사람을 탓하지 않는다. 아래로 〈인간의 일을〉 배우면서 위로 〈천리에〉 통달하니, 나를 알아주는 이는 하늘일 뿐이다[子曰, 不怨天, 不尤人, 下學而上達, 知我者, 其天乎]."

은 두 가지 유익이 있다면 학문에 나아가기 쉽고 성공을 빠르게 이룰 수 있을 것이다. 이같은 두 가지 유익이 없다면 공부를 마침내 그만둘 것인가? 이것은 또한 쉽고 어렵고, 빠르고 늦고의 차이만 있을 뿐이다.

맹자는 전국시대에 태어나 공자의 제자가 될 수 없었고, 안연(顔淵)과 증삼(曾參, B.C. 505~436)[206]의 친구가 될 수 없었다. 〈당시〉 천하에 학문하는 사람들은 양주(楊朱)[207]아니면 묵적(墨翟, B.C. 468?~376)[208]에 젖어 있었다.[209] 정치하는 사람들은 장의(張儀)[210]와 소진(蘇秦)[211]아니면 손빈(孫臏)[212]·오기(吳起)[213]에 의존하였다.

맹자는 〈선생님이나 친구로부터〉 도움을 받은 바 없었지만 의연히 성인이 되어 이 땅에 우뚝 섰다. 저 성인의 출중함은 일반사람들이 미칠 바가 아니다. 마음은 도이다. 마음에서 스승을 얻으면 미혹되는 것을 타

---

206) 공자의 제자로 曾은 성, 參은 이름, 자는 子輿. 근면하면서 好學하였다고 하며, 특히 養親樂道로 유명하다.

207) 전국시대 魏나라 사람으로 도가의 선구자로 알려져 있다. 秦이전의 고서에서는 그를 楊子, 楊子居 혹은 楊生이라고 칭하였다. 그에 대한 기록은 『孟子』·『莊子』·『韓非子』·『呂氏春秋』에 있으며, 『列子』의 「楊朱」편은 그의 저작이라고 할 만한 단서가 없다.

208) 춘추전국 교체기의 魯나라 사람이다. 유가학문을 배우다가 번잡한 禮論에 반대하여 나중에는 유가 반대파가 되었다. 『墨子』 53편은 그의 학설을 확인시켜주는 좋은 자료가 된다.

209) "성왕이 나오지 아니하여 제후가 방자하며 초야의 선비들이 멋대로 의논하여 양주·묵적의 말이 천하에 가득하여 천하의 말이 양주에게 돌아가지 않으면 묵적에게 돌아간다. 양씨는 자신만 위하니 이는 군주가 없는 것이요, 묵씨는 똑같이 사랑하니 이는 아버지가 없는 것이다. 아버지가 없고 군주가 없으면 이는 금수이다[聖王不作, 諸侯放恣, 處士橫議, 楊朱墨翟之言, 盈天下. 天下之言, 不歸楊則歸墨. 楊氏爲我, 是無君也. 墨氏兼愛, 是無父也. 無父無君, 是禽獸也]."(『孟子』「滕文公」下)

210) 전국시대 魏나라 縱橫家로 일찍이 秦惠王의 재상이 되어 連橫책략을 써서 진나라가 전국을 통일하는 데 일조하였다.

211) 전국시대 洛陽사람으로 자는 季子이며, 장의와 더불어 종횡가이다. 진혜왕이 기용하지 않자 齊·楚·趙·韓·魏로 가서 그들이 합종해서 진나라에 대항함으로써 從約長이 되었다.

212) 전국시대 齊나라 사람으로 孫武 이후의 군사전략가이며, 『孫臏兵法』을 저술하였다.

213) 전국시대 魏나라 사람으로 용병술에 능하여 위나라에서 벼슬하다가 나중에는 楚나라의 재상이 되었다.

파하고 게으름으로부터 깨우치기 때문에 외부에서 구하지 않는다. 진실로 정성을 다해 힘을 다하면 반드시 성인이 되는데, 다만 어려움이 있어 성취하는 것이 좀 늦어지는 데 불과하고, 비록 스승이나 친구의 도움이 없어도 가능하다. 그러므로 "호걸지사는 문왕(文王)이 없어도 〈자기의 힘으로〉 일을 이룰 수 있다"고 한 것이다. 옛날 명나라 때 산동(山東)에 한 공자(公子)가 있었는데 집안이 부유하고 노는 것을 좋아하여 힘든 일에는 익숙하지 않아 가까운 동리에 갈 때에도 말이 없으면 가지 않았다. 하루는 서울을 가게 되어 좋은 말을 고르고 건장한 하인을 선택해서 좇게 하였다. 〈말을 탈 때는 하인이〉 재갈을 잡아 주어야 오르고, 〈말에서 내릴 때에는〉 재갈을 잡고 내리고, 〈그리고 하인이〉 재갈을 잡고 험한 길을 지나갔다. 말이 좋고 하인이 건장해도 날마다 2백 리를 걸은 이후에나 쉴 수 있으니, 어찌 마음껏 즐거울 수 있겠는가! 〈그런데〉 길을 가다 도적을 만나 말을 잃고 또 하인을 잃고는 사방에다 대고 살려달라고 외쳐도 도와주는 이 하나도 없었다. 〈외치기를〉 그만두고 어찌할 수 없어서 곧 억지로 일어나 걸었다. 정강이가 부르트고 발바닥에 못이 생기면서 겨우 하간(河間, 河北省 소재)으로부터 15일 이후에나 서울에 도착했다.

대저 하인과 말은 먼길을 가는 데 도움은 될 수 있다. 〈그러나〉 일단 중도에 그것을 잃으면 사람의 발만 같지 못하고, 힘은 사람의 힘만 못해서, 나가고자 해도 나갈 수 없으며, 물러가고자 해도 물러갈 수 없고, 좌우 어느 쪽으로도 돌이킬 수 없다. 이때에 어찌 〈자신을〉 구렁텅이에 맡기겠는가?

돌이켜 자기에게서 그 원인을 찾을 뿐이다. 나에게 말이 없어도 발이 있으며, 나에게 하인이 없어도 힘이 있다. 발이 비록 약해도 다니지 못할 정도는 아니며, 힘이 비록 약해도 거동치 못할 정도는 아니다. 다른 사람들은 날 듯이 뛰어 서울에 도착할 수 있었지만 나는 발이 부러질 듯한 어려움 속에서 간신히 서울에 도착하였다. 다른 사람들은 나보다 훨씬 이전에 서울에 도착한 것이다.

진실로 수고로움을 꺼리지 않으며 뒤쳐지는 것을 부끄럽게 생각지 않으면 비록 하인과 말의 도움이 없어도 마침내 또한 반드시 도달할 수 있다. 학문을 하는데 친구가 없는 것 또한 이와 같다. 나는 또한 산동 공자의 뒤를 좇겠노라.

불행은 행복의 뿌리[思憤]

『상서(尙書)』「홍범(洪範)」편의 여섯 가지 문제[六極][214] 가운데 나에게 다섯 가지가 있다.

가죽으로 만든 겨울옷을 세 겹이나 겹쳐 입어도 난로 가를 떠나면 벌벌 떨고, 문 밖으로 나오게 되면 감기에 걸리고, 바람만 불면 기침을 하는데, 이 질병이 그 하나이다.

월(越, 절강)땅이라는 타향에 홀로 가족도 없이 홀로 지내며 자손을 두지 못하고, 조상들의 덕택(德澤)이 내 일대에 와서 끊어졌는데,[215] 이 근심이 그 하나이다.

비록 초라한 집이 있어도 사체(四體)를 뻗을 수 없고, 비록 거친 논밭이 있어도 세금 두 번 내는 것도 부족한데, 이 가난이 그 하나이다.

키가 작고 허리가 약하고, 남에게 예의를 표할 때에는 매우 느리고, 가는귀가 먹어 제대로 듣지 못하는데, 이 고통이 그 하나이다.

---

214) "육극은 첫 번째는 흉하며 단절하는 것이고, 두 번째는 질병이고, 세 번째는 근심하는 것이고, 네 번째는 가난한 것이고, 다섯 번째는 추악한 것이고, 여섯 번째는 허약한 것이다[六極, 一曰凶短折, 二曰疾, 三曰憂, 四曰貧, 五曰惡, 六曰弱]."(『尙書』「周書」 '홍범')

215) "맹자가 말했다. 불효에는 세 가지가 있는데, 후사가 없는 것이 가장 크다[孟子曰, 不孝有三, 無後爲大]"라고 하여, 아들 없는 것을 가장 큰 불효라고 했는데, 당견은 딸만 두었다(『孟子』「離婁」上).

무거운 것을 들면 곱사등처럼 휘고 강한 사람을 만나면 여자처럼 나약해지고, 덕행을 실천하면서도 넓게 하지 못하고, 의로운 것을 하려고 하나 용기가 없는데, 이 나약함이 그 하나이다.

친구가 이 말을 듣고 나를 보고 동정하자, 내가 말했다.

"그대의 동정은 매우 고마운 일입니다. 비록 그렇더라도 그 가운데 하나는 동정 받을 만한 것이지만 나머지 넷은 축하할 일이지요."

친구가 말했다.

"〈축하할〉 넷은 무엇입니까? 무엇을 어떻게 축하받을 일입니까?"

내가 대답했다.

"몸이 강한 사람이 필시 먼저 피폐해지고, 기운이 성한 사람이 필시 먼저 위축됩니다. 기운이 강함을 믿고 주저함도 없이 혹 여색에 빠지고, 혹 과음하고, 혹 과식하여 겉으로는 몸을 심약하고 쇠약하게 갉아먹고, 안으로는 의지를 미혹시킵니다. 강성한 사람은 그래서 스스로 몸을 해치는 것입니다. 생명을 보양하고 죽음을 늦게 맞이한 사람은 항상 질병이 있기 때문이고, 욕심을 버리고 도에 가까운 사람도 질통이 있기 때문입니다. 이러한 질통은 마땅히 축하할 일이지요.

옛날 태백(太伯)[216]이 형만(荊蠻, 과거 楚나라 땅)으로 피난하여 친척과 떨어져 있었는데, 자식들도 없어 근심이 이보다 심할 수 없었습니다. 공자는 이것을 지극한 덕(德)이라 칭송하며 문왕(文王)에 견주었습니다.[217] 오직 근심 중에 지극한 덕행이 보이기 때문입니다. 또한 옛날 사람들은 억압을 받아 뜻을 더욱 분발할 수 있었고, 곤경에 처해서 학문에 성취가 있었던 것입니다. 혹 내부는 편안하더라도 혼란을 낳을 수 있고, 혹

---

216) 泰伯이라고도 하며 주나라 太王의 長子였으나, 태왕이 동생 季力에게 왕위계승을 하려고 하자 江南지역으로 피하여 생활하였다고 전한다. 『史記』 「吳太伯世家」에 자세히 기록되어 있다.

217) "공자가 말했다. 태백은 지극한 덕이 있다고 이를 만하다. 세 번 천하를 사양하였으나 백성들이 그 덕을 칭송할 수 없게 하였다[子曰, 泰伯其可謂至德也已矣. 三以天下讓, 民無得而稱焉]."(『論語』 「泰伯」)

복잡다난한 것이 많음으로써 나라가 흥성할 수도 있습니다.[218] 이런 근심은 마땅히 축하할 일입니다. 마음을 비운[虛] 사람은 도에 거하는 자이고, 외물에 구애되지 않는[空] 사람은 마음이 평안한 자입니다. 밖으로는 아름답고 귀한 것들이 가득 차있고, 안으로는 정욕의 쾌락을 만끽하는 것으로 넘쳐난다면, 본 마음은 잃고, 도는 없어질 것입니다.

욕망이 없는 사람은[無欲者] 최고의 사람이고, 욕망이 적은 사람은[寡欲者] 그 다음이요, 욕망이 많은 사람은[多欲者] 최하의 사람입니다. 나는 욕망을 탈취 당하지나 않을까 걱정하며, 이에 욕망을 좇을 것입니다. 이것을 좇다보면 중간정도의 과욕자에서 최하의 사람이 될 것이고, 이것을 좇지 않는다면 최하의 단계에서 최고의 단계로 옮겨질 것입니다. 이러한 빈곤은 마땅히 축하할 일입니다. 외모가 위대하면 사람들이 존경하고, 자태가 아름다우면 사람들이 사랑하고, 말을 잘하면 사람들이 탄복합니다.

이 세 가지는 덕행과 재능에서 반드시 필요한 것들은 아니며, 이것을 가지고 다른 이들을 멸시하며 스스로 만족해 할 수는 있을 것입니다. 이것과 반대의 경우(외모와 언변이 떨어지는 경우)라면 일을 해도 마음대로 되지 않기 때문에 자신을 더욱 수양하며, 반드시 외모상의 단점과 덕행과 재능의 단점을 가지고 하지 않을 것입니다. 이러한 추악한 모습은 마땅히 축하할 일이요 사람들은 이 네 가지를 하늘이 내린 질병과 추함이라며, 코나 발을 자르는 형벌보다 더 심하다고 생각하고, 하늘이 내린 근심과 가난이라며, 유배당하는 형벌보다 더 심하다고 생각합니다. 어리석은 사람이라면 이 경우 품팔이나 노예가 되어 구걸하고 도적질하는 데 빠질 것입니다. 재능 있는 사람이라면 이 경우 요행을 바라는 사람이 되어 간악한 일을 저지르는 데 빠질 것입니다. 문인(文人)이라면 이

---

218) "어떤 나라는 내란이 많음으로써 더더욱 그 나라가 견고해지고 영토를 넓힌다. 어떤 나라는 내란이 없어도 국력을 상실하고 국경을 잃는다. 그런데 어떻게 내란을 바라겠는가?[或多難以固其國, 啓其疆土. 或無難以喪其國, 失其守宇, 若何虞難]"(『左傳』'昭公 4年')

경우 원망하며 시끄러운 글을 발산하고 방자하게 망령된 행동을 할 것입니다.

〈그러나〉 도에 뜻을 둔 선비라면 그렇지 않습니다. 뜨거운 불은 쇠를 연단하고, 거친 돌은 옥을 갈[攻]219) 수 있습니다. 〈이처럼〉 세상에 처해서 험하고 거친 것들이 도를 연마하는 데에는 이로움이 있습니다. 지금 형편이 좋은 한 사람과 형편이 매우 안 좋은 한 사람이 함께 생활하며 공부한다면, 형편이 매우 어려운 사람의 수련은 반드시 형편 좋은 사람의 반정도의 힘을 쓰고도 효과는 10배는 될 것입니다.

이 네 가지 문제는 처음 하늘이 현자와 호걸을 위해 바탕으로 하신 것인데, 축하할 만한 것이 아니겠습니까?"

친구가 말했다.

"그렇다면 선생이 마땅히 동정해야 할 것은 약함이군요. 유약한 것 또한 이 네 가지와 같은 종류인데, 유독 〈이것만〉 동정해야 하는 이유는 무엇입니까?"

내가 대답하였다.

"질병이 있는 사람은 그것으로 인해 조심하여 〈큰 질병이 없고〉, 우환이 있는 사람은 그것으로 인해 〈노력하기 때문에〉 평안합니다. 굶주림과 추위는 우환이 되기에 부족하고, 다른 사람에게 존중받지 못하는 것이 부끄럼이 되지 않습니다. 사람들의 걱정은 유약함보다 더한 것은 없습니다. 유약한 사람은 비록 선(善)함 좋아하기를 갈증난 사람이 물을 찾는 것과 같이 하며, 의로운 것을 보면 반드시 실천하려고 하면서 나아가지만 계속하지 못하고, 계속한다 하더라도 끝을 맺지 못합니다. 이런 사람에게 나라를 맡긴다면, 필시 그 나라가 쇠미해질 것이고, 이런 사람에게 집안을 맡기면, 필시 집안이 망할 것이며, 이런 사람에게 학문을 맡기면, 필시 학문이 폐지될 것입니다. 지혜가 남달리 뛰어나고 민첩하더라도, 마침내

---

219) '攻'에 대한 이같은 번역 실례는 『詩經』의 다음 문장에서 찾을 수 있다. "他山之石, 可以攻玉."(『詩經』 「小雅」 '鶴鳴')

다른 사람들과 함께 몰락하는 것은 오직 유약하기 때문입니다.

〈어떤 사람이〉 요행히 선비로 태어나 몸은 성인의 제자가 되고, 뜻은 천하의 막중한 임무를 맡고자 해서 〈성인의〉 도(道)에 들어가 그 길을 알고, 학문을 하면서 그 방법을 알았습니다. 〈그런데도〉 여전히 마음을 쓰지 않고 세월 가기만을 기다리고, 여행을 즐기며 안일하게 지내다가 마침내 이룬 것이 없었습니다. 〈이런 식으로〉 살아서 밥이나 먹고 죽어서 떠도는 혼령이 된다면, 어떻게 〈그 사람을〉 동정하지 않을 수 있겠습니까?

두레박을 드는 정도의 힘 갖고는 솥을 들 수 없는 것은 그 중량을 이길 수 없기 때문입니다. 말이 천 리를 달리지 못하고, 〈사람이〉 걸어서 백 리를 가지 못하는 것은 그 먼 거리를 이길 수 없기 때문입니다. 무거운 짐을 짊어지고 가던 사람이 짐을 내려놓고 휴식을 취하며 한가히 시간을 보냅니다. 이것은 약하기 때문에 어쩔 수 없는 일입니다.

이것은 진실로 그러합니까? 거의 그렇지 않을 수도 있습니다. 도를 구하는 것은 일상적인 생활환경과 같지 않고, 힘을 쓰는 것은 손과 발이 하는 것과도 다르지요. 구도(求道)는 나에게 있고, 용력(用力)은 마음에 있어서 약하면 이것으로 약해지고, 강하면 이것으로 강해집니다.

『시경』에 이런 말이 있습니다.

"꾀꼬리 꾀꼴꾀꼴, 저기 저 언덕 구석진 그 곳에 앉아 우는데, 먼 길 떠나감을 꺼리기는커녕 행여 시일 늦을까 두렵다."220)

큰 길[周道]221)은 넓고 평탄하여 걷기 쉬운데 무엇을 두려워하겠습니까? 나의 뜻이 반드시 가고자 한다면, 누가 능히 저지할 수 있겠습니까? 자기 스스로 걸을 줄 모르고, 다른 사람에 의존만 하면, 비록 남이 태워주고 말을 채찍질하며 몰아 주는 사람이 있어도 중도에 포기할 것입니다.

또한 『시경』에 이런 말이 있습니다.

---

220) "緜蠻黃鳥, 止于丘隅. 豈敢憚行, 畏不能趨."(『詩經』「小雅」 '緜蠻')
221) "四牡騑騑, 周道倭遲"(『詩經』「小雅」 '四牡')에서 '周道'는 평탄한 큰 길을 상징하고, "九二, 履道坦坦, 幽人貞吉"(『周易』「履卦」)에서 '坦坦'은 평이한 모양을 가리킨다.

"넘실넘실 흐르는 저기 저 물은 드디어는 바다에 이른다."222)

〈물은〉 반드시 〈제후가 봄에 천자를 알현하는 것처럼〉 대해로 흘러가고, 반드시 〈제후가 여름에 뵙는 것처럼〉 대해로 흘러가는데, 언덕을 끼고 골짜기를 따라서 밤낮 없이 쉬지 않고 흘러 반드시 바다에 도달할 것입니다. 비록 그 흐름을 막는 것이 있더라도 성대한 흐름은 결국 제어할 수 없을 것입니다.

나는 진실로 유약한데 편안해 하지 않으며, 또 곤란한 경우를 당해 분발하니, 비록 약하더라도 강해질 수 있습니다. 지금 비록 나이 들었어도, 원컨대 바다로 흘러가는 물이 되고 싶고, 저 언덕 구석진 곳에 앉아 우는 꾀꼬리가 되지는 않겠습니다. 그대는 나를 위해 동정하지 마십시오!"

경 공부[敬修]

서중윤(徐中允)223)이 나에게 말했다.

"성인의 학문은 경(敬)224)으로 근본을 삼습니다. 선생께서는 정(靜)225)

---

222) "沔彼流水, 朝宗于海."(『詩經』「小雅」'沔水') 여기서는 물이 바다로 모이듯 제후들이 天子에게 모여들어 조회받는 것을 말한다. 주자의 주석에 의하면 '朝'는 봄에 천자를 알현하는 것이고, '宗'은 여름에 알현하는 것이라고 하였다.

223) 江蘇 崑山사람 徐秉義로 康熙 12年에 進士하여 編修와 中允을 지냈다. 저술로『耘圃培林堂代言集』이 있다.

224) "군자는 공경함으로써 그 마음을 바르게 하며, 義로써 남에게 방정하게 한다. 공경하는 마음과 의로운 행동이 확립하면 덕은 외롭지 않다[君子敬以直內, 義以方外, 敬義立, 而德不孤]."(『周易』「坤卦」)

225) "그침을 안 이후 안정이 있고, 안정한 뒤에 고요할 수 있고, 고요한 이후에 평안할 수 있고, 평안한 이후에 생각할 수 있고, 생각한 이후에 얻을 수 있다[知止而后有定, 定而后能靜, 靜而后能安, 安而后能慮, 慮而后能得]."(『大學』) 여기서 주자는 "靜은 마음에 헛되이 행동하지 않는 것이다[靜, 謂心不妄動]"라고 주석하였다.

을 말씀하시면서 경을 말씀하시지 않으시니, 좋은 공부가 아닐 것입니다. 내가 생각하기에 정으로 다할 수 없기 때문에, 마땅히 경으로 보충해 주어야 합니다.”

내가 대답했다.

“그렇습니다. 고요함[靜]은 마음의 본체로써 말한 것이고, 공경함[敬]은 본체를 유지하는 데에서 말한 것입니다. 마음은 옥(玉)과 같습니다. 고요함은 곧 옥의 바탕[質]이고, 공경함은 곧 그것을 삼가 지키는 것[執]입니다. 도가 드러나 변화하고, 변화가 나타나면서 다양한 형태가 되지만, 고요함은 그 근본이 됩니다. 〈사람마다〉 그 바탕이 같지 않고, 수양하는 방법도 각자 다르지만, 공경함은 그것들의 공통적 요소입니다.

물가에서 사는 사람이 처음에는 물을 길어 올려 돌아갔지만 너무 탁해 마실 수가 없었습니다. 〈그런데〉 물을 끌어다 용기에 쏟아 붇고 요동시키지 않고 가만히 놔두면 바위에서 솟아나는 샘물과도 같습니다. 그릇을 고정시키고 뚜껑을 덮어두는 것은 공경함을 말한 것이고, 그릇을 흔들면서 요동시키는 것은 불경(不敬)함을 말한 것입니다.

성인과 보통사람들의 마음은 같지만, 고요[靜]하고 고요하지 못한 것[不靜]에는 구별이 있습니다. 성인과 보통사람들의 고요하고자 하는 것은 같지만, 공경하고 불경한 구별이 있습니다. 성인과 보통사람들의 공경하는 것은 같지만, 항구적[恒]이고 항구적이지 못한[不恒] 구별이 있습니다. 나는 어느 곳에서는 공경하지만, 어느 곳에서나 공경하는 것은 아닙니다. 나는 어떨 때는 공경하지만, 어느 때고 공경하는 것은 아닙니다. 마음의 깨달음[覺]은 빈틈없이 지속되고, 몸의 호흡[息]도 쉬지 않고 계속됩니다. 공경을 할 수 있는 사람은 깨달음을 갖고 있고, 호흡함을 갖추고 있습니다. 깨달음을 갖추고 있기 때문에 마음이 흩어질 때가 없으며, 호흡함을 갖추고 있기 때문에 기운이 난폭해지는 때가 없습니다. 마음에 흩어짐이 없고, 기운에 난폭해지는 때가 없기 때문에 공경할 수 있는 것입니다. 삼가고[謹] 신중함[愼]이 공경함이지만, 공경함은 근신(謹愼)뿐만이 아닙니다. 온화하고[溫] 공순함[恭]이 공경함이지만, 공경함은 온공(溫恭)뿐만이 아닙니다. 방자함[肆]이 없고, 오만함[慢]이 없는 것이 공경함이지만, 공경함은 방자함이 없고 오만함이 없는 것뿐만이 아닙니다.

『시경』에 이런 말이 있습니다.

"하늘이 너희를 굽어보시니, 두 마음을 갖지 말라."226)

이것은 제사(祭祀)의 공경함입니다.

또한 『시경』에 이렇게 말했습니다.

"지극히 높고 귀하시니, 비유하자면 영롱한 구슬과 같다."227)

이것은 위의(威儀)의 공경함입니다.

『서경(書經)』에는 이런 말이 있습니다.

"어리석은 백성들이 한결같이 능해 나를 이기리라."228)

이것은 백성을 대하는 공경함입니다. 이 세 가지가 어찌 마음에서 나온 것이 아니겠습니까? 내가 듣기에 초목을 기르는데, 가지와 낙엽이 말라 떨어지면, 그 뿌리에 반드시 상처가 있다고 합니다. 어찌 군자가 신중히 지키려고 한 바가 아니겠습니까? 그러나 이것이 그 본질은 아닙니다.

『서경』에 이런 말이 있습니다.

"욕망으로 법도를 훼손시키고[敗], 방탕으로 예를 훼손시키다."229)

욕망과 방탕함은 본심에서 나왔지만, 스스로를 해치는 것입니다. 공경은 욕망이 아직 생기지 않았을 때 그것을 억제시키고, 욕망이 이미 생겼다면 그것을 없애주고, 방탕함이 아직 나타나지 않았을 때 그것을 막아주고, 방탕함이 이미 드러났으면 그것을 바른 상태로 되돌려 줍니다. 그래서 그 본심을 보존시켜 예도(禮度)에 맞게 되는 것입니다."

"요순시대 이래로 천하의 학문을 말하는 사람들은 모두 공경으로 근

---

226) "上帝臨女, 無貳爾心."(『詩經』 「大雅」 '大明')
227) "顒顒卬卬, 如圭如璋."(『詩經』 「大雅」 '卷阿')
228) "愚夫愚婦, 一能勝予"(『書經』 「夏書」 '五子之家')라고 했는데, 당견은 '愚夫愚婦'를 '匹夫匹婦'로 표기하였다.
229) "欲敗度, 縱敗禮."(『書經』 「商書」 '太甲' 中)

본을 삼아야 한다는 것을 알고 있었습니다. 사람들이 경의 근본 됨을 알고는 있지만, 본심을 다스려야 함은 모르고, 또한 어떤 경우에는 본심을 해치기도 합니다. 천하에 공(功)이 있음을 모르고, 또한 어떤 경우에는 천하에 공이 없다고 합니다. 이것은 무엇 때문입니까? 사람들 누가 공경함과 불경함의 차이를 모르겠는가마는, 공경[敬]과 공경하는 것[敬之]에 차이가 있음을 판별하지 못하고 있습니다. 마음에는 높은 지혜를 쓰려고 하는 것이 있는데, 공경을 잘하는 사람은 더욱 지혜롭고, 공경을 잘하지 못하는 사람은 〈생각을〉 속박하여 고집불통이 되고 말지요. 마음에는 높은 용기를 쓰려고 하는 것이 있는데, 공경을 잘하는 사람은 더욱 용기가 있고, 공경을 잘하지 못하는 사람은 〈생각을〉 속박하여 나약해지고 맙니다.

『시경』에 이렇게 말했습니다.

"지나치게 과분한 즐거움을 요구하지 않고, 마땅히 자기의 구실도 생각한다."230)

이것은 구태의연한 유자의 공경함으로 크게 고집스런 것을 말한 것입니다.

또한 『시경』에 이런 내용도 있습니다.

"집에서 쫓겨난 이 몸, 뒷일을 걱정한들 무슨 소용?"231)

이것은 천박한 유자의 공경함으로 매우 나약한 것을 말한 것입니다. 만약 이와 같다면, 도리어 마음을 해치고 공이 없게 되는 것입니다."

"요임금의 시대에는 구산(九山)232)이 열려 있지 않았고, 구천(九川)233)

---

230) "無已太康, 職思其居."(『詩經』「唐風」‘蟋蟀’) 여기서 ‘太’는 ‘지나치게’란 뜻이고, ‘康’은 즐김이 과분한 것, ‘職’은 부사로써 主의 의미를 갖고 ‘힘써서’ 혹은 ‘마음을 집중하여’란 뜻이고, ‘居’는 ‘居業’의 의미이다. 한편 이 시는 歲暮에 당시 사회상황의 어두운 측면을 이면에 담고 있다.

231) "我躬不閱, 遑恤我後."(『詩經』「邶風」‘谷風’) 여기서 ‘閱’은 용납함, ‘遑’은 餘暇, ‘恤’은 근심함, ‘我後’는 내가 떠난 다음의 일이란 뜻이다. 한편 이 시는 버림받은 아내가 남편을 원망하는 노래내용인데, 「小雅」에도 같은 시가 있다.

232) 九州名山을 가리킨다. 『呂氏春秋』「有始」에는 구산을 會稽·泰山·王屋·首山·

이 관리되지 않았고, 오곡(五穀)234)이 재배되지 않았고, 오륜(五倫)235)이 실천되지 않았습니다. 이에 요임금은 순(舜)에게 왕위를 선양하였고, 순임금은 우(禹)에게 선양하면서 그 자식에게 전하지 않았고, 현명하고 능력 있는 사람에게 전하여 천하의 백성은 평안을 얻게 되었습니다. 하(夏)나라와 상(商)나라 두 왕조의 말기에는 잔인무도한 통치자[獨夫, 곧 桀紂]가 백성들의 삶을 저버리고, 나라의 모든 관리들은 정도(正道)를 따르지 않았습니다. 이에 〈상나라〉 탕왕은 〈하나라〉 걸왕을 정벌하였고, 〈주나라〉 문왕은 숭(崇)을 방벌하였고,236) 무왕은 〈상나라〉 주왕을 토벌하였고, 이지(伊摯)는 〈탕왕을 도와〉 태갑(太甲)을 쫓아내었고,237) 여망(呂望)은 묘책을 내어,238) 천하의 백성을 편안하게 하였습니다.

이처럼 천지가 개벽한 이래 커다란 변화가 없었고, 신기한 공적이 없었습니다. 우(虞)·하(夏)·상(商)·주(周)의 군주와 신하들은 오직 공경함과 신중함으로 지혜와 용기를 실천했기 때문에, 이런 커다란 변화를 맞이하였고, 이런 큰 성과를 이룰 수 있었던 것입니다.

『시경』에 이런 말이 있습니다.

"두려워하며 경계하라. 깊은 물가를 만난 듯, 엷은 얼음을 밟는 듯!"239)

泰華·岐山·太行·羊腸·孟門이라고 하였다.
233) 九州의 하천으로 "濟河惟兗州. 九河旣道. 雷夏旣澤. 灉沮會同"(『書經』「夏書」 '禹貢')라고 하여, 당시 하천의 흐름과 우임금의 治水를 설명하고 있다.
234) 통상적으로 稻·黍·稷·麥·豆를 말한다.
235) 君臣·父子·兄弟·夫婦·朋友관계의 倫理.
236) "문왕이 하늘의 뜻을 받고, 이렇게 무공을 세웠다. 숭나라와 싸워 이기고, 풍땅에 도읍을 정하니 문왕은 칭송할 만하다[文王受命, 有此武功. 旣伐于崇, 作邑于豐, 文王烝哉]"(『詩經』「大雅」 '文王有聲') 은나라 때는 崇侯虎가 있었는데, 그 나라는 지금의 陝西戶縣 동쪽지역이다.『史記』「周本紀」에 의하면 주문왕 때 黎·邘·崇 등 세 제후국을 차례로 정복하였다고 한다.
237) 이지는 伊尹을 말한다. 그는 탕왕이 하나라 걸왕을 정벌할 때 도움을 준 상나라 초기의 재상이었다. 탕왕이 죽었는데 그 손자 태갑이 無道하여 그를 축출하였다. 3년 후 태갑이 뉘우치자 그를 왕위에 회복시켜주었다.
238) 이 책「辨儒」의 각주 참조
239) "戰戰兢兢, 如臨深淵, 如履薄冰."(『詩經』「小雅」 '小旻') 여기서 '戰戰'은 두려워하는 모양이고, '兢兢'은 경계하는 모양이다.

이것은 단지 신중하게 하라는 뜻만이 아니라, 〈궁극적 목적인〉 물을 안전하게 건너는 것을 구하는 데 있습니다. 내가 듣기에 세속적인 마음[習心]에 구애받는 사람은 멀리 갈 수 없고, 세속적인 몸[習身]에 너무 신경 쓰는 사람은 난관을 헤쳐나갈 수 없다고 합니다. 말과 행동이 증자(曾子)와 같으나, 물 건너는 것이 맹분(孟賁)240)만 같지 못한 사람은 성인의 공경함의 경지에 이르는 것은 요원한 문제입니다."

"공경함의 도가 어찌 허물의 많고 적음에 빗대어 〈사람들로 하여금〉 군자라 칭함을 받는 데 있다고 하겠습니까? 장차 그 본심을 다하고,241) 그 본성을 온전히 하고, 그 공업(功業)을 장대히 하여야 합니다. 광활한 천지는 도와 견줄 수 있고, 본심은 광활한 천지와 견줄 수 있습니다. 본심을 소홀하게 하는 사람은 미치지 못하기 때문에 공경함으로 그것을 중후하게 합니다. 본심을 게으르게 하는 사람은 미치지 못하기 때문에 공경함으로 그것을 돈독하게 합니다. 겉모습의 장중함과 보고 듣는 것의 삼가 함은 외부에 있는 것이 아니라, 밖의 유혹을 막고 안으로 전일(專一)하게 하는 것입니다. 그래서 기가 맑고, 지혜가 밝고, 고집불통이 되지 않고, 힘을 낭비하면서까지 나가지 않습니다. 〈아래로〉 인간의 도리를 다하고, 〈위로〉 하늘의 뜻에 이르는 것은 모두 공경으로 말미암아 천하에 베풀어지기에 수고하지 않아도 안정될 것입니다. 천박한 선비들이 그렇습니다! 안으로 반성은 하나 구속되고, 밖으로 신중하나 구애되고, 그 본심을 구하나 그 본심을 가두는 데로 나아가니, 그들이 천하에 무슨 의미를 두겠습니까? 또한 스스로의 결함이나 없애는 것을 이루는

---

240) 『孟子』「公孫丑」上편에 "이와 같다면 부자께서는 맹분보다 크게 뛰어 나십니다[曰 若是則夫子過孟賁, 遠矣]"라고 하였고, 주자는 "맹분은 勇士이다. …… 맹분은 혈기의 용인데, 공손추가 이것을 빌어서 맹자 부동심의 어려움을 칭찬한 것이다[孟賁, 勇士. …… 孟賁血氣之勇, 丑蓋借之, 以贊孟子不動心之難]"라고 하며, 맹분의 용기에 빗댄 내용을 소개하고 있다.

241) "맹자가 말했다. 그 마음을 다하는 자는 그 성을 아니 그 성을 알면 하늘을 알게 된다. 그 마음을 보존하여 그 성을 기름은 하늘을 섬기는 것이다[孟子曰, 盡其心者, 知其性也, 知其性則知天矣. 存其心, 養其性, 所以事天也]."(『孟子』「盡心」上)

어리석은 유자일 뿐입니다."

올바른 공부[講學]

공부하는 데 선생님을 얻는 것이 귀중하고, 또한 친구를 얻는 것이 귀중하다. 선생님은 마치 길가는 사람에게 길을 안내하는 사람과 같고, 친구는 마치 험한 길에서 도움을 주는 사람과도 같다. 훌륭한 선생님을 모시고 좋은 친구를 얻어야 공부를 할 수 있다. 선생님과 친구가 귀중한 것은 그들이 하는 강의를 귀하게 여기기 때문이다. 비록 기로(岐路)에 섰어도 잘 안내하여 길을 잃지 않게 하고, 비록 험한 길을 만나도 잘 도와서 실족하지 않게 한다. 선생님과 친구가 잘 강의하면 공부는 성취가 있을 것이다.

강의란 문장을 변론하고 뜻을 해석하는 것을 말한 것이 아니라, 그 몸을 맑게 하고[淑], 그 마음을 밝게 하는 것[明]이다. 매일 오경(五經)의 문장을 가지고 부연설명하고, 날마다 여러 학자들의 말을 가지고 토론하고, 매일 공자·맹자의 글을 가지고 서술하며, 듣는 자로 하여금 마치 종소리 북소리와도 같은 소리로 가슴을 흐리게 하고, 마치 거문고 소리와도 같은 소리로 귀를 기쁘게 한다. 사람들은 그를 추앙하면서 당대 최고의 대종사(大宗師)로 여기지만 뜻 있는 사람[君子]은 그를 비천(鄙淺)하게 생각한다.

무엇이 비천한 것인가? 사람의 몸과 마음에 무익한 것들이다. 사람의 몸과 마음에 무익하다면 오경의 문장이나, 여러 학자들의 말이나, 공맹의 글을 강의하는 것이 사장(謝莊)의 서당 선생님과 무엇이 다르겠는가?242) 사장의 서당 선생님은 장구(章句)나 가르치고, 문자(文字)나 풀이할 뿐이다. 장구나 해석하고 문자나 푸는 것은 이제 막 공부를 시작한 무지한 어린이들이 의지하는 것과 같다. 이에 강의하는 자가 공부에 도움을 줄 수 없는 사람이라면, 거의 저 어린이를 가르쳐 도움 주는 자(사장의 서당 선생님)만 같지 못할 것이다.

그러므로 공자는 사람들을 교육하면서 각자 얻은 처지에 따라서 말하였지, 5대[唐·虞·夏·商·周] 성인의 말을 가지고 강의하였다는 말을 듣지 못했다. 맹자가 사람들을 가르칠 때에도 그 스스로 각자 얻은 것을 가지고 설명하였지, 다시 공자의 말을 가지고 강의했다는 말을 듣지 못했다. 강의를 잘하는 사람은 마치 우물을 파서 물을 얻듯이, 그 스스로 있는 것을 통해서 물을 얻는 것이지, 다른 데서 물을 구하는 것은 아니다. 마치 부싯돌을 부딪쳐 불을 만들 듯, 그 스스로 있는 것을 가지고 발화하는 것이지, 다른 데서 불을 구하는 것은 아니다.

전에는 도가 어디에 있는지 모르고 멀리 있다고 생각하고 구하려고 했지만 구할 수 없었다. 이제는 도가 어디에 있는지 알고 그것을 구하려고 하지만 쉽게 도달하지 못한다. 지금은 나 자신에게서 도를 구한다. 이에 내 스스로 갖고 있는 것을 알게 된 것은, 곧 강의를 잘하는 사람 덕분[功]이다.

〈강의하는 사람이〉 다섯 자[尺]나 되는 높은 의자에 앉아 범 가죽으로 만든 옷을 입고, 뒤에 빙 둘러 가르침을 청하는 이들이 수백 수천에 이른다고 하자. 당(堂) 아래에 있는 사람들이 〈위를〉 바라보아도 보이지 않을 것이다. 벽을 기대고 있는 사람이나 계단에 걸터앉아 있는 사람들은 볼 수는 있어도 들을 수는 없을 것이다. 매우 가까운 거리에 있는 사람들은 듣기는 해도 무슨 소린지 이해하지 못할 것이다. 양옆과 앞뒤에 있는 사람들은 이해할 수는 있어도 체득하지 못할 것이다. 이것을 가리켜 강의를 구경한다[觀]고 한다. 여러 사람들이 구경만 할 뿐이라면 무

---

242) 謝莊은 지명으로 아마도 吳縣 穹窿鄉에 속한 謝家莊 아닌가 싶다.『吳縣志』「鄉鎮二」참조

슨 도움이 되겠는가!

그러므로 교육하는 사람은 친근함을 귀중하게 여기고, 친근하게 하면 쉽게 이해시킬 수 있다. 교육을 받는 사람도 친근함을 귀중하게 여기고, 친근하게 하면 쉽게 교화될 수 있다. 학생들을 잘 양육하는 것은 마치 암닭이 계란을 품어 주는 것처럼 한 이후에 교육이 베풀어질 수 있다.

하나의 방안에 불과 몇 명만이 생활하면서 아침저녁으로 낯을 대하며 선생님과 함께 앉아 있고, 선생님과 함께 식사하면서 일반사람들처럼 서로 왕래하듯 한다면 교육시킬 수 있을 것이다. 또한 교육의 내용과 방법이 같아야 할 것을 걱정해야 하고, 교육의 내용과 방법이 바꾸어야 할 것에 대해서도 염려해야 한다. 하루는 지혜를 말했다면, 함께 이 지혜 구하는 방법을 탐구하고, 하루는 용기에 대해 말했다면, 함께 이 용기 구하는 방법을 탐구하고, 하루는 인(仁)을 말했다면, 함께 이 인 구하는 방법을 탐구해야 하는데, 이것이 〈앞에서 말한〉 강의 내용과 방법이 같아야 한다는 것이다. 강건한 것으로 유약한 것을 치료하지 않으면 유약한 것으로 유약한 것을 치료하고, 유약한 것으로 강건한 것을 치료하지 않으면 강건한 것으로 강건한 것을 치료하는데, 이것이 〈앞에서 말한〉 강의 내용과 방법을 바꾸어야 한다는 것이다.

비록 편작(扁鵲)과 같은 명의(名醫)가 있다 하더라도 한 가지 약만을 갖고 모든 질병을 치료할 수 없는 것은 〈그 질병이〉 같지 않기 때문이며, 저런 병을 치료하는 약을 가지고 이런 질병을 고칠 수 없는 것은 바꿔서는 안되기 때문이다. 풍한(風寒)과 같은 증세는 육계(肉桂)를 쓰고, 열병의 증세는 황얼(黃蘗)을 쓴다. 그런 이후에 선생님이 될 수 있고, 그런 이후에 가르침을 베풀 수 있다.

이 세상에서 좋은 선생님을 만나는 것은 마치 봉황(鳳凰)이나 기린(麒麟)이 만나는 것만큼 어렵다. 좋은 선생님 찾는 것이 어렵듯이 좋은 친구 만나는 것도 어렵다. 비록 그렇다 하더라도 선생님에게서 배움을 잘 얻지 못한 사람은 선생님을 책망하고, 선생님에게서 배움을 잘 얻은 사람은 자기를 책망한다. 친구에게서 도움을 잘 얻지 못한 사람은 친구를 책망하고, 친구에게서 도움을 잘 얻은 사람은 자기를 책망한다.

진실로 선생님이나 친구를 잘 만나려고 한다면, 반드시 나보다 덕행과 재능이 뛰어나지 않더라도 선생님이나 친구로 삼을 수 있다.[243] 만일 학문에 뜻이 있는 사람이라면, 혹 한 두 사람, 혹 두 세 사람이 먹을 거리를 싸들고 가서 한 자리에 모여 둘이 서로 잘못을 바로 잡아주고, 셋이 서로 참작(參酌)한다.

나는 부모님 섬기는 도리를 다하려는 것을 추구하지만 다하지 못하고, 형제의 바른 도리를 다하려는 것을 추구하지만 다하지 못하고, 부부의 마땅한 도리를 다하려는 것을 추구하지만 다하지 못하고, 친구의 도리를 다하려는 것을 추구하지만 다하지 못하고, 이런 사람들[斯人][244]과 더불어 하인들 대접하는 것을 다하려는 것을 추구하지만 그 도리를 다하지 못한다. 또한 이 다섯 가지의 도리를 다하지는 못했지만 모두 이미 다하려고 노력했다고 생각한다. 이 다섯 가지에는 각각의 장점이 있고, 단점이 있고, 밝히 드러난 것이 있고, 가려진 것이 있다.

내가 좋아하는 것에서 살펴보았지만 혹 마땅히 좋아할 만한 것이 아니고, 내가 싫어하는 것에서 살펴보았지만 혹 마땅히 싫어할 만한 것이 아니고, 내가 기뻐하는 것에서 살펴보았지만 혹 마땅히 기뻐할 만한 것이 아니고, 내가 성낼 만한 것에서 살펴보았지만 혹 마땅히 성낼 만한

---

243) "그러므로 제자가 반드시 스승만 못한 것은 아니며, 스승이라고 반드시 제자보다 현명한 것은 아니다[是故弟子不必不如師, 師不必賢於弟子]"(韓愈, 『師說』)

244) '斯人'은 『論語』 「雍也」에 "백우가 질병이 나자 공자가 그를 병문안하면서 남쪽 창문으로 그의 손을 잡고 말했다. '이런 병에 걸릴 리가 없는데, 운명인가보다. 이런 사람이 이런 병에 걸리다니. 이런 사람이 이런 병에 걸리다니'[伯牛有疾, 子問之, 自牖執其手曰, '亡之, 命矣夫, 斯人也而有斯疾也, 斯人也而有斯疾也']"라고 하였고, 「微子」에 "자로가 돌아와서 고하니, 부자께서 말없이 계시다가 말했다. '짐승과 더불어 무리지어 살 수는 없으니 내가 이 사람의 무리와 더불지 않고 누구와 더불어 하겠는가'[子路行以告, 夫子憮然曰, '鳥獸不可與同群, 吾非斯人之徒與而誰與']"라고 한 것의 '斯人'과 같은 맥락이다.

것이 아니다. 또한 이 네 가지가 편파적인 측면이 있어도 모두가 나를 바르게 해 주었다고 생각한다. 이 네 가지에는 장점이 있고, 단점이 있고, 밝히 드러난 것이 있고, 가려진 것이 있다. 이 네 가지(長·短·明·蔽)는 사람마다 각기 한 두 가지는 갖고 있어서 모두가 서로 바탕이 된다.

대개 자기가 자신을 이해하지 못하는 것은 어둡기가 마치 촛불이 꺼진 것과도 같다. 사람들이 자기를 보는 것은 밝음이 마치 불 켜놓고 보는 것과 같다.245) 자기 스스로는 자기의 단점을 모르더라도 다른 사람들이 나의 단점을 볼 수 있으니, 그 단점은 유익을 가져올 수 있다. 〈그러므로〉 반드시 다른 사람의 장점만을 기다릴 필요는 없는 것이다.

자기의 가려진 것을 모르더라도 다른 사람이 나의 가려진 것을 볼 수 있으니 그 가려진 것은 거둘 수가 있다. 〈그러므로〉 반드시 다른 사람의 밝음을 기다릴 필요는 없는 것이다.

두 사람이 서로 잘못을 바로 잡아주고, 세 사람이 서로 참작하고, 두세 사람 중에서 서로 결점을 지적해 주고 질책하기를 끊임없이 하다보면, 무슨 공부엔들 성취 없을 것을 걱정하겠는가!

성인의 학문을 권면함 [勸學]

출입은 반드시 문으로 하며 담을 넘거나 벽에 구멍을 뚫고 거기로 다니는 사람은 없다.246) 밤에 잠자고 낮에 일어나는 것은 반드시 집에서 하며 새의 둥지에 올라가서 하거나 동굴 속에 들어가서 기거하는 사람은 없다.247) 음식은 반드시 불을 이용해서 만들며 생고기나 야채로 그

---

245) "予若觀火."(『書經』「尙書」'盤庚')
246) "子曰, 誰能出不由戶, 何莫由斯道也."(『論語』「雍也」)

냥 배를 채우는 사람은 없다.

사람들은 반드시 해야 할 일을 제쳐두고 하지 않는 경우는 없고, 반드시 해서는 안되는 일인데도 그것을 하는 경우도 없다. 반드시 해야 할 일인데도 하지 않는 것은 사람의 도리가 아니다. 이 세 가지 경우를 가지고 도(道)를 비유하자면 도라고 하는 것은 사람을 떠날 수 없고, 일을 떠날 수 없고, 잠시도 떠날 수 없는 것이다.[248] 〈이것은〉 성인이나 일반사람이나 모두 같고, 귀한 사람이나 천한 사람이나 모두 한 가지이며, 어떤 다른 경우도 예외가 없다.

성인이 이 땅에서 사라진 후 세상은 쇠잔해지고 도는 사라졌으며 다양한 학파가 나와 유가를 비난하였다. 송나라에 이르러 유가는 크게 부흥한 것 같지만 실제로는 크게 분열되었다. 문학(文學)이 그 한 부류이고, 사공(事功)이 그 한 부류이고,[249] 또한 공맹의 언설을 잘 암송하는 이들이 별도로 한 부류가 되었는데, 이들을 이름하여 도학(道學)이라고 하였다.[250]

사람은 도(道)에서 태어났는데, 마치 하늘이 아래로 덮고 있고, 땅이 위로 싣고 있는 것과 같다. 그 누가 여기서 예외일 수 있겠는가! 책을 읽고 총명하게 된 선비가 특별히 한 부류를 만들어 혹은 문학파가 되고, 혹은 사공파가 되었으니, 그 어리석음이 또한 너무 심하다. 비록 그렇더라도 도가 분명하게 드러나지 않으면서부터 유가의 학자들은 점점 물정에 어두워져서 세상에 쓸모 없게 되었고, 이로부터 〈이런 저런 일들을〉 천박하다고 하지 않으면서 맹목적으로 다른 사람들을 비방하거나 한다. 〈이것은〉 자신의 문제를 버릴 수 없으니까 남을 헐뜯는 것이다.

---

247) "乃寢乃興."(『詩經』「小雅」'斯干')
248) "도라고 하는 것은 잠시도 떠날 수 없다. 떨어져 있다면 도가 아니다[道也者, 不可須臾離也, 可離, 非道也]."(『中庸』)
249) 송대 사공파로는 永康學派의 陳亮과 永嘉學派의 薛季瑄·陳傅良·葉適이 대표적이다. 이들은 理學의 공리공론을 비판하고 민생의 事功之學을 추구하였다.
250) 朱熹를 대표로 하는 理學者들을 말한다. 이들은 道統論에 따라 공맹의 학설을 계승하고 '性命之理'를 학문의 중심으로 삼았다.

『한비자(韓非子)』에 이런 내용이 있다.

"제선왕(齊宣王)이 광천(匡倩)에게 물었다. '유학자들은 장기를 두는가?'

그러자 광천이 대답했다.

'두지 않습니다. 장기를 두다보면 상대 잡아먹는 것을 귀중하게 생각합니다. 이기려면 반드시 잡아먹어야 하며, 죽이는 것이 귀중하기 때문에 장기를 두지 않습니다.'

제선왕이 다시 물었다.

'유학자들은 활로 새를 쏘는가?'

광천이 대답하였다.

'쏘지 않습니다. 활을 쏘면 아래에서 위로 해(害)를 주는 것이기 때문에 쏘지 않습니다.'

제선왕이 또 물었다.

'유학자들은 거문고를 타는가?'

광천이 대답하였다.

'타지 않습니다. 거문고는 작은 줄[小絃]로 높은 소리를 내고, 큰 줄[大絃]로 낮은 소리를 내어 크고 작은 것의 순서가 바뀌었기 때문에 거문고를 타지 않습니다.'"[251]

이것은 한비자가 농담을 통해 유학자들을 비웃은 것이다.

대저 "예가 아니면 보지 말고, 예가 아니면 듣지 말고, 예가 아니면 말하지 말고, 예가 아니면 행동하지 말아야 한다."[252]

공부를 잘하지 못하는 사람은 큰 줄거리[大體]를 보지 못하고 표면적인 것에 빠져 있는데, 〈이것은〉 모두 장기를 두지 않고, 화살을 쏘지 않

---

251) "齊宣王問匡倩曰 : '儒者博乎?' 曰 : '不也.' 王曰 : '何也?' 匡倩對曰 : '博者貴梟, 勝者必殺梟. 殺梟者, 是殺所貴也. 儒者以爲害義, 故不博也.' 又問曰 : '儒者弋乎?' 曰 : '不也.' 弋者從下害於上者也. 是從下傷君也. 儒者以爲害義. 故不弋. 又問儒者鼓瑟乎? 曰 : '不也.' 夫瑟以小絃爲大聲, 以大絃爲小聲, 是大小易序貴賤易位. 儒者以爲害義, 故不鼓也."(『韓非子』「外儲說左」下)

252) "子曰, 非禮勿視, 非禮勿聽, 非禮勿言, 非禮勿動."(『論語』「顔淵」)

고, 거문고를 타지 않는 무리들인 것이다. 이로부터 세상 사람들에게 멸시 당하는 것이다. 〈이런 사람들이〉 참으로 남을 헐뜯을 수 없는 것이다.

군자는 도에 나아가 공경함으로 자기 자신을 수양하고, 광대함으로 백성을 가르친다. 문학과 사공이 모두 그 가운데 포함되어 있는데, 어찌 〈단편만 가지고〉 왜곡할 수 있는가! 그래서 대개의 선비들은 반드시 도에 뜻을 두는 것이다.

어떻게 도에 뜻을 두는가? 대개 눈에 보이는 사람들은 지위 고하를 막론하고, 애어른 할 것 없이 모두 공부를 통해서 윤리를 밝힐 수 있다. 무릇 어떠한 일이든 순조롭든 그렇지 않든, 비천하든 그렇지 않든 간에 모두가 공부를 통해서 의(義)를 다할 수 있다. 노복과 첩을 거느리든, 의식(衣食)을 도모하든, 쌀과 보리의 무게를 달든, 야채와 고기를 헤아리든 간에 모두가 공부를 통해서 인(仁)을 추구할 수 있다.

초목에는 반드시 뿌리가 있다. 이것을 버리고 문학(文學)만을 추구하면, 반드시 뜬구름처럼 허황된 것으로 흐를 것이다. 건물을 지을 때에는 반드시 기단석이 있다. 이것을 버리고 사공(事功)만 추구하면, 반드시 〈건물은〉 기울고 무너져 백성들을 재앙으로 몰고 갈 것이다.

만일 이런 사람들이 몸을 수양하고 마음을 바르게[修身正心] 하지 않는다면, 인간의 올바른 도리를 모르는 것으로 출입을 마치 문으로 하지 않고, 들어와 집안에서 거처하지 않고, 밥을 먹으면서 맛을 모르는 사람일 것이다. 맹자는 그래서 이런 이들을 짐승에 비유했던 것이다.253) 그러므로 선비다운 선비가 추구하는 도는 오직 이 한 가지 길이며, 달리 다른 길은 없다.

---

253) "성왕이 나오지 아니하여 제후가 방자하며 초야의 선비들이 멋대로 의논하여 양주·묵적의 말이 천하에 가득하여 천하의 말이 양주에게 돌아가지 않으면 묵적에게 돌아간다. 양씨는 자신만 위하니 이는 군주가 없는 것이요, 묵씨는 똑같이 사랑하니 이는 아버지가 없는 것이다. 아버지가 없고 군주가 없으면 이는 금수이다[聖王不作, 諸侯放恣, 處士橫議, 楊朱墨翟之言, 盈天下, 天下之言, 不歸楊則歸墨. 楊氏爲我, 是無君也, 墨氏兼愛, 是無父也. 無父無君, 是禽獸也]."(『孟子』「滕文公」下)

왕곤승(王崑繩, 1648~1710)[254]은 사람됨이 총명하고 영리하며 문장을 잘하여, 나는 그와 더불어 왕래하는 것을 즐겁게 여긴다.

하루는 그에게 말했다.

"선생은 왜 도를 배우십니까? 도는 특별난 것이 아닙니다. 지혜로운 사람은 〈도를〉 고원(高遠)하다고 생각하면서 구하지 못하고, 어리석은 사람은 실제적인 것이 아니라[迂闊]고 생각하면서 실천하지 않습니다. 어찌 도를 안다고 하는 사람들이 그 가운데 힘든 일은 없고, 편안한 이익만 있다고 생각하겠습니까? 그 세계에 들어가 보지 못하면 포기하고, 한번 그 안에 들어가 보면 그 맛을 알아 천하의 사물이 이보다 더 감미로운 것은 없을 것입니다. 무엇으로 그것을 알 수 있겠습니까? 세상을 살다보면 많은 우환을 만나게 됩니다. 사람들은 좋지 않은 경우를 당하면 지혜와 재능으로 그것을 족히 헤쳐나가 구차하게 지금의 세계를 모면하긴 하나, 그 몸은 매우 피곤하고, 그 마음도 매우 고통스럽습니다.

도를 배우게 되면, 그렇지 않습니다. 〈도의 세계에〉 들어가지 않으면, 스스로 체득할 수 없지만, 〈도를 배우면〉 자기를 바르게 하면서 남에게 구하지(남을 탓하지) 않습니다. 비록 우환이 있어도 그 즐거움을 바꾸지 않고, 비록 좋지 않은 일을 만나더라도 자기에게 손상되는 것은 없습니다. 결국 그 몸은 편안한 곳에 처하고, 평탄한 대도를 걸으며, 비록 아름다운 여인이나 음란한 음악[鄭聲][255]이 있더라도 족히 그 즐거움과 비교할 바가 아닙니다. 천하의 편리함이 이와 같을 수 있겠습니까?"

왕곤승이 용모를 가다듬고 말했다.

---

254) 直隷大興(지금의 北京市 大興縣) 사람으로 康熙 33年에 擧人이었던 王源이다. 崑繩은 그의 字. 顔李學派의 대표적 사상가로 經世致用과 實事求是를 주장하며 당시 理學의 공소함을 비판하였다. 저술로『居業堂文集』·『平書』·『兵論』·『易傳』이 있다.

255) "정나라 음악을 추방해야 하며 말재주 있는 사람을 멀리할 것이니, 정나라 음악은 방탕하고, 말 잘하는 사람은 위태로운 것이다[放鄭聲, 遠佞人, 鄭聲淫, 佞人殆].".(『論語』「衛靈公」) "子曰, 惡紫之奪朱也, 惡鄭聲之亂雅樂也, 惡利口之覆邦家者."(『陽貨』) "정나라 음악을 미워하는 것은 정악을 혼란시킬까 두려워서이다[惡鄭聲, 恐其亂樂也].".(『孟子』「盡心」下)

"선생님의 말씀이 진실로 옳습니다."

한림(翰林) 안학산(顔學山)256)이 절강에서 근무할 때 내가 찾아갔다. 〈그 때〉 안학산은 주위 사람들에게 말했다.

"사람의 삶은 모두 만족할 수는 없는 것입니다. 일반사람은 일반사람 으로서의 근심이 있고, 선비는 선비로서의 근심이 있고, 공경(公卿)은 공 경으로서의 근심이 있고, 천자(天子)는 천자로서의 근심이 있습니다. 이 것은 하늘이 우리로 하여금 수고하면서 살라고 한 것입니다."

내가 말했다.

"한 가지 일로써 근심을 없앨 수 있는데, 사람들이 〈그 방법을〉 구할 줄 모를 뿐입니다. 그것은 성인의 도를 배우는 일이지요 세상에서 만족 을 구하지 않으면, 누가 만족하지 못하겠습니까? 본래 자기에게 부족한 것이 없는데, 누가 불만족을 느끼겠습니까? 순탄하면서 평이하여 천지 사이에 내왕하는 것이 마치 요순시대에 사는 것과도 같은데, 근심이 있 겠습니까 없겠습니까?"

안학산이 용모를 바르게 하고서는 말했다.

"선생의 말씀이 참으로 옳습니다."

---

256) 山東省 曲阜 사람 顔光敦를 말한다. 學山은 자이고, 康熙 27年에 진사하였다. 李之 勤의 『唐甄事迹叢考』에서는 "청조 康熙 32년 癸酉(1693), 당견의 나이 64세에 안학산 이 浙江提督으로 있을 때, 방문하였다"고 기록되어 있다.

상편하

潛書

다른 사람의 장점을 배우라[取善]

공자와 맹자가 사람들을 가르칠 때에는 매우 엄하였지만, 다른 사람들과 함께 할 때에는 관대하였다. 오직 성인만이 빈틈이 없었다는 것이다. 만약 사람들과 함께 할 때 관대하지 않는다면, 천하에는 좋은 사람이 없을 것이고, 더불어 함께 공부할 수 없을 것이고, 더불어 함께 지위에 올라 일할 수 없을 것이다.

그 사람됨이 청렴한 자와 교제하면, 나는 그의 청렴함을 취하고, 그의 재능을 생각지 않으며, 그 사람됨이 사리에 통달한 자와 교제하면,[1] 나는 그의 통달함을 취하고, 그의 인품을 생각하지 않으며, 그 사람됨이 박식한 자와 교제하면, 나는 그의 지식을 취하고, 그의 스스로 옳다고 여기는 것을 생각하지 않는다.

---

1) "공자가 말했다. 사는 통달했다[曰 賜也達]"(『論語』「雍也」)라 했고, 주자는 "달이란 사리에 통달한 것이다[達, 通事理]"라고 주석하였다.

이렇게 한다면, 천하 사람들 중 나의 사우(師友)가 되는 자가 많을 것이다. 만약 반드시 완벽하게 갖춘 것을 구한다면, 염유(冉有)는 현명한 사람일 것이다. 그러나 그는 계손씨(季孫氏)의 재부(財富) 탐하는 것을 도와주었다.2) 계로(季路)도 현명했으나, 그의 죽음은 의에 부합하지 않았다.3) 자공(子貢)도 현명했으나, 재물을 좋아하였다.4) 자하(子夏)도 현명했으나, 자식을 위해 곡(哭)하다가 실명하였다.5) 증자는 공자의 도를 전파한 사람이었지만, 처음에는 선생님의 말씀을 잘 이해하지 못하고, 상사(喪死)의 큰 일을 잘못 이해했다.6)

2) "계씨는 주공보다도 부유했는데도 구는 가혹하게 거둬들여 덧붙여 주었다. 공자가 말했다. 그는 내 제자가 아니다. 애들아! 북을 치며 그를 공격해도 괜찮다[季氏富於周公, 而求也爲之聚斂而附益之. 子曰, 非吾徒也, 小子, 鳴鼓而攻之可也]."(『論語』「先進」) 여기서 求는 冉有를 말한다.
3) 『史記』「仲尼弟子列傳」에 보면 季路 곧 子路는 衛나라 大夫 孔悝의 邑宰로 있다가 공리와 蕢瞶가 난을 일으키자 용감하게 접전 속으로 뛰어들었다가 죽임을 당했고, 이때 같은 공자의 제자였던 子羔는 안전하게 피하였다고 한다. 공자는 이것을 『論語』「先進」편에서 "若由也, 不得其死然"라고 하였다. 당견은 이것을 "死不合義"라고 표현한 것이다.
4) 『論語』「先進」편에 "사는 명을 받지 않았는데도 재물을 늘렸고 억측하더라도 여러 차례 적중하였다[賜不受命而貨殖焉, 億則屢中]"라고 하며, 賜, 곧 자공이 재부 축적하는 일에 밝았음을 공자도 지적하였고, 「學而」에서는 "자공이 말했다. 가난하면서도 아첨함이 없고, 부유하면서도 교만함이 없다면 어떻습니까? 공자가 대답했다. 괜찮다. 하지만 가난하면서 즐거워하고 부유하면서 예를 좋아함만 못하다[子貢曰, 貧而無諂, 富而無驕, 何如. 子曰, 可也, 未若貧而樂, 富而好禮者也]"라고 해서 자공 스스로 자신의 부유함에 대한 부담을 간접적으로 표현하면서 자신의 고민의 한 단면을 보여주고 있다.
5) "자하는 그 아들이 죽자 실명하였다[子夏喪其子, 而喪其明]."(『禮記』「檀弓」上)
6) 『禮記』「檀弓」 상편에 "증자가 자사에게 말하였다. '자사야, 내 어버이의 상을 당하여 물과 미음을 먹지 않는 것이 칠일간이었다.' 그러자 자사가 말했다. '선왕께서 예를 만드심에 있어서 지나친 자는 굽혀서 나아가고, 이르지 못한 자는 발을 제껴 디디고 따라가게 하였다. 그러므로 군자가 어버이의 상에 거상할 때에는 물과 미음을 먹지 않는 것을 사흘 동안 하여 지팡이로써 부축해서 일어날 수 있게 하였다'[曾子謂子思曰, '伋, 吾執親之喪也, 水漿不入於口者七日.' 子思曰, '先王之制禮也. 過者俯而就之, 不至焉者跂而及之. 故君子之執親之喪也, 水漿不入於口者三日, 杖而后能起']"라고 하였는데, 이 말은 증자가 친상을 당하여 칠일간이나 아무 것도 먹지 않아서 극도로 몸이 쇠약해지자, 자사가 부모에게 받은 몸을 소중하게 다루지 않는 것이 오히려 불효에 속한다고 보고, 중용을 취해 말한 내용이다.

이 다섯 현인들은 공자의 제자 가운데서도 재지(才智)가 출중했던 했던 이들로, 친히 성인의 가르침을 계승하면서 정성스럽게 갈고 닦았으며,[7] 또한 매우 근실한 사람들이었다. 그러나 〈그들의〉 학문이 경지에 이르지 못하고, 스스로 체득한 것이 깊지 않아 이처럼 많은 빈틈이 있는 것과 같았다. 하물며 〈이들보다〉 못한 사람들임에랴!

만약 반드시 완벽하게 갖춘 것을 구하고자 하여, 그 단점 때문에 장점을 버린다면, 이 다섯 현인 모두에게서 취하지 아니하고, 저 청렴하고 달통하고 박식하고 견문이 많은 선비들 또한 함께 어울릴 수 없는 새나 짐승처럼 대하게 될 것이다.

공자가 말했다.

"세 사람이 길을 감에 반드시 나의 스승이 있으니, 그 가운데 선한 자를 선택해서 따르고, 선하지 못한 자를 가려서 자신의 잘못을 고쳐야 한다."[8]

이른바 세 사람이 길을 간다는 것은 우연히 만나 함께 길을 가는 것이니, 평소 함께 공부하는 사람들은 아니다. 여기서 선(善)한 자와 불선(不善)한 자는 우연히 그들이 행하던 일에서 본 것이니, 함께 학문을 토론한 사람을 가리킨 것은 아니다. 공자는 사람들을 가르치면서 그 사람의 유익한 것을 취택하라고 한 것이 이와 같았다.

지금에 이르러 도는 사라졌고 학문은 피폐해져 덕(德)있는 사람이 고독하고 이웃이 없으며,[9] 대현(大賢)을 나의 선생님으로 모실 수 없고, 소현(小賢)을 나의 친구로 삼을 수 없다. 비록 일반 농민과 나무꾼, 그리고 상업에 종사하는 사람이라도 모두 〈위에 말한〉 세 사람 가운데 한 사람을 스승으로 구할 수 있을 것이다. 만일 그 가운데 학문에 뜻을 둔 사람

---

7) "如切如磋, 如琢如磨."(『詩經』「衛風」'淇澳')
8) "子曰, 三人行, 必有我師焉, 擇其善者而從之, 其不善者而改之."(『論語』「述而」)
9) 『論語』「里仁」에서 "공자가 말했다. 덕 있는 사람은 외롭지 않고 반드시 이웃이 있다[子曰, 德不孤, 必有隣]"고 한 것이 사라졌다는 내용이다.

이 있다면 공자의 도를 공부하는 것을 기뻐하고, 그 몸과 마음 수양할 것을 구할 것이다. 〈그렇다면〉 비록 그 사람됨이 허물이 많더라도, 그런 사람을 오늘날 쉽게 만날 수 있는 것은 아니지만, 〈만일 만날 수만 있다면〉 내가 그와 더불어 공부하지 않고 누구와 하겠는가!

자하가 말했다.

"큰 덕이 한계를 넘지 않으면, 작은 덕은 출입하여도 괜찮다."10)

이것은 다른 사람의 도에 함께 하고, 자기 스스로의 도에 기대어서는 안된다는 것을 말한 것이다. 군자가 자처하는 것은 『서경』에서 말하고 있는 것과 같다.

『서경』에서는 말한다.

"사람과 함께 있으면서 완벽하게 갖추는 것을 구하지 않고, 몸을 단속하면서 미치지 못할 듯이 하였다."11)

〈군자는〉 대개 사람들과 함께 할 때 관대하고, 자기 자신에게는 매우 엄하였다.

저 옥(玉)은 천하의 보배이다. 옛사람들은 아름다운 옥을 얻어 뛰어난 기술자로 하여금 그것을 쪼아 반드시 티를 제거하여 장신구로 만들었다. 만일 옥의 티를 제거하지 않았다면, 결국 보배로운 장신구가 아니기에 사람들이 귀중하다고 생각지 않는다.

수신(修身)의 도 또한 반드시 티, 곧 결점을 제거해야 한다. 결점은 잘 못된 길을 걷는 것이나, 정도를 벗어난 도를 말하는 것이 아니라, 한 번 움직이고 한 번 나아갈 때 법도에 맞지 않는 것을 곧 결점이라고 한 것이다.

성인이 예법을 제정하고, 〈천자를〉 조회(朝會)하고,12) 상례와 제례를

---

10) "子夏曰, 大德不踰閑, 小德出入可也."(『論語』「子張」) 『사서집주』에서 주자는 大德 · 小德을 大節(큰 일) · 小節(작은 일)이라고 풀이하였다. 이 말은 곧 사람이 먼저 큰 일을 잘 할 수 있다면 작은 일은 혹 다 이치에 부합하지 않더라도 무방하다고 한 뜻이다.

11) "與人不求備, 檢身若不及."(『書經』「商書」'伊訓') 탕왕을 칭송하는 내용이다.

드리고, 손님을 초청하여 잔치를 베풀고, 적당한 시간과 계절을 거스름이 없었다. 〈계단을〉 오르고 내려갈 때에는 오르고 내리는 이치가 있고, 손님과 주인으로 맞이할 때에는 그에 따른 도리가 있고, 서로 술을 주고받으며 교제할 때에는 예의가 있고, 나가고 물러갈 때에는 그에 맞는 이치가 있다. 어찌 번잡한 것으로 사람의 몸을 피곤하게 하려고 했겠는가? 밖에서 소홀했던 것은 안에서 주의를 게을리 하고, 겉으로 꾸민 것이 소략한 것은 그 실속이 없다. 이것이 수신하는 중요한 요체이며, 마음을 다스리는 절실한 임무이다. 그래서 공자는 사람들을 교육하면서 심성(心性)에 대해서는 적게 말씀하셨던 것이다.13) 말과 행동으로 근실하게 했고, 독실한 것으로 단속하였는데, 심성의 공부가 모두 그 가운데 있다.

지금에 있어서는 또한 도를 배우는 사람은 있으나, 뜻은 풍조에 따라 바뀌고, 품성은 주변의 관습에 따라 결정된다. 명예를 좋아하면서 명성을 좇고, 움직임을 좋아하면서 고요한 것을 싫어한다. 한가하여 일이 없으면, 모두가 문 밖으로 나가 유희를 즐기는 때이다. 여러 사람들과 담소하면서 마침내 날이 어두워졌는데도 돌아가는 것도 잊고, 장기와 바둑을 두고 술을 마시면서 힘써 남 얘기하는 것을 즐긴다. 오락은 친구와의 교제에서 당연한 것이라 여기면서 실제로 시정의 일반사람들이 하는 행동과 똑 같이 한다. 세상이 아무리 혼탁해도 사람의 마음은 스스로 밝고[自明], 진실과 거짓은 스스로 드러나고[自見], 현명하고 현명하지 못한 것은 스스로 구별되어[自別], 뭇 사람들의 입에서 나오는 것은

---

12) 『禮記』 「王制」편에 "제후가 천자에게 가는데 매년 한차례 小聘으로 하고, 3년에 한 차례 大聘으로 하고, 5년에 한 차례 직접 조회한다[諸侯之於天子也, 比年一小聘, 三年一大聘, 五年一朝]"라고 하였는데, 여기서 '比年'은 '해마다'이고, 小聘과 大聘은 大夫 등 다른 이들을 예물과 함께 사자로 보내서 문안하는 것이고, 조회는 제후가 직접 천자를 찾아가 문안하는 것이다.
13) "자공이 말했다. 선생님의 문장은 들을 수 있으나, 선생님께서 性과 天道를 말씀하시는 것을 들을 수 없다[子貢曰, 夫子之文章, 可得而聞也, 夫子之言性與天道, 不可得而聞也]."(『論語』 「公冶長」)

속일 수 없는 것이다.

그러므로 군자가 공부할 때에는 스스로 속이지 않고, 나아가 남을 속이지 않는다. 한 마디의 말과 행동 하나를 하더라도 조심하고, 때때로 스스로를 삼가 반성하고, 남들이 뒤에서 뒷공론하는 것을 두려워한다. 슬퍼하거나 축하할 일이 아닌데도, 자주 동네 사람들의 모임에 나타나면, 사람들이 방탕하다고 말한다. 공부하는 데 청하여 도움될 만한 것이 아닌데도, 자주 친구의 집을 찾으면, 사람들이 〈경솔한 사람이라며〉 그를 업신여긴다. 이름이 관직에 등록되어 있지 않은데도, 자주 고관대작의 집안을 기웃거리면, 사람들이 아첨한다고 말한다. 대인(大人)과 어떠한 교분도 없으면서14) 수시로 대관(大官)과 서로 잘 아는 사이라고 사칭하면, 사람들이 세상물정을 모른다고 말한다. 그래서 군자의 평가와 의논은 감히 위배할 수 없다. 동네 사람들의 풍자(諷刺) 또한 가히 두려운 것이다.

옛사람들 말에 이런 것이 있다.

"예의를 어기지 않았는데, 어찌 남들의 말에 근심하겠는가?"15)

이것은 근거 없는 말을 지적한 것이며, 여러 사람들 의견의 공통점을 말한 것이 아니다. 과연 예의를 어기지 않았는가? 그러므로 일반사람들의 비방이나 향교(鄕校)의 의논16)은 모두 〈그 사람의〉 품덕을 살필 수 있게 한다.

무왕(武王)은 성인(聖人)이다. 어떤 사람이 그에게 개고기 한 근 헌납한 것을 받자 소공(昭公)이 훈계하며 말했다.

"아무리 작은 일이라도 신중하게 하지 않으면, 마침내 큰 덕을 더럽

---

14) '干旄'의 '干'은 깃대, '旄'은 쇠꼬리의 털인데, 이것을 깃대 끝에 매단다. 이것을 일명 大夫의 旗라고 한다. 이 깃대를 수레의 뒤에 세우면 고관대작의 행차를 나타낸다. 『詩經』「鄘風」 '干旄'에 "쇠꼬리로 기를 만들어 세워 준의 성 밖 수레간다[子子干旄, 在浚之郊]"라고 한 것 참조.

15) "詩曰, 禮義不愆, 何恤於人言."(『左傳』 '昭公 4年')

16) "鄭人游于鄕校, 以論執政."(『左傳』 '襄公 31年')

히고 만다. 아홉 길이나 되는 산을 만드는데, 한 삼태기의 흙이 부족해
서 성공할 수 없게 된다."[17]

선비가 학문에 뜻을 두었지만, 힘써 명예와 이익만을 좇아 다니면,[18]
그 사람의 품덕은 사라진다. 어찌 개고기 한 근에 더럽힐 수 있겠는가?
도가 모두 붕괴되는데, 어찌 한 삼태기의 흙 때문에 무너트릴 수 있겠
는가?

정주학(程朱學) 비판[有爲]

고경범(顧景范)[19]이 나에게 말했다.

"선생은 정자(程子)와 주자(朱子)를 비난하였으니, 또한 성인의 문에 죄
를 범한 것입니다."

내가 말했다.

"무슨 말입니까? 두 분은 옛날의 현인인데, 내가 어떻게 비난할 수 있
겠습니까? 그들의 학문은 안으로 정밀하고 치밀하나, 밖으로 빠뜨린 것
이 있습니다. 그 정밀하고 치밀한 것은 안연(顔淵)도 능히 덧붙일 수 없으
나, 그 빠뜨린 것은 아마도 자로(子路)와 유자(有子)보다도 결여(缺如)한 것
입니다.[20] 〈따라서〉 나는 두 분을 비판한 것이 아니라, 두 분의 이론을

---

17) "不矜細行, 終累大德, 爲山九仞, 功虧一簣."(『書經』「旅獒」) 이 내용은 작은 일을
   소홀히 하면 결국 큰 일을 이룰 수 없다는 뜻이다.
18) 여기서 '役役'은 휴식도 없이 애서 힘쓰는 것이다. 『莊子』「齊物論」에 "종신토록 발
   버둥쳐도 성공은 보지 못한다[終身役役, 而不見其成功]"이라고 하였는데, 여기 '役
   役'과도 같은 의미이다.
19) 淸初 無錫사람 顧祖禹로 자가 景范이다. 저술로 중국 고대 지리학의 명저로 꼽히는
   『讀史方輿紀要』가 있다.
20) 『史記』「孔子世家」와 「仲尼弟子列傳」에 보면 자로와 유자는 당시 魯나라와 衛나

보완한 것입니다."

고경범이 말했다.

"내적으로 〈마음을〉 다하면, 밖으로 남을 다스릴 수 있습니다."

내가 말했다.

"그렇다면 선생은 왜 『방여(方輿)』[21]라는 책을 저술하였습니까? 단지 선생의 마음을 바르게 하고 몸을 수양하면, 아무리 어려운 상황이라도 가만히 앉아서 터득할 수 있습니다. 왜 반드시 수십 년간이나 토론한 뒤라야 거용관(居庸關)과 안문관(鴈門關)[22]의 지세(地勢)의 유리함을 알고, 효산(崤山)·함곡관(函谷關)·동정호(洞庭湖)[23]의 쓰임을 알겠습니까?"

어린아이가 죽을 내오자, 나는 죽을 비유로 말했다.

"죽을 쌀이 아니라고도 할 수 없지만, 쌀이 곧 죽이라고도 말할 수 없습니다. 밭을 갈아 씨뿌리고 수확해서 방아찧어 쌀이 되었다 하더라도, 아직 사람이 먹을 수 있는 것은 아닙니다. 반드시 불을 때고 죽을 만든 이후라야 사람이 먹을 수 있습니다. 몸은 쌀과 같고, 수양은 밭 갈고 씨뿌리고 수확하고 찧고 까불리는 것과 같고, 남을 다스리는 것은 불때는 것과도 같습니다. 만일 안으로 〈마음을〉 다하고, 밖으로 남을 다스릴 수 있다면 쌀을 생식하는 것과 같습니다. 어찌 반드시 불땔 필요가 있겠습니까?"

내가 곽도(霍韜, 1486~1540)[24]의 책을 보니 이런 말이 있었다.

라에서의 공적이 크다고 하였다.

21) 『讀史方輿紀要』를 말한다.

22) 居庸關은 지금의 북경 昌平縣 서북쪽 산상에 있는데, 양옆은 가파른 절벽으로 지세가 험난한 요새이며, 鴈門關은 山西省 代縣 북부에 있으며, 長城의 통로 가운데 하나이다.

23) 崤山은 河南省 洛寧縣 서북쪽에 있는데, 東崤·西崤로 나뉘어져 있기 때문에 二崤라고 한다. 函谷關은 하남성 靈寶縣 남쪽에 있는데, 동쪽의 효산으로부터 서쪽의 潼津에 이르기까지 산세가 깊고 험한 것이 마치 函과 같아서 函谷이라고 통칭한 것이다. 洞庭湖는 湖南省 북쪽에 위치하고 있다.

24) 明나라 南海(지금의 廣東)사람으로 자는 渭先이고, 호는 兀厓이다. 시호는 文敏이며 正德 년간에 進士하였고, 兵部主事·升少詹事兼侍讀學士·詹事·禮部右侍郎·

"정자와 주자가 칭술한『주례(周禮)』는 모두 시험해보지 않은 공론이다. 정자와 주자는 학문을 강론하였지만, 정치하는 것에 대해서는 언급하지 않았기 때문에, 그들이 학문을 언급한 것은 본받을 만하나, 정치에 대한 언급은 의심할 만하다."

내가 말했다.

"곽 선생의 말이 옳습니다. 내가 하고 싶은 말을 그가 먼저 하였습니다. 옛날의 성인은 말이 곧 행동이었고, 행동이 곧 그 말씀이었으며, 학문이 곧 그 정치였고, 정치가 곧 그 학문이었습니다. 맹자가 진(秦)나라와 초(楚)나라를 몽둥이로 제압하려고 하였는데,25) 나는 진나라와 초나라를 매질하여 제압할 수 있었다는 것을 알았습니다. 〈또한 맹자는〉 제(齊)나라가 왕 노릇하는 것이 손바닥 뒤집는 것처럼 쉽다26)고 하였는데, 나는 제나라가 왕 노릇할 수 있다는 것을 알고 있습니다. 남호(南濠)27)의 상인이 말로 장사를 잘하고, 호숫가의 농부가 말로 농사를 잘 지어, 듣는 이들로 하여금 마치 시장에 앉아 있는 것처럼, 농토에 있는 것처럼 하였습니다. 어찌 의심할 수 있겠습니까?"

서중윤(徐中允)의 저서28)에 명나라에 충성을 다하다 죽은 사람에 대한 내용이 있어서 내가 그에게 질문하였다.

"선생은 〈명나라에〉 죽음으로써 충성을 다한 이들이 몇이나 된다고 생각하십니까?"

그가 대답하였다.

禮部尙書·吏部侍郎·太子少保掌詹事府事를 지냈다. 그는 氣가 세계만물의 본질이라 하고 천지이전에 一氣만 있었다고 주장하였고, 왕양명의 '致良知'說과 '知行合一' 論을 비판하였다. 저술로『文敏粹言』이 있다.
25) 이 책 「性功」편 및『孟子』「梁惠王」上편 참조.
26) "제나라를 가지고 왕 노릇함은 손을 뒤집는 것과 같이 쉬운 것이다[以齊王, 由反手也]."(『孟子』「公孫丑」上. 이 책「尊孟」편 참조)
27) 蘇州에 있는 閶門 밖으로 당시에는 소주 商業區였다.
28) 서중윤에 대한 설명은 이 책 「敬修」편 참조. 여기서 말한 저술은『明末忠貞記實』20卷.

"천여 명 정도 있습니다."

내가 개탄하면서 말했다.

"내가 듣기에, 군대에서 한 사람의 전사자(목숨걸고 달려들다 죽은 자)가 있자 적군이 후퇴하였다[退舍]29)고 들었습니다. 오늘날 이 나라에 나라를 위해 싸우다 죽은 사람이 천여 명인데도 망하는 나라를 구제하지 못하였으니, 그 재난이 너무 심합니다!"

〈그러자〉서중윤은 아무 말도 하지 못했다.

나는 밤에 잠자리에서 생각하였다.

"내가 다른 사람과 바둑을 두면서 돈을 걸고 하지 않을 때에는 항상 이기는데, 돈을 걸고 하면 항상 진다면 이익이 재능을 가려 막고 있는 것이다. 그렇기 때문에 이익에 집착하는 심정이 없는 사람은 그 재능이 5할 정도 발휘될 것이고, 지위에 집착하는 심정이 없는 사람은 그 재능이 7할 정도 발휘될 것이고, 생명에 집착하고 죽음을 두려워하는 심정이 없는 사람은 그 재능의 전부를 발휘할 것이다. 이와 같지 않다면 습득한 것들은 잘못된 것이다. 인(仁)을 배워서 폭력을 이길 수 없다면 인이 아니다. 의(義)를 배워서 뭇 백성에게 사용하지 못한다면 의가 아니다. 지혜를 배워서 궤휼을 판단하지 못한다면 지혜가 아니다."

옛날에 대호(大瓠)30)는 일찍이 고경일(高景逸, 1562~1626)31)의 현명함을 칭송하며, 다음과 같이 말했다.

"이 사람은 죽음을 두려워하지 않습니다."

내가 말했다.

---

29) '退舍'는 '退避三舍'의 준말로 앞날을 깊이 헤아려서 양보한다는 뜻이다. 옛날 군대는 30리를 행군하고 하룻밤을 묵었으므로 '三舍', 즉 90리를 물러나 충돌을 피한 데서 이 말이 나왔다.

30) 이 책 「辨儒」편 참조

31) 江蘇 無錫의 高攀龍으로 자는 存之·雲從, 별호가 景逸이고, 시호는 忠憲이다. 만력 년간에 진사하고, 光錄少卿·太常少卿·大理少卿·太僕卿·刑部侍郎·左都御史 등의 관직을 지냈다. 顧憲成과 함께 東林書院에서 강학활동을 하였고, 사상적으로는 정주학을 근본으로 誠敬를 주로 하였다. 저술로『就正錄』·『高子遺書』가 있다.

"선생이 고경일의 현명함을 말한 것은 옳습니다. 〈그런데〉 죽음을 두려워하지 않는다고 하면서 그를 현명하다고 한다면 옳지 않습니다. 군자의 도는 먼저 자신의 몸을 아끼면서, 혼란한 조정에 몸담지 않고, 어리석은 군주를 섬기지 않습니다. 몸을 굽혀 간사한 소인배를 따르는 것을 참으로 추하다고 생각하며, 살신(殺身)하면서까지 소인배를 높이는 것 역시 스스로 가볍게 하는 것입니다. 그렇기 때문에 정의가 바로 세워지지 않고, 용기가 바로 실천되지 않고, 충성이 바로 실현되지 않습니다. 『시경』에 "내가 매우 좋은 채소를 저장하는 것은 겨울을 나기 위한 것이다"[32]라고 하였는데, 이 말이 여기에 해당되며, 군자가 몸을 아낀다는 것을 말한 것입니다."

내가 말했다.

"생명 가운데 사람만큼 귀한 것이 없고, 사람에게서 마음만큼 귀한 것이 없고, 마음에서 총명함과 예지[聖][33]만큼 귀한 것이 없고, 총명과 예지는 공적만큼 귀한 것이 없습니다. 동물은 암수가 아니면 서로 근접하지 않고, 젖을 먹는 시기에는 〈암수가〉 서로 사랑하지 않는데, 사람은 〈어느 때고〉 통교하지 않는 경우가 없습니다. 눈과 귀의 용도를 서로 바꿀 수 없고, 상하 신체를 바꿀 수 없으나, 마음은 가지 않는 곳이 없습니다. 석가(釋迦)의 마음 다스리는 것은 매우 극진히 하면서도 세속에 물들지 않으려 하였고, 노자는 정치에 간여하면서도 이치를 분별하지 않았습니다. 그러므로 천지가 있고 만물이 있어도 성인이 없다고 할 수는 없습니다. 본성을 다하지 못하면, 곧 성인이 아닙니다. 공적을 드러내지 못하면 본성이 아닙니다. 천하에 뿌리 없는 가지 없는데, 오로지 〈뿌리 없이〉 밖으로 드러난 가지는 뿌리를 잃은 것입니다. 천하에 가지 없는

---

32) "我有旨蓄, 亦以御冬."(『詩經』「邶風」'谷風')
33) "睿를 聖으로 썼다[睿作聖]"라고 했고, 『中庸』에서 "오직 천하에 지극한 성인이라야 총명하고 예지로울 수 있다[唯天下至聖, 爲能聰明睿知]"라고 한 것을 미루어 '聖'을 '총명함'과 '예지'라 하였다.(『書經』「洪範」)

뿌리 없는데, 오로지 〈가지 없이〉 땅속에 뿌리만 있는 것은 가지를 잃은 것입니다."[34]

내가 말했다.

"수레의 용도는 물건을 싣는 것이고, 배의 용도는 강을 건널 때 타는 것이고, 현자의 용도는 백성을 구제하는 데 있습니다. 〈수레이면서도〉 물건을 싣지 못한다면, 수레가 없느니 만도 못하고, 〈배가〉 물을 건널 수 없다면, 배가 없느니 만도 못하고, 〈현자가〉 백성을 구제할 수 없다면, 현자가 없느니 만도 못합니다."

과거 나의 어머니는 술을 잘 드셨다. 어떤 사람이 나에게 술을 보내와 술병을 열고 맛을 보았는데 맛이 변질되어 마실 수 없었다. 〈그런데〉어머니께서 고향의 가난하면서 술을 좋아하는 분에게 그것을 드리려고 하자, 부인이 말했다.

"드리지 마세요 이 술은 쉬어서 식초로나 쓸 수 있습니다."

이에 그 속에 한 되 정도의 쌀을 넣고 끓여 7일간 놓아두자 식초가 되었다. 〈이것은〉 마침내 1년을 써도 다 쓰지 못할 정도로 넉넉했다. 사람이 아무리 현명하더라도 〈쓸 수 없다면〉 마시지 못하는 술로 만든 식초만도 못한 것이다.

제세안민(濟世安民)의 중요성[良功]

수양이라고 내적인 것이 아니고, 사공(事功)이라고 외적인 것은 아니다.[35] 내외를 나눔으로부터 관중(管仲)·소하(蕭何) 등 공적이 뛰어난 부

---

34) 心性과 事功의 일치를 주장하기 위한 비유이다. 즉 심성은 사공으로 드러나고 사공은 심성에 뿌리를 두고 있다는 것이다.

류가 빈객이 되었고, 정자(程子)·주자(朱子)와 같이 심성이론에 묻혀 있던 이들이 주인이 되었다. 빈객은 물리치면 안으로 들어갈 수 없고, 주인은 한곳에 머물면 나갈 수 없다. 빈객은 방안 오묘함을 볼 수 없고, 주인은 거마(車馬)의 편리함에 익숙하지 않다.

내외를 나눔으로부터 공자의 도가 분열되어 백성들은 생활하는데 어려움을 겪게 되었다. 몸의 세상과의 관계는 마치 용과 뱀에게 머리와 꼬리가 있는 것과 같고, 초목에 뿌리와 가지가 있는 것과도 같다. 머리는 있어도 꼬리가 잘라졌다든지, 뿌리를 북돋아 준다 해도 가지를 제거한다면 어찌 용과 뱀, 풀과 나무가 존재할 수 있겠는가!

과거 장열제(莊烈帝, 1628~1644)[36]가 다음과 같이 말했다.

"내 어찌 유종주(劉宗周, 1578~1645)[37]의 충신(忠臣)됨을 모르겠는가! 반드시 내가 요·순 임금처럼 성군이 되고 싶어도,[38] 이같은 시기를 맞이하여 내 어떻게 요·순 임금처럼 될 수 있겠는가!"

이 말은 참으로 진실한 표현이다. 천하를 주재하는 것은 군주이지만, 군주를 주재하는 것은 마음이다. 그렇지만 국경이 없으면 성(省)이 이루어지지 않고, 성이 없으면 도읍이 이루어지지 않고, 도읍이 없으면 군주가 있을 수 없고, 군주가 없으면 〈군주의〉 마음도 있을 수 없다. 이를 통

---

35) 수양은 修己를 말하고, 사공은 治人을 말한다.
36) 명말 毅宗(思宗) 朱由檢으로 년호는 崇禎이다. 李自成의 농민군이 북경을 침공하였을 때 자결하였다.
37) 명말 山陽(지금의 절강성 紹興)사람이다. 자는 起東, 호는 念臺로 관직은 南京左都御史를 지냈다. 명나라가 멸망하자 20일을 단식하다 죽었다. 蕺山에서 강학하였기 때문에 사람들은 그를 즙산 선생이라고 하였다. 黃宗羲와 陳確은 그의 제자이다. 證人書院을 짓고 誠敬·愼獨을 위주로 강학하였다. 저서에 『劉子全書』·『劉子全書遺編』이 있다.
38) "장열제가 병사에 대해 질문하자, 유종주가 말했다. '밖을 통제하시는데, 조정내부 다스리는 것을 근본으로 삼으시고, 안에서 먼제 수양하고 다스리시면 먼 데 있는 사람들이 스스로 복종하고 문화가 고양될 것입니다. 바라건대 폐하께서는 요순의 마음으로 요순의 정치를 시행하시면 천하는 저절로 태평해질 것입니다'라고 하자 장열제가 그 말을 귀담아 들었다[帝問兵事, 宗周言, '御外以治內爲本, 內修治, 則遠人自服. 虞羿舞而有苗格, 愿陛下以堯舜之心, 行堯舜之政, 天下自平' 帝遇其言]."(『明史』「劉宗周傳」)

해 본다면 오로지 마음의 수양만을 고집하는 것이 큰 잘못임을 알 수 있다.

공자가 말했다.

"리(理)를 궁구하고, 본성을 다하면, 명(命)에 이른다."[39]

리는 홀로 밝혀지는 것이 아니다. 천지만물이 소통하지 않음이 없는 것, 이것이 리이다.[40] 본성은 〈인간만이〉 홀로 터득한 것이 아니라, 천지만물이 모두 함께 공유한 것인데, 이것이 성이다.

천지만물과 격리되면, 궁리(窮理)할 수 없다. 하늘이 위에 안주하지 않고, 땅이 아래에 안주하지 않고, 만물이 그 가운데 안주하지 않으면, 진성(盡性)할 수 없다. 하늘의 운행에 순종하고, 땅의 법칙에 따르면, 마침내 상황의 변화에 능동적이고, 사물에 원망이 없게 되어 궁리할 수 있다. 유묘(有苗)가 반란을 일으키자 순임금이 그들을 정복하였고, 걸·주가 백성들을 포학하게 다스리자 탕·무가 그들을 평정하였다.

『서경』에 이런 말이 있다.

"저 땅 끝에서 바다 끝에 이르기까지 좇지 않는 것이 없다."[41]

『시경』에 이런 말이 있다.

"천하만방이 편안하고 해마다 풍년이다."[42]

이것이 모두 진성하는 것이다.

이때 하늘과 땅이 각기 처소를 얻고 만물이 각기 그 생명을 얻어 천

---

39) "리를 궁구하고 본성을 다하면 명에 이른다[窮理盡性, 以至於命]."(『周易』「說卦」)
40) 이 말은 周濂溪『太極圖說』과 張橫渠『西銘』의 萬物一體論과 程子가 말한 "한 사람의 마음이 곧 천지의 마음이다. 한 사물의 이치가 곧 만물의 이치이다[一人之心, 卽天地之心. 一物之理, 卽萬物之理]"고 한 내용과 상통한다.
41) "조冒, 海隅出日, 罔不率俾." 孔穎達은 『正義』에서 이것을 "우리 주나라가 문왕의 공을 이록하는데 언제나 태만하지 않는다면 그 덕이 사해의 끝까지 미치고, 해가 뜨는 곳까지 이르러 그 백성들이 나에게 교화되어 따르지 않음이 없어 신하로 부릴 수 있을 것이다[我周家若能皆成文王之功, 於事常不懈怠, 則德敎大覆四海之隅, 至於日出之處, 其民無不循我化, 可臣使也]"라고 하였다.(『書經』「君奭」)
42) "綏萬邦, 屢豐年."(『詩經』「周頌」'桓')

명에 이르게 된다. 군자가 기용되면 그 공적을 보고, 기용되지 않으면 그 말을 본다.

공자는 노나라에서 정치를 하였고, 맹자는 비록 정치를 담당한 적은 없어도 제선왕(齊宣王)과 양혜왕(梁惠王)에게 그의 책략을 도모하였다. 이 것은 마치 옷을 입으면 반드시 따뜻해지고 밥을 먹으면 반드시 배부른 것처럼 효과가 있었다. 옷이 만들어지지 않았다면, 따뜻하지 않을 것을 의심하지 않고, 음식이 아직 만들어지지 않았다면, 배부르지 않을 것을 의심하지 않는다. 어찌 맹자의 정치행위 없음을 가지고 공적 없는 유자 라고 이해할 수 있겠는가?

덕(德)은 반드시 전일하여 완전하며, 수양은 반드시 순수하다. 후대의 학자들은 그 절반만 얻고도 완전하다고 생각하며, 잘못된 것을 고집하 면서 순수하다고 생각한다. 바라건대 전일하여 완전한 것과 그 절반의 형태를 분명히 해야 한다.

옛날 내 처가 어렸을 때, 그 누이와 함께 같은 방에서 생활하였다. 누 이가 처로 하여금 모기를 내쫓게 하자 못마땅하게 생각하였다. 어느 날 저녁 혼자 자기 침대머리의 모기를 쫓으면서 그 절반만 모기장을 쳤다. 보모가 웃으면서 그 까닭을 묻자, 다음과 같이 대답하였다.

"내 어찌 한가히 남을 위하겠습니까? 스스로를 위해서일 뿐입니다."

유자가 자기를 위해 공부하는 것이 이것과 같다.[43] 내가 이런 사람들 에 대해서는 마치 형제와도 같고, 천지간에 함께 거처하는 데에는 한 모기장 안에서 같이 잠자는 것과도 같다. 너와 내가 함께 즐거워하며, 너와 내가 함께 슬퍼하는 이것이 천지자연과 사람들의 마땅한 도리이 며, 군자가 그 본성을 다하는 구체적 표현이다. 이것이 이른바 전일하여 완전함이다.

유자는 사공(事功)을 말하지 않고, 관심 밖의 일로 여긴다. 이 땅의 형

---

43) "공자가 말했다. 옛날의 학자들은 자기를 위해서 공부했는데, 지금의 학자들은 남을 위해 공부한다[子曰, 古之學者爲己, 今之學者爲人]."(『論語』「憲問」)

제들이 굶주려 죽고, 전쟁으로 죽고, 포악한 정치로 죽고, 외부의 폭력으로 죽고, 내부의 잔혹함으로 죽으면, 그 화근이 군주에게 미치고, 국가가 멸망하게 된다. 이때 몸과 마음을 단속하면서 스스로 성현이라고 말한다. 세상이 이미 많은 어려움에 처했는데, 자기 스스로 어찌 홀로 현자라고 하겠는가! 이것이 침상에 모기장을 절반 만 치는 것과 무엇이 다르겠는가! 이것이 이른바 절반인 것이다.

저들은 스스로 위기지학(爲己之學)이라고 생각하겠지만, 나는 저들을 실기지학(失己之學)한다고 생각한다. 완전함을 잃으면, 이미 그 절반도 잃은 것이다. 어찌 완전함을 나누어 절반만을 얻을 수 있겠는가!

후대의 유자들은 어찌 "천지가 내 마음이요, 만물이 내 몸이다"[44]고 하지 않는가? 모두 헛된 이치[空理]요, 실제성이 없는 말들이다.

후대의 유자들은 어찌 "탕(湯)·무(武)를 본받을 만하고, 걸(桀)·주(紂)를 반드시 토벌해야 한다"고 하지 않았던가? 모두가 헛된 말[空言]이요, 실제적인 행동이 아니다.

난폭함을 이길 수 없으면, 난폭함을 제거할 수 없으며, 혼란을 다스릴 수 없으면, 혼란을 평정할 수 없으며, 혼란을 안정시킬 수 없으면, 천지 만물을 안정시킬 수 없다.

후대의 유자들이 학문이 극히 정밀하고 완비되어 있어서, 종신토록 도를 강구하였어도, 나는 그들이 여기에 도달했다는 말 한마디 듣지 못했는데, 또 어떻게 쓰였는지 질문할 수 있겠는가!

만물이 나서 생을 다하기까지 모두가 순조로우며, 생을 마친 이후에는 끝이 나는데, 그것을 중지시킬 수 있는 자는 없다. 만약 그것을 정지시킬 수 있다면, 자연의 생장 원리가 아니다. 이것은 그 형체를 통해서 볼 수 있다.

---

44) 張載는 "民吾同胞." "物吾與也."(이상 『西銘』), 陸九淵은 "宇宙卽吾心, 吾心卽宇宙."(『象山學案』), 王陽明은 "夫人者, 天地之心, 天地萬物本吾一體者也." "以天地萬物爲一體." "蓋天地萬物與人原是一體"(이상 『傳習錄』)라고 하였다.

마음[心]은 형체[形]의 주인이다. 어찌 형체는 끝나는 때[窮時]가 없고, 마음은 도리어 끝나는 때가 있다고 하는가! 마음에 끝나는 때가 있다면, 마음의 자연스런 이치가 아니다. 마음은 하늘과 땅[天地]을 갖추고 만물을 통제하는데, 사람들이 모두 그것을 안다. 그런데 그렇게 할 수 없는 것은 장애물이 그것을 가로막고 있어서 도달하지 못하는 것이다. 장애물이란 무엇인가? 폭력으로 굴복시키고, 거짓으로 속이고, 기교로 우롱하고, 사악함으로 떨어뜨리는 것이다.

마음의 본체는 힘을 쓰지 않아도 천하의 폭력을 이길 수 있고, 지혜를 쓰지 않아도 천하의 거짓을 깰 수 있으며, 기술이 없어도 천하의 기교를 제어할 수 있고, 사악한 것을 살피지 않더라도 천하의 사악을 종식할 수 있다. 그렇지 못한 사람은 심체(心體)가 충실하지 않아서 스스로 안에서 끝장이 나고, 어떤 다른 것이 그를 끝낸 것이 아니다.

옛날 성인들은 용(龍)·뱀(蛇)·호랑이[虎]·표범[豹]과 싸워 이겼고, 요(堯)·순(舜)은 홍수(洪水)와 싸워 이겼고, 탕(湯)·무(武)는 걸(桀)·주(紂)와 싸워 이겼다. 용·뱀·호랑이·표범·홍수는 비록 해악(害惡)하나 마음의 신령함에는 비할 바가 아니며, 걸·주는 비록 포학하나 마음의 강건함에는 비할 바가 아니다. 몸은 말세(末世)에 있어도 마음만은 〈시간을 초월하여〉 고금(古今)이 없다. 만일 마치 용·뱀·호랑이·표범이 나와 함께 있고, 홍수와 걸·주가 우리에게 재난을 준다면, 군자는 이것을 매우 수치스럽게 여길 것이다. 그 수치는 요·순과 같은 것은 아니지만, 그 수치는 마음의 〈신령함과 강건한〉 작용을 잃은 것이다.

스스로 공부해서 진정으로 체득함이 없으면, 오히려 마음을 가로막아 〈배운 것을〉 세상에 쓰려고 해도 방해만 되고 이로움이 되지 않는다. 여기서 옛날의 원대한 계략으로 신기하고 위대한 공적을 쌓은 사람들은 하늘이 특별히 내린 인재들이었다고 말한다. 하늘이 사람을 낳는데, 어찌 〈재능의〉 대소(大小)가 없겠는가? 그렇지만 〈재주가〉 크면 큰 것을 이루고, 〈재주가〉 작으면 작은 것을 이루어 모두가 쓰이지 않음이 없었다.

이것은 무엇을 말하는가? 사람은 모두 마음이 있고, 마음에는 누구나 인(仁)·의(義)·예(禮)·지(智)가 있다. 인·의·예·지는 목수가 갖고 있는 도끼·칼·먹줄·자와도 같다. 천하의 재목들이 같지 않아 만들어진 기구는 매우 다양하여 하나같지 않다. 어찌 도끼와 칼이 가지 못할 곳이 있으며, 어찌 먹줄과 자로 재지 못할 것이 있겠는가?

천하 사람들이 같지 않아 그들이 성장 변화하는 것도 천차만별로 하나같지 않다. 어찌 인애함으로 부양할 수 없으며, 정의로 굴복시킬 수 없으며, 예의로 제재할 수 없으며, 지혜로 통달할 수 없겠는가! 큰 재주를 갖고 있는 사람은 이와 같으며, 작은 재주를 갖고 있는 사람은 비록 큰 재주에 미치지는 못해도 반드시 성취함이 있다. 기구가 만들어지지 않는 것은 도끼나 칼, 먹줄이나 자가 시원찮아서 그런 것이 아니라, 조작하는 기술이 익숙하지 못해서 그런 것이다. 공적을 세우지 못하는 것은 인·의·예·지를 쓰지 못해서가 아니라, 공부가 성숙하지 않아서 그런 것이다.

일반사람들이 평범한 방법을 갖고 보면서 공적은 반드시 심성에서 나오는 것만은 아니라고 말하는데, 이것은 모두가 한대(漢代) 이래의 입장에 빠져 한 말이다. 한대 이후 비록 수많은 신기한 공적이 있었지만, 그러나 그때부터 정치는 곧 혼란으로 말미암은 것이었고, 공적은 재난을 도모하는 것으로 말미암은 것이어서, 군자가 특별히 성취한 것이 없었다.

훌륭한 정치가 이루어 질 때에는 반드시 그 타고난 바탕이 선량한 본성과 충실하고 후덕한 행동으로 말미암아 배우지 않아도 도리에 가깝고, 탐구하는 것이 심성에서 벗어나지 않는다. 천하에 어찌 심성에서 나오지 않은 공적이 있겠는가! 공적이 심성에서 나오지 않는다면, 천지가 없는데도 만물은 있다는 것이다. 어찌 심성을 갖고 있는데, 공적이 없는 사람이 있겠는가! 심성에 공적이 없으면, 천지가 있는데도 만물을 낳지 못한다는 것이다.

이미 인간의 네 가지 덕(인·의·예·지)을 말했으니, 이제 인간의 네 가지 감각기관을 살펴보자. 눈의 작용은 천하의 형체와 색깔, 크고 작음, 간사함과 정당함, 검은 것과 흰 것을 판단하는데 항상 지켜보지 않더라도 저절로 판별되지 않음이 없다. 귀·코·입 또한 그렇다. 모두가 밖에 의존하지 않아도 저절로 소리와 냄새와 맛의 다양함을 판별한다. 어찌 네 가지 감각기관을 갖고 있으면서 판별하지 못하는 자가 있겠는가! 귀 밝게 잘 듣고[聰] 눈 밝게 잘 보는 것[明]은 귀와 눈이 있기 때문이다. 귀와 눈은 듣고 보는 것을 낳는 기본조건이다.

천하를 잘 다스리지 못하는 자가 있다면, 그는 반드시 듣지 못하고 보지 못하는 사람이다. 듣지 못하고 듣지 못하는 자는 필시 귀와 눈이 없다. 귀와 눈이 없는 사람은 일종의 병적인 귀태(鬼胎)[45]이다. 임신한 배처럼 배가 불룩 나왔다가 속은 비었기에 갑자기 쑥 꺼지며, 혹 출산했을 때에는 사람의 형체가 아닌 것을 속설로 귀태라고 한다. 세상의 독실한 학자들이라고 귀태가 아니라고 할 수 있겠는가!

인과 의는 그래서 위대하고, 귀밝음과 눈밝음은 그래서 신묘하다. 역시 그것을 해치는 것을 제거해야 할 따름이다. 스스로 순수하다고 하면서 인을 해치고, 스스로 방정(方正)하다고 하면서 의를 해치고, 스스로 들을 수 있다고 하면서 귀밝음을 해치고, 스스로 볼 수 있다고 하면서 눈밝음을 해친다. 이것도 역시 그것을 기르는 것을 얻어야 할 따름이다. 천하에 부합해서 순수하게 되면 인이 온전해지고, 천하에 부합해서 방정하게 되면 의가 커지고, 천하로써 귀밝게 되면 듣는 것이 넓어지고, 천하로써 눈밝게 되면 보는 것이 원대해진다. 천하를 통괄하는 사람은 천하를 좇는 사람이 아니고, 천하 사물에 두루 미치는 사람은 마음의 본체를 완전히 할 수 있기 때문이다.[46] 마음의 본체를 완전히 하는 것

---

45) 사전에는 "부모를 닮지 않은 자식이란 뜻"으로 되어 있는데, 이것은 인간으로서의 기능을 온전히 하지 못하는 일종의 돌연변이를 말한다.
46) 心體를 완전하게 한다는 것은 심체가 廣大하다는 것과 같다. 黃宗羲는 『明儒學案』

은 천하에 두루 미칠 수 있기 때문이다. 마음을 완전하게 하는 것이 이와 같다면 공적을 세우는 데 무슨 문제가 있겠는가!

욕심을 제거하고 마음을 안정시켜라 [格正]

인류가 시작된 이후로 잘 다스려진 때는 적었고, 혼란했던 세상이 더 많았다. 군자가 태어나 뜻[志]을 얻은 자는 적었고, 뜻을 얻지 못한 사람은 많았다. 사람이 살아가면서 즐거움은 항상 적었고, 근심은 항상 많았다. 치세는 적고 난세가 많은 것이 세상이며, 다스리지 않을 수 없는 것은 몸이다. 얻은 것은 적고 잃은 것이 많은 것은 뜻이고, 얻지 않을 수 없는 것은 마음이다. 즐거움은 적고 근심이 많은 것은 환경이고, 즐겁지 않을 수 없는 것은 배움이다.[47] 군자도 역시 자기에게서 얻으려고 할 뿐이니, 자기에게서 얻으면 살아 있는 모든 것이 안정되고, 처한 환경이 모두 즐겁다.

세상 풍조가 사람들에게 적중하면 심성이 바뀌어 편벽된 것을 바르게 하고, 문제점을 덕성스럽게 만든다. 현명한 사람은 이것을 더 깊게 한다. 어찌 풍조가 바로 되지 않고, 오히려 돌아가는 풍조가 그대로 이루어지는가!

세상은 강절(剛節)을 숭상하지만, 나는 여전히 일신의 화평만을 생각하고, 세상은 살신(殺身)을 숭상하지만, 나는 여전히 생명에 대해 집착하고, 세상은 사귐에 순종을 숭상하지만, 나는 여전히 나 혼자만의 고집이

序言에서 "천지에 가득 찬 것은 마음이다[盈天地者心也]"라고 한 것과 같은 맥락이다.
47) 黃宗羲는 明代 학자 王東崖를 소개하며 그의 "학문하는 사람은 그 즐거움을 온전히 할 수 있다. 즐겁지 않으면 학문하는 게 아니다[學者所以全其樂也, 不樂則非學矣]" (『明儒學案』「泰州學案」)라고 한 언설을 기록하고 있는데, 이것과 내용상 통한다.

있고, 세상은 도학[48]을 숭상하지만, 나는 여전히 곧은 행위를 하려고 하며, 세상은 고담준론(高談峻論)을 숭상하지만, 나는 여전히 침묵하면서 말하기를 좋아하지 않는다.

군자의 절조가 곧 이런 것이다. 곤충이나 조류는 자주 변하지만,[49] 코끼리나 말은 변하지 않는다. 강대한 것이 미약한 것과 같지 않은 점이다. 외형적인 모습의 강대한 것이 이처럼 변하지 않는데, 하물며 마음의 강대함에랴! 큰 나무는 물길 따라 표류하지만 연약한 물풀은 물 따라 표류하지 않는다. 이것은 뿌리가 있기 때문이다. 흙에 뿌리를 두고 있는 풀 또한 물 따라 흐르지 않는다. 하물며 마음에 뿌리를 두고 있는 행동임에랴!

어려운 상황을 만나면 반드시 두려워하고, 상을 당하면 반드시 슬퍼하고, 부모님에게 질병이 나면 반드시 근심하고, 군주에게 위험이 닥치면 반드시 함께 하고, 나라가 혼란해지면 반드시 나아가 평화를 위해 싸우는데, 모두가 마음을 해치는 것들이다. 이런 해침을 당하지 않는 사람은 잔박(殘薄)한 사람이다. 그러나 보통사람들은 〈마음을〉 해치지는 않으나, 그 본심을 이미 상실한 것이다. 군자는 마음을 해친 것이 심하더라도 마음을 보존한다. 〈마음을〉 해친 것이 심한 것은, 곧 수양한 것이 두텁다는 것이다.

보통사람들의 마음은 나무와 같아 물을 주면 무성해지고, 태우면 타고 만다. 군자의 마음은 금속과 같아 비록 제련을 하고자 불로 녹여 흐르는 액체가 되더라도, 두들기면 더욱 견고해진다. 그 바탕이 본래 불변하기 때문이다.

---

48) 이때의 도학이란 송명대 程朱學을 말한다.
49) 고문헌상에 곤충류와 조류의 변화무쌍한 모습은 여러 곳에 보인다. 여기서는 『禮記』「月令」편의 내용만을 소개한다. "중춘의 달에는……매가 변해서 비둘기가 된다[仲春之月, …… 鷹化爲鳩]." "계춘의 달에는,……들쥐가 변하여 종달새가 된다[季春之月, …… 田鼠化爲鴽]" "맹동의 달에는,……꿩이 바다로 들어가 蛟龍이 된다[孟冬之月, …… 雉入大水爲蜃]."

만남은 몸이 태어나는 것과 같다. 만남이 같지 않은 것은 마치 태어나는 것이 같지 않은 것과 같다. 태어난 것은 편안하나 만남이 편안하지 않아서 미혹됨이 심할 수 있다. 하인의 집안에서 태어나면 하인이 되고, 거지의 집안에서 태어나면 거지가 되고, 야만인의 집안에서 태어나면 야만인이 되는데, 이것은 부끄러운 것이 아니다. 어찌 하루아침에 천해졌다고 그것을 부끄러워하며, 하루아침에 가난해졌다고 그것을 부끄러워하겠는가! 하인이 성인(聖人)이 될 수 있고, 거지가 성인이 될 수 있고, 야만인이 성인이 될 수 있는데, 모두가 태어난 바가 〈어떠하든〉 본인의 뜻을 어떻게 갖느냐에 달려 있다.[50] 어찌 하루아침의 가난과 천함으로 스스로 천박하다고 하겠는가!

그러므로 군자는 만남에 대해서 마치 여행 중에 비바람이 치고 추위와 배고픔이 항상 닥치는 것이 아니라고 생각하는 것과 같다고 여긴다. 부귀(富貴)를 가볍게 생각하고, 빈천(貧賤)에도 평안하고, 말을 쉽게 하지 않는다. 과연 이와 같다면, 성인의 기반을 갖추고 있다고 하겠다.

사람들이 대개는 "나는 부귀를 가볍게 여기고, 빈천을 편안하게 생각한다"라고 말하는데, 이것은 모두 스스로를 기만하는 것이다. 스스로를 기만한 것이 아니라도, 반드시 부동심(不動心)한 것은 아니다.[51]

거친 음식을 먹는 선비는 기름진 고기를 부러워하지 않는데, 향기로운 냄새를 맡을 수 없기 때문에 좋아하는 것에도 마음이 동요되지 않는 것이다. 걸어다니는 선비는 화려한 수레를 부러워하지 않는데, 수레 탄 것을 볼 수 없었기 때문에 힘들어하는 것에도 무감할 수 있는 것이다. 그러므로 부귀를 흠모하지 않는 사람은 있어도, 부귀를 보고 부동심 하는 사람은 아직 보지 못했다.

---

50) 모든 사람이 성인이 될 수 있다고 한 것은 『孟子』「告子」下편에 "사람은 모두 요순이 될 수 있다[人皆可以爲堯舜]"라고 한 것에 연유하며, 王陽明도 이와 같은 맥락에서 四民平等을 논하기도 하였다.
51) 부동심에 대해서는 『孟子』「公孫丑」 上편 참조

위험을 만나도 겁내지 않고, 모욕을 당해도 화내지 않는 것은 더욱 쉽게 말할 수 있는 것이 아니다. 정의를 지키기 위해 죽음도 마다하지 않고, 모욕을 당해도 그에게 계교하지 않을 수 있는 이런 것은 진실로 있을 수 있지만, 위험을 만나고 모욕을 당하면서도 얼굴 빛 하나 변하지 않고, 마음이 동요되지 않는 사람은 아직 보지 못했다.

거친 베옷이나 부드러운 비단옷은 모두 몸을 따뜻하게 감싸는 옷이고, 야채반찬이든 고기반찬이든 모두 배부르게 하는 음식이다. 옷을 입어 몸을 따뜻하게 하는데, 반드시 비단이어야 한다고 하는 것은 다른 사람들의 이목 때문이고, 배불리 먹는 데 반드시 고기가 있어야 한다고 하는 것은 그 사람의 기호(嗜好) 때문이다. 〈이렇게〉 남의 이목을 위해서 화려함을 찾고 입맛의 달콤함을 찾는 것은 노예와 소상인(小商人)들의 습성이다. 이로부터 생각할 수 있는 것은 역시 마음을 다스리는 방법이다.

근심 걱정하는 중에 도심(道心)[52]이 나오고, 편안하고 즐기는 사이에 도심은 없어진다. 빈궁하고 어려울 때 도심이 생기고, 부유하고 기쁠 때 도심이 사라진다. 나라를 다스리는 것 또한 마찬가지이다. 〈나라에〉 그 도심이 생겼다고 〈번영과 부귀를〉 얻은 것이 아니고, 〈나라에〉 그 도심이 없어졌다고 〈번영과 부귀를〉 잃은 것은 아니다.

군자가 도에 뜻을 두었다면, 그 도는 마음에서 나오는 것이지, 마음 밖에서 오는 것이 아니다. 그러므로 바깥 환경이 바뀌었다고 마음이 동요되어서는 안되는 것이다. 또한 크게 깨닫고 분발해서 〈그 도가〉 역경(逆境)에서 생겨나는 경우도 있다. 역경에서 나오면 순경(順境)에서 이루어진다. 어찌 도리어 순경에서 사라진다고 하겠는가! 순경에서 이루어지는 것은 그 뜻을 실천하는 때이다.

길고 짧은 것을 가지고 서로 다투고, 옳고 그름으로 서로 소송하는 것은 일반사람들의 방법이다. 아울러 군자도 역시 장단을 가지고 다투

---

52) 여기서 도심이란 本心 혹은 마음의 본체라는 뜻이다.

고 시비를 쟁론한다.53) 비록 의(義)와 이(利)는 다르지만, 그 다투는 것은 하나이다.54) 도가 반드시 이것으로 인해서 드러나고 사라지는 것은 아니며, 나라가 반드시 이것으로 인해서 안정되고 위험에 빠지는 것은 아니다. 〈쟁론하는 이들은〉 한마디 말이 서로 다르다고 얼굴 색이 바뀌고, 그 무리들이 그것을 조장하고 서로 선동하기를 그치지 않는다. 〈각기〉 도를 행한다고 하지만, 실제로는 명예를 위한 것이며, 나라를 위한다고 하지만, 실제로는 자기 자신을 위한 것이다. 어떻게 스스로 판별해서 밝히지 않았겠는가? 이기기를 구하고, 명예를 구하는 것이 선비들의 고질병이다.

다른 사람보다 뛰어남을 칭찬하여 황제의 복장을 한 것보다 영화롭게 하고, 자기 같지 못한 자를 나무라며 누더기 걸친 이들을 꾸짖는다. 스스로 서있는 곳은 어디이기에 남보다 가볍고 중하다고 하는 것이 이런 것인가! 천 길이나 되는 높은 산을 오르게 되면 그 있는 곳은 저절로 높은 곳에 있게 되고, 만석이나 되는 무거운 종을 만들면 그 종소리는 저절로 멀리까지 미치게 된다. 진실로 도(道)로서 저절로 이기는 것이지, 아마도 이기는 것을 구하는 것은 아닐 것이다. 진실로 덕(德)으로서 명예를 이루는 것이지, 아마도 명예를 구하는 것은 아닐 것이다.

마음에는 열 가지 질통이 있다. 존귀하면 거만하게 되고, 비천하면 위축되고, 부유하면 교만하게 되고, 가난하면 속이 좁아지고, 즐거우면 마음이 흩어지고, 근심하면 마음이 굳어지고, 평화로우면 나태해지고, 성나면 주변이 어지러워지고, 증오하게 되면 마음이 비뚤어지고, 사랑하면 빠지게 된다.

이 열 가지 질통은 쉽게 말할 수 없다. 철저히 이 모든 것을 제거할 수 있다면 평천하(平天下)할 수 있고, 하나도 제거하지 못하면 집안 사람

---

53) 여기서 군자는 程朱學者들을 말한다.
54) 군자들이 義를 가지고 다투고 소인들이 利를 가지고 다툰다는 점에서 그 내용은 같지 않더라도 다툰다는 점에서는 마찬가지라는 주장이다.

들이나 하인들도 부릴 수 없다. 모두 제거할 수 있다면 성인도 더 이상 어찌 할 수 없을 것이며, 점진적으로 제거한다면 어려서부터 배우고 또한 힘써 실천하면 가능할 것이다.

군주가 그 도리를 잃으면 신하의 명령을 듣고, 마음이 그 도리를 잃으면 사물에 부림을 받는다. 저들이 부림 받는 것도 자각하지 못하고, 바야흐로 자신이 주관한다고 생각하며, 외물(外物)이 마음을 호령하는 것도 모르고, 마침내 외물에 유혹되어 이끌려 다닌다. 적을 제어하는 것은 쉬우나, 외물을 제어하는 것은 어렵다. 군대의 편대를 깨는 것은 쉬우나 유혹에 이끌리는 것을 깨는 것은 어렵다. 적은 나를 사지(死地)로 몰아넣는 것이고, 외물은 나의 욕심을 만족시키는 것이다. 외물의 유혹을 받은 사람은 그것을 달게 여기고, 만약 앞으로 그것을 가지고 살고자 하면 어쩔 수 없이 그렇게 살게 되고, 만약 앞으로 그것을 가지고 사람이 되려고 하면 어쩔 수 없이 그런 사람이 될 것이다.

외물은 적보다 더 악독하여 오직 큰 용기를 갖고 있는 사람만이 제어할 수 있다. 〈외물의〉 유혹이 적군의 편대로 위협하는 것보다 위험하여, 오직 큰 지혜를 가진 사람만이 능히 그것을 깰 수 있다. 외물에 대한 제어가 있고, 내심(內心)에 대한 제재가 있다. 제어하는 것이 엄격하면 욕망이 안에서 움직이지 않고, 제재하는 힘이 있으면 외물로 인해 밖으로 이끌리지 않는다. 〈마음이 외물에 이끌리는 것으로부터〉 변하는 것은 힘써 노력해야 하는데, 이렇게 하지 않으면 안된다.

재물을 탐하고 여색에 빠지는 것은 소인의 욕심이니 내가 걱정할 문제는 아니다. 내가 걱정하는 것은 욕망이 천 리에 끼어 있고, 정의 사이에 끼어 나타나는 것이다. 어찌 오직 사람만이 이것을 분별하지 못하고, 또한 스스로 판단하지 못하는가!

공부한다고 하는 것은 욕망의 늪을 감추는 것이다. 군자의 욕망은 비록 소인의 욕망과는 같지 않지만, 이것으로 마음을 다스리다가 본 마음을 상하게 하는 곳으로 가고, 이것으로 세상을 다스리다가 세상을 혼란한 데로 끌고 간다.

　도(道)는 〈마음의〉 근본을 다스리나, 욕망은 근본을 혼란시킨다. 세상의 혼란과 분란은 모두 욕망에서 비롯된다. 욕망을 제거하지 않고 제거했어도 다 제거하지 않고 천하를 다스리고자 한다면, 천하를 기만하는 것이로다!

　도장[璽]은 하나의 물건이나, 그 무늬가 종이에 붉게 보이게 하는 것은 천 번을 찍으나 만 번을 찍으나 모두 한결같다. 마음 또한 그러하다. 구체적인 사물에 보이는 것은 밖으로 표현된 행동과 내부적인 마음이 서로 동일하여 조금도 다르지 않다. 도심(道心)이 있어도 다스려지지 않는 것은 도장이 원래는 주전(籀篆)[55]이었으나 붉게 찍히면서 새 발자국처럼 되는 것과 같다. 도의 마음이 아닌데도 요행히 다스려지는 것은 도장이 본래는 새 발자국이었는데 붉게 찍히면서 주전이 되는 것과도 같다.

　광활한 천지와 오랜 시간의 흐름 속에서 인간의 삶은 거기서 태어나 한갓 흩날리는 먼지나 작은 틈으로 비추는 한 가닥 빛처럼 매우 작고 잠깐 일 따름이다. 광활한 천지와 오랜 시간의 흐름에 양보하지 않는 것은 심체(心體)의 온전함과 성공(性功)의 위대함 때문이다.

　허망한 사람은 밖으로는 외물에 유혹을 받고, 안으로는 욕망의 노예가 되어 세속에 빠지고, 신체의 욕심에 따르고, 부귀에 눈이 멀고, 근심과 쾌락에 전도(顚倒)되어 혼란하게 된다. 이것은 그 생명이 잡초에 붙어 사는 곤충과 무엇이 다르겠는가!

　바둑에는 승패가 있고, 술을 마실 때에는 축하주(祝賀酒)와 벌주(罰酒)가 있다. 이때에는 기쁘기도 하고 성날 때도 있다. 바둑이 끝나고 술 마시는 것을 마치고 흩어졌다면 어디에 기쁘고 성냄이 있겠는가! 저 허망한 사람의 행동하는 것이 또한 이와 같다.

---

55) 한자의 옛 字體의 하나로 周나라 宣王 때 太史 籀가 창작한 것. 小篆의 전신으로서 보통 大篆이라고 한다.

이 말은 뭇 사람들이 알고 있고, 현명한 사람도 피할 수 없는 것이다. 한갓 안다는 것은 모르는 것만 못하고, 가장 귀한 것은 그것을 실천하는 데 있다.

헛된 명예를 버려라[去名]

명(名)이란 몸과 마음을 수련하는 수고로움이 없어도 현량(賢良)한 칭호가 있고, 그것과 함께 하지 않는 사람이 없어도 매우 순수한 아름다움이 있고, 군경(君卿)의 마음에 어렵지 않게 합하면서도 신속하게 부귀를 얻음이 있는 것이니, 종신토록 근실하게 수양하면서 늙었는데도 이를 만나지 못한 사람은 그 수고와 편안함, 얻은 것과 잃은 것이 무엇과 같은가?

『시경』에 이런 말이 있다.

"곡식을 심지도 않고 거두지도 않았는데, 어찌 그렇게 많은 벼를 차지하며, 사냥을 하지도 않았는데, 어찌 그렇게 많은 담비가죽이 매달려 있는가."56)

농사짓지 않고 곡식을 얻고, 사냥하지 않고 짐승을 얻는 것을 말한 것인데, 명예 좋아하는 사람들이 손쉽게 얻는 것이 이와 같다는 것이다. 이것은 대부분의 사람들이 분주히 뛰어다니고 정직한 사람도 간혹 자신의 행동을 고치려고 해도 면할 수 없는 것이다.

만일 명예를 좋아하는 자가 다만 스스로 이름을 훔치고 덕행(德行)을 스스로 훼손하였다면, 그것은 역시 세상에 해될 것은 없다. 그런데 세상

---

56) "不稼不穡, 胡取禾三百廛兮. 不狩不獵, 胡瞻爾庭有縣貆兮."(『詩經』「魏風」'伐檀')

사람들로 하여금 그를 흠모하게 하였다면, 명예를 훔치지 않을 사람이 없고, 덕행을 훼손하지 않을 사람이 없으니, 그 해악은 매우 크다.

일반적으로 명예라고 하는 것은 헛되고 실속이 없으며, 겉이 번지르르하여 선망하나, 마음을 해치고 덕행을 훼멸시키는 것이 마치 씨앗에 구멍을 뚫어 그 종자를 더 이상 자랄 수 없게 단절시키는 것과도 같다. 마음의 종자가 단절되면 덕행도 단절되고, 덕행이 단절되면 도가 단절되고, 도가 단절되면 바른 정치가 단절된다. 사람들이 학문을 한다고 하지만, 이 땅에 참된 학문이 없어지고, 사람들이 바른 정치를 말하지만, 천하는 더욱 혼란해졌다.

명예가 해악이 되는 것이 이와 같은데 종전에 이것을 말한 사람들은 이렇게까지 심각한지는 언급하지 않았는데, 왜 그랬을까?

옛날 사람들은 비록 악행을 하더라도 그것에 거짓이 없어 스스로 비호할 줄 몰랐다. 그렇기 때문에 선악(善惡)은 밖으로 드러나 흑백 같은 것을 분명히 가릴 수 있었다. 유(幽)와 려(厲)[57]는 스스로 유왕과 려왕이 되었고, 공(共)과 환(驩)[58]은 스스로 공공(共工)과 환두(驩兜)가 되었을 뿐, 유와 려가 스스로 요임금과 순임금으로 불렀다든지, 공과 환이 스스로 고요(皐陶)와 기(夔)라고 불렀다는 소리를 듣지 못했다. 비록 유왕·려왕·공공·환두라도 사람들 마음에 해악을 줌이 없었던 것은 선악이 혼돈되지 않았기 때문이다.

춘추시대에 이르러 제환공(齊桓公)과 진문공(晉文公)이 〈주나라 왕실의〉 명의를 빌려 천하를 제패하면서 선악의 구분이 불분명해졌다. 제환공과 진문공의 마음속으로는 군주가 되려는 마음이 없었더라도 밖으로는 존

---

57) 幽는 西周의 幽王으로 酒色에 빠져 제대로 정사를 돌보지 못하다가 외적이 침입하자 驪山에서 피살되었다. 厲는 서주의 厲王으로 暴政을 일삼다가 지금의 山西省 霍縣땅에 유배당하였다.

58) 共은 共工이고, 驩은 驩兜로 모두 堯임금의 신하로 있다가 유배되었다. 이들은 『書經』「舜典」과 『史記』「五帝本紀」에 근거해서 말하자면 보통 三苗·鯀와 더불어 '四凶' 혹은 '四罪'라고 일컬어진다.

왕(尊王)의 뜻을 피력하였으며, 속으로는 짐승과 같은 행동을 하였지만, 밖으로는 예절의 문식(文飾)을 가장한 것이다. 여러 번 작은 나라들을 합병시키면서도 단절된 것을 계승하는 은혜를 베푼다고 가장하였고,59) 다른 사람들의 재물을 모조리 훔치면서도 제후들의 조회를 받았다. 백성들은 거짓으로 현혹되어 신(信)과 의(義)로 복종하며, 그들에게 예의가 있다고 칭송하였다. 〈주나라〉 천자는 그들이 권력을 찬탈한 것도 잊고 그들의 공적을 의지하며 가상히 여기었고, 몇 세대 후에는 제후들이 마치 그들의 덕에 감복하고 잊지 못하는 것처럼 되었다. 당시 대부들은 몸소 난적(亂賊)이 되었고 패역한 일을 서슴없이 자행하면서 입으로는 인의도덕을 말하고 몸으로는 충신(忠信)의 행동을 하여, 사람들이 모두 그들의 현명함을 칭송하였다.

이때를 당하여 상당수의 사람 마음에는 무군무부(無君無父)60)였지만, 임금을 섬기고 아버지를 받드는 예가 가장 볼 만한 아름다움이었고, 군주에게 충성하고 부모를 사랑하는 언행이 가장 충만한 아름다움이었을 뿐이다.

옛날부터 지금까지 17개의 왕조를 거치면서 한결같이 하나의 명예를 추구하다 사라졌지만, 밖으로 드러난 풍조는 오늘날 가장 심하다.

세상 사람들이 도학(道學)61)을 숭상하면서 도학으로 명예를 삼는다. 〈그들은〉 도의를 실천한다고 가장하고, 의관을 소박하게 하고, 걸을 때는 갈

---

59) 『中庸』에서는 "끊어진 세대를 이어 주고, 피폐한 나라를 세워준다[繼絶世, 擧廢國]"고 하였고, 『論語』 「堯曰」에서는 "멸망한 나라를 일으켜주고, 끊어진 세대를 계승해 주고, 숨겨진 사람을 등용하니, 민심이 돌아왔다[興滅國, 繼絶世, 擧逸民 天下之民, 歸心焉]"고 하였는데, 주자는 '繼絶'을 "興滅繼絶, 謂封黃帝·堯·舜·夏·商之後"라고 풀이하였다.

60) 『孟子』 「滕文公」 下편에서 "양씨는 자기만 위하니 군주를 몰라보는 것이요, 묵씨는 겸애하니 아버지를 몰라보는 것이다. 아버지를 모르고 군주를 모르는 것은 짐승이다[楊氏爲我, 是無君也. 墨氏兼愛, 是無父也. 無父無君, 是禽獸也]"라고 맹자는 楊朱와 墨翟의 무리를 無君無父라고 비난하였다.

61) 송명대 程朱學의 '性命義理之學'을 말한다.

지 자로 걸으며, 시선은 좌우로 눈길 한 번 주지 않으며 앞을 주시하고, 움직일 때마다 절도가 있으며, 여러 유자의 말씀을 암송하고, 제자백가의 기록을 대략적으로나마 두루 섭렵하였다. 명예를 이미 성취하였다면 마루 바닥에 올라앉아 강학하게 될 때에는 둘러앉은 청중만 수백 명에 달한다. 그의 말은 기록하여 책을 만들어 공경(公卿)에게 헌납하고, 각지에 배포하고 스스로 맹자가 다시 태어났느니, 주자가 다시 나타났느니 라고 생각한다. 제자들이 수천 명에 달하고 각기 그 스승의 설을 전파하여 천하가 모두 〈그 문하에〉 들어가기를 희망하며 태평성세를 이룬다. 혹시 서울로부터 부름을 받았다면 평소 강론하던 것을 황제에게 간언하고 열지어 황제의 시종(侍從)이 된다. 아직 황제를 도울 만한 그럴듯한 자리를 차지하지 못하고 사양하면서 산으로 돌아간다면 천하 사람들이 그를 헤아릴 수 없을 정도의 가장 위대한 인물로 추앙한다. 이것이 도학하는 이들이 추구하는 명예이다.

세상 사람들이 기절(氣節)을 숭상하면서 기절을 가지고 명예를 삼는다. 스스로 가장 깨끗한 청백리(淸白吏)라고 생각하면서 남들을 더럽히며, 스스로 존귀하다고 여기면서 남들을 굴복시킨다.

권신을 접촉하는 것으로 고상하다고 여기고, 군주의 분노를 격분시키는 것을 충성이라 여긴다. 정치를 하는데 큰 잘못이 있지 않으나 반드시 힘으로 다투고, 사람을 임용하는데 큰 실수가 있지 않으나 반드시 힘으로 제거한다. 서로 돕고 서로 비판하는데 그 제자들도 함께 일어나 그것을 돕는다. 이기지 못하면 먼 곳으로 유배되거나, 아니면 궁궐에서 곤장을 맞든지,[62] 아니면 번화한 거리에서 책형(磔刑)[63]을 당한다. 천하의 선비들이 그 소리를 들으면, 더욱 그들의 도의를 높이며 행동을 고무시켜 더 나가게 하지 않음이 없고, 계승되기를 원한다. 이것이 기절을 높이는 이들이 추구한 명예이다.

---

62) 明代에는 '廷杖'이라고 해서 황제가 관료에게 직접 체형을 가한 형벌이 있었다.
63) 사지를 찢는 가혹한 형벌.

세상 사람들은 문장(文章)을 숭상하면서 문장을 가지고 명예를 삼는다. 〈이들은〉 많은 책을 열람하고, 만물을 널리 보고, 시를 잘 짓고, 문장을 잘 쓰고, 종이에 글을 쓰는 것은 마치 새가 날개 짓 하듯 자유자재이며, 문장은 매우 화려하다.

이들은 또한 풍채가 매우 우아하고, 말과 표정은 재치 있고 민첩하며, 교류하는 것을 잘하여, 서울에는 온통 이들에 대한 찬사로 가득하다. 이런 사람들은 공경대신들이 상빈(上賓)으로 모시고 싶어하고, 천자가 가까운 신하로 두고 싶어한다.

문사(文士)는 쓸모 없어도 천하에 중용되고, 〈그들이 중시하는〉 도학과 기절이라는 두 가지 명예를 하대하지 않는다. 생각건대 문장이란 사소한 것은 아니었지만, 한대(漢代) 사람들의 작품이 하잘 것 없는 문장의 말단으로 흘러버렸는데, 하물며 그 이후의 작품이야 오죽하겠는가! 만일 오늘날의 과거시험을 위해 만들어진 팔고문(八股文)[64] 같은 것이라면, 나는 더욱 그것이 어떤 것인지 모르겠다. 또한 그 사이가 분분히 흩어져 더욱 어수선해졌다. 이것이 모두 문장을 이용한 명예인 것이다.

이 세 가지 헛된 명예가 마음을 해치는 매우 큰 문제들이다.

군자가 천하를 다스리는데, 그 정치하는 방법이 또한 많이 있지만, 헛된 명예를 제거하는 것보다 더 중요한 것은 없다. 헛된 명예를 버린다고 하는 것은 무엇을 말하는가? 그 술수(術數)를 깨버리고, 그 지름길을 막아 버리고, 그 뿌리를 절단해야 한다. 이 세 가지 것이 헛된 명예를 제거하는 방법이다.

무엇이 술수를 깨버리는 것일까? 나는 이미 말한 바 있다.

나는 도학을 좋아하지 않는다. 공자를 말하고, 맹자를 공경하고, 주자를 종주로 삼고, 육상산(陸象山, 1139~1192)[65]을 배척하는 것에 나는 찬동

---

64) 명청시대 과거시험볼 때 쓰던 文體. 그 結構는 對句法에 의하여 나눈다. 그 당시 童試·鄕試·會試 등의 시험에서 주로 팔고문을 썼다.
65) 남송시대 撫州 金溪(지금의 江西)사람으로 心卽理의 心學을 주장하였다. 자는 子

하지 않는다. 내가 찬동하는 것은 진실[忠]과 믿음[信]이다.

나는 기절을 좋아하지 않는다. 붕당을 세우고 비판하고 공격하는 것을 일삼고, 유배 보내는 것을 즐기며, 곤장치고 칼로 처벌하는 것을 고소해하는 것에 나는 찬동하지 않는다. 내가 찬동하는 것은 정직이다.

나는 문장을 좋아하지 않는다. 수많은 자료를 찾고, 널리 관람하고, 한유(韓愈, 768~824)[66]를 본받고, 구양수(歐陽修, 1007~1072)[67]를 모방하는 것에 나는 찬동하지 않는다. 내가 찬동하는 것은 성인의 말씀이다. 이것이 술수를 깨버리는 것이 아니겠는가!

무엇이 지름길을 막는 방법일까? 나는 이미 말한 바 있다.

군주와 신하가 현명하면 명예를 훼손받지 않고, 실속 없는 명예를 훼손함도 없다. 간혹 〈훼손하는 것이〉 있다고 하더라도 위까지는 미치지 않는다. 이것이 지름길을 막는 방법이 아니겠는가!

무엇이 그 뿌리를 절단하는 방법일까? 나는 이미 말한 바 있다.

군주가 날마다 위에서 반성하고, 경대부가 날마다 아래에서 반성하면 안일하게 지낼 겨를이 없어 과오가 적어질 것이다. 천하가 이렇게 교화되고, 각자 그 실제적인 일에 힘쓰고, 사사롭게 좋아하고 싫어하는 것을 적용함이 없으면, 이것이 그 뿌리를 절단하는 것 아니겠는가!

비록 그렇더라도 도척(盜跖)[68]의 마을에 사는 사람이 모두가 다 악한 사람은 아니며, 증자(曾子, B.C. 505~436)[69]와 민자건(閔子騫, B.C. 536~478)[70]

靜, 호는 存齋. 강서 貴溪縣 서남쪽에 있는 象山에 精舍를 짓고 강학 활동을 하여 훗날 상산 선생이라 불렸다. 그의 학문은 명대 王陽明이 계승하여 陸王學派가 성립되었다. 그의 저술은 후대 『象山先生全集』으로 편찬되었다.

66) 唐代 河南 河陽(지금의 하남성 孟縣)출신의 문학가로 자는 退之이고, 韓昌黎라고도 불렸다. 國子博士·刑部侍郎·吏部侍郎의 관직을 지냈고, 文이란 시호가 내려지면서 韓文公으로 통한다. 유가를 존숭하고 불교를 반대하였고, 柳宗元과 함께 古文運動을 이끌었다. 그의 저술은 『昌黎先生集』으로 편찬되었다.

67) 북송대 廬陵(지금의 江西 吉水) 출신의 문학가. 자는 永叔, 호는 醉翁·六一居士이고 시호는 文忠이다. 太子太師와 參知政事를 지냈고, 王安石의 정치노선을 반대하고 范仲淹의 정책에 찬동하였다. 그의 저술은 『歐陽文忠公文集』으로 편찬되었다.

68) 이 책 「法王」편 참조

의 고향에 사는 사람이 모두가 다 선한 사람은 아니다. 사람들은 같지 않기 때문에 도가 비록 실현된다 하더라도 모두를 교화할 수 있는 것은 아니다. 그렇기 때문에 순임금은 여러 차례 다른 사람의 완고하고 고집 불통을 교화하려고 매질을 가하였고, 이윤(伊尹)71)은 삼풍(三風)72)을 묵형 (墨刑)으로 다스렸기 때문에 바로잡을 수 있었던 것이다.

만일 어떤 사람이 스스로 성현(聖賢)임을 자처하면서 몸은 깊은 산 속에 거처하고, 그 소문이 온 세상에 퍼져 있으면서 조정을 움직인다고 하면, 비록 공경대신들이 현명하고 서민들이 양순해도 그의 고명한 이름 갖고는 어두운 세상을 밝힐 수 없다. 이것으로 인한 해악은 사람을 중상 모략하는 것보다 백 배나 더 해롭고, 〈앞에서 열거한〉 세 가지 풍토보다 열 배나 해롭다. 그들은 교언영색(巧言令色)으로 이름난 공임(孔壬)의 괴수 (魁首)로다! 교언영색 잘하는 공임(孔壬)을 요임금이 두려워했던 것이다.73)

군주가 비록 성(聖)스러워도 요임금에게는 미칠 수는 없으며, 신하가 아무리 현명해도 대우(大禹)와 고요(皋陶)를 넘을 수는 없다. 하물며 그 아랫사람들이 어찌 사람을 미혹하고 정치를 괴멸시키는 것을 용납할 수 있겠는가! 그들을 멀리 유배시켜 나라 가운데 함께 살지 못하게 해야 정치를 해치는 자들이 제거될 것이다. 몸소 솔선수범하고 또한 교화를 밝히고 또한 잘못된 것들을 제거하면 헛된 명예를 좋아하는 풍토가 바라건대 변하지 않겠는가!

---

69) 공자의 제자로 曾은 姓이고 이름은 參, 자는 子興. 보통 증자는 효도와 愼獨을 특히 강조한 것으로 전해진다. 唐高宗 이후 宗聖으로 孔子廟에 配享되었다.
70) 공자의 제자 閔損을 말한다. 子騫은 그의 자이다. 그는 唐 開元 8年(720)에 孔門 十哲의 한 사람이 되어 孔子廟에 배향되었다.
71) 은나라 湯임금의 재상으로 탕왕을 도와 夏나라 桀王을 정벌하였다. 伊는 이름이고 尹은 관직명이다.
72) 샤머니즘적인 풍토[巫風]와 음란한 풍토[淫風], 그리고 혼란한 풍토[亂風]를 三風 이라고 한다.
73) "何畏乎巧言令色孔壬."(『詩經』「魏風」'伐檀')

오경에 대한 새로운 해석[五經]

　　오경이란 마음의 자취이고, 도가 흩어져 나타난 것이고, 바로 마음을 말하는 것은 아니다. 공자의 시대에 서적은 혹 많았다 하더라도, 그것의 요점은 오직 이 다섯 권의 책에 있을 뿐이다. 이에 〈공자는〉『역(易)』의 「계사(繫辭)」로 음양(陰陽)의 이치를 설명하고,『서경』의 「서(序)」에서는 다스리는 법의 원리를 밝히고,『시경』을 편집하면서 미추(美醜)를 드러내 보이고,『춘추』를 저술하면서 잘잘못을 판별하고,『예기』를 산정(刪定)하면서 언행의 규범을 제도하였다. 이에 학자들이 틈나는 대로 힘써 〈그것을〉 암송하고 익히었다. 또한 이것은 글을 널리 배우고,74) 도의 심오한 경계에 이르게 하는 것이었다.

　　곧바로 마음을 가리키는 데 이르러서는 사람마다의 특징에 따라서 잘 이끌어 주는데,『논어』란 책 한 권이 있고, 그 내용과 뜻을 계승한 『대학』·『중용』·『맹자』도 있다. 이 네 종류의 책들은 모두 마음의 본체를 분명하게 밝혀주는 것이고, 바로 도의 근원을 찾아주는 것들이기에 수기치인(修己治人)의 방법이 마치 평탄한 대로와도 같다.

　　배우려고 하는 자들이 다행히 공자보다 뒤에 태어나 그 문하에 들어가 〈각자의〉 능력의 크고 작고에 따라서 각기 만족한 것을 취하는데, 왜 오경 가운데에서 도움을 구하려고 했는가? 비유로 말하자면 오경(五經)은 마치 벼농사와 같고 사서(四書)는 마치 술과 음식과도 같다. 술과 음식이 앞에 있으면 취하고 배부를 수 있다. 이에 다시 멀리서 오경을 찾는다고 한다면 〈면전의〉 술과 음식을 버리고 벼이삭을 찾는 것이니, 어찌 어리석고도 수고로운 일이 아니겠는가!

---

74) "공자가 말했다. 군자가 文에 대하여 널리 배우고, 예로써 요약한다면 또한 어긋나지 않을 것이다[子曰, 君子博學於文, 約之以禮, 亦可以不畔矣夫]."(『論語』「雍也」) 그밖에 「子張」「顔淵」편과 『中庸』에도 博學을 언급하고 있다.

비록 그렇더라도 어떻게 오경공부를 그만두겠는가! 『역경』을 통해서 음양을 살피고, 『서경』을 통해서 정치원리를 살피고, 『시경』을 통해서 세상의 미추를 살피고, 『춘추』를 통해서 옳고 그름을 살피고, 『예기』를 통해서 언행을 살피는 것이다.

널리 공부하여 다양한 이론을 구하고 회통(會通)하는 것은 모두 마음을 밝히는데 도움을 주는 것들이다. 다만 외형에 신경 쓰면서 내적인 것을 소홀히 하고[務外忘內], 근본을 버리고 말단을 추구[舍本求末]해서는 안된다. 만일 외형에 신경 쓰고 내적인 것을 소홀히 하고 근본을 버리고 말단을 추구한다면, 서너너덧은 각자 경전에 능통함을 자랑하고, 한갓 문장이나 뻔지르르하게 꾸미고, 제 맘 내키는 대로 의논이나 하는 것이니, 비록 그것에 정밀함과 정확함이 있더라도 몸과 마음에는 조금도 유익하게 되는 것이 없는 것이다. 그렇다면 오경을 강론하는 사람은 마치 불교의 말 같지 않은 이론[戱論]이나 장주(莊周, B.C. 369~286)[75]의 조박(糟粕)이나 논하는 자와도 같은 것이니, 바둑두며 노는 것과 무엇이 다르겠는가!

그래서 왕양명은 말한 것이다.

"마음은 밭과 같으며, 경전은 밭의 서적이다. 마음이 이미 없는데도 날마다 경전을 궁구하는 것은 마치 할아버지가 남겨주신 밭을 이미 다른 사람에게 팔았는데도 여전히 아무 내용도 없는 전적을 껴안고 나에게는 밭이 여기에 있다고 생각하는 것과 같다. 〈과연 이것이〉 옳은가?"[76]

이것이 경전을 공부하는 하나의 표준이다.

최근 오경에 대해서 많은 의문을 제기하며 여러 유파와 학설이 생겨났어도, 〈무엇에〉 의존해야 하는가를 정할 수 없는 것은 아니다. 자사(子

---

75) 전국시대의 철학자로 宋의 蒙(지금의 하남성 商丘)출신으로 일찍이 몽지역의 漆園吏를 지냈다. 老子와 함께 도가철학을 대표하며, 그의 사상은 『莊子』 33편에 잘 나타나 있다.
76) 이 글은 왕양명의 「稽山書院尊經閣記」에 있다.

자사(子思, B.C. 483~402)77) 이후의 시대에는 재능과 식견이 탁월했던 공안 국(孔安國, 생존연대 미상)78)이 있었는데, 그는 공자의 11세손이다. 공자가 타계한 후 여러 학자들이 그 무덤에서 강습한 이가 한나라 이후로 끊이 지 않았다. 공안국은 특히 『서경』에 능통하였는데, 이것은 그 집안에서 대대로 전승되어진 가학(家學)이었어도, 또한 여러 학자들의 학설을 다양 하게 취택한 것이다. 〈따라서〉 그가 지은 『서전(書傳)』79)은 필시 참되다 하겠다. 『서경』을 공부하는 사람이 공안국의 학설을 버리고 무엇을 따 르겠는가!

『시경』의 「서문」80)은 필시 공자의 제자들이 지었다. 「서문」을 가지고 『시경』의 전 내용을 탐구하고 세상과 사람을 평론하자면 〈『시경』의〉 언 어는 은미(隱微)하지만 그 뜻은 분명하다.

대모공(大毛公, 생존연대 미상)81)은 순자(荀子)를 사사(師事)하였는데, 그들 은 공자가 세상을 뜬지 그렇게 멀지는 않았을 때 사람들이다. 〈대모공이 쓴 『시경』에 대한〉 해설서 『모시고훈전(毛詩詁訓傳)』에는 〈『시경』의〉 「서 문(序文)」을 존중하는 것이 마치 경전을 존중하는 것처럼 하였다.

소모공(小毛公, 생존연대 미상)82)이 또한 그 〈『모시고훈전』의〉 작업을 계 속해서 완성하였고, 또 정강성(鄭康成, 127~200)83)이 〈『모시』의〉 뜻을 천

---

77) 공자의 손자로 이름은 伋이고 자가 자사이다. 공자의 제자 曾參에게서 배우고, 魯穆 公의 스승을 지냈다. 『漢書』「藝文志」에는 그가 저술로 『子思』 23편이 있었는데, 당 나라 이후 전하지 않는다.
78) 西漢의 經學家로 공자의 후손이다. 자는 子國이고, 魯(지금의 산동성)나라 사람이 다. 특히 『尙書』를 연구하여 후대에 큰 족적을 남겼다.
79) 오늘날 『十三經注疏』 중 『尙書正義』를 말한다.
80) 『詩經』에는 「大序」 「小序」가 있는데 병칭해서 「毛詩序」라고 한다. 오늘날 『三經注 疏』 중 『毛詩正義』를 말한다. 「大序」는 전체 내용의 서문이고, 「小序」는 각 편마다의 서문이다. 「小序」의 작자에 대해서는 이설이 많은데, 주로 子夏의 작품 아니면 漢代 衛宏의 작품이라고 한다.
81) 西漢의 경학자로 순자의 제자 毛亨을 가리킨다. 『詩經』을 연마하여 『毛詩』를 지었 는데, 『漢書』「藝文志」에는 『毛詩詁訓傳』 30권으로 기록되어 있다.
82) 서한의 毛亨의 아우 毛萇으로 형의 『毛詩』를 傳授하였다.
83) 東漢의 北海高密(지금의 산동성 高密縣) 출신의 경학자 鄭玄을 말한다. 康成은 그

발(闡發)하여 『시경』의 온전한 뜻이 제대로 밝혀졌다. 〈그러니〉 『시경』을 배우는 사람들이 대모공·소모공·정강성을 제쳐두고 무엇을 따른단 말인가!

좌구명(左丘明, 생존연대 미상)[84]은 몸소 노(魯)나라 사관(史官)이 되어 그가 기록한 내용은 본말이 매우 정밀하여 전장예제(典章禮制)를 잘 밝히었다. 공자가 그것을 취택하여 『춘추』를 편찬하였는데, 좌구명이 기록한 역사서 『좌전』은 공자 사상의 장단점을 잘 파악하고 있다는 점에서 의문의 여지가 없다.

두예(杜預, 222~284)[85]가 또한 〈『춘추』의 내용을〉 다섯 가지 형태[86]로 추론하고 관련있는 것들을 촉발해서 그 장점을 추리었는데, 아직 천발하지 않은 것을 모두 천발하여 『춘추』의 대의를 크게 밝혔다. 〈그러니〉 『춘추』를 배우는 사람들이 좌구명을 무시하고 무엇을 따르겠는가!

송대로부터 명대에 이르기까지 이 땅의 학자들은 쟁론을 좋아하고 다른 사람을 매도하였고, 독창적인 견해라고 하면서 이설(異說)을 세우고

의 자이며, 鄭元 혹은 鄭司農이라고도 하였다. 일찍이 太學에 들어가 今文『易』과 公羊學을 배웠고, 張恭祖에게서 『古文尙書』·『周禮』·『左傳』 등을 수학하고, 마지막으로 馬融에게서 고문경전을 배웠다. 오늘날 통용되는 『十三經注疏』 가운데 『毛詩』와 三禮의 주는 정현의 주를 채택한 것이다. 그밖에도 그는 『周易』·『論語』·『尙書』와 緯書에도 주석을 달았다.

84) 魯나라 사람으로 춘추시대의 사학자로 左丘가 성이고 明은 이름이다. 일설에는 左가 성이고 丘明이 이름이라는 소리도 있다. 공자의 같은 시대 아니면 그보다 조금 앞선 시대 사람이며, 『左傳』·『國語』 두 책을 지었다고 하나 이설도 있다. 『論語』 「公冶長」편에 "공자가 말했다. 말을 잘하고 얼굴빛을 좋게 하고 공손을 지나치게 함을 옛날 좌구명이 부끄럽게 여겼는데, 나 또한 이를 부끄러워하노라[子曰, 巧言令色足恭, 左丘明恥之, 丘亦恥之. 匿怨而友其人, 左丘明恥之, 丘亦恥之.]"고 하며 공자가 좌구명을 언급한 기록이 있다.

85) 西晉의 경학자로 자는 元凱이고 京兆杜陵(지금의 陝西 西安東南쪽) 사람이다. 『隋書』 「經籍志」에 실려 있는 그의 저술로는 『春秋左氏經傳集解』 30卷·『善文』 50卷·『喪服要義』 2卷·『律本』 21卷·『盟會圖』·『春秋長曆』·『女妃贊』·『春秋釋例』 등이 있다.

86) 五體는 곧 五例로 『春秋經傳集解序』에 다섯 가지 예를 말하고 있다. "一曰微而顯, 二曰志而晦, 三曰婉而成章, 四曰盡而不汚, 五曰懲惡而勸善."

자기 임의대로 수백 년을 내려온 전통을 끊어버리고 논증을 번잡하게 왜곡시켜 스스로 옳다고 하였다.

생각건대 주나라와 한나라 이래로 전해 내려온 것에는 각각의 그 뿌리가 있었는데, 〈그것들을〉 모두 풀을 베듯, 똥을 제거하듯, 깨끗이 제거하였다.[87] 전대(前代)에는 진나라의 분서(焚書)가 있었고, 후대(後代)에는 유자들을 참살(斬殺)하는 경우가 있었는데, 그것 또한 매우 심각한 것이었다!

오늘날 사람들은 오경에 대해서 그 의미를 궁구하고, 숨은 뜻을 유추하면서,[88] 스스로 경전을 연구한다고 말한다. 이것은 더욱 불가하다. 무엇 때문인가? 한나라 초기에 학자들은 길을 갈 때에는 경전을 지니고 다녔고, 한 곳에 머물면 〈경전을〉 암송하고 복습하며 종신토록 경전 하나를 연구하였어도, 마치 완전하지 못한 것처럼 하였다. 이처럼 하면서도 그 어려운 것은 무엇일까? 그때(진시황 시절) 경전이 훼손되고 불타 없어졌어도 〈경전은〉 다시 나왔는데, 책편과 죽간의 훼손이 심하였고, 글월의 뜻이 너무 오래되고 심오하며, 글자의 뜻 해석이 불분명하였는데, 이로써 이처럼 어렵다고 한 것이다.

〈그런데〉 지금은 그렇지 않다. 글자의 의미가 이미 분명하게 알려져 있기에 앉아서도 〈이전 선인들의〉 성과를 향유할 수 있고, 그것을 분석하고 열람하기에 족하다. 이제 경전(의 새로운 내용)을 궁구하고 싶어도 〈이미 다 되어 있으니〉 장차 어디에 가서 궁구하리요!

나는 이제 나이 들고 노쇠하여 배움의 참 의미를 알고자 해도, 과문(寡聞)하고 건망증도 심하다. 『시경』에 대한 대모공·소모공·정강성의

---

87) 명청대 과거시험은 『五經大全』을 표준으로 하였다. 『오경대전』은 명나라 成祖때 이뤄진 官書였다. 명목상 성조가 胡廣·楊榮·金幼孜 등에게 명하여 편찬한 것이나 실제로는 주자와 그 제자들이 注疏한 내용으로 꽉 차있다. 『오경대전』이 관서로 지목되면서 漢唐代의 舊注는 폐기되고 오로지 정주학만이 존숭되었다. 그래서 당견은 여기서 이렇게 말하고 있는 것이다.
88) 청대 전개된 訓詁學, 곧 考證學의 풍토를 말한다.

입장이 대동소이(大同小異)[89]함을 우려하며 『시경』을 말하는데, 둘 다 옳은 뜻이라고 할 수 없다. 그 잘된 것만을 선택해서 그것을 따르며, 말하고 인용하면서 〈나는〉『시경』에 대해 저술한 바 있다.[90]

『춘추』에 대한 좌구명의 언급이 너무 간단한 것을 염려해서 이것과 관련된 것을 진일보시킨 것을 취택하고 부족한 점을 보완하며 역시 『춘추』에 대해서도 저술하였고,[91] 양자로 하여금 베껴 쓰게 하여 책을 만들었다가 잠시 잊고 있다가 검토한 바 있다.

그 중 『시경』과 『춘추』의 취지는 마치 집안 식구들의 말과 동네 사람들의 말을 듣는 것처럼 마음에 부담이 없으며, 의심스런 생각을 면하게 해준다. 『서경』은 아직 여기에 미치지 못한다.

내가 나이 들어 『예기』라는 책은 번잡하여 읽을 수 없고, 또 〈읽더라도〉 매우 더디다. 『주역』은 본래 음양(陰陽)을 말하고, 성명(性命)을 궁리하고, 진퇴(進退)를 알려 준다. 그런데 반드시 점(占)을 통해서 미래를 알려면 『주역』을 이용해야만 한다. 미래를 알 수 없다면 점이 아니며, 『주역』은 쓸데없는 이론이 된다. 어느 날 만일 〈이런 미래에 대한 어떤 점지된 내용을〉 받은 것이 있다면, 그것을 해야 한다. 그렇지 않다면, 그 또한 그칠 것이다.

아아! 사람들은 도(道)를 문(門)처럼 여기면서도 문으로 출입하지 않는다. 사람들은 도를 음식처럼 생각하고 그것을 먹으면서도 그 맛을 모른다. 이것은 짐승과 다른 점이 거의 없는 것이다. 그러므로 마음이 밝혀지지 않고, 본성이 드러나지 않는 것이 나의 걱정이며, 오경에 능통하지 못한 것이 내 근심거리는 아니다.

---

89) 정강성의 『箋』은 모씨의 『傳』을 근거로 저술한 것이다. 大同은 이것을 말하고 小異는 『箋』이 『傳』의 내용을 어떤 경우 진일보 발전시킨 것을 말한다.
90) 당견의 『詩經』에 대한 저술은 『毛詩傳箋合義』가 있다.
91) 당견의 『春秋述傳』을 말한다.

참된 글[非文]

옛날에 글[文]이 있었는데, 전례(典禮)·위의(威儀)·사명(辭命)92)이 모두 이것이다. 〈그런데 이 글은〉 오로지 필사해서 나온 서책을 이름한 것은 아니다. 필사해서 나온 서책은 말[言]이라고 한다. 만일 전적에 전하는 말을 글이라고 한다면, 그것을 수로 환산해서 "글은 얼마나 되는가(몇 글자인가)?"93)라고 할 것인데, 이것은 육서(六書),94) 곧 문자를 지적해서 말한 것이다. 육서[문자]는 일정한 뜻이 있기 때문에 글이라고 한 것이고, 언사[辭]를 수식하고 있지 않아서 글이라고 한 것이다. 설명[說]은 구체적인 일[事]과 같고, 언사는 그 설명과 같다.

설명을 잘하는 사람은 윤서(倫敍)95)가 있어서 논리적이고, 널리 증거를 찾아 잘못 알려진 것을 바로 깨우쳐 주고, 귀를 넓혀 다양한 소리를 듣게 한다. 언사에 능한 사람은 윤서가 있어서 널리 증거를 찾아 잘못된 것을 바로 알려주고, 서책으로 만들어 다채로움을 더해준다. 〈그렇기 때문에〉 이 말을 글이라고 하지 않는다.

옛날에 말을 잘하는 사람은 마음에 근거해서 곧바로 입으로 나오고,96) 구체적 일로 증명하고, 광범한 경전을 인용하여 근거로 삼고 서책으로 만들어 다양한 진가를 더욱 빛나게 하였다. 이런 방식으로 도를 말한다면, 도는 항상 걸치는 의복처럼 신변에 있다. 이로부터 공적[功]을 말한다면 공적은 이목(耳目)처럼 눈앞에 있다. 그렇기 때문에 가치가

---

92) 典禮는 고대의 제도와 儀禮이고, 威儀는 전례 가운데 동작을 표현한 儀文이고, 辭命은 使節이 왕래하며 상호 응대할 때의 言辭이다.
93) 옛날부터 중국에서는 문장을 몇 글자로 환산하여 말했다. 예컨대 『史記』「太史公自序」에 『春秋』를 언급하며 "文成數萬, 其旨數千"이라고 한 것을 보면 알 수 있다.
94) 본래는 한자 造字의 여섯 가지 종류(象形·會意·形聲·轉注·指事·假借)를 말한 것인데 여기서는 단순히 문자를 가리킨다.
95) 倫은 條理이고 敍는 次序를 가리킨다.
96) 矢는 直이다.

있다고 하겠다.

한(漢)나라는 글이라고 할 만한 것의 본래 의미를 절반 정도는 잃은 상태였고, 당(唐)나라에 와서 모두 잃었다. 근세에 이르러 말과 글은 망령되이 문체와 문법과 규칙을 두었다.[97] 23대에 걸친 역사 속에서 편찬된 서책은 마음을 가로막았고, 서발(序跋)·논변(論辯)·전상(傳狀)·비지(碑志)의 쓸데없는 말로 그 참된 이치를 왜곡하였다.

이로부터 진(秦)나라 이전의 말은 잘게 썬 고기 덩어리와 같았고, 당나라 이후의 글은 야채국과도 같았다. 진나라 이전의 말은 비록 적어도 쇠창살보다 무겁고, 당나라 이후의 글은 비록 많아도 깃털보다 가볍다. 이 무슨 말인가? 문식(文飾)에 힘쓰고 세속의 분위기에 구속되어 장애를 받아 자기 심중의 말을 제대로 담아내지 못했다는 것이다.

문장에는 반드시 실제적인 내용[質]이 있다. 오늘날 문장의 잘못을 찾는다면 완전히 그 실제적인 내용을 잃고 있다는 것이다.

옛날 서울에 얼음을 조각해서 인물(人物)의 형상을 만드는 사람이 있었다. 〈그가 만든 조각에〉 의상을 입히고 색을 칠하고 해서 형색이 마치 살아 있는 것 같았고, 모양도 산 것 같았다. 서울의 날씨가 추워지자 〈조각을〉 건물 뒤에 놓아두었는데, 며칠이 지나도 〈생생한 모습은〉 변하지 않았고, 변한 것이 있다면 그것을 다시 장식하였다.

그 앞을 지나치는 사람들이 매일 수백 명에 달했는데, 모두가 그 재주에 탄복하며 놀라는 것이었다.

하루는 지나치는 사람들에게 말했다.

"누가 나에게 쌀 서 말을 주시겠습니까? 내가 나의 작품을 팔겠습니다."

대답하는 사람이 아무도 없었다.

그러자 〈조각가는〉 질문하였다.

---

97) 명청시대에는 문체에 대한 서적이 비교적 많았다. 대표적으로 명대 徐曾이 저술한 『文體明辨』이 있는데, 이 책에서는 문체를 120개로 나누고 각각의 문체에 설명을 가하여 그 문체의 번잡함을 보여주었다.

"나의 재능은 아주 뛰어납니다. 내가 이 재주를 쌀 서 말에 팔려고 하는데, 아무도 응답이 없는 것은 무엇 때문인가요?"

어떤 사람이 웃으며 말했다.

"선생의 재능은 아주 뛰어나지요. 선생이 어떻게 모형틀 없이 금으로 옥을 다듬을 수 있겠습니까? 하(夏)·은(殷)·주(周)·한(漢)나라의 그릇을 만들면 가히 보배로서 망가트리지 않습니다. 지금 얼음을 쪼아 조각품을 만들어 그 형체는 비록 〈실물과〉 닮았어도 날이 지나면 변하고 말 것입니다. 나는 심히 선생의 기교를 애석하게 여기나 그것은 진짜가 아니며, 마음은 수고로우나 쓸모가 없어 눈요기로서는 가하지만, 대대로 오랜 동안 보전할 만한 것은 못됩니다."

문장에 실제적인 내용이 없다는 것은 바로 이와 같다.

온갖 만물은 형상이 있고, 형상이 있으면 점차 번식하여 많아진다.[98] 이 형상을 취택해서 서체(書體)가 만들어졌다. 과두(蝌蚪)·전(篆)·주(籒)[99] 의 문자가 그것들이다. 후대에 와서 〈글자는〉 용속한 서체로 변모하여 모양은 예쁜데 경박하게 되었다. 이전의 규칙을 완전히 사라지게 하였다.

그림은 종 모양의 틀에 부어 만드는 것을 그 모범으로 전해 내려왔고, 의상에 그림 그리는 것으로 그 존엄함을 표현하였고, 병풍과 담벼락에 그리는 것으로 경계(警戒)를 나타내었다. 후대에 와서 강과 바위를 그리고, 초목(草木)을 그리고, 새의 깃털을 그리고, 사녀(士女)를 그리며, 사람들에게서 희열을 취하였으니, 모두가 그 본래의 뜻을 잃고 만 것이다.

옛날의 말[言]이 지금의 글[文]로 변했다고 한 것이 또한 이와 같다. 〈앞

---

98)『左傳』‘僖公 15年’에 "만물이 난 이후 형상이 있고, 형상이 있고 난 후에 번식한다 [物生而後有象, 象而後有滋]"라고 한 내용 참고

99) 蝌蚪는 고대 문자의 하나로 黃帝때에 蒼頡이 지었다고 전한다. 글자의 획이 마치 올챙이 모양과 같아서 이렇게 이름한다. 篆도 역시 고대 문자의 하나로 小篆과 大篆이 있는데, 대전은 뒤에 말한 籒이고, 소전은 秦나라 李斯의 창작이다. 籒는 한자의 옛 字體의 하나로 周나라 宣王 때의 太史 籒가 창작하였다. 소전의 전신으로 보통 대전이라고 한다.

에서 말한〉 저 두 가지 것은 비록 〈본래의 취지를〉 잃었어도 치란(治亂)과 는 관계없다. 글은 조그만 벌레정도를 표현하는 정도의 소소한 재주로 왜곡되었고, 말단의 기교로 전락하여 세속의 희열로 들뜨게 하였다. 〈결국 오늘날의 글은〉 사람의 마음으로 하여금 경박하게 하고, 명예를 훔치고 진실을 잃게 하였으니, 참된 도리가 여기서 사라지고 만 것이다. 이것 역시 100분의 10도 안될 것이다.

참된 언사 [知言]

나는 상주(常州)로 가서 방자(方子, 신원미상)를 만났다. 방자는 유명한 사람을 보면 그렇게 기뻐하지 않으나, 나를 보고는 매우 기뻐하면서 내가 머무는 방에서 4일 밤낮을 담소하면서도 피곤해하지 않았다.

방자가 말했다.

"사람들은 대개 선생께서 말씀하신 병법에 대해 의심하고 있습니다."

내가 말했다.

"세상이 알아주는 훌륭한 장수는 사람입니까? 아니면 신(神)입니까?"

방자가 대답하였다.

"사람입니다."

또 다시 내가 물었다.

"사람들이 말하는 적군은 사람입니까? 아니면 귀(鬼)입니까?"

방자가 역시 대답하였다.

"사람입니다."

내가 말했다.

"만일 훌륭한 장수가 적군을 물리치는 것을 신이 귀(鬼)를 베었다고 한다면, 내가 감히 어떠한 말도 못할 것입니다. 〈그런데 그들이〉 모두 사람이라면 나의 말에 어찌 의심할 수 있겠습니까! 저 길거리의 젊은 사람들이나 부인들, 그리고 어린아이들을 속여서 사람을 기만하는 것이 모두 병법입니다."

방자가 말했다.

"선생의 문장은 신기한 데가 있습니다. 제가 문장을 쓰려고 한다면 어떻게 해야 좋겠습니까?"

내가 대답하였다.

"옛사람들에게 어찌 문장이란 것이 있었겠습니까? 단지 말씀에 통달했을 뿐입니다. 후세 사람들은 그 말씀을 기뻐한 것을 문장을 한 것으로 잘못 이해하였습니다. 요즘 세상 사람들은 문장을 잘 쓰나 말씀에는 능하지 못합니다. 〈그들이 쓴 문장은〉 마치 풀로 만든 가짜 말과 나무로 만든 가짜 연과 같아서 평범하기 때문에, 그렇게 신기하지 않습니다. 나는 문장을 잘 쓰지 못하지만 말을 잘하려고 합니다. 〈내가 하는 말은〉 마치 달리는 말과 나는 연과 같아서 사람들은 신기하게 봅니다."

방자가 말했다.

"과거 선생께서 장자현(長子縣)을 다스리셨는데, 어떻게 하셨습니까?"

내가 대답하였다.

"〈내가 생각한대로〉 끝까지 가지 못했습니다."

방자가 다시 물었다.

"비록 그렇다 하더라도 〈선생의〉 뜻을 듣고 싶습니다."

내가 대답하였다.

"사방의 경계를 마치 내 집 담장 울타리처럼 여겼고, 〈백성들의〉 농토를 마치 내가 농사짓는 농토처럼 여겼고, 도로와 교량을 마치 내 집안의 문과 정원처럼 여겼고, 〈백성들의〉 가옥을 마치 내 집처럼 여겼고, 〈백성들이〉 재산 축적하는 것을 마치 내 창고에 축적하는 것처럼 여겼고, 남녀노소 백성들을 마치 내 집 식구처럼 여겼습니다. 이처럼 했을 뿐입니다."

내가 〈세 가지 문제에 대해〉 세 번 대답하자 방자는 이런 나의 대답에 세 번 모두 찬동하였다.

방자가 돈과 이불과 요를 나에게 선물로 주고는 부채를 들고 청하며 말했다.

"제가 2월 서울에 가려고 하는데, 선생께서 이 부채에 몇 글자 적어 저에게 주신다면 아침저녁으로 암송하겠습니다."

나는 그가 나의 말뜻 이해한 것을 기뻐하며 이렇게 말하였다.

"사람들이 제대로 이해하는 것은 매우 어렵습니다. 그 겉모습을 보면 총명해 보이고, 그 말을 들으면 변론을 잘한다고 여기고, 구체적인 것에 대한 질문을 들으면 공부한 것이 꽤 많다고 생각합니다. 〈그러나〉 그로 하여금 백성들을 다스리게 한다면, 백성들은 혹시 불편해 할지도 모르는 일입니다. 겉모습을 보면 우둔해 보이고, 그 말하는 것을 들어보면 어눌하고, 구체적 사실에 대한 질책을 하게 되면 열 가지 중 한 가지도 제대로 대답하지 못합니다. 〈그러나〉 그로 하여금 백성을 다스리게 한다면 백성들은 혹 편안해질 수도 있을 것입니다. 사람들이 제대로 이해한다는 것이 이렇게 어려운 일입니다. 옛날 오(吳, 강소) 땅에 유명한 의사가 있었습니다. 그의 수레는 매우 화려하고 의복도 매우 아름다웠고, 얼굴에는 광택과 붉은 빛이 감돌고, 말도 매우 잘했습니다. 어떤 집의 병자는 그가 지어준 약이 아니면 복용하지 않았습니다. 질병이 나은 사람이 있으면 '과연 명의다'고 말하였고, 고치지 못하고 죽은 사람이 있으면 '아무리 명의라고 죽을 사람을 살릴 수는 없는 법'이라고들 하였습니다. 의사에게는 살인에 대한 책임을 묻지 않으며, 영예로운 이름과 부가 기다리고 있습니다. 〈이것은 모두가〉 질병 있는 사람들이 눈으로 보고 귀로 들은 잘못된 것을 무조건 믿기 때문입니다. 오땅에 유명한 선비들이 많이 있습니다만, 나는 아직 그들을 방문한 적이 없습니다. 사람들은 주웅점(朱熊占, 생존연대 미상)을 훌륭한 선비라고 말합니다. 예의가 몸에 배어 있다는 것이지요. 〈이것은 모두 전해들은 것이기 때문에〉 지금 저는 편지로 가르침을 청했습니다. 이목에 의존하는 것을 믿을 수 없기 때문입니다. 제가 이런 말을 하는 것은 선생께서 주옹점을 마주하실 수 있다면, 천하의 선비를 마주하신 것이 될 것이기 때문입니다."

나는 집으로 돌아와 부채에 글을 써서 방자에게 보내주었다.

현명한 군주와 우둔한 군주 [鮮君]

천하를 잘 다스리는 것도 오직 군주에게 달려 있고, 천하를 혼란스럽게 하는 것도 오직 군주에게 달려 있다. 다스려지고 혼란하게 되는 것은 다른 사람이 결정하는 것이 아니라, 군주에 의해 결정된다. 소인(小人)이 천하를 혼란시켰다면, 그 소인을 기용한 사람은 누구인가? 여자와 시인(寺人, 내시)들이 천하를 혼란하게 하였다면, 여자와 시인을 총애하는 사람은 누구인가? 간웅(奸雄)과 도적들이 천하를 혼란하게 하였다면, 간웅과 도적의 혼란을 불러들인 사람은 누구인가?

이와 반대로 나라에 도가 있다면, 천하는 다스려 진다. 이것을 돌이켜 이렇게 나라에 도가 있게 한 사람은 누구인가? 사윤(師尹)·황보(皇父)[100]에게는 죄가 없고, 발(勃)·초(貂)·여희(驪姬)[101]에게도 죄가 없고, 후예(后

---

100) 師尹은 周나라 太師 尹氏이다. "師, 太師, 周之三公也. 尹, 尹氏爲太師."(『詩經』「小雅」'節南山' 傳) 皇父는 周나라 幽王때의 卿士. 사윤이나 황보 모두 정치를 혼란시켰다고 전함.

101) 勃은 발제(勃鞮)로 춘추시대 晉獻公의 환관이었다. 발제는 진헌공의 명으로 蒲城(지금의 산서성 隰縣 서북)으로 가 公子 重耳를 죽이려고 하였지만 중이는 狄으로 도망하였다. 『國語』「晉語」에 "초년에 헌공은 환관 발제로 하여금 포성을 공격하게 하였고, 문공이 담을 넘자 발제가 그 소매 자락을 잘랐다[初, 獻公使寺人勃鞮伐於蒲城, 文公逾垣, 勃鞮斬其袪]"라고 한 기록 참조. 貂는 竪貂 혹은 竪刁로 춘추시대 齊桓公의 환관이었다. 당시 그는 管仲이 죽자 易牙·開方과 함께 전권을 휘둘렀고, 환공이 죽자 여러 세력과 다투다가 정권을 쟁취하고는 여러 관리를 죽이고 公子 無虧를 세웠

羿)·한착(寒浞)102)에게도 죄가 없다. 왜 죄가 없다고 말하는가? 독약이 사람을 죽일 수는 있지만, 〈그 독약을〉 먹지 않는 사람을 죽일 수는 없는 것이다.103)

이윤(伊尹)과 주공(周公)104)에게는 공적이 없다. 왜 공적이 없다고 하는가? 양약은 사람을 살릴 수 있지만, 〈그 양약을〉 먹지 않는 사람을 살릴 수는 없는 것이다.105)

현명한 한 사람이 정치 일선에 나아가면 다스려짐을 기대할 수 있고, 소인 한 사람이 정치 일선에 나서면 나라에 혼란이 올까 근심된다. 이것은 모두 천박하고 속 좁은 생각으로 그 근본을 아는 자가 아니다. 이 땅의 모든 사람들이 한 사람의 손아귀에 달려 있으면서 그들을 위무(慰撫)하면 그들은 편안히 거하고, 그들을 방치하면 생명을 유지할 수 없을 것이다. 하늘이 군주보다 크겠는가, 땅이 군주보다 크겠는가!106)

위로 옛날을 돌아보자면, 요·순·우 임금이 정치를 할 때에는 오랜 동안 세상이 편안하였다. 하(夏)·은(殷)·서주(西周)·서한(西漢)의 세월 동안의 태평성세는 혼란보다 많았다. 태평성세가 많았던 시절에는 비록 우둔한 군주가 즉위했어도 전대의 현명한 왕에 힘입어 평안이 이어졌다. 그 나머지 시절에는 치세가 열 가운데 하나 둘 정도였다면, 난세는 열 가운데 여덟 아홉이었다. 전대 제왕의 은택이 너무 박해서 그 후대를 제대로 보전할 수 없었기 때문이다. 군주의 무도함 또한 너무 많고

다. 이후 제나라에서는 이것이 이유가 되어 내란이 벌어졌다. 『史記』「齊太公世家」참조. 驪姬는 춘추시대 驪戎 군주의 딸이다. 여융은 西戎 가운데 驪山에 거주한 일파로, 그 군주는 男爵이고 姬姓이었다. 진헌공이 여융을 정벌하고 여희를 얻어 부인으로 삼아 奚齊를 낳았다. 여희는 헌공의 총애를 받으며 해제를 왕위에 오르게 하려고 하다가 피살되었다. 『左傳』「僖公四年, 九年」참조

102) 이 책 「法王」편 '착(浞)'과 '예(羿)'에 대한 주석 참조.
103) 독약을 먹게 한 군주에게 죄가 있다는 것이다.
104) 伊尹은 「去名」편 각주, 주공은 「宗孟」편 각주 참조.
105) 양약을 먹게 한 군주에게 공이 있다는 것이다.
106) 군주의 책무가 天地보다 크다고 한 것이다.

백성들의 삶의 곤경도 오래 되었다. 이와 같다면 군주는 어떻게 해야 하겠는가!

하늘이 현명한 인재를 내는 것은 실제로 어려운 일이다. 널리 큰 도읍지에서 찾고, 명문 귀족의 집안에서 찾고, 그 자손 가운데서 찾아보아도 현명한 사람은 매우 드물다. 더군다나 왕실의 부귀는 교만하고 방탕한 습성을 자아내게 하였으니, 어찌 현명한 사람을 낼 수 있겠는가!

그러므로 한 세대 가운데 십여 명의 군주들을 거치면서 겨우 두 세명의 현명한 군주만 있어도 적다고 할 수 없게 되었다. 그 나머지 군주들은 포악하지 않으면 우둔하였고, 우둔하지 않으면 편벽하였고, 편벽하지 않으면 나약하였다. 이것 또한 사람의 평상적인 것으로 특이한 것은 아니다.

오직 나라의 나약한 군주가 혼란을 더하고, 편벽한 군주가 혼란을 만들고, 우둔한 군주가 혼란을 부르고, 포악한 군주가 혼란을 부추긴다. 이런 군주가 〈나라를〉 구제할 수 없다. 이와 같다면 백성들은 어떻게 해야 하겠는가!

아아! 군주의 심한 편벽은 사람들이 어떻게 할 수 있는 것이 아니며, 하늘이 그렇게 한 것이다. 하늘이 할 수 없는 것은 하늘이 그렇게 정한 것이 아니라 인간이 한 것이다. 인간은 하지 못하는 것이 없지만[無所不爲], 〈그렇다고〉 무엇이든 할 수 있는 것은 아니다. 이것은 예나 지금이나 똑 같이 느끼는 바이니, 또한 어찌 할 수 없는 것이다.

군주를 도와 나라를 다스리는 인재가 어느 시대엔들 없었던가? 세상의 무지한 사람들이 그들의 재능을 어떻게 사용했던가? 비록 고요(皐陶)·기(虁)·직(稷)·설(挈)로 하여금 포악한 군주시대에 태어나게 했다면 〈그들이 아무리〉 궁리하며 노력했어도 낮은 자리에 처해 있으면서 또한 저 논밭에서 일하는 농부에 불과했을 것이며, 〈어느 정도 위치에〉 도달했더라도 그저 그런 자리에 있으면서 남의 말이나 듣는 평범한 관리에 불과했을 것이다.

세상에 군주가 없는데, 어찌 〈현명한〉 신하가 있을 수 있겠는가! 그렇기 때문에 삼대 이래로 군자들의 학문은 모두 폐지되지 않았던가? 꼭 그런 것은 아니다. 군주는 현명한 이도 우둔한 이도 있고, 세상은 태평성세도 난세도 있지만, 학문은 흥폐(興廢)가 없다.

부모님을 잘 섬기고, 가족간에 화목하면, 학문이 인륜을 실천하는 데 도달한 것이다. 추위가 가고 더위가 오는 것을 대하며 자연의 경관이 새롭게 변화하여 마음을 기쁘게 한다면, 학문은 사시사철 변화에 통달한 것이다. 하늘로 새가 날고 산과 들로 짐승이 뛰노는 것을 본다면, 학문은 조수(鳥獸)에 통달한 것이다. 산록이 울창하고 해변의 초목이 무성함을 대하면, 학문이 초목에 통달한 것이다.

나는 요순의 도에 비교해서 조금의 결점도 있지 않다. 왜 반드시 〈현명한〉 군주를 만나 도를 실천해야만 〈지금까지〉 배운 바가 피폐해지지 않는다고 할 수 있겠는가! 다만 현명한 군주를 쉽게 만날 수 있는 것이 아니며, 혼란한 세상에서는 도망할 곳도 없어서, 백성들의 질고(疾苦)를 앓아 구경만 하면서도 구제할 수 없었던 것이다. 군자는 이것을 상심하는 것이다.

군주의 지존을 억제하라 [抑尊]

성인(聖人)이 존비(尊卑)의 등급질서를 나눈 것은 순종하고 따르게 하려고 한 것이지, 하늘 높은 줄 모르고 올라 백성을 멀리하라는 것은 아니었다. 윗자리로 오르게 되면 쉽게 교만해지고, 아랫자리에 서게 되면 쉽게 아첨하게 된다. 군주는 날로 더욱 존귀해지고 신하는 날로 더욱 비천해졌다. 이로부터 군주가 신하와 백성을 천시하였는데, 이것은 마치 개나 말, 하찮은 개미나 벌레를 우리와는 완전히 다른 미천한 부류로 치는 것과 같다. 현명한 사람이 물러나면 바른 정치의 도리는 멀어진다.

태산이 아무리 높더라도 금이나 은, 혹은 단청(丹靑)이 아니라, 모두가 흙일 따름이다. 강과 바다가 아무리 넓고 크더라도 단이슬이나 맛좋은 샘물이 아니라, 모두가 물일 따름이다. 천자가 아무리 존귀해도 천제(天帝)나 대신(大神)이 아니고, 모두가 사람일 따름이다.

그래서 요순이 군주가 되었어도 잘 다듬지 않은 띠로 이은 집에서 살았고, 흙으로 만든 그릇으로 음식을 먹었다. 비록 고귀한 천자가 되어 세상을 다스리면서도 거친 음식을 달다하였고, 거친 옷을 입고도 따뜻하게 여겼다. 이것은 〈비록 누추하고 거칠었어도 자신이〉 좋아하는 것에 나아가 악을 제거한 것이며, 야생의 상태와 다를 바가 없었던 것이며, 백성들과 함께 동고동락한 것이었다.

정치를 잘하기 위해서는 반드시 〈일반 백성들의〉 실정을 잘 살펴야 하고, 실정을 잘 살피기 위해서는 반드시 일반사람들을 가까이 해야 한다. 방안에 다섯 가지 색을 진열하였는데, 불을 끄고 그것을 본다면 보이지 않는다. 당(堂) 아래에서 아름다운 음악을 연주하는데,[107] 귀를 막고 그것을 들으면 들리지 않는다. 군주가 높은 곳에 앉아서 일반사람들을 가깝게 하지 않으면, 이미 〈군주는〉 백관의 행위를 보지 못하고, 백성의 소리를 듣지 못하게 된다. 비록 요순의 도로 나아가려고 해도 눈과 귀로 보지도 듣지도 못한다면 어찌하겠는가!

군주가 자신의 부모와 다른 궁전에 거처하면서 그들과 만날 때에는 천자의 효도와 일반 서민들과는 다르다고 말한다. 군주는 그의 자손과 다른 궁전에 살면서 그들과 만날 때에는 천자의 인자함은 일반 서민들과 다르다고 말한다. 군주가 자신의 부인과 다른 궁전에서 생활하면서

---

107) 五音은 五聲이라고도 하는데, 곧 宮·商·角·徵·羽를 말한다.

그와 만나게 되면 천자의 배필은 일반 서민들과는 다르다고 말한다. 친척사이에도 교만하고, 오만한 습성이 계속 이어져, 물질적으로 넉넉하게 봉양은 하나, 효심은 쇠미해졌고, 가르침도 소원해지고, 은정(恩情)도 야박해진 것이다.

소인배가 그들 사이에 끼어 들어 후사(後嗣)를 폐위하고 황후(皇后)를 폐위하기를 손바닥 뒤집듯 쉽게 한다. 가정에서의 불화(不和)는 혼란의 근본이다. 친척이 아무리 가까워도 어떤 때는 매우 곤란한 문제를 제기하고, 친구가 아무리 다정다감해도 어떤 때는 매우 곤란한 말을 하며, 선생님이 아무리 잘 가르쳐주셔도 어떤 때는 매우 어려운 가르침도 있게 마련이다. 하물며 군주에게 있어서랴!

군주의 존귀함은 마치 천상의 상제(上帝)와도 같다. 공경대신들도 한번 보는 것조차 힘들다. 혹 뵙더라도 두려워하는 표정이 되고, 감히 우러러보는 것조차 할 수 없다. 몸을 엎드려 응대하는 것은 엄한 집 노예에 비할 바가 아니다. 이때에 비록 진언을 잘하는 사람이 있다해도 구천(九天)에 있는 군주에게 들리게 할 수는 없을 것이고, 비록 사리를 잘 분별하여 밝히는 군주가 있다해도 〈그의 빛을〉 저 구연(九淵)에 처해 있는 민간에까지 비출 수는 없을 것이다. 신하들은 날로 더욱 소원해지고, 그들의 지혜 또한 날로 더욱 매몰되어 간다. 이윤(伊尹)·부열(傳說)[108] 같은 사람도 가르칠 수 없으며, 용봉(龍逢)·비간(比干)[109] 같은 사람도 간언할 수 없으니, 나라가 망하고 말 것이다.

촉(蜀, 지금의 사천성) 땅 사람이 귀신을 섬기는데, 꼭 빙무(憑巫)로 하였고, 그 빙무를 단공(端公)이라고 하였다. 그것을 제사하면[禳] 복을 받고, 저주하면 재앙이 내려졌다. 사람들은 귀신이 보고 듣는 것은 모르고, 오

---

108) 둘 다 殷나라의 賢臣들로 伊尹에 대해서는 이 책 「去名」편, 傳說에 대해서는 「恒悅」편 각주 참조
109) 龍逢의 逢은 逄(방)이라고 한 기록도 있다. 여하튼 용봉은 하나라 桀王의 신하이고, 比干은 은나라 紂王의 숙부였으나, 둘 다 폭군으로 알려진 걸왕과 주왕에게 간언하다가 피살되었다.

직 단공만을 두려워하면서, 그에게 제사지내며 재화 바치는 것을 아까워하지 않았다. 이와 같다면 귀신은 사람과 접촉하는 것이 아니며, 사람은 귀신과 접촉하는 것이 아니다. 따라서 단공이 중간에서 일을 가로막고 있는 것이다.

군주의 존귀함이 마치 이같은 토신(土神)과 같지 않은가? 권신(權臣)과 총애 받는 시종은 단공과 같지 않은가? 〈군주는〉 듣지도 보지도 못하고, 대권은 아랫사람들에 의해 움직인다. 백이(伯夷)[110] 같은 충직한 신하를 죽이고, 도척(盜跖) 같은 이에게 상을 주기에, 세상의 원망이 자자하고 반란이 일어나 도적들이 궁궐 문에 이르렀는데도 연회나 즐기면서 그 위기상황을 모르고 있다. 어찌 사람들이 이목을 가리고 있다고 하겠는가! 〈군주의〉 권세와 존귀함이 스스로 〈이목을〉 가리고 있는 것이다.

직언(直言)은 나라의 양약(良藥)이고, 직언하는 신하는 나라의 양의(良醫)이다. 피부에 난 부스럼을 제거했어도 배속에 체해서 굳은 것을 제거하지 않는 사람은 필시 죽고 말 것이다. 군주를 성군(聖君)이라 칭찬하면서 백관들의 잘못만 질책하는 자들이 있는 나라는 필시 망할 것이다. 직언하는 신하에게 귀중한 것은 우선 군주의 과오를 비판하는 것이고, 그 다음은 궁궐의 잘못을 비판하는 것이고, 그 다음은 군주의 주변 인물과 황후의 친족들의 과실을 비판하는 것이고, 총애 받는 귀족들의 잘못을 비판하는 것이다. 이것은 단지 피부병을 치료하는 의사가 할 수 있는 일이다.[111]

군주는 이렇게 직언하는 신하를 어떻게 기용해야 할까? 신하는 이렇

---

110) 商나라 말기 孤竹君의 長子. 성은 墨胎氏 이름은 元, 자는 公信. 처음 고죽군이 둘째 아들 叔齊에게 계승하려고 했지만 고죽군이 죽자 숙제는 제위를 형 백이에게 양보하였다. 훗날 周武王이 상나라 紂王을 토벌하고 새로운 나라를 세우자 이들은 首陽山에 들어가 고사리만 뜯어먹다가 굶어 죽었다고 전한다. 공자는 이런 백이와 숙제를 賢人이라 칭양하였다.
111) 군주의 잘못을 직언하지 못하고 그 주변의 잘못만 지적하는 신하를 피부에 난 부스럼만 치료하는 의사에 비유한 것이다.

게 직언하는 것을 어떻게 써야 할까? 그러므로 나라에 직언하는 신하가 있어서 모든 관리들이 그를 두려워하지 않음이 없으며, 그를 두려워하는 것은 천자로부터 시작되는 것이다.

옛날 명나라 현제(顯帝, 재위 1573~1620)[112]가 음식을 먹는데, 요리담당자가 자라 한 마리를 진상하였다. 현제가 그것을 맛있게 시식하고 젓가락을 놓으며 물었다.

"내가 듣기에 유광진(劉光縉)[113]이 민물고기인 선(鱓)과 별(鱉)과 같은 종류를 잡지 못하게 하였는데, 어떻게 이것을 잡았는가?"

그러자 좌우의 신료들이 대답하였다.

"먼 교외에서 잡았습니다."

현제가 말했다.

"지금부터 이 고기를 다시는 진상하지 말라. 어사(御史)의 금지령을 위반할까 걱정된다."

황제의 존엄함으로써 저 아래 어사를 두려워함은 제왕의 모범이 될 만한 것이다.

지위가 열 사람 위에 있는 사람은 반드시 열 사람 아래 처해야 하고, 지위가 백 사람 위에 있는 사람은 반드시 백 사람 아래 처해야 하고, 지위가 천하 백성의 위에 있는 사람은 반드시 천하 백성의 아래 처해야 한다.

과거에 현명한 군주는 꼭 대신들의 말이 아니더라도 일반 백성들 모두의 말을 감히 능멸하지 않았고, 꼭 〈황제의〉 사부(師傅)가 아니더라도 랑관(郎官)·박사(博士)[114] 모두의 가르침을 받았고, 꼭 성현(聖賢)의 말씀이 아니더라도 시골 노인들 모두의 정치에 대한 의견을 물었다.

---

112) 神宗 朱翊鈞으로 연호는 萬曆이다.
113) 신종황제 당시의 御史였다.
114) 郎官은 제왕의 侍從官을 통칭하는 표현이고, 博士는 관명으로, 랑관이나 박사 모두 사소한 관리를 가리킨다.

현명한 인재를 존중하는 조정은 비록 아첨하는 사람이 있어도 그들이 변해 직언하는 신하가 되고, 비록 간사한 사람이 있어도 그들이 변해 훌륭한 신하가 된다. 그러니 현명한 인재가 어떻게 재능을 다하지 않으며, 어떻게 그의 좋은 정치의 방법을 듣지 않겠는가?

그러므로 고대광실(高臺廣室, 곧 殿陛九仞)의 제왕은 존엄한 것이 아니고, 사방의 이민족[四譯]115)이 와서 조공(朝貢)하는 것이 영화로운 것도 아니다. 바다는 오직 아래 있기 때문에 모든 하천의 물이 거기로 흘러가고, 군주가 오직 아래 있기 때문에 천하의 좋은 사람들이 거기로 모이는 것이다.116) 이것이 〈군주가〉 존엄하게 되는 까닭이다.

---

115) 四譯의 四는 四方의 국가를 말하고, 譯이란 通譯을 말한다. 사방의 이민족과 교류할 때 반드시 통역을 통해야 했기 때문에, 여기서 사역이란 사방의 다른 민족을 가리킨다.

116) 이 문장은 『孟子』 「梁惠王」 下편의 "큰 것으로써 작은 것을 섬기는 자는 낙천자이고, 작은 것으로써 큰 것을 섬기는 자는 하늘을 두려워하는 자이다. 낙천자는 천하를 보존하고, 외천자는 그 나라를 보존한다[以大事小者, 樂天者也, 以小事大者, 畏天者也. 樂天者保天下, 畏天者保其國]"를 연상시키고, 또한 『老子』의 다음 문장과도 관련이 있다. 39장 : "그러므로 귀한 것은 천한 것으로써 근본을 삼고, 높은 것은 낮은 것으로써 기초를 삼는다. 그래서 후왕은 자신을 고·가·불곡이라 불렀으니, 이것은 천한 것으로써 근본을 삼은 것이 아닌가?[故貴以賤爲本, 高以下爲基, 是以後王自謂孤, 寡, 不穀, 此非以賤爲本邪]" 61장 : "대국은 하류이며 천하만물이 만나는 곳이니, 천하의 암컷이다. 암컷은 항상 고요한 것으로써 수컷을 이기고, 고요한 것으로써 겸하한다. 그래서 대국이 소국에 겸하하면 곧 소국을 취하고, 소국이 대국에 겸하하면 곧 대국을 취한다. 그러므로 혹은 겸하하여 취하기도 하고, 혹은 아래에 처하므로 취하기도 한다. 대국은 백성을 겸양하려는 것이고, 소국은 큰 데 들어가 남을 섬기려는 것이니, 대저 양자가 각각 그 원하는 바를 얻으려 하면, 대국이 마땅히 겸하해야 한다[大國者下流. 天下之交, 天下之牝. 牝常以靜勝牡, 以靜爲下. 故大國以下小國, 則取小國, 小國以下大國, 則取大國. 故或下以取, 或下而取. 大國不過欲兼畜人, 小國不過欲入事人, 夫兩者各得其所欲, 大者宜爲下]."

스승의 중요성[得師]

태갑(太甲)[117]이 그의 스승[師保][118]의 가르침을 거스르고 불의한 일을 많이 저질러 상(商)나라는 매우 위태롭게 되었다. 〈태갑이〉 동궁(桐宮)[119]에 거처하면서 자신의 잘못을 깊이 뉘우치면서 이윤(伊尹)의 가르침을 공손히 받들어 결국에는 덕성을 갖춘 인물이 되었다. 이것은 하늘이 상나라를 도우셨기 때문이다.

무왕(武王)이 죽고 성왕(成王)이 아직 나이가 어려 주공(周公)의 공적을 모르고 있었다. 이 때문에 주공을 의심한다는 유언비어가 떠돌면서 주나라는 위기에 몰렸다. 하늘이 광풍과 천둥 번개를 내리자 성왕이 두려워 떨었다. 〈그때 성왕은〉『금등(金縢)』[120]이란 책을 펴보고 주공의 충성스러움을 알고는 주공을 환영하고 그의 가르침에 복종하여 마침내 현명한 군주가 되었다. 이것은 하늘이 주나라를 도우셨기 때문이다.

두 명의 군주에 한 명은 우둔하였고, 한 명은 나약하였지만, 어떻게 이렇게 빨리 변할 수 있었을까? 〈가장 중요한 것은〉 우선 학문에 뜻을 두었다는 점이다.

태갑이 왕위를 계승할 때, 이윤은 '삼풍십건(三風十愆)'[121]을 경계할 것

---

117) 商의 군주로 湯王의 손자이다. 전설에 의하면 그가 즉위한 이후 전권을 잘못 휘둘러 상나라의 법질서가 문란해졌고, 그를 보좌하던 신하 伊尹으로부터 桐宮으로 쫓겨나는 신세가 되었다고 한다. 그로부터 3년 후 자신의 과거잘못을 뉘우치고 일신해서 지위를 다시 회복하였다는 것이다.
118) 옛날 귀족의 자제를 교육하던 관리.
119) 탕왕의 묘지에 宮室을 세웠는데, 그곳을 桐宮이라고 하였다.『書經』「太甲」에 그 내용이 보인다.
120) 武王이 병들었을 때 周公이 그를 위해 기도한 내용이 담긴 책.
121) 三風十愆에 대해서는『書經』「商書」'伊訓'에 "널리 철인을 구하시어 후사인 너를 돕게 하시니이다. 관청의 형벌을 제정하시어 지위에 있는 이를 경계하시어 말씀하시되, 감히 궁궐에서 항상 춤을 추고, 집에서는 술에 취해 노래함이 있으면 巫風이라 말하고, 감히 재화와 여색을 구하며 놀이와 사냥을 항상 함이 있으면 淫風이라 말하고, 감히 성인의 말씀을 업신여기고 충직함을 거스리고 耆德을 멀리하며 頑童을 가까이

을 가르치며, 그 가운데 하나만 있어도 반드시 망한다고 하였다. 덕행은 그것이 그렇게 크지 않더라도 나라는 반드시 흥성할 것이고, 부덕은 그것이 작은 것이 아니더라도 나라는 반드시 망하고 말 것이라고 하였다.

태갑은 이것을 알았지만 구습에 빠져 그것(이윤의 충고)을 소홀히 하였다. 그가 궁전의 편안함을 떠나 야외의 묘지에서 생활할 때 가무와 여색에 빠질 만한 것도 없었고, 신변에 자신을 잘 알고 도와주던 시종도 없었다. 그는 곤란과 고통, 근심과 수심의 나날을 보내며 스스로 과오를 깨달았다. 스승이 자신을 쫓아냈고, 여러 신하가 자신을 좋아하지 않고, 백성들이 복종하지 않고, 천하가 자신을 배반한 것이라고 생각했다. 이에 그는 자신의 허물이 스승의 훈계를 거슬려 여기까지 왔다고 여겼다. 이로부터 태갑은 바르지 못한 자신의 덕행을 고치었는데, 이것은 또한 〈스승으로부터 받은〉 학문에서 비롯된 것이다.

성왕은 어린 나이에 왕위에 올라, 주공이 하루도 군신(君臣)·부자(父子)·장유(長幼)의 도리를 왕에게 가르치지 않은 적이 없다. 이런 훈계의 내용은 『시경』·『서경』에 모두 기록되어 있다. 성왕이 그의 가르침을 열심히 듣기는 했지만, 아직 나이가 어려 그것을 소홀히 하였다. 이에 은나라 사람이 반란을 일으켰을 때, 그가 서얼(庶孼) 곧 서자(庶子)라는

함이 있으면 亂風이라고 말한다. 이 三風과 十愆에 卿士들이 하나라도 몸에 두게 되면 집이 반드시 망하고, 나라의 군주가 하나라도 몸에 두게 되면 나라가 반드시 망하고, 신하가 바르지 않으면 그 형벌로 묵형을 가해야 한다. 〈이것은〉 몽매한 사람들에게까지 갖추어 교훈해야 할 것이다[敢求哲人, 俾輔于爾後嗣. 制官刑, 儆于有位. 曰 敢有恒舞于宮, 酣歌于室, 時謂巫風. 敢有殉于貨色, 恒于遊畋, 時謂淫風. 敢有侮聖言逆忠直, 遠耆德比頑童, 時謂亂風. 惟玆三風十愆, 卿士有一于身, 家必喪. 邦君有一于身, 國必亡. 臣下不匡, 其刑墨, 具訓于蒙士]"라고 하였다. 다시 말해 三風은 巫風·淫風·亂風을 가리킨다. 이것을 좀더 구체적으로 나열하자면 열 가지 과실이 되는 데 이것이 十愆이다. 곧 십건은 궁전에서 춤추고[舞] 집에서 술에 취해 노래하는 것[歌], 곧 무풍에 속한 것이고, 재화[貨]와 여색에 빠지고[色] 놀이[游]와 사냥[畋]을 일삼는 것, 곧 음풍에 속한 것이고, 성현의 말씀을 업신여기고[侮聖言], 충직한 것을 거스르고[逆忠直], 耆德을 멀리하고[遠耆德], 頑童을 가까이 하는 것[比頑童], 곧 난풍에 속한 것이다.

유언비어가 유포되자, 주공이 동도(東都)122)로 피난시켰는데, 하늘이 재난을 내린 것이다. 성왕이 점점 성장했지만, 〈주공 같은〉 훌륭한 스승이 주변에 없었다. 하늘이 노하고 백성도 반란을 일으켜 깊은 물가의 얇은 얼음 위를 걷는 듯 했다. 이에 주공이 자기에게 했던 훈계를 생각하며, 자신이 〈주공의 훈계를〉 채용하지 않아서 이같은 위험과 곤란을 당하여 벗어나는 것이 막막하다고 생각하였다. 이로부터 성왕은 자신의 잘못된 행동을 고치었는데, 이것은 또한 〈스승으로부터 받은〉 학문에서 비롯된 것이다.

여기 두 명의 군주는 어려서부터 학문을 알고, 또 우환으로 곤혹을 당하였다가 스스로 반성하고 마음을 밝히는 것[明心]으로써 극복하였다. 그러므로 군주의 덕행은 반드시 학문을 통해서 이루어지고, 학문은 반드시 좋은 스승을 얻어야 함을 알았다. 그러나 반드시 먼저 학문을 알아야 이에 스승을 얻을 수 있는 것이다.

왜 그런가? 탕왕은 이윤이란 스승을 태갑에게 물려주었고, 문왕·무왕은 주공을 성왕에게 소개하였다. 그렇기 때문에 스승은 본래부터 계신 것이지, 스승을 찾아 구한 것은 아니다. 만일 삼 사대에 걸쳐 선왕의 공신들이 없었다면 정치를 하는 데 의지할 만한 것은 필시 경험 많은 백관들일 것이며, 필시 천하의 현명한 인재들에게서 널리 구했을 것이다.

왕위를 계승한 군주는 몸이 존귀하고 부유한 데 있으면서 가까운 신하의 말에 습관되어 천하 백성의 다양한 사무를 다 이해할 수 없다. 또한 커다란 문제에 닥쳐본 경험이 없기 때문에 큰 걱정거리가 생기면 곤란에서 분발하지 못하고 마음을 닫아 둔다. 마음이 밝지 못하면 어찌 일반사람들 가운데에서 크게 현명한 인재를 식별할 수 있겠는가! 또한 말세에 학자들은 순수하지 않아 마음 가운데 참된 것을 터득하지 못하고 굵직한 한마디하기나 좋아하고, 자기를 스스로 고요(皐陶)·기(夔)라고

---

122) 지금의 洛陽 북쪽. 당시 도읍이었던 鎬京의 동쪽에 있었기 때문에 동도라고 하였다.

생각한다. 군주가 정신이 혼란하여 시비를 제대로 살피지 못하고, 갑자기 사직을 그들에게 맡겨 버리고, 그들의 명령이나 들으면서도 망하지 않은 나라는 드물다.

은나라 시절에 고종(高宗, 곧 商王武丁)이 현명한 인재를 구하는 것에 절실하였는데, 이것이 상제를 감동시켜 꿈속에서 성인을 만났다. 이후 부열(傳說)을 만나 그와 더불어 대화하였는데, 과연 그는 성인이었다. 마침내 그를 재상으로 삼아 이윤의 직위[阿衡]123)를 계승시키었다. 부열은 비천하였기 때문에 〈누구도 그를〉 추천하지 않았고, 시험할 기회도 없었지만, 그와 몇 마디 말하면서 마침내 그가 성인임을 알게 된 것이다. 어찌 고종의 지혜가 남보다 홀로 뛰어나다고 하겠는가? 생각건대 고종은 어렸을 때 농촌에 살면서 감반(甘盤)124)에게 배우며 공손하고 경건하고 조금도 소홀히 함도 없이 진리를 구하며 뜻을 바꾸지 않았다. 이로써 신(神)이 마음과 통하고 그 지혜가 〈고종과의〉 대화를 통해 판별할 수 있게 한 것이다.

그렇기 때문에 천하를 다스리는 데에는 반드시 먼저 현명한 인재를 기용함이 있었고[用賢], 현명한 인재를 기용하는 데에는 반드시 먼저 훌륭한 스승을 얻음이 있었고[得師], 스승을 얻음이 있으면 반드시 먼저 현명한 인재임을 판별하는 능력이 있었고[辨賢], 현명한 인재임을 판명하는 데에는 반드시 먼저 사사로움을 이기는 것이 있었고[克私], 사사로운 마음을 이기는 데에는 반드시 먼저 마음을 소통시키는 것이 있었고[瀋心], 마음을 소통시키는 데에는 반드시 먼저 학문을 좋아함이 있었다[好學].

이것은 요·순 이래로 계속 이어진 도리로 이것을 견지하면 나라가 통치되었고, 이것을 견지하지 못하면 나라가 혼란해졌다. 통치와 혼란

---

123) 阿衡은 伊尹의 벼슬이름이다. 『史記』 「殷本紀」 참조 "실로 이윤이로다. 실로 상왕을 돕는 자로다[實維阿衡, 實左右商王]."(『詩經』 「商訟」 '長發')
124) 甘盤은 일찍이 商王武丁의 스승이었다가 무정이 즉위한 이후 재상이 되었는데, 사람들은 그를 현명한 신하라고 하였다.

의 결과는 곧바로 나타나기 때문에 〈군주는〉 뼈를 깎는 반성을 하지 않으면 안되는 것이다.

천자의 학문은 보통 선비들과 같다. 만일 같지 않다고 한다면, 감당할 수 없는 말이다[郭言].125) 천자는 청정(淸靜)한 궁전에 거처하나, 이곳은 누추한 집과도 같다. 시를 암송하고 책을 읽는 것도 토방 안에서 하는 것과 같다. 신분에는 귀천이 있지만, 마음에는 귀천이 없기 때문이다. 또한 같지 않은 것은 〈군주의〉 자리에 있으면 천제(天帝)와 같지만, 그 지위를 잃으면 농부만도 못하다. 그래서 천자의 공부하는 것이 일반 선비와 같다는 것이다. 〈왕위를 혹 잃을까〉 두려워하면서 독실하게 공부하고, 마땅히 일반 선비들보다 백십 배를 더해야 한다.

이윤이 없으면 먼저 구단(咎單)126)을 스승으로 삼아야 하고, 부열이 없으면 먼저 감반을 스승으로 삼아야 하고, 주공이 없으면 먼저 사일(史佚)127)을 스승으로 삼아야 한다. 또한 이 세분의 현명한 인재가 없었다면 여러 선비들의 헌시(獻詩),128) 악관(樂官)의 헌전(獻典),129) 사관(史官)의 헌서(獻書),130) 사잠(師箴),131) 수부(瞍賦),132) 몽송(矇誦),133) 수많은 노동인력의 간언, 일반사람들이 전하는 말, 가까운 신하들이 상세히 말하는 제도 등, 이 모든 것을 스승으로 삼을 만하다.

붉은 색으로 화려하게 칠하지 않고, 정원을 넓게 꾸미지 않고, 주옥(珠玉)으로 장식하지 않고, 가죽이나 비단으로 만든 옷을 입지 않고, 그 어

---

125) 郭言의 郭는 外城. 곧 외곽을 가리킨다. 따라서 부언이란 책임질 수 없는 말이 되어 浮言(뜬구름 같은 이야기)과 같은 의미라고 할 수 있다.
126) 은나라의 大臣이다. 토지를 주관하는 관리였다고 한다.
127) 西周 초기의 史官이다.
128) 여러 사대부들이 당시 정치를 풍자한 詩를 군주에게 올린 것.
129) 악관들이 지은 獻曲으로 군주로 하여금 음악을 들으며 정치의 得失을 깨우치라는 내용이다.
130) 사관이 고대의 역사를 군주에게 올려 군주로 하여금 과거의 경험으로 교훈을 삼게 함.
131) 師는 少師로 樂官의 명칭이다. 箴은 箴言으로 권고하고 교훈을 주는 문장.
132) 소경이 부르는 詩.
133) 조금 볼 수는 있지만 사물을 분간하지 못하는 사람의 朗誦.

떤 것으로도 마음을 빠지게 할 수 있는 것은 없다. 이미 많은 이익을 보았기 때문에, 또한 마음을 빠지게 할 수 없는 것이다.

거울에 비유하자면 이것은 시간이 오래 지나면 바탕이 흐릿해지면서 형체를 분간할 수 없다. 〈그렇지만〉 숫돌로 그것을 문지르면 다시 밝아져 형체를 비추지 않음이 없으며, 형체를 분간할 수 없는 게 없다.

마음이 이미 밝으면 시비(是非) 판단의 일관된 주장을 바꿀 수 없고, 선악(善惡)의 그 실정을 숨기지 못하고, 아주 현명한 인재와 크게 간악한 사람이 함께 면전에 나타나도 자세히 살피지 않아도 구별할 수 있다.

이같은 방법으로 스승을 구하면 훌륭한 스승을 만날 수 있을 것이다. 어찌 영공(榮公)[134]이 이권을 독차지함이 있으며, 황보(皇父)가 백성을 괴롭힐까 하는 걱정을 하겠는가!

어떤 사람이 말했다.

"군주가 명철하면 천하의 현명한 인재를 기용해 쓰고, 그렇지 못한 사람을 물러나게 합니다. 이것은 비록 훌륭한 스승이 없어도 가능합니다."

만일 이와 같이 말한다면 비록 순임금이라도 할 수 없었을 것이다. 순임금은 천하 사람들의 명철함[明]으로 밝음[明]을 삼았고, 천하 사람들의 총명함[聰]으로 총명함[聰]을 삼았다.[135] 그래서 천하의 현명한 사람과 그렇지 못한 사람을 기용하고 물리칠 수 있었던 것이다.

그러나 어떻게 천하의 밝음을 밝히고, 천하의 총명함을 총명하다고 하겠는가?[136] 그것은 한 사람의 치우친 관찰로 할 수 있는 것이 아니다. 순임금의 총명은 천하를 치우쳐 보았기 때문에 우(禹)에게 백규(百揆)[137]

---

134) 주나라 厲王의 대신 榮夷公으로 려왕을 도와 '專利'를 실행하여 부와 권세를 만끽하였다고 한다.
135) 다시 말해 순임금은 천하 사람들의 광범한 의견을 들을 때, 천하 사람들의 耳目으로 자기의 耳目을 삼았다는 것이다. 明은 눈으로 밝게 보는 것이고, 聰은 귀로 밝게 듣는 것이다.
136) 천하 사람의 이목을 자기의 이목이라 할 수 있겠는가?
137) 官名으로 모든 국가사무를 총괄 관리 감독하는 직책이다. 요임금 초기부터 있었으며 주나라에 들어와서는 冢宰란 이름으로 바뀌었고, 그 후 宰相이 그 역할을 담당하였다.

의 관직을 맡겼던 것이다. 우가 백규의 관직을 맡아 조정 내의 모든 관직을 총괄하고, 조정의 백관들이 각 지의 제후[牧]와 장관[伯]을 총괄하고, 제후와 장관이 각 지방의 관리를 총괄하여 충충시하 관리 감독하였는데, 이것이 마치 의복에 옷깃[領]이 있고, 어망(漁網)에 그물이 있는 것과 같았다. 순임금은 공손히 왕의 자리에 앉아 있었고, 천하는 그의 이목의 통제하에 있었던 것이다.

태갑·성왕·고종·순임금 등의 예로부터 보자면 나는 군주가 명철하지 못한데도 훌륭한 스승을 얻고, 훌륭한 스승을 얻지 못했는데도 천하를 잘 다스렸음을 볼 수 없었다.

꾸밈을 숭상하는 사람은 실속이 없고, 겉을 숭상하는 사람은 진정한 속마음이 없다. 명나라 장열제(莊烈帝, 1628~1644)[138]는 훌륭한 스승을 얻은 군주가 아니며, 하봉성(賀逢聖)과 사승(謝陞)[139]은 〈군주의〉 스승이 된 신하가 아니었다. 이에 〈이들은 명나라〉 조정이 망할 때 군주의 자리를 내버리고, 서로 몸을 굽혀 읍(揖)하고 궁전에서 나무인형극을 보여준 이들이다.

태자 교육의 중요성[太子]

옛날부터 태자를 교육하는 데에는 반드시 현명한 사부를 취택해서 해야 한다는 말이 있다. 〈그런데 이 말은〉 오늘날에 와서 군주를 기만하

---

138) 명대 마지막 황제 毅宗 朱由檢으로 연호는 崇禎이다.
139) 賀逢聖은 명대 숭정 초기 禮部尙書 겸 文淵閣大學士를 지낸 청렴결백한 사람이었다. 李自成이 반란을 일으켜 명조를 위협하자 호수에 뛰어들어 자살하였다. 謝陞은 숭정 년간에 吏部尙書 겸 建極殿大學士를 지내다 탄핵 당하여 귀양갔다가 청조 順治 년간에 이부상서를 지냈다.

는 말이 되고 말았다. 공경대신의 집안에서 천금 같은 자식도 또한 사부를 가볍게 여기는데, 하물며 태자임에랴!

　사부가 태자를 가르치는 것이 마치 나약한 양이 큰 수레를 끄는 것과도 같다. 그렇다면 태자는 누가 교육해야 하는가? 천자가 스스로 가르쳐야 한다. 천자가 태자를 가르칠 수 있다면 사부는 태자에게 도움이 될 것이다. 천자가 태자를 가르칠 수 없다면 수많은 이윤(伊尹)이 있고, 수많은 주공(周公)이 있다 하더라도 태자에게 도움이 없다.

　태자는 본래 존귀함으로 반드시 비천한 지위에 머물게 해야 하고, 본래 외부세계와 접촉할 수 없는 곳에 머물러 있으므로 반드시 바깥세계를 두루 관람하게 해야 하고, 본래 방종할 수 있으므로 반드시 검소하게 해야 한다.

　무릇 태자를 교육하는 데에는 그가 남면(南面)한 상태에서 스승을 대면해서는 안된다. 나아가 공부를 할 때에는 스승[師]은 서쪽을 향해 앉고, 사부[傅]는 동쪽을 향해 앉으며, 태자는 북쪽을 향해 앉는다.[140]

　공부를 시작할 때에 태자는 "공부하기를 원합니다"고 해야 하며, 공부가 끝났을 때에는 "삼가 가르침을 잘 받았습니다"라고 해야 한다.

　태자가 공부할 때에 〈황제는 태자에게〉 나가고[進] 물러가는[退] 등의 명령을 내려서는 안되고, 오로지 진퇴에 대한 명령은 스승이 내리며, 〈또한 황제는〉 음식 먹으라는 명령을 내려서는 안되고, 오로지 이에 대한 명령은 스승이 내리며, 〈또한 황제는〉 앉아라 일어서라는 등의 명령을 내려서는 안되고, 오로지 앉고 일어서고의 명령은 스승이 내린다.

　공경대신에게 질병이 나면 그로 하여금 문안하게 하고, 초상이 나도 그로 하여금 조문하게 하고, 경사가 있어도 그로 하여금 축하하게 하고,

---

140) 옛날의 자리에 앉는 예절로 주인은 서쪽을 향해 앉고 손님은 동쪽을 향해 앉았다. 남쪽을 향한 자리는 존귀한 자리로 제왕의 지위를 나타내고, 북쪽을 향해 앉는 것은 신하의 지위를 상징한다. 여기서 태자가 북쪽을 향해 앉는 것은 사부에 대한 존경의 표시이다.

〈공경대신이〉 사신으로 나가게 되면 그로 하여금 전송하게 하고, 〈공경대신이〉 명령을 위반하였다면 그로 하여금 해결하도록 하고, 〈공경대신이〉 조정에 들어오면 그로 하여금 계단에 내려가 맞이하게 하고, 〈공경대신이〉 예를 갖추면 그로 하여금 왼쪽에서 답례하게 하고,[141] 〈공경대신이〉 진언하면 재배(再拜)하고 그 의견을 받아들이게 한다.

무릇 태자를 교육하는데, 봄철에는 〈태자로 하여금〉 씨뿌리는 농촌을 보게 하고, 여름철에는 김매는 장면을 보게 하고, 가을철에는 수확하는 모습을 보게 하고, 겨울철에는 저장하는 것을 보게 한다. 〈태자에게〉 너무 많이 수종을 들어 주지 말고, 너무 심한 보호를 하지 말고, 사람을 회피하지 않도록 해야 한다.

〈또한 태자로 하여금〉 부인·자녀와 화친하면 생양(生養)하는 것을 알고, 일반 서민들의 집에 들어가 보면 그들의 생활 환경을 알고, 그들의 음식을 먹어보면 그들이 어떻게 먹고사는 가를 알고, 그들의 옷을 입어보면 그들이 추위와 더위를 어떻게 이기는지 안다.

농민은 군주의 근본이고, 농토와 초가집은 황실과 궁전의 근본이고, 거친 곡식은 맛있는 음식의 근본이고, 베옷은 화려한 옷의 근본이다. 그 근본을 모르면 반드시 그 끝을 잃고 만다.

무릇 태자를 교육하는데, 뽕밭을 보여주면 의복이 어디서 비롯되었는지 알 수 있고, 방목하는 곳을 보여주면 타는 말이 어디서 비롯되었는지 알 수 있고, 가축 우리를 보여주면 고기가 어디서 비롯되었는지 알 수 있고, 호수를 보여주면 물고기가 어디서 비롯되었는지 알 수 있고, 과수원과 농장을 보여주면 과일과 야채가 어디서 비롯되었는지 알 수 있고, 산을 보여주면 재목이 어디서 비롯되었는지 알 수 있고, 공장을 보여주면 생활용품이 어디서 비롯되었는지 알 수 있다.

무릇 태자를 교육하는데, 시장을 지나게 하면 장사하는 고통을 볼 수

---

141) 공경대신이 태자에게 예를 갖추면 태자는 빠른 걸음으로 그의 왼쪽에서 답례를 하였다. 고대에는 오른쪽을 존귀한 자리라고 여겼기 때문이다.

있고, 길가에 있게 하면 무거운 짐 진 사람들의 고통을 볼 수 있고, 도로를 걷게 하면 부역하는 이들의 노고를 볼 수 있고, 여관에 머물게 하면 외지 여행중의 고통을 알 수 있다.

무릇 태자를 교육하는데, 잘못이 있으면 반드시 채찍으로 때리고, 신하 대하는 태도로 스승을 대접하거나 멋모르고 교만해져서 〈스승의〉 명령을 듣지 않으면 채찍으로 때리고, 대신들을 공손히 대하지 않고 여러 신하들을 예의로 대하지 않으면 채찍으로 때리고, 오늘 스승으로부터 들은 말을 내일 실천하지 않으면 채찍으로 때리고, 밖에 나가 제멋대로 놀면서 농사의 고충을 모르면 채찍으로 때리고, 외출해서 방탕하게 놀면서 백성들의 곤궁함을 모르면 채찍으로 때리고, 밖에 나가 쓸데없이 외유하면서 서민들의 풍토를 모르면 채찍으로 때리고, 밖에 나가 놀면서 사람들의 노고를 모르면 채찍으로 때린다.

대개 소와 양의 습성에 익숙하지 않은 자는 소와 양을 기를 수 없다. 백성들의 생활을 모르는 사람은 백성을 다스릴 수 없다.

무릇 태자를 교육하는데, 그의 주거가 서민과 다른 곳이어서는 안되고, 먹는 음식이 서민과 다른 것이어서는 안되고, 입는 의복이 서민과 다른 것이어서는 안된다. 일반 서민들과 달리 한다면 오로지 자기만 알고 방자해져서 자기가 무엇을 하는지조차 모르게 된다.

요염한 여자가 태자의 몸을 해치고, 음흉한 내시가 태자의 품성을 해치고, 아첨하는 사람들이 태자의 지혜를 해친다. 비록 하루에도 세 번씩이나 조회하고 문안하며 예의와 격식을 엄숙히 갖추어도, 〈그들의 유혹은〉 마치 배우들이 연기하는 것과도 같으니, 어찌 그들에게서 올바른 교육을 찾겠는가?

천자는 조회를 마친 이후 한가한 시간에, 태자는 스승의 가르침을 받은 이후 한가한 시간에, 천자와 태자가 함께 하며 좌우 거리를 두어서는 안된다. 〈이때 천자는〉 자애롭게 웃으며 말하고, 〈어떤 때는〉 엄숙하게 질책하며 가르쳐야 한다. 이 세 가지 해치는 것(요염한 여자·음흉한 내시·아첨하는 무리)을 가까이 하지 않으면 한 번 습관이 되어 항상 마음놓아도 될 것이다.

무릇 태자를 교육하는데, 우선 여자의 유혹을 제거해야 한다. 서민들은 한 명의 부인만 있어도 잠자리에서 근신하지 않아 질병이 오고 일찍 죽는 일이 벌어진다. 〈그런데 태자가〉 별궁에 밀실을 갖추고 그 안에 미인들로 가득 차 있다면, 이것은 마치 기름통 옆에 불을 붙이는 것과 같으며, 또한 견고한 가죽 혁대를 비오는 가운데 두고 적시는 것과도 같다. 〈그러니〉 어찌 행복하다고 할 수 있겠는가!

진(秦)나라 이래로 군주들은 언제나 장수하지 못했다. 그저 50~60세 정도가 장수한 축이고 40세 정도가 보통 산 것이고, 30세 정도가 짧게 산 경우이다. 〈군주 가운데〉 장수한 이들은 보통 10분의 1 정도고, 보통 산 사람과 요절한 군주가 10분의 9에 해당한다. 모두 여자로 말미암아 일찍 죽은 것이다.

그렇기 때문에 태자가 거처하는데, 젊었을 때에는 여자를 가까이 해서는 안되고, 결혼한 이후에는 너무 많은 여자와 교합(交合)하게 해서는 안된다. 〈태자의 부인이〉 몸소 청소를 하게 하고, 의상을 관리하게 하며, 〈태자로 하여금〉 용모를 선택하게 하지 말고, 스스로 방치하게 하지 말고, 감히 깔보지 않게 해야 한다.

무릇 태자를 교육하는데, 반드시 내시의 유혹을 제거해야 한다. 창문을 열고, 방을 청소하고, 옷을 입히고, 버선을 벗기고, 밥을 나르고, 물주전자를 잡는데, 일반사람 몇 명으로 하여금 하게 하면 충분하다. 비록 노련함과 성숙된 일은 삼대에 걸쳐 경험을 쌓아온 자로 하여금 하게 하는데, 〈태자의〉 몸을 보양하는 것, 질병을 살피는 것, 음식을 살피는 것, 여러 잡다한 일을 하는 이들이 게으르지 않게 통솔하는 것 등은 오직 그의 책무이다. 만일 궁중의 중요한 일을 말하면 그를 죽이고, 조정의 일을 말하면 그를 죽이고, 백관들이 논의한 것을 말하면 그를 죽이고, 『시경』·『서경』의 문장을 망령되게 말해도 죽인다.

무릇 태자를 교육하는데, 가르쳐서는 안될 가르침이 있다. 천자는 몸 자체가 제도가 되는데, 이것을 '불교지교(不教之教)'라고 한다. 천자의 궁전은 큰 도읍보다 넓다. 비(妃)와 첩(妾)은 두지 않으면 안되고, 환관도 부득불 많을 수밖에 없다. 궁전은 크고 사람은 많으니 장차 어찌 하겠는가? 장차 궁전의 담으로 성을 삼겠는가? 장차 비와 첩으로 하여금 성을 수호하게 해야겠는가? 장차 환관들로 하여금 외적을 방어하게 해야겠는가?

반드시 〈궁전이〉 크면 〈군주는〉 더욱 존엄해지고, 반드시 〈궁전에〉 사람이 많으면 〈군주는〉 더욱 빛나게 된다. 요·순은 초가집에 살면서 천하를 다 다스리지 않았다. 걸·주는 높고 큰 화려한 궁전에서 실로 성대한 왕이 되었다. 궁실은 해악만 있었고 유익한 것은 없었으며, 비와 첩도 해악만 있었고 유익한 것은 없었으며, 환관도 해악만 있었고 유익한 것은 없었다. 〈그렇다면〉 날마다 해롭게 되고, 매년 해악이 미치고, 세대마다 해악이 늘어가게 될 것이다. 태자가 태어나면 궁실의 사치스러움을 보여서는 안되고, 환관이 득실거리는 것을 보여서도 안되고, 진기한 물품이 제공되는 것을 보여서도 안되고, 주옥으로 만든 기구를 보여서도 안된다. 그(태자)의 소박함은 손상되지 않고, 그 뜻은 음란해지지 않기 때문에, 이로써 교육은 쉽게 시행되고, 학문은 쉽게 이루어지는 것이다.

부모에 대한 바른 태도 [備孝]

아버지와 어머니는 똑같다. 아버지의 부모와 어머니의 부모도 똑같다. 남자와 여자는 똑같다. 아들의 자식과 딸의 자식도 똑같다.

인간의 도리는 조상에 근본하고 있는 것이지, 외부에 그 뿌리를 두고 있는 것이 아니다. 근본의 중요함은 마치 하늘과도 같다. 만일 태어난 것으로부터 말하자면, 어머니는 아버지와 다를 게 없다. 어머니가 나온 것에서 알 수 있는 것이다. 그러므로 〈본가의〉 조상이 중요하다면, 또한 외가를 경홀히 할 수 없는 것이다. 예제(禮制) 밖에서 정감(情感)을 논하고, 복제(服制) 밖에서 의리(義理)를 논한다면, 어떻게 〈외가를〉 가볍게 말할 수 있겠는가! 나는 전에 이 도리를 알았지만, 아직 말하지 않았고, 문장으로 검증한 적도 없다.

『춘추』에 기백희(杞伯姬)가 아이를 데리고 와서 조회에 참여하는 기록을 읽은 적이 있는데, 그것이 여기에 해당한다.[142] 대개 부인이 친정에 돌아가 부모를 만나는 것[歸寧][143]은 사소한 일이다. 어린이가 무지(無知)하여 손잡고 오는 것은 더욱 사소한 일이다. 온 것에 대해서 기록하지 않았는데, 하물며 그 자식에 대해서랴! 오직 제후들이 천자를 뵙는 것을 조회한다고 말한다. 조회는 큰 예식[大禮]이다. 어린이에게 이 예식에 참가하게 한 것은 〈노나라 장공이〉 도의를 중요하게 여긴 것이다.

공자가 천하 백성을 교육하고자 하면서 그 어머니의 부모 사랑하기를 마치 조부모 대하듯 하고, 딸이 낳은 자식 사랑하기를 마치 손자 대하듯 하라고 하였다. 그렇기 때문에 특별히 여기(『춘추』)에 이런 기록을 함으로써 도의를 보인 것이다.

사람은 부모를 대할 때 모두 하나 같다. 여자가 시집가기 전 집에서 부모를 대하는 것과 출가해서 부모를 대하는 것이 어찌 다를 수 있겠는가! 출가한 후 시부모님과 남편을 중시하며 대접하고 자기의 부모를 가

---

142) 『春秋』 '僖公 5年'에 "기나라의 백희가 와서 그 아들을 조회시켰다[杞伯姬來, 朝其子]"라고 하였는데, 杞伯姬는 杞伯의 처로 魯나라 莊公의 딸이다. '朝其子'란 당시 그 아들의 나이가 어리기 때문에 조회의 예를 몰라 어머니가 그를 데리고 와서 조회에 참석한 것이다.

143) 『春秋』 '莊公 27年'에는 "기나라의 백희가 온 것은 귀녕한 것이다. 무릇 제후의 딸이 귀녕한 것을 왔다[來]라고 하고, 쫓겨나는 것을 돌아왔다[來歸]라고 한다[杞伯姬來, 歸寧也. 凡諸侯之女, 歸寧曰來, 出曰來歸]"고 하였는데, 다시 말해 歸寧이란 출가한 딸이 친정에 돌아와 부모 뵙는 것을 말한다.

녑게 대접하는 것은 후하게 대접해야 할 것을 박하게 한다거나 박하게 해야 할 것에 후하게 하는 것이 아니다. 전에는 부모의 자식이었다가 지금은 자식의 어머니가 된 것이다. 여기서 〈연속적으로〉 부자(父子)관계가 성립하고, 군신(君臣)관계가 성립하는 것이다. 본래 자신이 부모의 몸이 되었어도 여전히 사람된 도의를 잊을 수는 없는 것이다.[144]

출생한 것에서 말하자면, 남자와 여자는 똑같다. 은정(恩情)은 복제(服制)로써 박(薄)함을 판단하지 않고, 복제(服制)는 은정으로써 박함을 판단하지 않는다. 이 의미를 전에는 말하지 않았는데, 문헌으로 증명할 수 없었기 때문이다.

『춘추』에 기(紀)나라의 계강(季姜)이 서울로 시집을 갔다는 기록이 있다.[145] 이것이 이 뜻에 해당된다. 제후 또한 자(字)를 쓰지 못하였는데, 〈왕후가 자를 쓴 것은〉 왕후의 존엄함이 천자와 같다는 뜻이겠는가! 자를 쓴 것은 부모의 존엄함을 표현하기 위한 것이다. 부모의 존엄함은 천자보다 아래로 해서는 안된다. 어찌 시부모보다 아래로 할 수 있겠는가!

공자는 여자들이 결혼해서 부인이 되어 습관에 젖어 친정을 잊고, 시부모를 존중하고, 자신의 부모를 등한히 하고, 시부모를 가까이 대하고, 자신의 부모를 멀리하고, 시부모를 친하게 여기고, 자신의 부모를 소홀하게 대하는 것을 염려하였다. 그래서 특히 왕후[계강]가 자를 쓴 것을 여기에 드러내 보여준 것이다.

---

144) 자신이 출가하여 한 아이의 부모가 되었어도 자신의 부모는 여전히 자신의 부모로써 그에 대한 도리를 다해야 한다는 내용이다.

145) 『春秋』 '桓公 9年'에 "紀季姜歸于京師"라고 하였는데, 季姜은 桓王의 后다. 季는 字, 姜은 紀國의 姓이다. 여기서 季라는 字를 쓴 것은 부모에 대한 존경의 표시였다. 歸는 여자가 시집가는 것을 말한다. 무릇 제후의 딸이 시집가는 것은 오직 王后가 될 때에만 쓴다.

효제의 중요성[明悌]

인간의 윤리는 크게 다섯 가지가 있는데,[146] 오늘날 네 가지만 존재하고 한 가지는 없어졌다.

옛날 공자는 제자들을 가르치면서 효제(孝悌)를 가장 긴박한 것으로 말씀하셨고,[147] 충(忠)에 대해서는 적게 언급하셨다. 강(江)과 한(漢)은 물의 근원이고, 바다는 물의 끝이다. 효제가 시작이라면, 충은 그 끝에 해당한다. 먼저 끝이 있고, 그 뒤에 근원이 있는 경우도 있는가? 근원이 무성한데, 끝에 가서 고갈되는 경우도 있는가?

참으로 신기한 것은 사람들이 이렇게까지 명예를 좋아한다는 점이다. 군주에게 충성하는 것이 명예가 되어 크고도 분명하게 드러난다. 사관은 그것을 기록하고 나라는 그것을 크게 기린다.

과거 명나라가 막 망할 때 사람들은 모두 스스로 백이(伯夷)가 된 것처럼 행동하였다. 농촌의 선비들이나 일반 서민들을 어떻게 후한 녹을 받는 귀족들과 견주겠는가. 〈그들 가운데는〉 몸을 희생하면서 나라를 위한 사람도 있다. 이때 천하 사람들 가운데 충성을 말하는 사람이 열 명중 아홉 명이었지만, 효로 인한 명예는 충성으로 인한 명예만 못하였다. 그렇기 때문에 당시 효를 말하는 사람은 천 명 가운데 한 두 명에 지나지 않았다.

저 공경[悌]에 대한 것도 사람들은 하지도 않고 언급도 안 한다. 공경

---

146) 君臣·父子·夫婦·兄弟·朋友의 관계를 설명한 五倫 또는 五常을 말한다.
147) 『論語』「學而」편에서는 효제에 대해 다음과 같이 언급하였다. "유자가 말했다. 그 사람됨이 효성스럽고 공경하면서 위를 거역하기를 좋아하는 자는 드물다. 위를 거역하기를 좋아하지 않으면서 난을 일으키는 것을 좋아하는 사람은 아직 없다. 군자는 근본에 힘쓰고, 근본이 확립되면 도가 발생한다. 효제는 그 인을 행하는 근본이다[有子曰, 其爲人也, 孝弟而好犯上者, 鮮矣. 不好犯上, 而好作亂者, 未之有也. 君子務本, 本立而道生. 孝弟也者, 其爲仁之本與]." "공자가 말했다. 제자가 들어가서는 효도하고, 나와서는 공손하다[子曰, 弟子立則孝, 出則弟]."

의 도리는 끊어진 지 이미 오랜 세월이 흘렀다. 내가 어진 사대부들을 살펴보면, 또한 비간(比干) 같은 충신도 있고, 증삼(曾參)처럼 부모를 잘 공양한 사람도 있고, 숙아(叔牙)148)처럼 친구와 교제를 잘한 사람은 있었지만, 그들이 형제와 생활하면서 서로 어떻게 지냈는가?

형제가 그에게 비단을 주려고 하자 가련한 얼굴빛을 하였고, 곡식을 빌리려하였을 때에는 진땀을 흘리며 거절하였고, 자기를 잘 대우해 주자 친구 대하듯 그를 도왔고, 자기를 싫어하자 원수처럼 그를 보았고, 자기를 침범하자 도적처럼 그를 막았다. 자매가 이미 출가하자 멸시하다가 점차 그들을 잊는 것을 마치 누구네 집으로 시집갔는지 모르는 것처럼 행동하였다. 그 집안 사정을 스스로 알지 못했고, 그 집안의 책임 또한 자신에게 미치지 않았다. 이같은 것을 스스로 자랑하며 가장 완전한 행동이라 생각하는 사람을 나는 짐승보다 못한 자들이라고 생각한다.

오늘날 부모의 상을 치르는데, 앉아서 〈부모에 대한〉 기억을 잊지 못하고, 상을 마치고도 슬픔을 끝내지 못한다면, 역시 효라고 할 수 있지 않을까? 형제에 대해서도 역시 그렇다.

옛날 자로가 그 누이의 상을 당했을 때, 상기가 지났는데도 상복을 벗지 않았다. 그때 공자가 말했다.

"무엇 때문에 상복을 벗지 않는가?

자로가 대답했다.

"저에게는 형제가 많지 않기 때문에 차마 하지 못하는 것입니다."149)

공자도 일찍이 누이가 죽었을 때, 제자들과 함께 서서 오른손으로 왼손을 감싸 잡고 예를 갖추었다. 제자들이 그 까닭을 모르자, 공자가 말했다.

"내가 오른손을 위에 올려놓은 것은 누이의 상이 있기 때문이다."150)

---

148) 齊桓公의 大臣이며 管仲의 절친한 친구 鮑叔牙를 말한다.
149) 이 내용은 『禮記』 「檀弓上第三」에 "子路有姊之喪, 可以除之矣, 而弗除也. 孔子曰, 何弗除也. 子路曰, 吾寡兄弟而弗忍也"라고 기록되어 있다.

이로부터 보자면 공경한다는 것이 무엇인지 알 수 있다.

죽여도 원망하지 않는 것이 군주를 섬기는 도리이고, 죽여도 원망하지 않는 것이 부모를 섬기는 도리이고, 형제에 대해서도 또한 그러하다. 옛날 〈순임금의 동생〉 상(象)이 순임금을 죽이려고 하였지만, 순임금은 그를 부귀하게 해 주었다.[151] 부귀하게 해준 것으로 어떻게 만족할 수 있었겠는가! 상이 근심하면 순임금도 근심하였고, 상이 기뻐하면 순임금도 기뻐하였다. 이런 도리가 순임금이 그 부친 고수(瞽瞍)[152]를 섬기었

---

150) 이 내용은 『禮記』 「檀弓上第三」에 "孔子與門人立拱而尚右, 二三子亦皆尚右. 孔子曰, 二三子之嗜學也. 我則有姊之喪故也. 二三子皆尚左"라고 한 것 참조. 尚右는 오른손을 왼손 위에 올려놓는 일종의 拱手자세로 凶事에는 오른손을 숭상하기 때문에 오른손을 올려놓는 것이다.

151) 『孟子』 「萬章」上편에 이에 대한 자세한 기록이 있다. "만장이 질문하였다. '象이 날마다 舜을 죽이는 것으로 일을 삼았거늘, 순이 즉위하여 천자가 되어서는 그를 죽이지 않고 추방한 것은 어째서입니까?' 맹자가 대답했다. '그를 봉해 주었는데, 혹자가 추방했다고 하는 것이다.' 만장이 말했다. '순이 共工을 幽州에 유배시키고, 驩兜를 崇山으로 추방시키고, 三苗를 三危에서 죽였고, 鯀을 羽山에서 죽이어 네 사람을 처벌하자, 천하가 다 복종하였으니, 이는 不仁한 자를 처벌했기 때문입니다. 상이 지극히 불인하였는데도 그를 有庳에 봉해 주었으니, 유비의 백성들은 무슨 죄입니까? 仁人도 진실로 이와 같단 말입니까? 타인은 죽이고, 동생은 봉해 주시는군요.' 맹자가 말했다. '인인은 아우에 대해서 노여움을 감추지 아니하며, 원망을 묻혀두지 아니하고, 그를 친애할 뿐이다. 그를 친히 한다면 그가 귀하게 되기를 바랄 것이요, 그를 사랑한다면 그가 부해지기를 바랄 것이니, 그를 유비에 봉하심은 그를 부귀하게 하신 것이다. 자신은 천자가 되고, 아우는 필부가 된다면 아우를 친애했다고 이를 수 있겠는가?' '감히 묻습니다. 혹자들이 추방했다고 말하는 것은 어째서 입니까?' 맹자가 대답했다. '상이 그 나라에서 정사를 하지 못하게 하고, 천자가 관리로 하여금 그 나라를 다스리게 하고, 그 세금만을 받게 하였다. 그래서 그를 추방했다고 하는 것이니, 어찌 저 백성들을 포악하게 할 수 있었겠는가? 비록 그렇더라도 항상 그를 만나보고자 하였으므로 끊임없이 오게 하셨으니, '조공할 시기에 미치지 아니하여 정사로 유비의 군주를 접견했다' 하였으니, 바로 이것을 말한 것이다'[萬章問曰, '象日以殺舜爲事, 立爲天子則放之, 何也.' 孟子曰'封之也. 或曰放焉.' 萬章曰, '舜流共工于幽州, 放驩兜于崇山, 殺三苗于三危, 殛鯀于羽山. 四罪而天下咸服, 誅不仁也. 象至不仁, 封之有庳, 有庳之人, 奚罪焉, 仁人, 固如是乎. 在他人則誅之, 在弟則封之.' 曰'仁人之於也, 不藏怒焉, 不宿怨焉, 親愛之而已矣. 親之, 欲其貴也, 愛之, 欲其富也, 封之有庳, 富貴之也. 身爲天子, 弟爲匹夫, 可謂親愛之乎.' 曰'敢問或曰, 放者何謂也.' 曰'象不得有爲於其國, 天子使吏治其國而納其貢稅焉. 故謂之放 豈得暴彼民哉. 雖然, 欲常常而見之, 故源源而來, 不及貢, 以政接于有庳 此之謂也']."

던 도리인데, 보통사람들은 하기 힘든 일이다. 순임금이 동생에게 넉넉히 시행하였는데, 바로 자기를 죽이려고 한 동생에게 시행한 것이다.

맹자는 순임금의 효성을 칭송하며 다음과 같이 말하였다.

"여색을 좋아하고, 부귀하게 되는 것으로 근심을 해소하기에는 부족하였고, 오직 부모에게 순종하고서야 근심을 풀 수 있었다."153)

나는 이 문장을 가지고 응용해서 순임금의 형제 공경의 모습을 칭송한다면, 다음과 같이 할 수 있을 것이다.

"여색을 좋아하고, 부귀하게 되는 것으로 근심을 해소하기에는 부족하였고, 오직 형제에게 순응하고서야 근심을 풀 수 있었다."

이로부터 보자면, 형제에 대한 공경이 무엇인지 알 수 있을 것이다.

인간의 사랑은 자기의 처를 편애하는 것보다 더한 것은 없다. 『시경』에 이런 말이 있다.

"손은 고와서 마치 부드러운 새싹 같고, 살결은 마치 윤기 나는 기름 같고, 목은 마치 나무 벌레의 길고 흰 것 같고, 치아는 마치 박씨와 같고, 매미 이마에 나방 같은 눈썹, 웃을 땐 보조개 드러나고, 아름다운 눈매."154)

이것은 여인의 외모에 대한 아름다움을 사랑하는 것이다. 한 방에서 살면서 침상을 같이 쓰면, 이것은 여인의 성적 매력을 사랑하는 것이다. 누에를 길러 실을 잘 뽑고, 바느질을 잘하고, 맛있는 술을 잘 담고, 맛깔

---

152) 순임금의 부친으로 그는 눈이 있어도 好惡를 분간할 줄 몰라 사람들이 소경[瞽]이라고 불었다. 고수에 대한 자세한 내용도 『孟子』 「萬章」 上편에 자세하다.

153) "好色富貴, 無足以解憂者, 惟順於父母, 可以解憂."(『孟子』 「萬章」 上) 그밖에 순임금의 효를 칭송한 기록은 「離婁」 上편의 "순임금이 어버이를 섬기는 도리를 다함에 고수가 기쁨을 누리었으니, 고수가 기쁨을 이룸에 천하가 교화되었으며, 고수가 기쁨을 이룸에 천하의 부자간이 된 자들이 안정되었으니, 이것을 일러 大孝라 하는 것이다[舜盡事親之道而瞽瞍底豫, 瞽瞍底豫而天下化, 瞽瞍底豫而天下之爲父子者定, 此之謂大孝]"고 한 내용을 들 수 있다.

154) "手如柔荑, 膚如凝脂. 領如蝤蠐, 齒如瓠犀, 螓首蛾眉. 巧笑倩兮, 美目盼兮."(『詩經』 「衛風」 '碩人')

스런 요리를 잘하는 여인을 사랑한다면, 이것은 자기 생활의 도움 줄 수 있는 것을 사랑하는 것이다. 나이 들어서도 자손을 잘 가르치고, 부녀를 잘 훈계하는 여인을 사랑한다면, 이것은 여인의 성숙한 아름다움을 사랑하는 것이다.

이런 것은 성정(性情)의 평상적인 것이며, 성현들도 마찬가지이다. 그러나 부인의 도덕을 사랑하는 것은 대단히 형제를 사랑하는 것에서 빗나간 것이다. 만약 자로의 처가 죽어 상기가 이미 지났는데도 탈상(脫喪)하지 않았다면, 다음과 같이 말했을 것이다.

"내 처가 생각나 차마 탈상하지 못했다."

만약 요임금의 두 딸이라면 날마다 순임금을 죽이려고 일을 꾸몄을 것이다. 순임금이 다행히 죽음을 면할 수 있었기 때문에 천자의 자리에 오를 수 있었고, 〈요임금의 두 딸을〉 존귀하게 여기고 총애하여 비(妃)와 부인으로 삼았을 것이다.155) 〈그리고〉 부인이 근심하면 자신도 근심하였고, 부인이 기뻐하면 자신도 기뻐하였을 것이다. 그렇다면 저 자로는 감정에 빠져 부인을 좋아한 것이니, 군자가 하기에는 천박한 것이다. 그렇다면 저 순임금은 정신이상자이니, 또한 걸(桀) · 주(紂)가 매희(妹喜)와 달기(妲己)156)를 총애한 것보다 못한 것이다.

이전에 고(高) 선생이 나에게 물었다.

"군주와 부모의 중요함은 사람들이 모두 압니다. 만일 형제 · 부인 · 자녀라면 평소 그들과 함께 생활하는 것을 피해 갈 수 없습니다. 그들에게 선후(先後) · 경중(輕重)이 있다면 무엇입니까?"

내가 대답했다.

---

155) 요임금의 두 딸은 娥皇과 女英으로 모두 순임금에게 시집가 왕비가 되었다. 여기 이 말은 가정해서 한 말이다.
156) 妹喜의 妹는 妺로 쓰이기도 한다. 여하튼 그녀는 有施氏의 딸로 하나라 걸왕이 유시씨를 공격하자 유시씨가 그의 딸을 걸왕에게 시집보냈고, 걸왕은 그녀를 총애하였다고 전한다. 妲己는 성이 己로 有蘇氏의 딸이다. 은나라 주왕이 유소씨를 공격하자 유소씨가 자신의 딸을 주왕에게 바쳤고, 그녀는 주왕으로부터 총애를 받았다고 한다.

"전에 나는 그 문제에 대해 신중히 생각해 본 적이 있는데, 그 차별은 다섯 단계라고 생각했습니다. 첫 번째가 군주와 부모이고, 두 번째가 형제이고, 세 번째가 부인이고, 네 번째가 형제의 자녀들이고, 다섯 번째가 친구입니다. 선생은 이것을 헤아리겠지요!"

아내 폭력을 금함[內倫]

『시경』에 이런 말이 있다.

"원앙새가 어량(魚梁, 지금의 江西省 萬安縣 또는 湖南省 臨湘縣)에서 왼쪽 날개를 접네."[157]

정현(鄭玄)은 이 시구를 다음처럼 해석하였다.

"새들의 암수를 잘 분간할 수 없지만 날개로 알 수 있다. 오른쪽 날개로 왼쪽 날개를 가리면 수컷이고, 왼쪽 날개로 오른쪽 날개를 가리면 암컷이다. 〈이것은〉 음양이 서로 아래에 처한다는 뜻이다."[158]

부부관계도 역시 서로 아래로 하면서 가족을 이루는 것이다.

공영달(孔穎達)은 이것을 다음과 같이 해석하였다.

"『역경』의 「함괘(咸卦)」는 부부의 도이다. 「단사(彖辭)」에서 말하기를 〈서로 더불어〉 그쳐서 기뻐하고, 남자가 여자 아래로 내려온다'[159]고 하여 부부가 서로 아래에 처하려고 하였는데, 이것이 항상된 도이다. 「태괘(泰卦)」의 하늘이 땅 아래에 처한다고 한 것도 마찬가지다."[160]

---

157) "鴛鴦在梁, 戢其左翼."(『詩經』「小雅」「甫田之什」'鴛鴦')
158) 정현에 대한 소개는 「五經」편 정강성을 참조. 이 주석은 정현의 『毛詩箋』에 있는데, "음양이 서로 아래 처한다"는 뜻은 음양이 相反하면서 동시에 相成한다는 뜻이다. 다시 말해 암수가 두 방면에서 서로 존중한다는 의미이다.
159) "止而說, 男下女."(『周易』「澤山咸卦」)

하늘은 높고 땅은 낮으며, 남편은 존귀하고 부인은 비천하다. 만일 아래위가 바뀌고 존비를 바꾸면, 어찌 큰 혼란의 도가 아니겠는가!『시경』의 이 내용과『역경』의 이 내용이 어찌 이렇게 말했단 말인가?

생각건대 땅은 하늘 아래에 있고, 부인은 남편보다 아래에 있다는 것은 지위가 그렇다는 것이다. 하늘이 땅 아래에 있고, 남편이 부인보다 아래에 있다는 것은 미덕(美德)차원에서의 말이다.

옛날에는 군주가 신하에게 예를 표시하는데, 신하가 예를 표하면 군주는 답례하였으며, 〈천자는〉 태자의 스승 앞에서 스스로 소자(小子)라 하였다. 〈이것은〉 미덕과 지위가 서로를 가리우지 않은 것이다. 천자의 존엄함은 의장을 갖추고 친히 맞이하며 그를 공경하였는데, 이것도 역시 미덕과 지위가 서로 가리우지 않은 것이다.

만일 하늘이 땅 아래 처하지 않는다면 이것을 일러 하늘이 높고 높아 위에 있다는 것이고, 하늘이 높게만 있다면 비바람이 적절하게 내리거나 불지 않아 오곡이 익지 않는다. 군주가 신하보다 아래 처하지 않는다면 이것을 가리켜 군주가 높고 높아 위에 있다는 것이고, 군주가 높게만 있다면 신하는 충성을 다하지 않으며 백성은 군주를 사랑하지 않는다. 남편이 아내보다 아래 처하지 않는다면 이것을 일러 남편이 높고 높아 위에 있다는 것이고, 남편이 높게만 있다면 집안이 화목하지 않고 집안의 도리가 이뤄지지 않는다. 〈이런 것이〉 나라에 시행되면, 나라는 반드시 망할 것이고, 집안에 미치면 집안이 파멸할 것이니, 신중하지 않을 수 있겠는가!

오늘날 많은 사람들이 부인에게 폭력을 가한다. 밖에서는 굽실거리다가 집안에 들어와서는 위세부리고, 노복에게는 인내하다가 아내에게는

---

160) 이 내용은 唐代 孔穎達의『周易正義』에 나온 말이다. 전체적인 내용은 부부가 相反相成하며 서로 존중한다는 뜻이다.「咸卦」는 下山(☶, 艮卦) 上澤(☱, 兌卦)으로 "象曰, 山上有澤, 咸"이라 했고 정현은 "艮爲山, 兌爲澤"이라 하였다. 한편「泰卦」는 下天(☰, 乾卦) 上地(☷, 坤卦)으로 그 의미는「함괘」와 비슷하다.

함부로 대하며 부인을 화풀이의 대상으로 여긴다. 이처럼 남편과 아내가 화합하지 못하면, 어떻게 가정을 꾸리겠는가! 친하면 쉽게 침범하고, 만만하면 쉽게 갈등하고, 자기만 알면 쉽게 무시하여, 마침내 크게 화합하지 못한 데 이르게 된다.

생각건대 오늘날 학문은 강론되지 않고, 인륜은 밝혀지지 않고 있다. 인륜이 밝혀지지 않음은 부부사이보다 심한 경우가 없다. 인간에게 만일 부인이 없다면 자손은 어떻게 낳는가? 가정은 어떻게 이루겠는가? 자식들은 누구를 의지하겠는가? 집에 있으면 누가 돕겠는가? 외출하면 누가 집안을 돌보겠는가? 반드시 현모양처가 아니더라도 보통 처자도 할 수 있는 것이다.

이것은 하늘이 있으면 땅이 있고, 군주가 있으면 신하가 있는 것과 같다. 지위에서 말하자면 뒤바뀔 수 없지만, 미덕으로 말하자면 위를 돌아보며 부인을 폭행할 수 있겠는가?

『시경』에 이런 말이 있다.

"높고 높은 산은 우러러보아야 하고, 길을 갈 땐 큰 길을 가야 하는 것. 쏜살같이 달리는 수말은 모두 네 필, 여섯 개의 고삐는 가지런해 거문고와도 같다."161)

높은 산에 구름이 다가오면 비가 천하를 적신다. 하늘은 이것을 의지해서 널리 은택을 베풀고 이로써 〈대지를〉 단지 바라만 볼 뿐이다. 〈이것은〉 공경하지 않으면 안된다는 것을 말한 것이다. 네 마리의 수말은 모두 건장하여 먼 거리를 달려도 지치지 않고, 가지런한 것이 마치 거문고 현의 가지런함과 같다. 이것은 화목하지 않으면 안된다는 것을 말한 것이다.

공경하고 화목한 것은 부부윤리 가운데 가장 극진한 것이다. 청컨대 이 『시경』을 읽어 보라. 남편으로써 해야 할 도리를 가르쳐 준다.

---

161) "高山仰止, 景行行止. 四牡騑騑, 六轡如琴."(『詩經』「小雅」'甫田之什' '車舝')

『시경』에 이런 말이 있다.

"사납고 무섭게 닥달하면서 나에게는 고생만 실컷 시킨다. 〈시집오던 처음에 알뜰살뜰히 대접하시던 그 일은 생각도 않네.〉"[162]

덕으로 사람을 감복시키지 못하고, 위엄이 남에게 더해지지 못하면, 집안에 들어와 부인에게 그 분풀이를 해댄다. 무섭게 화내는 것이 너무해 자신도 그 기세를 감당 못하면서 무엇을 할 수 있겠는가? 사람에게 양선함이 없으면, 이런 극한 데 이르게 된다. 처음에는 부부였다가 나중에는 원수가 되어 하나의 인륜이 끊어진다. 청컨대 이 『시경』을 읽어보라. 남편으로써 해야 할 도리를 훈계해 줄 것이다.

남녀평등[夫婦]

내가 왕찬(汪撰)[163]의 집에 머무는데, 왕찬이 여러 차례 그 아이들에 대해 말하였다. 내가 그에게 물었다.

"선생은 아들을 좋아하십니까? 딸을 좋아하십니까?"

왕찬이 대답했다.

"아들을 좋아하지요"

내가 말했다.

"모두가 자식이기에 나는 딸 아끼기를 아들보다 더 합니다."

---

162) "有洸有潰, 旣詒我肆. 〈不念昔者, 伊余來墍.〉"(『詩經』「邶風」'谷風.' 〈 〉안의 두 구절은 내용을 분명히 하기 위해 역자가 추가한 것임.)

163) 「受任」편에 나오는 "汪著申甫之傅"의 왕자는 汪琬이고, 여기서의 王子는 王撰으로 자는 異三, 吳縣사람이다. 어려서부터 詩에 능했다. 집안은 넉넉하지 못했지만 사방에 친구들과 교유하기를 좋아하였다. 자세한 내용은 民國 시절에 편찬한 『吳縣志』「人物」 참조

왕찬이 그 이유를 물었다.

나는 다음과 같이 대답하였다.

"아내를 좋아하는 것은 미덕이 아니며, 아내를 폭행하는 것은 큰 악이 됩니다. 오늘날 아내를 폭행하는 사람이 매우 많습니다. 그래서 저는 딸을 더욱 아끼는 것입니다."

그러자 왕찬이 말했다.

"그렇습니다. 저는 많은 친구들과 교제를 하는데, 결혼해서 10년 이상을 살면서 얼굴색 붉히며 화내지 않은 사람으로 오직 선생과 성서(城西)의 유(劉) 선생만을 보았습니다. 그 밖의 다른 사람들은 그 아내 폭행하는 것을 마치 하인 대하듯 하는 것을 또한 여러 번 보았습니다."

내가 말했다.

"군주가 신하를 잘 대하지 않으면 신하는 오히려 〈군주를〉 피하려고만 하고, 아버지가 자식을 잘 대하지 않으면 자식은 오히려 어떻게 하면 피할 수 있을까 만을 생각하고, 주인이 하인을 잘 대하지 않으면 하인은 오히려 주인을 피해 도망 다니려고만 합니다. 〈그렇다면〉 아내에게 있어서는 더 이상 피할 곳이 없겠지요."

왕찬이 말했다.

"선생께는 현명한 아내가 계시기 때문에 서로 화목하게 생활할 수 있지요 〈그런데〉 부인의 지혜가 꽉 막히고 상통하지 않음을 보이고, 집안에서 순종하지 않는 것은 모두 남편의 잘못이 아닙니다."

나는 이렇게 말했다.

"그렇지 않습니다. 하늘이 만물을 낳음에, 후덕한 것을 아름답게 여기고, 천박한 것을 추하게 여기기 때문에 공평하지 않습니다. 〈그러나〉 군자가 사람을 대하는 데에는 이런 것을 연유로 하지 않습니다. 아름다운 것을 가상하게 여기고, 추한 것을 긍휼히 여기어, 그렇기 때문에 그것을 공평하게 대합니다.

어떤 사람에게 두 명의 자제가 있습니다. 한 명은 똑똑한데 한 명은 우둔합니다. 마땅히 누구를 가련하다고 하겠습니까? 반드시 우둔한 아이를 가련하게 생각할 것입니다. 어떤 사람에게 두 명의 첩이 있는데, 한 명은 예쁘면서도 지혜롭고, 한 명은 추하면서도 어리석다면 당연히 누구를 가련하게 여기겠습니까? 반드시 추하면서 어리석은 여자를 가련하게 여길 것입니다. 그런데 하물며 부인에게 더 말할 나위가 있겠습니까!

또한 용서(容恕)라고 하는 것은 군자가 세상을 사는 데 매우 중요한 요소입니다. 오륜(五倫)으로 질서 지워진 백성들은 용서가 아니면 실천하지 않는데, 그 실천은 아내로부터 시작합니다. 아내를 용서하지 않으면서 남을 용서할 수 있다는 것을 나는 믿지 않습니다. 반드시 이익 되는 것과 손해 되는 것을 헤아리자면 피차의 상황을 결부시키는 것이지, 이것은 진실한 감정을 표현한 것은 아닙니다."

왕찬이 말했다.

"아내가 있는데, 또 첩이 있다면 그것보다 더 어려움은 없을 것입니다."

내가 말했다.

"과거 나의 부친께는 두 분의 첩이 계셨습니다. 한 분은 여(余)씨 이셨고, 또 한 분은 필(畢)씨였습니다. 〈그들은〉 옷을 수식(首飾)하는데 한마디도 묻지 않으셨지요. 내가 열살 때, 부친께서 농담하시면서 나에게 대나무로 만든 참빗 두 개를 주시면서 몰래 필씨 부인에게 갖다 주라고 하셨습니다. 〈그런데〉 필씨 부인은 받지 않으시고, 그것을 나의 품으로 밀면서 말씀하셨습니다. '나를 위해 그걸 도로 가져가거라. 여기에 없는 것이 아니다. 〈만일〉 나에게 없는 것이라면, 마땅히 부인에게 요청하겠다.' 부친이 돌아가신 뒤 어머니를 모시고 밤에 술을 마시며 지난 일을 말하면서 대나무 참빗에 대해 말씀드렸더니, 어머니께서 크게 웃으시면서 '너는 참으로 효자로구나. 엄마 있는 것은 모르고, 단지 아버지 계신 것만 알고 있었구나'라고 말씀하셨습니다."

그러자 왕찬이 말했다.

"첩이 있었는데, 그와 같았다면 또한 훌륭한 첩입니다."

내가 말했다.

"첩이 훌륭한 것이 아니라, 나의 아버지에게 〈바른〉 도리가 있으셨던 거지요."

올바른 부부의 도리[居室]

왕여규(王子揆)의 부인이 돌아갔다. 다음해 둘째 부인을 맞아들이는데, 3개월 동안 집 밖에 나가 있다가 돌아왔다.

어떤 사람이 말했다.

"선생께서는 재혼하셨는데, 1개월이면 돌아오셔도 무방할 텐데. 어찌 3개월이 지난 이후에 돌아오셨습니까?"

그러자 왕여규가 대답하였다.

"나는 우리 부부의 뜻이 맞지 않을까를 염려했습니다. 〈부인으로 하여금〉 3개월을 머물게 하면 뜻이 맞을 것이라고 부인과 말을 했습니다. 부인은 나의 말을 흔쾌히 여기었는데, 바른 길로 이끈 것이기 때문에 필시 가볍게 순종하였던 것이지요 바르지 못한 방법으로 훈계하면 필시 쉽게 포기할 것입니다. 이후에 부녀로써의 의무를 다할 수 있고 집안을 마땅하게 이끌 수 있습니다. 이것이 내가 3개월간 나갔다가 돌아온 이유입니다."

장생(蔣生)이 옆에 있자 왕여규가 그에게 말했다.

"당신이 만일 결혼한다면, 필시 부인과 소원해질 것입니다. 당신은 사람들과 교제하는 것도 좋아하고 놀기도 좋아하여 간혹 한 달 동안이나 집에 돌아오지 않고, 혹 1년 가까이 집에 돌아오지 않기도 하고, 혹 여러 해 돌아오지 않기도 하기 때문이지요 돌아오더라도 나가는 날이 더 많고 집에 있는 날은 적고, 들어와 집에 있어도 친구들이 놀러와 있는 시간이 더 많고 아내 보는 시간은 매우 적습니다. 당신의 심정을 헤아려보자면 친구들에게는 환대하지만 아내에게는 미워하는 감정이 있을 것입니다. 밖에서 감정상하는 일이 생기면 부인에게 얼굴 붉히며 화를 내게 되는데, 장차 이같은 길을 필시 면할 수는 없을 것입니다. 다른 사람이 나를 가까이 하지 않아도 나는 가까이 할 수 있고, 다른 사람이 나를 사랑하지 않아도 나는 사랑할 수 있고, 다른 사람이 나를 공경하지 않아도 나는 공경할 수 있습니다. 〈그런데〉 천하 사람들에게는 이런 인정이 없습니다. 이로써 아내의 좋지 못한 것을 책망하는 것이 어려운 것입니다."

내가 말했다.

"왕여규의 부부관계에 대한 말이 옳습니다. 사람들은 대개 부부간의 사랑이 군신·부자·형제·친구사이의 정보다 더 두텁다고 생각하지만, 실제로는 그렇지 않습니다. 제가 보기에 부부가 서로 좋아하는 것은 대개가 남녀의 정에 깊이 빠져 있기 때문이지요. 정에 빠져 있다는 것은 호색(好色)에 연유하고, 이것이 아니면 부부사이는 서로 멀어지게 되고, 심한 경우 혹 헤어지기도 합니다. 생각건대 부부의 바른 도리는 화목을 가지고 상대해야지, 사적인 편애로서는 안됩니다. 〈부부가〉 화목하면 부모에게도 순종하고, 사적으로 치우치면 형제간의 사이를 해치게 됩니다. 〈부부가〉 화목하면 진정한 감정을 잃지 않고, 사적으로 치우치면 좋은 결과를 보전할 수 없습니다.

아내를 좋아하는 것은 군자가 크게 경계하는 것입니다. 〈이것은〉 치우친 감정을 경계하는 것이지, 화목한 부부관계를 경계하는 것은 아닙니다. 비록 그렇더라도 품덕이 고상한 사람은 적고, 덕을 해치는 사람도 적고, 그 중간정도 되는 사람들이 항상 많습니다. 중간 정도 되는 사람들은 도리를 잘 이끌어 주면 잘 하고, 잘못 이끌면 잘못 되지요. 〈그렇지만〉 오직 덕을 해치는 사람은 바꿀 수 없는 어찌할 수 없는 요지부동입니다. 시기 질투하는 것은 남자들이 피할 수 없는 것입니다. 질투하다가 뒤가 없어지면 대단히 흉악한 일입니다. 교만하고 오만한 것은 남자들이 피할 수 없는 것입니다. 너무 교만해서 남편을 능멸하고 어른들의 권위를 침범하게 되면 대단히 흉악한 일입니다. 성인도 능히 교화할 수 없는 자들이 있습니다. 이것을 들어서 왕 선생의 말을 어려운 일이라고 할 수는 없을 것입니다."

자식에 대한 올바른 교육[誨子]

옛날 양개부(楊介夫)가 그 아들 용수(用修)164)에게 말했다.

"너는 한 가지 일이 나만 못한데, 네가 그것을 알고 있느냐?"

아들 용수가 대답하였다.

"아버님께서는 재상이 되시여 지위와 관급이 뭇 신하들 보다 위에 계십니다. 이것이 제가 못한 부분입니다."

그러자 양개부가 말했다.

"그것이 아니다."

아들이 대답했다.

"아버님이 재상이 되시여 세 번씩이나 고향에 돌아가 고향분들에게 세 번씩이나 큰 혜택을 베풀어 주셨습니다.165) 이것이 제가 아버님보다

---

164) 楊介夫는 四川 新都人 楊廷和로 介夫는 그의 字이다. 명대 成化(1465~1487) 년간에 進士하여 太子太師·華盖殿大學士를 지냈고, 저술로『楊文忠公三錄』이 있다. 그 아들 用修는 楊愼으로 용수는 자이고 호는 升庵이다. 正德(1506~1521) 년간 진사시에서 장원급제하여 修撰를 제수받았다. 그는 독서를 좋아하고 박학하였다고 전한다. 저술도 풍부하여 詩文 이외에도 雜著가 1백 여종에 이르고『升庵集』卷81이 있다.

165)『新都縣志』卷12「藝文」에 趙貞吉의「楊文忠公神道碑」에 양개부가 고향마을에 올 때마다 이뤄 놓은 사적들을 일일이 열거하고 있다.

못한 부분입니다."

양개부가 말했다.

"역시 아니다."

아들이 다시 대답했다.

"천자께서 남쪽 정벌을 하실 때 아버님께서는 조정에 계시면서 정사를 잘 돌보셨는데,[166) 그것은 마치 이윤과 주공이 섭정한 것과도 같았습니다. 이것이 제가 아버님에 미치지 못한 것입니다."

양개부가 말했다.

"역시 아니다."

그러자 아들이 말했다.

"감히 묻겠습니다. 제가 아버님만 못한 것이 무엇입니까?"

양개부가 웃으며 대답했다.

"너의 아들은 나의 아들만 같지 못할 것이다."

내가 말했다.

"양개부가 그 아들에게 한 그 말은 어리석은 말이로다! 그의 몇몇 아들이 장원급제하였고, 또한 그 손자들에게도 그같은 장원급제에 대한 희망이 있다. 〈만일〉 나로 하여금 그 말을 다시 하라면 나는 아들에게 이렇게 말하겠다. '아들아, 너는 네가 나만 못한 것을 아느냐? 군자의 도리는 수신(修身)을 가장 중요하게 생각하고, 문학(文學)은 그 다음이고, 부귀(富貴)는 가장 아래에 둔다. 진실로 수신할 수 있다면, 옛사람들에게 부끄럽지 않아서, 비록 종신토록 벼슬하지 못하더라도 재상보다 그 귀중함이 더할 것이다. 참으로 수신할 수 있다면, 옛 분들에게 부끄럽지 않아서 비록 뛰어난 수재[靑衿]로 늙어도 장원급제한 것보다 그 영화로움이 더할 것이다. 내가 내 아들을 교육하는 데 그 차선책을 얻게 할 것이고, 네가 네 아들을 교육하는 데 또한 나만 못할 것이니, 내가 다시

---

166) 『明史』「武宗本紀」의 기록에 의하면 正德 14年(1519)의 일이다.

무엇을 바라겠는가!'라고 할 것이다."

선을 베푸는 방법[善施]

『예기』에 이런 기록이 있다.

"군자는 다른 사람의 환대[歡, 향응제공]를 다 받지 않고, 다른 사람의 진실[忠, 아부와 아첨]을 다 받지 않는 것으로 온전한 교제를 한다."167)

이것은 다른 사람의 우의를 받는다는 입장에서 말한 것이고, 자기의 다른 사람에 대한 우의의 입장에서 말한 것은 아니다.

군자는 다른 사람에게 환대를 반드시 다 받아서는 안되고, 진실도 다 받아서는 안된다. 교만하고 인색한 사람은 부귀라고 하는 질병에 항상 짓눌려 있다. 아랫사람들이 굽실거리며 비굴한 예를 갖추면, 평범한 말로 주변 사람들의 접근을 사양하기 때문에 〈결국〉 그 교만에서 면하지 못하게 된다. 다른 사람에게 돈을 보내면서 그 사람의 명성이 있는가를 보고 그 양을 결정하기 때문에 그 인색함에서 벗어나지 못하게 된다.

정직함은 선과 함께 할 수 있고, 진실성은 남의 일을 잘 도모해 주는 것이고, 널리 학문하는 것은 부족한 것을 보충시켜주는 것이다. 모름지기 재물을 가지고 구제한다면 그것을 돌이킬 수 있다. 재물 대하는 것을 본다면 그 사람의 현명함을 확인할 수 있을 것이다.

나의 누님이 세상을 떴을 때, 고향 사람들이 문상을 왔다. 너무 이른 아침이라 아직 세수도 못한 상태에서 옷을 추려 입고 나가자 사람들이 질책하였다. 〈이에 대해〉 사람들이 모두 정직함을 칭찬하였다. 다음날

---

167) "君子不盡人之歡, 不竭人之忠, 以全交也."(『禮記』「曲禮」上)

장례식을 거행하는데, 사람들이 부조하면서도 〈장례식에는〉 사양하며 참여하지 않았다.

우리 집안에 관직을 지낸 거부가 한 분 계신데, 〈그 분은〉 집에 있으면서 관직에 나가지 않은 사람들에게 사람이 어떻게 은거하는가를 가르치시고, 관직에 몸담고 있는 사람들에게는 어떻게 관직을 잘 맡아 수행해야 하는가를 교육하시었다. 〈이에 대해〉 고향 사람들이 애정을 칭송하였다.

어느 날 내가 현에서 파직 당하여 쓸 돈도 없을 때인데, 〈그 분이〉 얼마간의 돈을 빌려가서 그 절반만 돌려주었다. 학문으로 다른 사람들에게 베풀면서 재물을 쌓는 경우는 이 세상에 많이 있다. 〈그러나〉 이런 학문은 반드시 올바른 학문은 아닐 것이다.

『시경』에 이런 말이 있다.

"어그러지지도 않았고 해쳐 상하지도 않았다면, 〈어느 백성이〉 이를 따라 본받지 않으리요."168)

〈이것은〉 친구 만드는 도리를 말한 것이다.

또 『시경』에 이런 말이 있다.

"딱도 하다, 저이는 옷 하나 없구나."169)

〈이 시는〉 친구와 사귀는 도리를 말한 것이다.

큰 신의(信義)는 반드시 작은 것에서도 신중해야 한다. 위급한 상황에서 친구에게 도움을 청했는데, 잔인한 사람이 아닌 한 그 말에 실망시키지 않을 것이다. 이것으로 신의를 확인하는 것은 충분치 않다.

솥[釜鬲]을 사는 것과 같은 약속을 하는 데에도 반드시 3년 동안 잊지 않고, 그 〈사기로 한〉 날짜를 바꾸지 않고, 사고자 하는 물품을 바꾸지 않는다.170) 교주(交州)·광주(廣州)에서 장사하는 사람들이 있는데, 어떤 사람이 그들이 파는 야자를 사고 싶다고 말하였다가 3년이 지나 돌아왔

---

168) "不僭不賊, 鮮不爲則."(『詩經』「大雅」'抑')
169) "心之憂矣, 之子無服."(『詩經』「衛風」'有狐')
170) 여기서 솥은 마음[心], 곧 진실한 마음을 비유한 것이다.

는데, 그 사람은 이미 이 세상 사람이 아니었다. 이에 친구는 야자수를 그 사람의 위패 앞에 놓고 자기가 자신의 사명을 완수했다고 영전에 말하였다.

나는 그 말을 듣고 말했다.

"이와 같은 의로움을 미루어 본다면, 〈그에게〉 사직을 맡길 수 있을 것이다."

나라가 혼란하면 사람들의 마음이 흩어진다. 신의가 아니면 〈사람들을〉 단결시킬 수 없다. 가난한 선비의 말은 가볍게 여겨 신의가 아니면 다른 사람들에게 중후해 보이지 않는다.

만일 그렇지 않고 그 중심에서 나오지 않은 것이라면, 그 밖의 사람들이 〈그 참뜻을〉 이해할 수 없다. 조금씩 〈그 신의가〉 쌓이지 않는다면, 그 행동도 다른 사람과 융합할 수 없다.

내 처가 나에게 물었다.

"당신은 진실과 신의를 실천하면서도 여러 사람들이 좋아하지 않는데, 그 까닭은 무엇입니까?"

내가 대답했다.

"쌀과 보리는 곡물 중에서 가장 좋은 것입니다. 〈그러나〉 불을 때서 밥으로 만들지 않으면, 사람들이 내버려두고 먹지 않습니다. 어찌 다른 사람들을 책망하겠습니까? 내가 반성하면서 내 마음, 곧 앞에서 비유한 솥에서 찾아야 할 것입니다."171)

내가 말했다.

"교묘하게 말을 잘 꾸미는 사람은 반드시 겉모습만의 신실함으로 아첨하고, 사기를 잘치는 사람은 반드시 겉모습만의 신실함으로 사기를 치기 마련입니다. 세상에 많은 사람들은 이것을 좋아하지요 좋아하지 않는 것은 군자가 걱정하는 바가 아닙니다. 군자가 가난한 선비를 대할

---

171) 솥은 진실한 마음이고, 쌀과 보리는 진실과 믿음을 비유한 것이다.

때 은혜를 베푸는 것은 어렵지 않지만, 거만하지 않게 행동하는 것이 어려운 것입니다. 은혜를 베풀다 보면 거만하게 되어 남들이 받지 않을 수 없게 되는데, 이것은 거만함을 받게 하는 것입니다. 은혜를 받은 사람들이 그 받은 것에 대한 감사의 예를 표하는 것을 편안하게 여기는 것으로 은혜를 잘 표현합니다. 받은 것에 대한 감사의 표시는 예절의 매우 중요한 부분입니다. 의로움을 아는 사람이 감히 폐지할 수 없는 것입니다. 거만하게 혜택을 베푸는 것을 그래도 받아들이는 것은 죽는 것을 면할 수 있기 때문입니다. 술과 안주를 넘치게 내놓으면, 그 넉넉한 품성에 감동하겠지만, 마음은 상하는 것입니다. 그 나이 드신 부모님을 동정하면서 비단을 갖다 준다면, 그 따뜻한 온정에 감복하겠지만, 마음을 상하게 하는 것입니다. 처자의 굶주림을 슬퍼하면서 먹을거리를 갖다주게 되면, 그 배부름에 감복하겠지만, 마음을 상하게 하는 것입니다. 감복한다는 것은 죽음에서 면할 수 있다는 것에 대한 감사이고, 상한다고 하는 것은 자기가 받기만 하는 부끄러움입니다. 거만하다고 한 것은 예절이 너무 소홀하다거나 음식이 너무 박하다는 것이 아닙니다. 두 손 모은 것이 비록 예의에서 벗어난 것은 아니지만, 그 사람의 눈빛은 〈다른 사람들이 안중에도〉 없는 것과도 같기 때문입니다. 질문하고 대답하는 것은 비록 예의에서 벗어난 것이 아니지만, 그 사람의 어투가 〈다른 사람들을 무시하고〉 망각한 것과도 같기 때문입니다. 바로 이것을 거만하다고 한 것입니다.

예절에는 표면적 의(儀)가 있고, 내재적 실(實)이 있습니다. 자기보다 존귀한 사람을 보면 자기를 낮추고, 자기와 지위가 비슷하면 함께 나란히 하고, 자기보다 비천한 사람을 보면 고자세를 취하는 것이 예절의 표면적 의입니다. 천한 사람을 접대하면서 공경대신 모시듯 하고, 보통 사람을 대하면서 상제 대하듯 하는 것이 예절의 내재적 실입니다. 표면적 의식(儀式)에는 존비(尊卑)가 있지만, 내재적 실질(實質)에는 후박(厚薄)이 없습니다."

심하도다! 세상의 타락한 정도가. 비록 불의한 재물일지라도 군자가
또한 취하는구나! 관직에 몸담고 있는 사람들은 더러운 법령을 팔아 사
람들에게 혜택을 주고, 〈그것을〉 구하는 사람은 더러운 것을 팔아 이득
을 얻고 의로움에 조금도 해가 없다고 생각하면서 도적이 된 것도 모르
고 있다.

다른 사람의 선행을 선양하는 것은 대단한 미덕이다. 한 마을의 선량
한 사람을 선양할 수 있는 것은 반드시 〈자기의 이름을〉 그 마을에 소
문나게 하는 것이다. 한 지역의 선량한 사람을 선양할 수 있는 것은 반
드시 〈자기의 이름을〉 그 지역에 소문나게 하는 것이다. 천하에 선량한
사람을 선양할 수 있는 것은 반드시 〈자기의 이름을〉 천하에 소문나게
하는 것이다.

다른 사람의 선행을 알고 선양하지 않음은 그 선행을 가리우는 것이
다. 선행을 가리는 사람은 하늘도 보우하지 않는다. 다른 사람의 선행을
선양하는 사람은 그 〈자신의〉 선행이 드러나는 것과 다를 바 없다. 한
사람의 선행이 이미 널리 알려졌다면, 그와 교제하려는 사람이 많아질
것이고, 반드시 그의 궁핍함을 구제하는 이가 두루 있게 될 것이며, 그
의 위급한 상황을 구제하려는 이들이 있게 될 것이다.

나의 외사촌 동생 이황(李隍)이 번우(番禺, 지금의 廣州市 남쪽)에서 수천
리 길을 달려 왔지만, 〈나의 모친〉 장례식에는 참석하지 못했다. 〈그가〉
나에게 물었다.

"형님께서는 어떻게 고모님 장례를 치르셨습니까?"

내가 대답했다.

"나의 친구 위숙자(魏叔子, 1624~1680)[172)]가 장례 치르는 것을 도와주었다."

---

172) 명말청초 江西 寧都 출신의 사상가이자 문학자 魏禧를 말한다. 자는 凝叔·叔子,
호는 裕齋·勺庭이고 학자들은 보통 작정 선생이라고 불렀다. 청조의 관직 제의를 거
절하고 은거해서 강학에 몰두하였다. 각지를 여행하며 朱彛尊·李淸·顧祖禹·梅文
鼎 등과 교류하였다. 사상적으로 실학을 제창하고 공리공론의 심성론을 비판하였다.
저술로 『左傳經世』·『魏叔子文集』 등이 있다.

외사촌 동생이 말했다.

"제가 듣기로는 위숙자 선생은 고모님 돌아가시기 4년 전에 이미 타계하신 것으로 아는데, 미리 그가 부조한 돈이 있었습니까?"

내가 대답했다.

"아니다. 내가 책을 저술했지만, 다른 사람들이 몰라주었다. 〈그런데〉 위숙자가 그 책을 읽고 칭찬하자 다른 많은 사람들이 그 책을 알게 되었다. 이로써 도움을 받은 것이다. 그래서 부모님 장례를 도와준 사람을 위숙자라고 한 것이다."

재화를 사용하는 원칙은 반드시 추위와 굶주림에 지쳐있는 이들을 우선 돌보고, 그 다음은 상사(喪事) 돌보는 일이고, 그 다음이 결혼과 같은 예식이다. 금년 장례를 치르지 못하면 내년을 기다려 치를 수 있고, 금년 결혼하지 못하면 내년을 기다려 치를 수 있다. 재물을 넉넉히 하면서 아깝게 여기지 않는다면, 사람들로부터 칭송을 받기에 족할 것이다. 아침을 먹지 않으면 저녁까지 버티기 힘들고, 저녁을 먹지 않으면 다음날 아침까지 기다리기 힘들다. 옷을 걸치지 않으면 체온을 유지할 수 없어 추위에 움츠러들고 몸을 곧게 펼 수 없어 단 하루만 추위가 몰아쳐도 건강한 사람은 병이 나고 약한 사람은 죽게 될 것이다. 이런 다급한 것을 소홀히 하고 도모하는 것을 완만하게 한다면, 일을 처리하는데 매우 어두운 사람이다.

사람들에게 혜택을 베푸는 일의 원칙은 반드시 노약자를 우선하고, 몸이 건강한 사람을 그 다음으로 하고, 지혜가 뛰어난 사람을 그 다음으로 하고, 충성스럽고 헌신하는 사람들의 후대를 그 다음으로 한다. 〈어떤 사람은〉 하늘로부터 부여받은 것이 매우 박하고, 사람들은 이런 그 모습을 증오하고, 우리가 구휼하지 않는다. 이것은 하늘과 사람이 도와가며 상하게 하는 것이다. 절반은 자신의 노력이고, 절반은 다른 사람의 도움이 있어야 그들을 쉽게 도울 수 있다. 일관되게 이렇게 한다면, 평생 자립을 도모할 수 없다. 하물며 이런 원칙을 돌이킬 수 있겠는가![173]

소송의 원칙은 반드시 생활에 어려움을 겪고 있는 사람들을 우선하고, 많은 재산을 소유한 사람을 그 다음으로 한다. 어려운 생활을 하는 사람의 땔나무를 빼앗는 것은 〈그들로 하여금〉 식량이 끊어지게 하는 것이고, 만금(萬金)정도 가진 집안에 천금(千金)을 부담시키면 생활하는 데 따른 손해가 적지 않다. 형벌을 관장하는 관리가 항상 이런 사소한 일을 방치하고 큰 것만을 논죄 한다면, 이것은 돈 많은 사람들의 잉여 재물의 득실만을 중히 여기고 일반사람들의 삶의 문제는 경홀히 여기는 것이다.

정치하는 원칙은 반드시 농업과 상업을 우선하고, 사형(死刑)에 대한 것은 그 다음이고, 도적에 대한 문제는 그 다음이다. 살인죄는 한 현(縣) 단위에서 매년 한 두 사람이다. 도적이 많은 지방의 경우도 한 부(府)에서 매년 자주 보이는 것은 아니다. 〈따라서〉 이것으로 인해 손해보는 경우는 항상 적다고 할 수 있다. 농민들이 농토에서 안정을 찾지 못하고, 상인들이 시장에서 불안하면 그 나라는 반드시 가난해질 것이며, 해치는 일이 없어도 백성들은 대다수가 죽게 될 것이며, 도적이 없어도 집안의 창고는 비게 될 것이다. 농민들이 농토에서 안정된 생활을 하고, 상인들이 시장에서 안정된 장사를 하게 되면, 재물을 쓰기에 넉넉할 것이고, 예의가 흥할 것이고, 가볍게 법을 위반하지 않을 것이다. 이것이 〈백성을〉 해치는 것과 도적을 제거하는 근본인 것이다.

천금의 재산은 백 분의 오십 정도를 생활할 수 있는 양이다. 이것을 세 개로 나누어 하나는 식량으로, 하나는 비상금으로, 하나는 다른 사람의 기아를 돕기 위한 것으로 나누었다. 거기에 배를 증가시키면 흉년이

---

173) 남을 도와 주다보면 도움을 받는 사람은 자칫 그 도움에 자신의 삶을 의탁하게 되어 자립심이 상실 될 수 있다. 그러므로 도움의 방법은 수동적 도움을 주는 것이 아니라 그들 스스로 자립할 수 있는 방법을 항상 염두에 두어야 한다. 이런 점에서 당견은 도움의 순서와 방법에 신중했던 것이고 이 마지막 말로 결론을 대신 한 것이다. 다시 말해 자립시켜주어야 한다는 원칙을 지키기 위해 도움을 중단할 수 있겠는가? 라고 한 반문이 그것이다.

들어도 모두 방비할 수 있을 것이다. 천금의 부유함은 친척과 친구와 같은 주변 사람들에게 혜택을 줄 수 있으며, 여기에 다섯 배의 부가 더해진다면, 이웃 사람들에게까지도 혜택을 줄 수 있으며, 여기에 열 배의 부가 더해진다면, 좀 더 많은 이웃에게까지도 혜택을 줄 수 있으며, 여기에 백 배의 부가 더해진다면, 나라 사람 모두에게 혜택을 줄 수 있으며, 천자의 부유함이 있다면, 천하에 혜택을 줄 수 있을 것이다.

실제적인 교제[交實]

만일 친구가 있다고 하자. 그 친구가 나의 우수에 찬 얼굴을 보고 물을 것이다.

"너는 왜 기뻐하지 않니?"

내가 대답한다.

"먹지 못해 그렇다."

친구가 물러가면서 탄식하며 말한다.

"우리는 저 길가는 모르는 사람도 잃어서는 안된다. 하물며 친한 친구에게 임에랴!"

이에 나를 도와준다.

만일 그가 스스로 부유하다고 해서 〈친구를〉 도와주면서 창고를 열어 곡식을 퍼주고 돈 상자를 열어 돈 꾸러미를 건네준다면, 죽을 때까지 궁핍함이 없을 것이다.

만일 그가 스스로 가난하면서도 〈친구를〉 도와주면서 해진 옷을 기워서 주고 거친 음식을 나눠서 준다면, 오래 지속하지 못할 것이다. 잠시 동안 한 때의 위급함을 구제함으로써, 또한 서서히 그 다음의 일을 도모할 수 있을 것이다.

만일 친구가 있다고 하자. 내가 추수가 끝났는데도 제사지내지 못하면,[174] 반드시 다음과 같이 물을 것이다.

"너는 왜 제사지내지 않니?"

대답한다.

"제상에 올릴 제사음식이 없기 때문이다."

이에 친구가 탄식하며 다음과 같이 말한다.

"제사는 큰 일이다. 사람이 죽었는데 제사할 수 없는 것은 마치 산 사람을 부양하지 못하는 것과도 같은 것이니 또한 가슴 아프지 않은가! 도와야 한다."

이에 친구는 사람을 시켜 얼마간의 돼지고기와 양고기, 닭 두 마리, 생선 몇 마리, 그리고 술과 곡식을 보낼 것이다. 〈친구가〉 부자라면 이렇게 할 것이고, 가난하다면 생선과 야채, 그리고 술을 보낼 터인데, 모두가 돕는 것으로 제사의 예를 갖추게 할 것이다.

친구가 내게 말한다.

"추분이 지났는데, 비록 늦었어도 제사를 지내야 할 것이다.[175] 너는 가난 때문에 잘못이 있을 수는 있어도 조상 섬기는 데 잘못이 있어서는 안될 것이다. 오늘 제사할 수 없으면 내일은 반드시 해야 하고, 내일 할 수 없으면 그 다음날이라도 해야 하는데, 어찌 마음 아프지 않겠는가! 예에 비록 꾸밈이 없더라도 이것 또한 예인 것이다."

만일 친구가 있다고 하자. 나에게 첩이 없는 것을 알고 질문할 것이다.

"자네는 아들이 없는데, 왜 첩을 들이지 않는가?"

내가 대답한다.

"돈이 없기 때문이다."

---

174) '秋不嘗'이란 추수 후 당연히 조상에게 제사를 지내야 하는데 지내지 못하는 것으로, '嘗'이란 고대사회의 秋祭 명칭이다.
175) 여기서 '追'는 『論語』 「學而」편의 "愼終追遠"의 '追'와 같은 의미이다.

이 친구가 집으로 돌아가 잠을 자려고 하는데도 잠이 오지 않고, 애를 쓰다듬어 주면서도 즐겁지 않고, 제사지내면서도 그것을 잊지 못하고, 첩 들이는 것을 도모한다. 자기가 쌓아둔 재산을 헤아려 보면 절약할 만한 것이 있을 것이며, 자기의 지출을 계산해 보면 절약할 만한 것이 있을 것이며, 자기의 결혼 예식과 기타 경조비를 헤아려보면 절약할 만한 것이 있을 것이다. 하루 절약해서 넉넉하지 않으면 한 달을 절약하고, 한 달을 절약해서 넉넉하지 않으면 일 년을 절약하고, 금년 한해 동안 절약해서 넉넉하지 않으면 내년까지 절약하여 반드시 도와준 뒤에야 그만둘 것이다.

그가 혹 여러 가지 계산을 하고서도 만일 이런 방식으로 친구를 도와줄 수 없다면 알고 지내는 관리에게 알리고, 주변의 의리를 중시하는 친구들에게 알린다. 〈그래도〉 뜻대로 이루어지지 않으면 분모발소(棼冒勃蘇)[176]가 진나라의 조정에서 통곡하였던 것처럼 조용히 서있으면서 조금도 움직이지 않는 다면 잔인한 사람도 반드시 마음을 움직일 것이며, 인색한 사람도 반드시 힘써 도울 것이다.

그렇지 않다면 어찌 친구사이로 교제하면서 20량 정도의 돈도 구할 수 없겠는가? 어찌 20량 정도의 미미한 돈 때문에 수천 수백대로 내려온 권문세가가 하루아침에 대가 끊긴 친구의 신세를 좌시하겠는가? 친구로써 이렇게 할 수 없을 것이다.

내가 이런 말을 하는 것은, 내 친구들을 원망하려고 한 것이 아니다. 〈다만〉 이 세 가지 의미를 제시하여 친구된 도리를 당연히 확고하게 밝히려고 한 것이다. 만일 나와 친구의 입장을 바꿔 생각한다면, 친구를 대할 때, 힘을 다해 나의 본분을 다할 것이다. 어찌 스스로가 한 일을 많이 한 것이라고 만족해 할 수 있겠는가!

---

176) 楚나라 귀족 申包胥를 가리킨다. 楚나라 昭王 10年(B.C. 506) 吳나라가 楚나라를 침략하자 신포서가 秦나라로 가서 구제를 요청하면서 진나라 조정에서 7일 낮 7일 밤을 통곡하여 진나라의 출병을 얻어냈다고 전한다.

어떤 사람이 말했다.

"친구라고 하는 것은 학문을 논하며 덕행으로 이끌어 주기 때문이며, 재물로 교류하기 때문이 아닙니다."

맞는 말이다. 그러나 추위에 떨고 굶주리며 핍박당하고 있다면, 예의를 말할 수 없다. 부모가 굶주려 돌아가셨다면, 효도를 말할 수 없다.[177] 선조의 은택이 끊겼다면, 조상 대대로 전해오는 내력을 말할 수 없다. 이런 상황이라면 학문을 강론한다해도 무슨 학문을 강론할 수 있겠는가? 이런 상황이라면, 덕행으로 이끌어 준다해도 무슨 덕행으로 이끌 수 있겠는가?

반드시 죽음에 빠져들지 않게 해야 하고, 선조의 대가 끊어지게 해서도 안되며 후손을 이을 수 있게 해야 한다. 이 세 가지가 바로 학문을 강론하는 것이고, 덕행으로 이끌어 주는 것이다. 이것은 친구들 상호간에 서로 의지하는 것이다.

장사꾼 당견[食難]

나에게는 야장경(冶長涇)[178]이란 곳에 밭이 30무(畝) 있었고, 사장(謝莊)에 10무가 있었다. 매년 소작인[佃戶]이 41석(石)의 곡식을 갖고 왔는데, 〈그곳은 모두〉 하등의 밭이었다. 세금으로 15석을 내고 잡부금 및 기타 비용을 모두 합하면 23석이 된다. 특별히 수확이 좋을 때는 18석이 남는데, 이것은 여섯 식구가 반 년 동안 쓸 수 있는 양이다. 수확이 그 절

---

177) '考妣'는 돌아가신 부모님을 가리킨다.
178) 『吳縣志』「鄕鎭四」에 실려 있은 것에 근거하면, 冶長涇은 長洲縣에 속하고 縣城에서 27里 떨어져 있다.

반이면 세금으로 모두 내고 나면 남는 게 없으며, 흉년이 들면 오히려 집안의 물품을 전당(典當)해서 세금을 내야 한다.

나는 일찍이 7년 동안의 수확에 따른 세금을 계산해 본적이 있는데, 세금이 모두 154석이었다. 풍년과 흉년이 번갈아 있었기 때문에 소작인이 수확한 것으로 세금을 충당하기에도 부족하여, 집안의 물품을 전당해서 보탠 것이 모두 6곡(斛)이고, 그 전당한 물품에 대한 이자는 갚지 못했다.

이에 농토가 있어도 먹는 것을 해결하지 못하고, 오히려 먹고 사는데 해가 되어, 마침내 추위와 굶주림으로 시달리게 되었다. 그래서 나는 처첩(妻妾)과 함께 의논했다.

"더 이상 가계를 꾸릴 수 없게 되었습니다. 나는 이제 집안의 농토를 팔고, <양자인> 심충(沈充)을 집으로 돌려보내고, 당원(唐原)도 거기로 가게 합시다. 땅을 판 돈 절반 좀 넘게 갖고 당신들은 사위 왕문원(王聞遠)에게 가시오. 나는 그 나머지 절반 못되는 것을 가지고 곳곳의 명산을 찾아다니며 절간에서 얻어먹겠소. 사람의 삶을 어찌 항상 보장할 수 있겠소? 집안 식구들이 결국 아무 것도 가진 게 없는 빈털털이 신세로 돌아가 함께 모여 살날이 많지 않소. 너무 여기에 연연해 하지들 마시오!"

부인이 말했다.

"아니 됩니다. 우리가 이미 늙었는데, 어찌 다른 사람들 집에 가서 다시 머리를 숙일 수 있겠습니까? 다른 사람의 안색이나 슬금슬금 살펴가면서 남에게 잘 보이려고 그를 추켜 올릴 수는 없는 일입니다. 저희들은 할 수 없습니다. 하고 싶은 것도 하지 못하는 게 많은데, 하기 싫은 것을 자주 하게 한다면 저희들은 견딜 수 없을 것입니다. 그리고 당신도 이미 늙고 쇠잔해져서 병치레도 자주 하면서 혼자서 먼 길을 다닌다면 주변에 도와주는 사람도 없을 터이니, 제때 먹지도 못하고 추위와 더위를 제대로 피할 수 없을 것입니다. 만약 병이라도 나면 어찌 하시겠습니까? 그러니 더더욱 할 수 없는 일입니다. 당신은 그 계획을 바꾸

셔야합니다."

〈이후로〉 나는 여러 날을 고민하며 궁리해 보았지만, 특별한 계획이 서지 않았다.

아아! 명나라 시절에 오강현(吳江縣)에서 토지세를 내는 사람이 있었는데, 그 사람은 수확의 절반을 세금으로 냈다. 건문황제(建文皇帝)[179]가 한 무(畝)당 1두(斗)의 세금을 내도록 명령하는 지극히 인자한 정치를 폈었다. 성조(成祖, 1403~1424)[180]가 왕위를 찬탈하고 원래의 제도로 다시 되돌렸다. 만일 한 무당 1두의 세금만 낸다면 우리는 40무의 그렇게 비옥하지 못한 땅이라도 매년 37석의 곡식을 거둘 수 있어 족히 먹고 살만할 것이다. 혹 그 반타작만 해서 수확이 절반으로 줄어도 반 정도는 어떻게 도모할 수 있어 굶주리지는 않을 것이다. 크게 흉년이 들면 한 해 수확을 계산해서 곡식을 전대하고 물건을 전당해서라도 비록 굶주림을 완전히 면할 수 있는 것은 아니더라도 굶어 죽지는 않을 것이다.

이제 우리 온 가족이 어찌 뿔뿔이 흩어지게 되는 근심이 생겼는가! 지금 이처럼 비록 고민과 궁리를 아무리 잘하는 사람이라 해도 어찌 할 수 없을 것이다.

어떤 사람이 장사를 하는 게 좋을 것 같다고 하였다. 이에 갖고 있던 밭을 팔아 60여 전의 돈을 마련해서 심충과 당원으로 하여금 진택(震澤, 청조 이후 강소성 吳江縣)에서 물건을 사다가 오시(吳市, 지금의 蘇州)에서 팔게 하였는데, 이익이 조금 남았다. 오래 지난 것은 아니지만 매상이 신통치 않아 우리는 도시의 동쪽으로 이사하였다. 방을 비우고 나 혼자 그 안에 있으면서 문 밖을 나가지 않았다. 그리고 심충과 당원으로 하여금 물건 중개인을 하도록 하였다. 주로 옷감 파는 사람들이 고객이었

---

179) 1399年~1402年까지 재위했던 惠帝로 건문은 年號이다.
180) 朱元璋의 넷째 아들 朱棣로 처음에는 燕王으로 봉해졌으나 주원장이 죽자 皇太孫 곧 건문황제의 뒤를 이어 황제의 자리에 올랐다. 그런데 이것은 起兵하여 스스로 靖難이라 칭하고 탈취한 자리였다.

는데, 수익은 좋지 않았다.

고객이 책망하며 말했다.

"선생은 일찍이 랑중(閬中, 지금의 사천성 閬中縣)에서 과거에 합격하여 거인(擧人)이 되었고, 단주(丹朱, 지금의 산서성)의 봉지(封地)에서 벼슬을 하였으니, 그렇게 신분이 비천하지 않았습니다.[181] 〈선생은〉 한마음 한뜻으로 살아오시면서 유감스러운 일도 없었고, 홀로 떳떳하게 사시면서 세속에 영합하지도 않으시는 그야말로 고결한 삶이셨습니다. 『시경』과 『서경』을 공부하시고 『춘추』에도 밝으셔서 몸소 옛사람들의 대의(大義)에 부합하는 삶을 사셨기에 사람들이 모두 군자라고 칭송하였으니, 현자라 할 수 있을 것입니다. 지금 〈선생께서는〉 고결한 나이에 이렇게 시장에서 장사를 하시는 모습은 제 생각으로는 어울리지 않는다고 봅니다."

내가 말했다.

"천하에 어찌 까닭 없이 죽는 사람이 있을 수 있겠습니까! 백이와 숙제는 수양산에서 굶어 죽었기 때문에 의리를 지킨 것이라고 합니다. 그 의리가 아니었다면, 생명을 중하게 여겼을 것입니다. 오늘날 일가친척들에게 곡식을 빌리고자 해도 빌릴 수 없고, 고향 사람들에게 땔감을 빌리려고 해도 빌릴 수 없어 간혹 친구들에게 빌려쓰기는 했지만, 이것도 언제까지 계속 빌릴 수 있는 입장이 못됩니다. 하루아침에 쌀도 없고 땔감도 없어 문 밖 출입을 할 수 없으니, 어찌 문을 두드리며 나를 구제할 자가 있겠습니까! 내가 비록 부귀하거나 고결하거나 현명한 것은 아니지만 부모의 몸이니, 굶어 죽을 수 없는 것은 분명합니다. 요즘 가게에 손님들이 많아져서 주방에 술과 고기가 생겼고 날마다 많지는 않지만 조금이라도 이윤이 남아 집안 사람들이 살 수 있게 되었고, 첩

---

181) 당견은 28세 때, 곧 청 順治 14年(1657)에 사천의 閬中에서 거행된 鄕試에 참가해서 거인이 되었고, 42세 때, 곧 康熙 10年(1671)에는 山西長子縣 知縣을 지내다 10개월 만에 파직당하였다. 丹朱란 지명은 전설 가운데 堯임금의 아들 朱가 丹水에 기거했기 때문에 단주라고 이름하였다고 한다. 단수는 沁河支流로 산서성 동남쪽에 있다.

과 하인들도 생명을 보전할 수 있게 되었습니다. 가게 안에 거처해도 매일매일 먹는 것은 떨어지지 않습니다. 이것이 바로 죽음에서 벗어난 방법입니다. 〈이런 저를〉 선생께서 축하해 주시지 않고, 오히려 책망하시겠습니까?"

그러자 고객이 말했다.

"천하에 소인배들과 무능한 사람, 갈곳 없는 사람들이나 〈추위와 굶주림으로〉 죽는 것을 걱정합니다. 조그만 재능이라도 있는 사람은 비록 곤궁해지더라도 해를 당함이 없습니다. 선생의 문장과 학문은 〈만일〉 정치에 참여하게 된다면 상주문(上奏文)으로 손색없고, 격문(檄文)으로 쓰기에 족하고, 백성들을 깨우치는 공고문으로 손색없어 사람들의 마음을 열게 하고, 명예를 드러내기에 족할 것입니다. 중앙관직에 나아가 관부의 중요한 자리 상빈(上賓)이 될 수 있고, 지방관직에 나아가도 관원으로 그 지위를 보전할 수 있어, 또한 집안의 식생활은 넉넉할 것입니다. 그런데 어찌 이처럼 스스로 비천한 일을 할 수 있습니까?"

내가 말했다.

"선생은 비록 계산적인 것에는 밝을지라도 시세에는 밝지 못한 것 같습니다. 상고(上古)에는 양현(養賢)이란 명분이 없었고, 중고(中古)에는 양로(養老)의 예절이 있었습니다. 노인을 공양하였다는 것은 효를 교육하였다는 것이지, 그들에게 음식을 공양했다는 것은 아닙니다. 그 당시 위로 나라가 부유해서 아래로 백성들이 넉넉하였고, 현자(賢者)가 이미 그 지위를 보전하여 〈다른 사람의〉 부양을 기대하지 않았는데, 이것이 태평성세의 풍조였습니다. 그 이후로 잦은 전쟁을 겪으면서 예의(禮義)을 기리지 않고, 선비는 이에 빈천해지고 절개가 없어졌습니다. 여기서 부귀한 대신(大臣)들은 온갖 착취를 자행하면서 재물을 집안에 쌓아두었고, 수천 명의 식객을 거느렸는데, 그들 모두 그 집안에서 두둑이 챙기었습니다. 또한 저자거리의 여러 말단 관리들은 바로 이들이 맡아 하였습니다. 그 이후로는 또한 벽소(辟召)182)와 같은 임시 충원된 관원을 자치적으로 임명할 수 있어서 가난한 선비들이 의지할 만한 데가 있었습니다. 이 두 가지 경우는 뜻을 구부리고 몸을 굽히는 일이기에 선비의 도를 또한 상실하고 만 것입니다. 그러나 선비에게 농토가 없어 굶주림에 지쳐 쓰러지는 데 이르지 않은 것은, 오히려 이같은 경우에 의지하였기 때문이지요. 〈그런데〉 오늘날에는 아주 별 볼일 없는 관리까지도 모두 조정에서 손수 파견하여서 비록 현명하고 능력이 있어도 자기의 본분을 다할 수 없게 되었습니다. 과거의 벽소 제도는 태평성세의 제도와도 같은 것입니다. 공경대부가 선비를 천대하면 선비로서 그들의 문하에 들지 못하는 사람은 그 집안의 개나 말의 먹거리조차도 바라보지 못하고, 그저 거위나 오리가 먹는 찌꺼기 음식을 구걸해도 구할 수 없습니다. 옛날에 손님을 접대하는 치객(致客) 같은 것은 태평성세의 일입니다. 만일 좋은 일이 있다면 장사를 잘하는 사람, 재주를 잘 부리는 사람, 명령을 잘 따르는 사람, 관통(關通)을 잘하는 사람이 모두 그것으로 인해서 대부분 부귀를 얻게 될 것입니다. 이런 재주를 선비가 할 수 있는 것입니까? 할 수 있겠지요. 그렇다면 그렇게 하는 것이 옳다고 봅니까? 선생께서 만일 길을 열어 주신다면 저는 갓끈을 풀고 선생을 따라가겠습니다."

고객이 말했다.

"제가 일찍이 선생께서 다른 사람과 학문에 대해 말씀하시는 것을 들은 적이 있습니다. 안으로 마음을 절제하고 밖으로 행동을 절제하며, 먼저 의(義)와 이익(利益)의 구별을 분명히 해야 한다고 하신 말씀에 저는 감복했습니다. 일반사람들이 생각하기에 선비가 가장 귀중하고 농민이 그 다음이고 장사하는 것이 가장 아래라고 생각합니다. 장사하는 것을 가장 아래라고 생각하는 것은 그들이 이익만을 생각하기 때문입니다. 그래서 군자는 재물에 대해서 말하지 않고 이익이 얼마나 남는지에 대해 묻지 않습니다. 한 번 여기에 미치면 그것을 상인의 풍기[賈風]라고

---

182) 漢代 고급관리를 임용하는 제도. 중앙 최고 행정장관인 三公, 지방관인 州牧·郡守가 모두 관료를 청빙하여 조정에 추천하는 제도. 辟除 또는 徵辟이라고도 한다.

하는데, 〈이것을〉 반드시 심한 치욕이라고 생각합니다. 상인이 천하지만 물건을 중개하는 것은 더 천합니다. 선생께서 그 일을 하시니 이익에 가까이 할 수 없을 것입니다. 원컨대 선생께서는 이 일을 버리시고 다른 생계를 도모하십시오."

내가 말했다.

"강태공 여상(呂尙)은 맹진(孟津)에서 장사하였고, 나 당견은 소주(蘇州)에서 장사하는데, 그 의미는 같습니다."

평민 당견[守賤]

내가 신분이 귀한 분을 만나 통성명만 하고, 스스로 자신을 낮추어 부르지는 않았다.

내가 말했다.

"저는 감히 그렇게 할 수 없습니다. 제가 가난해서 벼슬을 하여, 지현 (知縣)으로 있다가 10개월 만에 파직당하고 평민이 되었습니다. 저는 시장거리나 저 산 속의 일반인들과 똑같이 된 것이지요 〈그러니〉 사대부들과 존비(尊卑)에 대해서 감히 의논하기 힘든 일입니다."

『맹자』에 이런 말이 있다.

"천하에 존귀한 데 도달한 것[達尊] 세 가지가 있는데, 하나는 관작(官 爵)이고, 하나는 나이[年齒]이고, 하나는 덕성[德]이다."[183]

내가 말했다.

"천하에는 세 가지 존귀한 것이 있다고 하는데, 나는 오직 두 가지만

---

183) "天下有達尊三, 爵一, 齒一, 德一."(『孟子』「公孫丑」下)

있을 뿐입니다."

어떤 사람이 말했다.

"무엇을 이루지 못했습니까?"

내가 대답하였다.

"관작의 존귀함에는 제가 도달하지 못했습니다."

어떤 사람이 말했다.

"존귀한 지위를 업신여기는 것입니까?"

내가 말했다.

"그렇지 않습니다. 제가 감히 못했다는 것입니다. 저는 너무 가난했기 때문에 벼슬하면서 지현으로 있다가 10개월 만에 파직당하여 일반 평민이 되었습니다. 제가 저 저자거리와 저 농촌의 일반사람들과 같으므로 감히 관작의 존귀함을 알지 못합니다."

『중용』에 이런 말이 있다.

"천하에 도달해야 할 다섯 가지 도가 있다. 군주와 신하사이의 도, 아버지와 아들간의 도, 남편과 아내사이의 도, 형제간의 도, 친구간의 도가 그것이다."[184]

내가 말했다.

"옛날부터 오륜이 있었는데, 나는 유독 그 한 가지를 빼먹은 것이 있습니다."

어떤 사람이 물었다.

"그것이 무엇입니까?"

내가 대답하였다.

"군주와 신하사의의 윤리에는 도달하지 못했습니다."

어떤 사람이 말했다.

"선생의 생활은 태평성세인데 뜻은 소부(巢父)[185]와도 같습니까?"

---

184) "天下之達道五, 君臣也, 父子也, 夫婦也, 昆弟也, 朋友之交也."(『中庸』)
185) 巢父는 唐堯시대 사람으로 山林에 은거하면서 관직을 사양했다. 요임금이 그에게

내가 대답했다.

"그렇지 않습니다. 제가 감히 하지 못한 것입니다. 저는 가난해서 벼슬하였고, 지현이 되었다가 10개월 만에 파직당하고 일반사람이 되었습니다. 제 삶이 저 일반 평민들과 같기 때문에 감히 군주와 신하의 도리를 말할 수 없는 것입니다."

은자(隱者)의 삶[獨樂]

옥주(沃洲, 지금의 절강성 新昌縣)의 산에 사는 석(石)씨라는 사람이 있었고, 남주(南洲, 지금의 절강성 신창현)의 산에 사는 정(丁)씨라는 사람이 있었다. 이들 두 성씨는 동한(東漢)시대부터 살아온 사람들이다. 산은 깊고 도심은 멀어 대대로 여기서 밭 갈고 사는데, 아무도 찾아오는 이가 없었다.

이전에 명나라가 멸망했을 때, 나는 아버지를 따라 남주로 피난하였는데, 〈그곳에는〉밭 일경(一頃)과 과수원 오무(五畝), 대나무밭 삼리(三里)가 있었다. 아버지께서는 닭과 돼지를 기르고 하인에게는 양을 기르게 하고 관개농사를 하게 하면서 소박한 옷을 입고 조촐한 식생활을 하면서 석씨와 정씨처럼 살았다.

외삼촌 이장상(李長祥)[186]이 석곽(石郭)에서 전쟁하다가 마침내 그곳을 떠나 오호(五湖)의 호숫가에서 생활하였다. 아버지께서 병환이 나셨을 때, 나에게 말씀하셨다.

천하를 주려고 했지만 끝내 받지 않았다고 전한다.

186) 명조에 侍郎을 지냈고 명이 망하자 浙東 일대에서 무리를 모아 반청운동을 전개하였다.

"절강지방의 위쪽과 삼천(三泉, 지금의 절강 蘭谿)의 구석진 곳은 우리 당씨가 유래한 지역인데, 그 산은 숨을 만하다. 내가 다행히 죽지 않는다면, 앞으로 거기 가서 살겠노라."

〈그런데〉 부친의 병세가 심하여져 결국 돌아가셨기 때문에 이사갈 수 없었다.

이때 나는 21세였고, 천하에 뜻을 펼치고 싶었다. 일찍이 『한서(漢書)』「엄광전(嚴光傳)」을 읽는데 갑자기 화가 치밀어 의자에서 벌떡 일어나 책을 바닥에 던지며 말했다.

"교활한 도적 같으니! 나는 네[엄광]가 너의 성주(聖主)를 모욕하고, 왕망(王莽)을 위해 원수를 갚은 자라는 것을 안다."

아내가 그 소리를 듣고 크게 놀라며 손님과 다투는 줄로 알고 급히 달려와 그 모습을 보았다. 내가 그 까닭을 말하자 부인이 웃으며 말했다.

"당신은 스스로 발분하지 마세요 엄광이 무슨 죄가 있습니까!"

이때만 해도 기개가 하늘을 덮어 위로 이윤과 강태공을 견주고, 좌우로 소하(蕭何)와 장량(張良)에 비견하였으니, 어찌 자신만만하지 않으리요!

어머니께서 나이 들어 제대로 식사도 못하시는데도 나는 외출하게 되면 멀리 다녔다. 웅이산(熊耳山)[187]을 지나는데 호랑이에게 그만 상처를 입었고, 회계(會稽, 절강성 紹興)에서는 매우 곤란을 당한 적이 있었다. 또한 대별강(大別江, 아마도 지금의 湖北 漢陽縣 동북쪽인 듯)에서는 큰 위험을 맞이하였고, 장자현에서는 관직을 지내기도 하였다. 연(燕, 지금의 하북성 북쪽 일대)땅에서는 두 차례나 치욕을 당했고, 골(滑, 지금의 하남성 睢縣 일대)·위(衛, 지금의 하남성 淇縣 일대)·여(汝, 지금의 하남성 북쪽의 汝河)·비(淝, 지금의 안휘성 合肥의 淝水)에서도 곤욕을 치렀다. 이처럼 20여 년을 떠돌다가 마침내 먹거리를 걱정하게 되었다. 〈그러면서〉 몸은 마르고 의지와 기개도 움츠러들었다. 이에 탄식하며 부인에게 말했다.

---

187) 하남성 서쪽에 있는 산으로 秦岭 동단의 지맥으로 양 봉우리의 모양이 곰의 귀와 닮았다고 해서 이렇게 이름하였다.

"내가 지난날을 매우 후회하며, 엄광의 허물을 꾸짖는 것입니다."

어떤 사람과 함께 나는 은거하는 것에 대해서 토론하는데, 그가 나에게 말했다.

"은거하는 자는 세상을 피하는 것으로 마치 순록(馴鹿)이 사람을 피해 다니는 것과 같습니다. 비천한 사람이 군주의 뜻을 얻지 못할 것을 염려하는 것이 마치 개나 돼지가 사람들에게 사육되어지기를 바라는 것과 같습니다. 이런 두 종류의 사람은 심성이 서로 상반됩니다."

내가 말했다.

"그렇지 않습니다. 선생께서는 아직 은둔하는 사람들의 심정을 잘 모르고 계시기 때문에 이렇게 말씀하신 것입니다. 요임금이 얻어 그것을 길렀고, 걸왕도 또한 얻어 그것을 길렀는데, 그것은 개와 돼지입니다. 걸왕을 보아도 도망하고, 요임금을 보아도 도망하는 것은 순록입니다. 군자가 요임금을 만나 순록이 되지 않고, 걸왕을 만나 개·돼지가 되지 않는 것은 〈언제 세상에 나아가고, 언제 은거할 것인가의〉 시기에 순응하는 것일 따름입니다."

그가 또 말했다.

"영웅호걸이 뜻을 얻지 못하면 장저(長沮)와 걸익(桀溺)[188]처럼 공경 재상의 고귀한 지위를 보고도 마음이 움직이지 않을 수 있겠습니까?"

내가 말했다.

"그렇지 않습니다. 선생은 아직 은둔한 사람들의 심정을 알지 못하기 때문에 이렇게 말한 것입니다. 군자가 몸을 감추는 것은 가까이 몸을 가지고 비유하자면 밤과 낮에 자고 일어나는 것과도 같습니다. 옷을 입고 일어나고 눈으로 밝게 보고 귀로 듣고 입으로 말하고 몸으로 활동을 합니다. 몸에 특별한 사유가 없는 한 움직이면서 마땅히 낮이면 이렇게 하지요 불을 끄고 잠을 잘 때에는 비록 비단이불에 화려한 무늬가 있

---

188) 『論語』 「微子」편에 보면 두 사람은 은거하면서 벼슬하지 않고 농사지었다고 한다.

더라도 볼 수 없고, 비록 아름다운 음악소리가 있어도 들을 수 없고, 비록 맛있는 요리가 있어도 맛볼 수 없고, 비록 아름답고 화려한 의복과 의관이 있어도 갖출 수 없습니다. 몸에 특별한 사유가 없는 한 정지해 있으면서 마땅히 밤이면 이렇게 하지요 시대를 따라 은둔하는 것은 마치 밤에 잠을 자는 것과도 같습니다. 이런 시기에 재상 및 경대부의 자리가 더해지고 황금으로 부유하게 되는 것은 마치 한밤에 침상에서 일어나 아름다운 색을 보고 음악을 듣고 맛을 보고 즐겁게 놀고자 하는 것과도 같습니다. 어찌 원하는 것이겠습니까?"

천지가 처음 시작되고, 인류가 처음 태어났을 때에는 다스려지는 세상도 혼란한 세상도 없었고, 얻어 볼 수도 없다. 사람이 태어나 20세의 시절에는 17세 이전의 일들을 잊어 알 수 없고, 50세에는 47세 이전의 세상을 잊어 알 수 없다. 하물며 어떻게 인류가 처음 태어났을 때의 일을 알 수 있겠는가! 〈그러나〉 사실은 그렇지가 않다. 과거에도 하늘과 땅은 그대로였고, 옛날에도 해와 달은 그대로였다. 〈다만〉 천지에 혼란함이 있어서 일월(日月)을 가리는 것이 있었다. 그래서 〈당시 세계의 진면목을〉 볼 수 없게 된 것이다. 인간세계를 떠나 깊은 산 속을 다니며 초목(草木)과 함께 생활하고 조수(鳥獸)와 함께 벗하여 도시의 번잡함을 볼 수 없고, 조정과 장터의 어수선함을 볼 수 없다. 비단 옷의 광채도 없어 거친 베옷을 입어도 화려하며, 수레가 없어 오히려 돌아다니기에 편하다.

인류가 처음 태어났을 때에도 이와 같았을 뿐이다. 오직 성인만이 더럽혀진 세상을 잘 변화시킬 수 있었고, 그 다음 거기에 거처하였고, 또 그 다음에는 그 곳을 피했던 것이다. 그들이 도피한 세계는 이렇게 〈더럽혀진〉 세계인 것이다.

『노자』에 이런 말이 있다.

"천하에 큰 걱정이 있는 것은 내가 몸을 가지고 있기 때문이다. 내가 몸이 없는 데 이르면 나에게 무슨 걱정이 있겠는가!"[189]

내가 말했다.

"무엇이 큰 걱정인가? 인간의 허리[腰]와 목[領]은 몽둥이와 칼날을 가해해서는 안되고, 얼굴은 모욕을 받아서는 안되고, 배와 내장은 체증으로 덩어리가 생겨서는 안되고, 정신은 쉽게 상처를 입을 수 있으므로 근심 걱정하게 해서는 안되는데, 이것을 큰 걱정이라고 한다. 무엇을 가리켜 '몸이 있다[有身]'고 하는 것인가? 사람들이 살아 움직이기 때문에 자신의 몸을 알 수 있다. 명예를 추구하면서 몸을 드날리고, 관작을 추구하면서 몸을 존귀하게 하고, 재물 모으는 것을 추구하면서 몸을 살찌게 하는 것을 가리켜 몸이 있다고 한 것이다. 무엇을 가리켜 '몸이 없다[無身]'고 하는 것인가? 사람들은 모두 생명이 있다. 나는 다만 생명의 목적을 이해한다. 사람은 모두 죽게 마련이다. 나는 다만 죽지 않는 방법을 알고 있다. 생명을 유지하기 위해서 생명의 목적을 상실해서는 안되고, 죽음으로 인해서 죽지 않는 방법을 상실해서는 안된다. 이것을 가리켜 몸이 없다고 하는 것이다. 〈몸을〉 아끼는 사람은 그 아끼는 데 적중하려고 하고, 〈몸을〉 증오하는 사람은 그 증오에 맞는 행동을 하려고 한다. 그러므로 몸을 그 목적에 맞게 행동하게 하려는 것이다. 어찌 위태하지 않겠는가! 내가 스스로 나를 아끼지 않으면, 누가 나를 아끼겠는가! 내가 스스로 나를 증오하지 않으면, 누가 나를 증오하겠는가! 나를 아낄 수 없는 사람은 나를 모욕할 수 없고, 나를 증오할 수 없는 사람은 나를 죽일 수 없다. 불이 금속을 녹여 흐르게 할 수 있어도 빈 것[空]을 불태울 수는 없다. 이것을 가리켜 근심 걱정이 없다고 하는 것이다."

---

189) 여기서는 "天下有大患, 爲吾有身. 及吾無身, 吾有何患"이라고 하였지만, 원래 『老子』 13장에는 "吾所以有大患者, 爲吾有身. 及吾無身, 吾有何患"이라고 되어 있다.

살아가면서 가장 중요한 것[養重]

진실로 벼슬하지 않고도 봉록을 얻고, 공경(公卿)의 존경과 예우를 받아 두루 미치면서, 비천하게 농사짓거나 장사를 해서 돈을 모은다면, 그 재물은 구해서는 안될 도리인 것이다. 그렇게 〈재물을〉 구한다면, 반드시 소인배들이나 하는 행위인 것이다. 내가 장사해서 생계를 유지하려고 한 것을 사람들이 자신을 모욕하는 것이라고 생각한다. 그러나 〈이것은〉 자신을 모욕하는 바를 모르는 것이다. 비록 그렇더라도 몸소 장사를 하는 것은 부득이해서 그런 것이다. 물에 빠진 사람이 나무토막에 기대고 있다고 해서 누가 물에 빠지지 않은 상태와 비교할 수 있겠는가?

옛날 형주(荊州, 지금의 湖北 江陵縣) 일대에 큰 홍수가 발생하여 기아로 죽은 사람이 만여 명에 달했다. 〈이후로〉 장거정(張居正, 1525~1582)[190]이 정치를 하면서 모두 굶주림에서 벗어나 활기를 찾았다. 이때 형주의 사대부 2백여 명 가운데 〈장거정에 의지해서〉 생활을 할 수 있었던 사람은 대략 50여 명이었다. 그 나머지 장거정에 의지할 수 없었던 사람들은 모두가 농토가 있고 가축이 있는 사람들이었고, 장거정에 의지해서 살던 사람들은 모두가 농토도 없고 가축도 없는 사람들이었다. 그렇기 때문에 생활을 유지할 수 있었던 것은 모두 〈장거정의〉 은덕이었고, 그래서 〈그들은〉 장거정의 문하에 거처하면서 크게는 고관대작으로 존귀해졌으며, 작게는 부유한 사람이 되었다. 〈그런데〉 장거정이 죽자 〈이들은〉 대개가 관직에 나가는 것이 금지되면서 임용되지 않았다.

---

190) 명대의 정치가로 자는 叔大, 호는 太岳, 시호는 文忠이며, 湖廣江陵(지금의 湖北)사람이다. 嘉靖(1522~1566) 년간에 진사하여 吏部左侍郎 겸 東閣大學士, 禮部尙書 겸 武英殿大學士, 吏部尙書, 建極殿大學士를 지냈다. 神宗 萬曆 년간(1573~1620)에는 高拱을 축출하고 대신 首輔가 되었다. 장거정은 萬曆초기에 국정을 맡아보면서 一條鞭法・稅役合倂과 같은 정치 경제 개혁을 단행하였다. 학문은 주로 왕양명의 心學을 따르면서 經世致用의 학문을 중시하였다. 저술로『張文忠公全集』이 전한다.

과거 촉(蜀, 사천성)지역에 낙순(駱純)이라는 사람과 은정(殷正)이라는 두 명의 사대부가 있었는데, 이들은 모두 문장과 학문이 높기로 소문이 자자하였다. 양영(楊榮)[191]이 재상이 되어 서신과 재화 관리하는 관리를 둘로 나누어 놓고 그들을 포정사(布政使)[192]에 소속시키며 말했다.

"낙순과 은정 두 사람은 사천출신의 영특한 선비이다. 나는 그들을 오랜 동안 생각하고 있었다. 그대는 나를 위해 그들을 데리고 오라!"

이때 낙순은 가난했고 부인이 없었으며, 고향에서 제자들을 가르치고 있었다. 은정은 부유해서 넓은 전원과 목장과 산림이 넉넉하게 있었다. 낙순은 서신과 돈 꾸러미를 받고 사흘 만에 떠났다. 은정은 질병을 구실 삼아 고사하면서 가지 않았다. 그 친구가 갈 것을 권면하였다. 〈그러자〉 은정이 말했다.

"내가 양영 선생이 현명하고 더불어 교류할 만하다는 것을 모르는 것이 아닙니다. 또한 힘써 나를 추천해서 기용하려고 합니다. 그러나 부귀한 집안의 문객(門客)이 될 수는 없습니다. 위험하고 의심 많은 조정에서 벼슬할 수 없습니다. 수레를 타고 있는 것이 내가 산 속에 묻혀 살면서 편안히 지내는 것만 못합니다. 공경대부의 녹봉이 내가 매년 거둬들이는 수입만 못합니다. 자기의 편안함을 버리고 다른 사람의 위태로움에 몸을 맡기고, 자기의 수입의 많은 것을 버리고 다른 사람의 적은 것을 받으려고 한다면 지혜가 있고 없고 관계없이 할 수 없는 일임을 알 것입니다."

그리고는 끝내 은둔하고 나가지 않았다.

저 형주의 사대부 낙순이 그 절개를 지키지 못한 것은 먹을 것이 부

---

191) 福建 建安사람으로 자는 勉仁이다. 建文(1399~1402) 년간에 진사하여 永樂(1403~1424) 년간에 文淵閣에 들어가 정치를 농단하는데 成祖가 그것을 중히 여겨 문연각 대학사로 삼았다. 楊士奇・楊溥와 함께 중앙정치를 좌우하여 이들을 '三楊'이라 불렀다. 저술로 『楊文敏集』이 있다.
192) 명대 洪武 9年(1376) 中書省을 철폐하고 전국을 13개의 司로 나누었다. 그리고 모든 司에 左右 포정사 각 한 사람을 두고, 按察使와 더불어 각 성의 행정장관을 삼았다.

족해서이고, 은정이 절개를 지킬 수 있었던 것은 먹을 것이 넉넉하였기 때문이다. 절개를 지키고 지키지 못하는 것은 먹을 것의 족하고 족하지 않고의 차이이다. 사람에게 먹는 것이 어찌 중요하지 않겠는가!

옛날에 제후가 검소하고 근면하다면, 나라를 보전할 수 있는 군주였다. 대부가 검소하고 근면하다면, 집안을 보전할 수 있는 가장이었다. 오늘날의 선비라고 어찌 홀로 그렇지 않겠는가! 만약 몇 식구가 있는 집안에 50무(畝)의 밭이 있으면서 검소하고 근면하게 잘 관리하면, 굶주리지 않을 것이다. 100무의 밭이 있으면서 그것을 검소하고 근면하게 잘 관리하면, 스스로 만족할 수 있을 것이다. 200무의 밭이 있으면서 그것을 검소하고 근면하게 잘 관리하고 축적하면, 친척과 주변 이웃을 두루 도와줄 수 있을 것이다. 돌아보건대 이 밭은 실제로 어려움이 있다. 밭이 없으면 참으로 곤궁해지고, 밭이 있으면 검소하고 근면함을 잃지 않도록 해서 후손에게 물려준다. 이것이 몸을 세워[立身] 후손에게 베푸는 가장 중요한 도리이기 때문에 반드시 살피지 않으면 안될 것이다.

은둔자의 참모습[居山]

내가 병들어 손님을 맞이할 수 없었다. 어떤 사람이 문을 두드렸다. 하녀가 글과 편지를 들고 들어왔다. 서명을 보니 황산도인(黃山道人) 방웅(方熊)[193]이었고, 편지는 「부귀황산(賦歸黃山)」이란 시였다. 시에는 경치와 풍물이 쓰여져 있었지만, 거처하는 곳이 기록되어 있지 않았다.

내가 말했다.

---

193) 黃山은 안휘성 남쪽에 있다. 方熊은 자가 飛厓. 저서로 『帶湖草堂集』·『南潯文獻志』가 있다.

"이 사람과 시를 지은 사람 모두 산에 제대로 은거한 것이 아니다. 산에 제대로 은거한 사람이 아름다운 산천과 깊은 계곡을 즐기는 것이 겠는가? 산새들이 지저귀고 연못의 물고기들의 헤엄치는 모습을 즐기는 것이겠는가? 초막 짓고 농장 가꾸는 것의 편안함을 즐기는 것이겠는가? 옛날의 현자들은 세상을 피해 깊은 산 속에 들어가 비록 이런 즐길 만한 것이 있어도 즐거움이 그것에 있지 않았다. 세상에서 좋아하고 숭상하는 것이 같기 때문에 그것과 인의(仁義)도덕의 표준을 가지고 〈은둔자들을〉 말하자면 혹 그들을 비난할 수 있다. 이렇게 생각하는 사람은 또한 명예를 좋아하는 것이어서 실속을 얻지 못할 것이다. 목마른 사람이 물 마시는 것은 굶주린 사람이 밥을 먹을 수 있는 것과 같지 않다. 실제로 〈은거하는 것을〉 보여주는 자라면 〈사람들이〉 우원(迂遠)하게 여겨 좋아하지 않는다. 어찌 사우(師友)가 있겠는가? 또한 그와 함께 하는 이웃도 없다. 이때에 만약 먹을 것을 구하지 않아도 굶주림이 없다면 〈세상을 멀리〉 떠나 깊은 산 속으로 피하는 것이 또한 마땅하지 않겠는가! 위로 성인(聖人)은 본성을 다하여 공을 세우는 것으로 선(善)이라 생각하고, 현자(賢者)는 현명한 군주를 만나 자기의 포부를 실현하는 것을 선이라 여기고, 일반사람들은 적당한 장소를 찾아 거처하는 것을 선이라 생각한다. 눈으로 왕래가 끊기지 않는 〈세상의〉 모습이 보이지 않고, 귀로 〈세상의〉 소란한 소리가 들리지 않고, 거처에서 고대광실(高臺廣室)과 같은 곳이 보이지 않기 때문에, 세속의 습성을 멀리할 수 있다. 세속에서라도 어찌 학문을 할 수 없겠는가? 마음이 동요하지 않는 사람은 마음을 절제할 수 있고, 또한 스스로 수양하는 데 편안하다. 만약 산을 본 이후 즐기고, 물을 본 이후 즐기면, 그 즐거움은 마음에 있는 것이 아니라 〈마음〉 밖에 있는 것이다. 곧 산과 물은 비록 세속에서 멀리 떨어져 있더라도 마음을 빠지게 하는 것일 뿐이다."

요봉(堯峯)194)아래 홍원(洪源)이란 비구스님이 나에게 송별기념으로 큰 대나무 뿌리를 주었다. 〈나는〉 그와 며칠 동안 함께 지냈는데, 그의 몸을 보면 마치 산처럼 안정감이 있었고, 정신은 연못의 물처럼 맑았고, 성급하게 말함이 없었고, 교만한 빛이 없었고, 곁눈질로 봄이 없었고, 빗나간 소리 듣기를 탐함이 없었다. 〈나는〉 마음으로 그 안정감 있는 태도에 탄복하였고, 스스로 그렇게 할 수 없음을 안타깝게 여겼다. 며칠 지나 다시 보았을 때 〈그는〉 매우 초췌하고 마른 상태였고, 얼굴에는 근심스런 빛깔이 가득했다. 어째 그렇게 되었는지 물어 보았다.

그가 대답하였다.

"나의 신도는 매우 많습니다. 〈그런데〉 날마다 먹을 양식이 공급되지 않아 이처럼 걱정하고 있습니다."

나는 입으로 말하지는 않았지만, 속으로는 웃으며 다음과 같이 말했다.

"〈이 사람은〉 겉으로 안정감이 있는 것처럼 보였지만, 마음속으로는 안정감이 있지 않은 사람이다. 그렇다면 산을 보고 만족하고, 그 산을 잃어버리면 만족하지 못하는 것이다. 물을 보고 만족하고, 그 물을 잃으면 만족하지 못하는 것이다. 산과 물에 머물지 않아도 오로지 한마음으로 물과 산에 있는 것처럼 유지한다면, 심산유곡이 마치 도시나 시장의 거리와도 같을 것이고, 저 산 속에서 지저귀는 새들이나 연못에서 자유롭게 헤엄치는 물고기가 마치 배우가 즐겁게 춤추며 노래하는 것과도 같을 것이고, 초막과 농장이 마치 웅장한 건물과 잘 가꾸어진 담장과도 같을 것이다."

---

194) 吳縣에서 28리 정도 떨어진 靈岩鄕에 있는 산 이름.

나가고 물러가는 때 [貞隱]

모든 만물은 태어나면서 반드시 그 쓰임이 있다. 쇠·나무·흙·돌은 인간의 생활에 필요한 재료들이다. 삼베·비단·쌀·보리는 인간의 생활에 필요한 물품들이다. 어찌 반드시 진귀한 보물만 있겠는가? 부서진 지붕의 기와나 무너진 담장의 벽돌이라도 사람이 그것을 취하면 버리지 않는다. 물건도 또한 그렇게 쓰임이 있는데, 하물며 천하의 현명한 인재임에랴! 현명한 인재인데도 기용되지 않는다면, 나는 저 기와나 벽돌 같은 것에 비할 바가 아니라고 생각한다.

아버지와 자식간의 은정(恩情)과 군주와 신하사이의 도의(道義)를 어찌 한갓 대륜(大倫)의 불가함이라 하며 폐할 수 있겠는가? 〈아버지의 자식에 대한〉 은정은 〈자식이〉 재목이 되게 하는 것이고, 〈군주의 신하에 대한〉 도의는 〈신하가〉 그의 작용을 잘 발휘하도록 하는 것이다.

오늘날 활이라고 하는 것은 폭력을 제어하고 혼란을 안정시키는 것으로 매우 귀중한 물건이다. 그러나 훌륭한 기능공이 그것을 만들고, 반드시 그것을 잘 다루는 사람이 그것을 잘 당겨 쏘아야 한다. 진실로 잘 다루지 못하면, 또한 근육은 늘어나고, 뼈는 손상되고, 활줄만 끊어질 뿐이다. 비록 좋은 재료가 있더라도 천하가 그 재료를 버려 두고 있다. 비록 훌륭한 기능공이 있어도 천하가 그를 버려 두고 있다. 몸은 마치 활과 같고, 아버지는 마치 훌륭한 기능공과 같고, 군주는 마치 활을 잘 쏘는 사람과도 같다. 그러므로 군주를 만나지 못해 산림에 거하며 명산대천을 유람하는 자는 마음이 비록 그것을 즐겨도 원하는 바가 아니고, 부득이해서 그럴 뿐이다.

옛날 실제로 허유(許由)[195]란 사람은 없었다. 허유란 인물은 장자(莊子)

---

195) 고대 堯임금 시절의 은둔자로 요임금이 그에게 천하를 양위하려고 했지만 거절하고 오히려 箕山으로 피신하였다고 전한다. 요임금이 다음에는 九州長官직을 맡아달라고

가 지어낸 허구이다. 이때 사람들은 존귀를 꾀하며 인(仁)을 멸시하며 끊었고, 부귀를 도모하며 의(義)를 없앴다. 성(城)을 갖고 다투고 땅을 갖고 다투며 적군을 죽이고 장수를 죽이며 온 땅을 피로 물들이고 있었다. 유세하는 선비가 서쪽으로 갈 수 없으면 동쪽으로 달려가고, 동쪽으로 갈 수 없으면 서쪽으로 달려갔고, 황금과 아름다운 보석이 앞뒤에 있어 천하의 사대부들이 서로 다투어 그것을 가지려고 하는 것이 마치 많은 개들이 뭉쳐 죽자 사자 싸우는 것과도 같았다. 장자가 그것을 싫어하였기에 이렇게 말한 것이다.

"요임금이 천하를 허유에게 양위하면서 말했다. '선생은 해와 달이요, 저는 조그만 촛불입니다. 제가 천하를 잘 다스릴 수 없으니, 선생께서 천하를 맡아 주시지요.' 허유가 말했다. '저는 숲 속에 거하면서 강물이나 마시는 주제인데, 제가 어떻게 천하를 다스릴 수 있겠습니까!'"

이런 허유란 인물은 마치 외루허(畏累虛)의 경상초(庚桑楚)[196]와도 같은 무리이다. 만약 이런 사람들이 있었다면, 홍수가 나 구릉이 잠기고, 오곡을 파종하지 못하는데, 높은 산에 앉아서 백성들을 바보처럼 보는 것이다. 〈그렇다면〉 비록 수많은 죄를 저지른 악당으로 그를 죽여도 부족할 것이다. 〈그래서〉 요임금은 반드시 그들을 주벌(誅罰)하면서 다음과 같은 계율을 드러낸 것이다.

"후대에 행위가 완고하고 괴벽하여 군신의 도의가 없고, 백성들의 근심에 함께 하지 않는 자는 마치 허유와도 같은 사람이다."

지극한 도덕이 실천된 세상도 요순시대에 비할 바가 아니다. 만약 그

부탁하자 그는 潁水에서 귀를 씻었다고 한다.
196) "노자의 제자 경상초라는 이가 있었는데, 노자의 도를 약간 터득하고는 북쪽의 외루라는 산에서 살았다. 그는 하인들 가운데 지혜가 돋보이는 자를 내보내고, 하녀들 중에서도 仁義를 아는 자를 멀리한 채 못난 자들과 함께 기거하고 멍청한 자를 부렸다[老聃之役, 有庚桑楚者, 偏得老聃之道, 以北居畏壘之山, 其臣之畫然知者去之, 其妾之挈然仁者遠之. 擁腫之與居, 鞅掌之爲使]."(『莊子』「雜篇」·「庚桑楚」) 여기서 외루허는 노나라에 있는 산 이름이다.

런 때를 만나면 원컨대 기(夔)와 용(龍)[197]의 집안에 노예가 되겠노라. 〈그들이〉 나갈 땐 마차 뒤를 따르고, 들어 올 땐 그들의 방을 청소하겠노라. 〈그리고〉 그들이 먹다 남은 것을 먹고, 그들이 입다 버린 옷을 입고, 그들이 죽으면 관에 휘장을 씌워 매장해 주겠는데, 이보다 더 큰 영광도 없을 것이고, 이보다 더 존귀한 일도 없을 것이다.

옛날 백이(伯夷)·소련(少連)·우중(虞仲)·이일(夷逸)[198]은 난세를 만났는데도 오히려 그 뜻을 고결하게 지키었다. 그렇기 때문에 선사(先師, 공자)가 그들을 매우 칭양한 것이다. 저 세상의 많은 혼탁한 행위로부터 사람들은 교만한 정서가 배어 나오고, 현명한 인재들이 언제 벼슬해서 나아가고, 언제 물러가 은거할지 그 방도를 모르고, 이에 그들의 행동을 모방하면서도 그 온전히 품은 뜻에는 우매하고, 그 즐거움을 모방하면서도 그들이 무엇을 걱정했는지에 대해서는 우매하다. 그렇기 때문에 부귀를 누추하게 생각하였고, 빈천을 고결하게 생각하였고, 경대부와 재상의 지

---

197) 夔와 龍은 요순시대의 賢臣이다. 기는 樂官이었고, 용은 諫官이었다.
198) 백이는 「억존」편 참조 少連은 고대 賢人으로 東夷人으로 알려져 있다. "공자가 말했다. 소련과 대련은 부모의 상을 당해서 지극 정성을 다해 3일 간 나태하지 않았고, 3개월 간 해이하지 않았고, 1년간 슬퍼했고, 3년간 근심했다. 그는 동이의 아들이다[孔子曰, 少連大連善居喪. 三日不怠, 三月不解. 期悲哀, 三年憂. 東夷之子也]."(『禮記』「雜記」) "逸民(학문과 덕행이 있으면서 초야에 묻혀 벼슬하지 않은 사람)은 백이와 숙제와 우중과 이일과 주장과 류하혜와 소련이었다. 공자가 말했다. '그 뜻을 굽히지 않고 그 몸을 욕되게 하지 않은 자는 백이와 숙제이다.' 류하혜와 소련에 대해서는 '뜻을 굽히고 몸을 욕되게 하였으나, 말이 윤리에 맞으며 행실이 思慮에 맞았으니, 이런 점일 뿐이다'고 하셨다. 우중과 이일에 대해서는 '숨어살면서 말을 함부로 하였으나, 몸은 깨끗함에 맞았고, 폐함(벼슬하지 않음)은 權道에 맞았다. 나는 이와 달라서 가한 것도 없고, 불가한 것도 없다'고 하셨다[逸民, 伯夷叔齊虞仲夷逸, 朱張柳下惠少連. 子曰, '不降其志, 不辱其身, 伯夷叔齊與.' 謂柳下惠少連, '降志辱身矣. 言中倫, 行中慮, 其斯而已矣.' 謂虞仲夷逸, '隱居放言, 身中清, 廢中權, 我則異於是, 無可無不可']."(『論語』「微子」) 虞仲은 『論語集注』에 의하면 仲雍으로 泰伯과 함께 荊蠻으로 도망한 자라 하였다. 夷逸은 『論語集注』에는 알 수 없다고 했으나 『尸子』에는 "이일은 이궤제의 후예로 어떤 사람이 벼슬할 것을 권하자 이렇게 말했다. '나는 비유하자면 소와 같으니 차라리 멍에를 메고 들에서 밭을 갈지언정 관복을 차려입고 조정에 들어가 희생당하는 것을 차마 않겠노라'[夷逸者, 夷詭諸之裔. 或勸其仕, 曰'吾譬則牛, 寧服軛以耕於野, 不忍被繡入廟而爲犧']"고 하며 은둔자 이일을 소개하였다.

위를 더럽게 여겼고, 산야에 은둔해서 사는 사람들을 고결하게 생각한 것이다. 난세에도 나가지 않고, 치세에도 또한 나가지 않았다. 걸(桀)·주(紂)가 불러도 가지 않았고, 요(堯)·순(舜)이 불러도 가지 않았다. 이같은 사람들이라면 저 들짐승과도 같은 존재이리라. 그들을 성현들의 은거한 것과 비교해서 말하자면, 마치 용과 지렁이 사이와도 같이 거리가 멀다 하겠다.

천지의 기운은 이해할 수 없기 때문에 폐쇄할 수 없고, 해와 달의 운행은 채울 수 없기 때문에 일그러뜨릴 수 없고, 깊은 연못의 용은 승천할 수 없기 때문에 잠수할 수 없고, 지렁이나 개미의 종족은 계몽할 수 없기 때문에 겨울잠에서 깨어나게 할 수 없고, 역수(曆數)의 운세는 맑게 할 수 없기 때문에 탁하게 할 수 없고, 성인의 도는 흥하게 할 수 없기 때문에 폐할 수 없다.

이런 흥망성쇠를 맞이하는 것은 또한 세상의 일상적인 것이다. 어리석은 사람은 이것을 돌이키려하고, 지혜로운 사람은 이것에 순응한다. 돌이키려고 하는 사람은 그 몸을 그것에 빠지게 하고 그 명예를 훼손한다. 순응하는 사람은 그 몸을 숨기고 그 보배로운 정조를 상실하지 않는다.

옛날 여망(呂望)이 아직 임용되지 않았을 때, 자신이 80세가 되어서야 뜻을 얻을 수 있다는 사실을 예측하지 못했다. 만일 그가 79세에 죽었더라면, 동쪽 해변에서 산 한 노인에 지나지 않았을 것이다.[199] 그는 79세 전에 나이 들어 늙고 곤궁해져 제대로 끼니도 못 때웠다. 〈그래서 그는〉 조가(朝歌)[200]의 큰 길거리에 거처하면서 소 잡는 일을 하였다. 또한

---

199) 여기서 동해는 지금의 黃海를 말한다. 『孟子』「離婁」上편과「盡心」上편에 "태공이 주왕을 피하여 동해의 바닷가에 기거하다가, 문왕이 일어났다는 말을 듣고 분발하여 말씀하기를 '어찌 돌아가지 않겠는가. 내가 들으니 서백은 늙은이를 잘 봉양한다'고 들었다[太公辟紂, 居東海之濱, 聞文王作興. 日盍歸乎來, 吾聞西伯. 善養老者]"라고 한 것을 참조
200) 하남성 淇縣으로 은나라 시절 帝乙·帝辛의 別都였다. 여망이 조가에서 소를 잡았

맹진(孟津)201)에 가서는 천하의 교통요지로 사람들의 왕래가 빈번한 곳에서 몸소 불을 지펴가면서 음식을 팔아 끼니를 해결하였다. 이처럼 시장에서 장사하는 것이 부끄러운 것이라서 동네 꼬마녀석들이 비웃곤 하였다. 〈그런데도〉 여망은 이에 아랑곳하지 않고 즐거이 이런 비천한 일을 하면서 묵묵히 세상에 잠겨 있었다. 어찌 일찍이 그 병법으로 제후들을 농락하며 여망 몸소 동해의 제후로 봉해 받아202) 자손 대대로 그 혜택을 물려주기를 바랐겠는가! 그러므로 여러 현인들이 은거해서 천명이 이르는 것을 알고 자기 자신의 도리를 다하여 〈어떤 때는〉 호랑이처럼 결단력 있게 행동하다가도 〈어떤 때는〉 시체처럼 조용히 지내기도 한 것이다. 〈또한〉 나갈 때는 매처럼 높이 웅비하였다가도 거북이처럼 조용히 휴식하기도 한 것이다. 〈이것은 결국〉 은사(隱士)라는 고상한 이름을 위해 그렇게 한 것이 아니다.

학문하는 방법은 자기의 욕망을 제재하는 것을 최우선으로 한다. 어떤 사람은 나갈 줄은 알아도 돌아올 줄 모르고, 펼 줄은 알아도 굽힐 줄은 모르는데, 이것은 필시 그 몸을 빠지게 해서 그 이름을 더럽히는 것이다. 박학하고 지혜로운 사람이 이런 경우가 많다. 그 이유는 다른 것이 아니라 욕망이 그를 패퇴시킨 때문이다. 인간의 감정에서 말하자면 누군들 욕망하는 바가 없겠는가! 그 바른 것을 얻어서 안정시키고, 그 바른 것을 얻지 못하면 이를 버리니, 군자라고 할 수 있다. 그 바른 것을 얻었지만 그것에 탐닉하고, 그 바른 것을 얻지 못하고 억지로 그것을 따른다면, 비천한 사람이라 할 수 있다.

인간이 욕망하는 것은 먹고, 여색을 밝히고, 입고, 거처하는 데 있다. 거친 음식은 양고기와 돼지고기의 맛에 비할 바가 아니고, 베옷과 같은

다고 하는 기록은 三國 譙周의 『古史考』에 있다.
201) 盟津이라고도 한다. 지금의 하남성 맹진현 동북쪽에 있다. 이 기록도 역시 『古史考』에 보인다.
202) "爲之歌齊. 曰, 美哉, 泱泱乎大風也. 表東海者其太公乎."(『左傳』 '襄公 29年') 여기서는 齊를 동해로 대신해서 표현한 것이다.

형편없는 의복은 가죽옷의 따뜻함에 비할 바가 아니고, 초라한 저 시골 여인은 희(姬)씨와 강(姜)씨203) 같은 세련된 미인에 비할 바가 아니고, 옹색한 초가집은 고대광실(高臺廣室)과 비할 바가 아니다. 이러한 것들을 군자가 어찌 갖고 싶은 것이 아니라고 할 수 있겠는가! 그러나 그때가 아니라면 그 아름다운 것이 추하게 되고, 추악한 것이 좋아지게 되는데, 이것은 무엇을 말하는가? 대개 〈남들이 버린〉 고기를 먹음으로써 나를 기르고[豢], 〈남들이 버린〉 띠를 두름으로써 나를 속박하고[械], 〈남들이 버린〉 수놓은 비단옷을 입음으로써 나를 먹칠하는 것이다.

내가 술을 마시는데 아내가 오이를 삶아 내왔다. 나는 맛있어서 배불리 먹었다. 〈그리고는〉 그것을 외삼촌에게 드리자 외삼촌이 웃으면서 드시지는 않았다.

내가 말했다.

"웃지 마세요. 매우 맛있는 오이입니다. 최고의 요리이지요. 과거 나의 부친께서 배를 타고 동쪽으로 가서 제방이 있는 곳에서 어떤 사람을 보시고 함께 탄 사람들과 말씀하시면서, '내가 듣기로는 하나의 조그만 동굴이 천 리나 되는 물줄기를 막을 수 있고, 한 점의 고기가 10대에 걸쳐 쌓은 덕을 패퇴시킬 수 있습니다. 지금 여기서 그것을 보았습니다'라고 하셨습니다. 한 점의 고기와 오이를 분별하자면 어찌 작다고 할 수 있겠습니까! 득실을 따지자면 크게 다를 것입니다."

사람들의 감정상 도덕이 남만 같지 못함을 부끄러워 할 줄 모르고, 권세와 지위가 다른 사람들에 못한 것을 부끄러워한다. 현명한 사람과 함께 하지 못함을 부끄러워 할 줄 모르고, 아내와 첩의 예의 없음을 부끄러워한다. 자그만 치욕을 참지 않으면서도 천하의 큰 치욕을 잘 감내

---

203) 춘추시대 姬는 周나라의 성이고, 姜은 齊나라의 성이다. 그래서 姬·姜하면 큰 나라 여인을 가리키며, 또한 여인의 아름다움을 가리키기도 한다. "비록 희씨와 강씨가 있어도 보잘것없고 초라한 것을 버림이 없다[雖有姬姜, 無棄蕉萃]"(『左傳』 '成公 9年')고 한 것 참조

하는 것은 살필 수 없는 것은 아니다.

옛날 섬서(陝西)의 남쪽에 계생(稽生)이란 사람이 있었는데, 그는 집안이 가난하였지만 독서를 좋아하였다. 세 번 과거에 응시하여 관직을 얻었지만, 세 번 모두 파면 당하고 화가나 집으로 돌아왔다. 어느 사람이 며느리를 맞으며 손님들을 술과 음식으로 접대하는데, 상석에는 모두가 돈 많고 지위 높은 사람들이 앉았다. 여러 차례 술이 오가자 주인이 안에서 옥으로 만든 잔을 내와 그것에 술을 따라 손님들에게 권하는데, 상석의 부귀한 사람들에게만 주고 계생에게는 돌아오지 않았다. 〈그러자〉 계생이 크게 참담해 하면서 몸둘 곳을 모르는 사람처럼 하였다.

〈잔치에서〉 돌아와 아버지께 말씀드렸다.

"주인이 옥으로 만든 잔을 내와 술을 권하면서 나에게까지 오지 않은 것은 나의 빈천함을 박대한 것입니다. 사람들에게 부귀함이 없을 수는 없을 것입니다. 내가 만일 부귀할 수 없다면 살 수 없을 것 같습니다."

오래지 않아 이자성(李自成)의 농민군이 성문으로 들어오자 계생이 그들을 환영하며 길의 왼편에 엎드려 아뢰며, 그를 위해 계책을 말하였다. 이자성이 당나라 제도에 근거해서 관원을 임명하며 계생을 경조윤(京兆尹)[204]으로 삼았다. 계생이 당상(堂上)에 앉아 자신에게 옥잔으로 술을 권하지 않았던 사람을 불렀다. 그가 〈계생 앞에〉 이르자 그는 땅바닥에 엎드려 사죄하였다.

그러자 계생이 웃으며 말했다.

"내가 그대의 집에서 술을 마실 때, 그대는 나에게 옥잔으로 나에게 권하지 않았다. 내가 오늘 그대의 집에서 술을 마시고자 하는데, 그대는 나에게 옥잔으로 술을 권할 수 있겠는가?"

섬서 사람들은 오늘날까지도 이 이야기를 농담으로 주고받는다. 선비

---

204) 京兆尹은 漢나라 三輔의 하나로 서울을 다스렸다. 漢武帝 원년에는 右內史를 경조윤으로 고치고 12현을 관할하게 하였다. 그 장관도 경조윤이라 칭하였다. 당나라 때에도 이런 경조윤 제도를 두었다.

로써 몸을 깨끗이 하려고 하는 사람은 옥잔이 자기에게 돌아오지 않는 것을 부끄러워해서는 안된다. 그렇다면 참된 선비에 가까운 사람이다.

평등한 인간[大命]

한 해 동안 기근으로 굶주리고 있을 때, 나의 아내가 말했다.

"쌀이 없습니다. 어찌해야 좋겠습니까?"

내가 말했다.

"싸라기[粃]를 먹읍시다."

며칠 지나서 싸라기조차 다 떨어져 먹을 수 없었다.

다시 내가 제안했다.

"쌀겨[糠]와 싸라기를 3대 7로 섞어 먹읍시다."

다시 며칠 지나자 이것조차도 다 떨어져 먹을 것이 없었다.

그러자 아내가 말했다.

"쌀겨와 싸라기를 3대 7로 섞어 먹어도 이제 부족할 것 같은데, 당신이라면 어떻게 살아가겠습니까?"

내가 대답했다.

"그렇다면 쌀겨와 싸라기를 7대 3으로 합시다."

이웃사람이 그런 환경을 보고서 걱정하는 눈빛으로 동정하며 말했다.

"선생께서는 관직에 계시지 않으셨습니까? 어떻게 이렇게까지 가난해질 수 있습니까? 생각건대 생활능력이 없는 것입니까?"

내가 대답했다.

"그렇지 않습니다. 물고기가 강물 속에 있다면 자신이 살아 있다는 것을 잊고 지내겠지만, 물이 마르게 되면 살아갈 수 없게 됩니다. 강물은 넓고도 깊지만, 물이 마른 연못은 아주 얕지요. 지금 나와 선생께서는 물이 말라버린 연못 속에 있기 때문에 삶을 영위하는 것이 어려운 것입니다. 선생께서는 어찌 저를 동정하는 태도로 천하백성을 동정하십니까?"

내가 들에 나갔을 때 아내가 무덤 앞에서 제사를 지내며 흐느껴 울고 있는 것처럼 보였다. 돌아와서도 계속 울고 있는 것 같았다.[205)]

내가 그 이유를 물었다.

"왜 그렇게 슬퍼 우십니까?"

아내가 대답했다.

"거기가 제 시아버님의 묘입니다. 전에 시아버님께서 자리를 짜실 때에는 내내 비단이 여유가 있었습니다. 지금은 내 남편이 비단을 짜는데 자리가 완전함이 없습니다. 남편이 시아버님에 비해 더 잘하면서도 운명은 〈아버님만〉 못한 것 같아 그래서 울고 있었습니다."

내가 탄식하면서 말했다.

"그것이 천하 사람들의 대명(大命)입니다. 저 옛날에는 해진 돗자리에서 잠을 자는 사람이 없었습니다. 지금은 사람들이 새 옷을 입고 있는 사람이 매우 드뭅니다."

내가 말했다.

"천지의 도는 원래 평등합니다. 평등하면 만물이 각기 그 처소를 얻게 되지요. 불공평하게 되면 이쪽이 두터우면 저쪽은 엷고, 이쪽이 즐거우면 저쪽은 슬퍼집니다. 높은 곳에 사는 사람에게도 반드시 우묵하게 파진 웅덩이는 있고, 편안히 우마차나 타고 다니는 사람에게도 반드시 발에 무좀은 있을 수 있습니다. 왕공 귀족의 집안에서 한 번 연회를 베푸는데 일반 농가의 일년 수확량을 소모하면서도 이것을 먹으면서도 오히려 맛이 없다고 말합니다. 오서(吳西)지역에 사는 사람들은 흉년이 든 것도 아

---

205) "比其反也"의 比는 及 혹은 到의 뜻이고, 反은 返의 뜻이다.

닌데 보리죽을 만들어 메밀볏단에 섞어 태워 먹는데, 이것조차 먹지 못하는 사람들이 보고 이것은 천하에 가장 맛있는 음식이라고 생각합니다. 사람이 태어나 동등하지 않음이 없습니다. 그런데 지금은 이처럼 공평하지 못한 것이 너무 심합니다. 저울로 물건을 다는데 〈저울추가〉 물건보다 무거우면 기울지요. 물건을 짊어지고 가는데 앞쪽이 뒤쪽보다 무거우면 역시 기울게 됩니다. 양쪽이 고르지 못하기 때문입니다. 그러므로 순임금과 우임금이 천하를 다스리면서 너덜대는 옷을 입고 거친 음식을 먹으면서 감히 스스로 방자하지 않았던 것입니다. 어찌 좋아하는 것이 다른 사람들과 달라서 이겠습니까? 천하가 〈한쪽으로〉 기울어 공평하지 못하게 될 것을 두려워하신 것입니다."

나의 부친께서 돌아 가신지 31년이란 세월이 흘렀건만 장례를 뫼시지 못했고, 모친이 돌아 가신지 5년이 지났지만 장례를 치르지 못했고, 누이가 돌아간지 30년이 지났어도 장례를 치르지 못했고, 동생이 죽은지 29년이 지났어도 장례를 치르지 못했다. 이에 나는 강서(江西)지방으로 가서 관직에 있는 옛친구에게 도움을 청하였다. 집안에는 1석(石) 1두(斗) 3승(升)의 곡식만 남아 있어 아내와 자식들이 굶어죽지나 않을까 걱정이 되었다. 수곡(繡谷)[206]이란 산골짜기에 이르러서 현기증이 났다. 동자(童子)가 괜찮으냐고 물었을 때, 나는 아무 대답도 하지 않았다.

누각에 올라 전망하면서 탄식하였다.

"저 산봉우리의 수려한 경치와 저 기암괴석, 대지와 함께 영원하도다! 아아! 인간들이여! 질병이 몸을 해침이 마치 물줄기가 불을 끄는 것과도 같다. 내 듣기에 노자가 장수했다고 해서 그의 책을 읽어보았노라. "내가 오직 몸이 없다면 이로써 근심도 없을 것이다."[207] 나도 이렇게 하고

---

206) 宋詩에 승려 惠洪이 쓴 「請修寺詩」에 "湘山也學廬山好, 落瀑聲飛繡谷風"이라 했고, 白居易의 「廬山草堂記」에 "春有錦繡谷花, 夏有石門澗云"이라 했는데, 여기서 繡谷은 錦繡谷의 약칭이다. 금수곡은 廬山의 금수곡을 가리키는 것 같다.
207) 『老子』의 "及吾無身, 吾有何患"이라고 한 부분을 당견 나름대로 의미를 해석해서 인용한 문장이다.

싶으나, 그렇게 할 수 없구나!"

신비주의 배격[破崇]

굴원(屈原, B.C. 340~278)[208]이 죽자 숭배의 대상이 되지 않았을까 의심스럽다. 혹 상수(湘水)의 신[209]으로 숭배되지 않았을까 생각한다. 요즘 사람들은 단지 사람이 제 명에 죽지 못하면 여귀(厲鬼)가 되는 것을 알고 있어도, 옛날의 뭇 별들과 산천의 신이 모두 귀신이 되어 숭배되는 것을 이해하지 못한다.

굴원이 말한 것은 모두가 인간 세상의 말이 아니다. 그가 품은 마음의 뜻은 저 세상의 것이며, 모두가 인간 세상의 상식적인 경지의 것들이 아니다. 신(神)을 보고 귀(鬼)를 보면 신의 말과 귀의 말을 한다. 혼(魂)은 이미 하늘로 올라갔고, 백(魄)은 이미 저 깊은 곳으로 갔으니 두려운 것이다.

만일 그랬다면 그 제자 송옥(宋玉)[210]과 같은 무리가 그 스승의 정신적인 미혹과 혼란함을 보고서 정첨윤(鄭詹尹)[211]에게 점복(占卜)을 치러 갔었을 것이고, 정첨윤은 필시 이렇게 말했을 것이다.

---

208) 전국시대 후기 楚나라의 문학자. 懷王을 보좌하면서 左徒·三閭大夫를 지냈다. 그는 진보적인 정치를 주장하며 彰明法度를 요구하고 賢才를 등용하는 데 치중하였다. 이로 인해 문벌귀족들과 마찰을 빚었고, 결국 그들에 의해 참소 당하였다. 頃襄王때 沅·湘유역에서 장기간 유랑하다가 汨羅江에서 투신 자살하였다. 그의 시는 『離騷』·『天問』에 기록되어 있다.
209) 전설에 의하면 堯임금에게는 두 명의 딸이 있었는데, 그들이 곧 순임금의 두 왕비가 되었다고 한다. 舜임금이 南巡하다가 蒼梧에서 죽고 두 왕비는 江湘의 사이에서 죽었는데, 후에 이들을 湘夫人, 또는 湘君이라 칭하였다. 이것이 곧 湘水의 神이다.
210) 전국시대 楚나라 辭賦家로 굴원의 제자로 알려졌다.
211) 전국시대 楚나라의 太卜이다.

"상수의 신을 숭배하십시오"

〈그렇다면〉 상수라고 하는 물가에서 제물을 갖추고 옥을 물 속에 빠트려 〈스승에게 닥친〉 재난을 구제해 달라고 빎으로써 굴원은 혹시 죽음을 면할 수 있었을 것이다. 부인은 집에서 자살하고 남편은 물에서 투신하였다면 그렇게 시킨 것이 있을 것이다. 굴원의 죽음이 이런 것 아닌가? 그렇지 않다면 굴원도 현명한 사람이었을 것이다. "윙윙거리며 떠도는 파리떼야",212) 정직한 것을 해치지 말라. "언덕에는 삼밭이 있으니",213) 고상한 품격을 나타낼 지어다. 저가 이런 시구를 읊지 않았겠는가? 부모님께서 주신 신체로써 함부로 저 심연의 물고기 뱃속을 배불려 주면서 생사를 분명히 하지 못하고 득실에 눈이 어두워져서 그것이 그를 그렇게 하게 한 것이 아니겠는가! 이것이 충을 숭배의 대상으로 삼은 것[忠崇]이다.

오원(伍員)214)이 그 부친의 죽음을 참지 못하고 원수의 나라로 몸을 피신하였다. 그리고 〈나중에〉 그 〈자신의 부친을 죽인〉 군주를 시해하기에 이르렀다. 몸소 적의 수령이 되어 격렬하고 광패(狂悖)하게 하면서까지 그 뜻을 이루었던 것이다. 이것은 효를 숭배의 대상으로 한 것[孝崇]이다.

송양공(宋襄公)은 인을 숭배의 대상으로 삼은 사람이고[仁崇], 계로(季路) 즉 자로(子路)는 의를 숭배의 대상으로 삼은 사람이고[義崇],215) 순식

---

212) "營營靑蠅"이라고 하였는데, 여기서 당견은 讒言을 믿지 말라는 뜻을 표현하고자 한 것이다(『詩經』「小雅」'靑蠅').
213) 『詩經』「王風」'丘中有麻'라고 하는 편명이 있는데, 이 시는 사랑하는 사람을 기다리는 여인의 노랫말이다. 당견은 이 시를 통해 賢人을 기다리는 것으로 그 의미를 해석하였다.
214) 춘추시대 초나라 사람으로 자는 子胥로 초나라 대부 伍奢의 둘째 아들이다. 楚平王이 오사를 죽이자 오원은 吳나라로 도망하여 오나라 공자 光을 도와 먼저 오왕 僚를 죽이고 초나라를 쳐 초평왕에게 복수하였다. 나중에 오나라 夫差가 그를 추격하자 자살하였다.
215) 「取善」편에서 당견은 자로의 죽음을 義에 부합하지 않는다고 하였다.

(荀息)은 신을 숭배의 대상으로 삼은 사람[信崇]이다.216)

어찌 이것뿐이겠는가! 장자(莊子)는 도가 사라지고 세상이 혼란하여짐을 알고 이욕(利慾)으로 말미암아 그것을 바로 잡고자 하면서 허무(虛無)를 내세웠다. 허무라고 하는 것은 다른 것이 아니라 '무(無)'를 가지고 '유(有)'를 구하려고 하는 것이다. 지금 그의 책을 읽고 있으면서도 그가 말하는 마음이 어디에 있는지 모르겠으며, <또한> 마음을 밝히는 방법이 어디에 있는지 모르겠노라. 요순을 비방하고 공자를 폄하하며 마구잡이로 날뛰는 것을 헤아릴 수 없다.217) 결국 그 마음은 주재함이 없는 것이어서 마치 불꽃이 다 타서 재로 흩어지는 것처럼 이욕과 더불어 멸망하는 것이다. 이것이 바로 도를 숭배의 대상으로 삼은 일[道崇]인 것이다.

충효(忠孝)는 인간 세계의 대단히 중요한 일이고, 인(仁)과 의(義)와 신(信)은 미덕(美德)이고, 도(道)는 인간이 가야 할 큰길이다. 그 마음을 바로하지 못하고, <입신처세>의 방법을 얻지 못하고, 몸의 주재를 잃고, 다른 사람에게 재난을 안겨다 주어 그 해가 대단히 심한데도 그처럼 어찌 반성하지 않을 수 있겠는가!

내가 듣기에 숭배하는 것에는 두 종류가 있다. 외적인 것[外崇]과 내적인 것[內崇]이 그것이다. 내적으로 숭배가 이루어진 이후에 외적으로 숭배해야 적중한다는 것이다. 덕(德)을 말하는 것 같지만 덕이 아니고, 도(道)를 말하는 것 같지만 도가 아니다. 매우 아름다운 여인과 두터운 이윤[厚利], 신기한 물건[奇器], 커다란 집[夏屋] 등이 모두 외적인 것이

---

216) 荀息은 춘추시대 晉나라의 대부. 晉獻公이 驪姬를 총애하자 그녀의 아들 奚齊를 왕으로 삼으려고 모의하였다. 이후 헌공이 죽고 해제 역시 피살되자 려희와 순식은 또 려희의 동생의 소생 卓子를 왕위에 세우려고 도모하다가 탁자와 순식 모두 피살되었다.

217)『史記』「老子韓非列傳」에 "'어부'·'도척'·'거협'은『莊子』의 세 편명인데, 모두 옛날의 성군 현신 공자의 제자를 비판하며 이들은 명예를 구하려다 몸을 망가트렸으니 소박하고 참된 진리가 아니다[「漁父」·「盜跖」·「胠篋」, 此『莊子』三編名, 皆誣毀自古聖君·賢臣·孔子之徒, 營求名譽, 咸以喪身, 非抱素任眞之道也]"라고 한 것을 참조

다. 덕(德)을 말하는 것 같지만 덕이 아니고, 도(道)를 말하는 것 같지만 도가 아니다. 아름다운 여인을 좋아하고, 이윤추구를 좋아하고, 편벽한 기호(嗜好), 즐거운 연회와 편안함 등이 모두 내적인 것이다. 심지(心智)가 어둡고 막혔으며, 고집불통이면 사물을 깨달을 수 없다. 혈기가 왕성하여 쉽게 분출하여 〈마음이〉 가기만 하고 다시 돌아올 줄 모른다. 사악한 것을 따르면서 〈그것을〉 정의라고 생각하고, 발광(發狂)하는 것을 가지고 신성하다 여긴다. 이로부터 지혜로운 사람은 편벽하지 않은 데로 들어가고, 어리석은 사람은 사악하고 음란한 데 빠지게 되어 마음이 변해 요괴(妖怪)가 되는 것이다.

어찌 반드시 팽생(彭生)[218]의 형체가 드러나고, 신생(申生)[219]이 입을 열어 말을 한 뒤에야 화가 되겠는가!

『춘추』는 시비를 판단하는 기준이다. 〈그런데 『춘추』에서 사람들을〉 판단하는데, 크게 이상한 것이 보인다. 사람들이 충(忠)이라고 생각하는 것을 『춘추』에서는 충이 아니라 하고, 사람들이 효(孝)라고 생각하는 것을 『춘추』에서는 효가 아니라 하고, 사람들이 인(仁)이라고 생각하는 것을 『춘추』에서는 인이 아니라 하고, 사람들이 의(義)라고 생각하는 것을 『춘추』에서는 의가 아니라 하고, 사람들이 신(信)이라 생각하는 것을 『춘추』에서는 신이 아니라 하고, 사람들이 도(道)라 생각하는 것을 『춘추』에서는 도가 아니라고 말한다.

여기에서 분명히 드러난다. 내적인 것으로부터 일어나는 것이 아니면, 외적인 것이 들어갈 수 없다는 것이다.

---

218) 춘추시대 齊나라 公子. 齊襄公에 의해 피살되었다. 훗날 제양공이 사냥 나갔다가 멧돼지 한 마리를 보았다. 그런데 그를 따르던 사람들은 모두가 그것을 공자 팽생이라고 말하였다고 한다.
219) 춘추시대 晉獻公의 太子. 헌공이 驪姬의 말만 믿고 신생을 핍박하자 자살하였다. 나중에 신생의 동생 夷吾가 군주가 되었는데, 그는 포학무도하였다. 어느 날 신생의 무덤을 이장하는데, 꿈에 신생을 보았는데, 신생이 그에게 "내가 이미 하느님께 夷吾를 처벌해 달라고 청했다"고 전한다. 『春秋』僖公 5年과 10年 참조.

넓게 공부하라[博觀]

나는 과라(果蓏)라는 식물을 보고 말했다.

"과라와 천지는 장구(長久)하다."

복숭아나무[桃]와 오얏나무[李]를 보고 말했다.

"복숭아나무와 오얏나무, 그리고 천지는 장구하다."

구관조[鸜鵒]를 보고 말했다.

"구관조와 천지는 장구하다."

하늘과 땅은 처음과 끝을 알 수 없다. 이런 몇몇 종류의 동식물들은 〈이 땅에〉 나와서 없어질 때까지 몇 년 몇 개월을 넘지 못한다. 그렇지만 나는 그것을 〈천지와〉 함께 장구하다고 말한 것이다. 그렇게 말할 수 있을까?

모든 만물은 정기(精氣)가 있다. 정기가 없으면 나올 수 없다. 이미 나오고 이미 장성했다면 〈이면의 정기가〉 성숙하고 응취(凝聚)되어 다시 〈새로운〉 형체가 된다. 형체라고 하는 것은 다른 것이 아니라 정기가 이루어지는 것이다. 정기라고 하는 것은 다른 것이 아니라 형체의 처음 상태이다. 〈정기는〉 열매에서 거두고, 알에서 결실해서 영원토록 이어지는 것이다.[220]

천지가 생긴 이래로 과라와 같은 풀과 구관조와 같은 새가 있었고, 그것이 지금까지 이어지고 있는 것이다. 사람들이 알고 있는 것은 눈으로 볼 수 있는 것에 제한되어 있다. 올해 한 포기 과라가 나서 내년에 죽고, 오늘 구관조의 새끼가 태어나고 내일 구관조의 어미가 죽었다고 생각한다. 어찌 이렇게 빠른 변화에 슬퍼할 수 있겠는가!

그 형체를 살펴보면 정기가 되고, 정기는 형체가 되는 것을 알게 된다. 수많은 시간 동안 비록 그 형체를 바꿔가면서 그 많은 과라라고 하

---

220) 彈은 蛋으로 「性才」편 참조. 禪代는 대대로 종족을 이어가는 것을 말한다.

는 풀이되지만, 실제로 그 많은 과라는 하나의 덩굴인 것이다. 비록 형체를 바꿔가면서 수많은 구관조가 나왔지만, 실제로 그 많은 구관조는 하나의 몸인 것이다. 풀과 새의 생명이 과연 잠시 있다가 사라지는 것인가? 천지는 장구한 것인가? 풀과 새가 형체를 바꿔가며 잠시 있다가 사라지는 것인가? 천지는 하나의 형체로 장구한 것인가?

형성된 것이 없다면, 훼손될 것도 없다. 형성된 것이 있다면, 그것은 반드시 훼손될 것이다. 천지는 이미 형성되어 있다. 나는 반드시 그것이 훼손될 것이라는 것을 안다. 반드시 훼손될 것을 알고 있을 뿐만 아니라, 또한 반드시 다시 형성될 것이라는 것도 안다. 그것이 반드시 다시 형성될 것이라는 것을 알 뿐만 아니라, 그 뒤에 형성된 것이 앞에 형성된 것과 다르지 않다는 것도 안다. 일월성신(日月星辰)의 운행이 필시 이것처럼 반복되며, 산천초목이 필시 이것처럼 반복되고, 군신(君臣) 부자(父子) 상하의 질서가 필시 이것처럼 반복되고, 인간의 의식주가 필시 이것처럼 반복된다. 마치 이것은 여기 있는 매미와 저기 있는 매미의 날개가 서로 같은 것이 이와 같고, 여기의 버섯과 저기 있는 버섯의 모양이 서로 같은 것이 이와 같다. 저 매미는 알을 낳지 않고, 저 버섯은 과실을 맺지 않지만, 그 생성된 모양은 예나 지금이나 하나같다. 이것은 또한 정기의 작용의 결과이다. 〈그 정기가〉 전수되는 것을 기다리지 않아도 〈저절로〉 전수되기 때문이다. 천지의 형체가 바뀌지 않는 것이 아니지만 그 장구한 것을 아는 것은 또한 매미나 버섯과 같기 때문이고, 또한 과라와 같은 초목과 구관조 같은 새와 같기 때문이다.

인간의 욕망은 살고자 하는 것보다 큰 것이 없고, 인간이 싫어하는 것은 죽음보다 큰 것이 없다. 비록 고명한 사람이 있다 할지라도 또한 스스로 자기 몸이 상하고 죽는 것은 거북이나 학에 비할 바가 아니고, 스스로 생명의 유한함은 하루살이와도 같음에 탄식한다. 천지만물의 근원을 살피지 못하고 자기 몸에서 돌이켜보면서 스스로 우매하다고 한다. 그렇기 때문에 〈천지만물의〉 도를 아는 사람이 양고기를 안주로 술을 마시며 친구를 위해 경축하면서도 자기를 위해서는 경축하지 못하고, 몸이 쇠약해지면서까지 친지를 위해서는 애도하면서 자기를 위해서는 애도하지 못한다. 생각건대 전수 받은 형체의 항상된 것을 살피면 생명이 탄생했다고 처음 창조된 생명이 아니고, 죽었다고 끝내 죽은 것이 아닌 것을 알게 된다.

천지만물과 인간은 어째서 다함이 없는가? 천지의 혼돈과 개벽은 장대하다. 거기에는 반드시 혼돈되고 개벽되는 것이 그 안에 있다. 그래서 이후에 혼돈과 개벽이 끝이 없는 것이다. 만물의 단절과 연속은 많고도 번잡하다. 거기에는 반드시 단절되고 연속되는 것이 그 안에 있다. 그래서 이후에 단절과 연속이 끝이 없는 것이다.

인간의 생사(生死)는 다양하다. 거기에는 반드시 삶도 아니고 죽음도 아닌 것이 그 안에 있다. 그래서 이후에 삶과 죽음은 끝이 없는 것이다.

정월 15일 밤 등불을 밝히고 노니는 사람들이 종이로 불빛을 감싸 외성(外城)을 화려하게 장식한다.221) 〈그 곳으로〉 혹 깃발을 들고 지나가고, 혹 징을 들고 지나가고, 혹 갑옷을 입고 창을 들고 지나가고, 혹 말을 타고 지나가고, 도보로 지나가고, 〈이렇게〉 면면히 길게 이어지면서 끊어지지 않으니, 얼마나 그 흐름이 정교한가! 이것은 그 흐름이 홀로 하나만의 정교함이 아니다. 등불이 꺼지면 지나가는 사람들이 모두 중지하고, 등불을 설치하면 지나가는 것이 마치 날아가는 것과도 같다. 그 돌고 도는 것이 끝이 없는 것은 등불이 있어서 그것을 더욱 고무시키기 때문이다.

혼돈과 개벽, 단절과 연속, 죽음과 삶이 다함이 없는 것은 반드시 이런 등불의 작용이 그렇게 하는 것이다. 그렇지 않다면 형체는 훼멸되어 사라지고, 정기는 죽어 없어지고, 기는 다하여 소멸할 것이다. 누가 그

---

221) 매년 春節(음력 설날)에서 元宵節(음력 정월 15일)까지 보름 동안 지내는 축제 燈節을 말한다. 이 등절은 漢나라 때 서역으로부터 들어온 풍습이 점차 화려하게 변모된 것이다. 특히 唐나라 때에는 長安의 성문을 모두 열어놓고 궁녀와 부녀자들이 거리에 몰려나와 화려한 등불 밑에서 춤과 노래를 즐기며 밤새껏 뭇 남녀의 자유분방한 축제를 즐겼다.

것을 전하여 다함이 없다고 하는가?

노자는 "혼을 감싸고 몸을 지키어 〈자기의 영혼으로 하여금〉 유리(遊離)하지 못하게 하고,[222] 정기를 모으고 지극히 부드럽게 하여 어린아이와도 같게 하며,[223] 세속의 더러움을 제거하고 허정(虛靜)한 심령으로 우주만물을 관조하여 결점이 없게 하라"[224]고 하며, 이것으로서 장생불사(長生不死)를 추구하였다.

영혼이 하늘로 올라가고 육체는 땅으로 들어간다. 혼백이 본래 상태로 돌아가 자연의 도리에 부합하는 것이다.[225] 이것은 모두 음양의 작용에 역행하는 것이고, 천지의 오묘함을 도적질하는 것으로 자신의 사욕을 채우기 위한 것이다. 이에 사람들이 모두 죽으면서도 자기 혼자만이 존재한다고 생각한다. 육체의 연속은 자연의 기운에 순응하는 것일 뿐, 〈천지자연의 오묘함은〉 있지 않다. 장생불사를 얻는 것은 그 천지자연의 오묘한 흐름을 파악하는 것일 뿐, 〈자연의 법칙은〉 그 안에 있지 않다.

구회(句匯)가 나에게 질문하였다.

"공자가 강물을 보고 그 유유히 흐르는 모습에 탄식하였는데[226] 〈선생은〉 그 의미가 무엇인지 아십니까?"

내가 대답하였다.

"좋은 질문입니다. 시간의 흐름은 해와 달이 바뀌가면서 낮과 밤이 교체되는 것이 마치 말이 달리는 것과도 같습니다. 세상의 변천은 삼황(三皇)으로부터 오제(五帝)까지, 오제로부터 지금까지 〈변한 것이〉 마치 한 장 한 장 책을 넘기는 것과도 같습니다. 인간 생명의 흐름은 어린 시

---

222) "載營魄抱一, 能無離乎?"(『老子』10章)
223) "專氣致柔, 能嬰兒乎?"(『老子』10章)
224) "滌除玄覽, 能無疵乎?"(『老子』10章)
225) 『太上黃庭外景經』에 "혼은 상천으로 올라가고 백은 저 깊은 곳으로 들어간다[魂欲上天魄入淵]"고 했고, 務成子는 이것을 "혼은 양이고 백은 음이다. 세인들은 도덕이 없어 혼백이 몸에서 떠나 본원으로 흩어져 돌아간다[魂陽魄陰也. 謂世人無道德, 魂魄離身, 歸散本也]"고 주해하였다.
226) "子在川上曰, 逝者如斯夫! 不舍晝夜."(『論語』「子罕」)

절에서 노년에 이르고, 노년에서 죽음에 이르는데, 이것은 마치 바람이 지나가는 것과도 같습니다. 이런 현상은 위대한 성인이나 보통사람들이 모두 똑 같습니다. 성인이 일반사람들과 다른 것은 형체가 있는 육체는 흘러 사라지지만, 형체가 없는 정신은 흘러 사라지지 않는다는 점입니다. 형체에 따라가는 것은 흘러 사라지는 것이요, 형체 없는 정신에 입각한다는 것은 흘러 사라지지 않는 것입니다. 〈성인의 정신세계는〉 옛날과 현재의 나뉨도 없고, 과거와 미래의 구별도 없고, 삶과 죽음의 구분도 없으니, 이것이 지극한 경계입니다."

제2부

잠서(潛書) 원문편

潛書

辨儒

佛者大瓠過唐子之門而入問焉. 唐子喜, 炊麥食之, 而與之言終日.

大瓠曰: "子, 天下之明辯之士也, 然而未學道也." 唐子曰: "學道何如?" 曰: "儒者, 世之宗也; 身者, 人之表也; 心者, 事之本也. 君子欲易世, 必立其宗; 欲正人, 必端其表; 欲善人, 必務其本. 諷誦三詩, 定卦, 索象, 秉禮道書, 合春秋之邪正, 皆所以閑身也, 皆所以養心也. 審人倫之則, 探性命之微, 根於誠信之地, 而往來仁義之塗, 堯舜雖遠, 趨焉如躡其跡也, 立焉如合其影也. 若斯之人, 生爲生民之師, 死配先師之饗, 法言矩行, 流於無窮, 豈非有道君子哉! 此古之人所以日夜孳孳, 至於老死不倦也."

唐子曰: "子之言信美矣. 雖然, 聖賢之言, 因時而變, 所以救其失也; 不模古而行, 所以致其眞也. 昔者先師既沒, 群言乖裂. 自宋以來, 聖言大興, 乃從事端於昔, 樹功則無聞焉. 不此之辨, 則子之美言, 猶爲虛言也夫!"

大瓠曰: "自宋及明, 聖言大興, 百家盡滅, 不誤於異聞. 大賢先生, 高世可法, 功爲不少矣, 而子獨以爲無功者, 是何說也?”

曰: “吾聞魯哀公之時, 齊人大興師伐魯, 季孫立於朝, 屬諸大夫謀帥焉. 諸大夫皆曰: ‘冉求可使也.’ 於是季孫擧以爲將, 與齊人戰. 冉求不能將, 魯師大敗, 喪其戎車三百乘, 甲士五千人. 季孫欲誅冉求, 冉求懼而奔楚. 已而田常欲伐魯, 子貢請出救魯. 仲尼止之曰: ‘吾道奚爲此也!’ 子貢不聽, 往說吳晉之君, 困齊以存魯. 吳晉之君弗信也, 而反私於田常. 田常大怒, 以子貢來誅. 師薄於門, 魯之君臣繫頸請降, 獻三邑以解伐, 而後田常乃釋之. 當是之時也, 魯幾亡.” 大瓠驚曰: “吾於書傳未聞此也, 子於何而聞之也?”

唐子曰: “更有於此: 昔者宋國日蹙, 竄於吳越, 其後諸儒繼起, 以正心誠意之學匡其君, 變其俗. 金人畏之, 不敢南侵. 於是往征之, 不戮一士, 不傷一卒, 不廢一矢, 不刺一矛. 宋人卷甲而趨, 金人倒戈而走. 遂北取幽州, 西定西夏, 東西拓地數千里, 加其先帝之境土十二三焉. 子聞之乎?” 於是大瓠乃大笑曰: “甚矣子之爲戲也!”

唐子曰: “非戲也, 請爲子正言之可也: 求賜之學多疾, 宜若無功者; 諸儒之學, 如錫百火, 可爲百世師, 宜若有功者. 然而得失相反, 功業相遠也! 吾嘗宦於長子矣: 聞上黨之參, 天下之良藥也. 命醫獻之, 其形槁然而長, 其色堊然而白, 曰: ‘是物之生, 其變也久矣, 食之雖亦有補, 而不能起羸弱之疾.’ 異哉! 一山谷, 一根葉, 一雨露, 昔爲良藥, 今非美草. 古之儒, 昔之上黨之參也; 後之儒, 今之上黨之參也.”

大瓠曰: “吾聞儒者不計功.” 曰: “非也. 儒之爲貴者, 能定亂, 除暴, 安百姓也. 若儒者不言功, 則舜不必服有苗, 湯不必定夏, 文武不必定商, 禹不必平水土, 棄不必豊穀, 益不必辟原隰, 皐陶不必理兵刑, 龍不必懷賓客遠人, 呂望不必奇謀, 仲尼不必興周, 子輿不必王齊, 荀況不必言兵. 是諸聖賢者, 但取自完, 何以異於匹夫匹婦乎? 子曰 ‘心者事之本也’, 請爲貴本之譬: 彼樹木者, 厚壅其根, 旦暮灌之, 旬候糞之. 其不憚勤勞者, 爲其華之可悅也, 爲其實之可食也. 使樹矣不華, 華矣不實, 奚貴無用之根, 不如掘其根而煬之. 惟心亦然. 事不成, 功不立, 又奚貴無用之心, 不如委其心而放之. 木之有根, 無長不實; 人之有心, 無運不成. 若今之爲學, 將使剛者韋弱, 通者圜拘, 忠信者膠固, 篤厚者痺濡, 簡直者絲棼. 天實生才, 學則敗之矣."

大瓠, 儒者也, 好學多聞. 善爲楚騷之辭, 其父不得其死, 遁於佛以免難者也. 他日, 唐子往見焉, 欲有所言, 使權之也. 乃大瓠則病且死矣.

正心誠意, 學之本也. 古之人正心誠意, 則爲聖人; 後之人正心誠意, 則爲拘儒. 治心之道, 曰毋利而思義, 毋詐而主誠. 義則一義, 誠則一誠. 誠一也, 然有分焉. 毋以義與利辨, 以義與義辨; 毋以誠與詐辨, 以誠與誠辨. 鷄卵素, 雉卵文, 此易辨也. 鷄卵與鷄卵則無辨. 其方伏之時, 視之無象, 揣之無形, 豈有雌雄之分哉! 然雌雄則已異矣. 伏雄者爲聖人, 伏雌者爲鄙儒. 有宋襄之義, 有文王之義; 有尾生之信, 有季路之信, 奚必戰於泓而後爲襄公, 戰於崇而後爲文王哉! 其終日默坐, 終日事事, 終日讀書, 思之所注, 心之所存, 宋襄文王之分已種於中矣. 未有伏雄成雌, 伏雌成雄者也.

心之動也, 有愛惡是非之用, 有忠信仁義之道. 有用之信必不愚, 有用之仁必不懦, 有用之義必不固. 別若黑白, 人未之知, 己自知之. 陽者伏於窮亥, 萌於微子, 是震雷澍雨之根也. 信者不欺僕妾, 不欺童稚, 是馴暴服蠻之根也; 仁者不忍庖廚, 不傷蟄宿, 是澤覆四海之根也; 義者不貪利, 不蔽愛, 不徇惡, 是誅暴亂定天下之根也. 君子旣得其根, 又善其養也. 善養則根生, 不善養則根腐.

丹溪者, 昔之良醫也. 治不得前溲者, 助其陰, 餌以黃檗知母, 烏知其用桂三分也! 心, 靈物也; 不用則常存, 小用之則小成, 大用之則大成, 變用之則至神. 不可使如止水, 水止則不清; 不可使如凝膠, 凝膠則不幷.

昔者蜀之蔣里有善人焉, 善善而惡惡, 誠信而不欺人, 鄉人皆服之. 有富者不取券而與之千金, 賈於陝洛, 以其處鄉里者處人, 人皆不悅. 三年, 盡亡其貨而反. 斯人也, 豈不誠善哉! 爲善而亡人之千金. 何則? 水止而膠凝, 無桂以道之也, 此所謂不出鄉里之善也.

昔者陽明子方少, 有後母而數行不善也, 陽明子憂之. 女巫來, 陽明子使告其母曰:"今者有神與我言, 母毋爲不善! 爲善降之福, 爲不善降之禍." 於是遽改其行, 一朝而爲賢母焉. 是謂以狙待親, 君子病之. 乃他日用是道也, 以奇用兵, 而成禽寧定洀之功, 治心之用, 於斯可見矣.

尊孟

固哉程頤! 孟子曰:"我, 聖人也." 而頤也以爲非聖人也.

古人多實, 今人多妄; 是故古人自知, 今人不自知. 子路之才千乘, 冉求之才七十, 其自許者, 仲尼亦許之. 昔者公孫丑問於孟子曰:"夫子其聖矣乎?" 孟子曰:"夫聖, 孔子不居, 是何言也!" 不自謂不聖, 而謝之以孔子所不居也, 蓋亦不敢自居焉云爾. 丑未之達也, 曰:"然則夫子安於顏淵矣乎?" 曰:"姑舍是." 夫道之進也, 舍其過迹; 階之升也, 舍其過級. 舍之者, 過之也. 過乎顏淵, 是何人也?

猛虎在深山, 百獸震恐, 烏知其見麟則伏也! 麟, 善獸也, 可以手挽其角而指數其牙, 人之視之, 謂是虎之肉也; 而不知其能伏焉者, 麟虎未相遇也. 聖人, 麟也; 奸雄, 虎也. 世無聖人, 或有聖人而不用, 是以奸雄無所於伏而霸天下.

昔者孟子之世, 天下強國七. 秦孝公發憤於西陲, 布恩惠, 振孤寡, 招戰士, 明賞功, 西斬戎王, 南破强楚, 虎視六國, 狙以濟之. 六國之人, 君臣危懼, 異謀並進, 西向以待秦. 燕昭王篤於用賢. 韓昭侯明於治國, 趙武靈王以騎射雄北邊. 蘇代陳軫之屬, 奇計莫測; 白起趙奢樂毅之屬, 神於用兵, 所向無敵. 當是之時, 人皆習兵而熟戰, 以甲冑爲衽席, 以行陣爲博弈. 智謀之士, 率而用之, 張軍百萬, 轉戰千里, 伏尸滿野, 血流漂鹵. 七雄並角, 其勢不能相下. 論者審當時之勢, 以爲雖太公復生, 不易定也. 乃孟子則曰: "以齊王, 猶反手也." 王之者, 必使秦孝燕昭趙武靈之屬, 籍其土地人民之數, 稽首爲臣, 誅賞惟命; 白起趙奢蘇代陳軫之屬, 杜口而不能謀, 投戈而不敢校; 化狙爲良, 柔雄爲雌, 而後天下可定, 齊可王也. 嗚呼, 豈不神哉! 非聖人而能若是乎?

天下莫强於仁. 有行仁而無功者, 未充乎仁之量也. 水能載舟者也; 其不能載舟者, 水淺也. 仁能服人者也; 其不能服人者, 仁小也. 仁之大者, 無强不順, 無詐不附. 謂仁勝天下, 鄙人皆笑之. 夫愚者見形, 智者見心. 禮揖不格刃, 儒服不禦矢, 形也. 刃不我刺, 反爲我操; 矢不我傷, 反爲我發, 心也.

戰國致形, 聖人致心. 何以見其然也? 天下有心至而身不能至者四輩: 孺子在幼, 婦人在內, 黎民在土, 三軍之士在將. 此四者, 恃以爲國者也, 然心至而身不能至者也. 賢才者, 四者之舟車也. 去之, 則四者皆去而國亡; 歸之, 則四者皆歸而國興.

是故聖人之得人心, 自賢才始. 請於一室之中設爲兩國之形: 相彼之國, 君疑臣猜, 征煩法峻, 老幼飢寒, 夫妻離散; 相此之國, 君明臣忠, 上下和易, 老幼飽煖, 養生送死無憾. 彼白起趙奢蘇代陳軫之屬, 其從彼國乎, 其從此國乎? 彼數子者, 亦欲得君就功, 置田宅以遺子孫耳, 豈樂處不測之朝, 取難保之富貴哉! 其來歸恐後, 無疑矣. 賢才既歸, 彼秦孝燕昭趙武靈之屬, 斷臂折翼, 不能自立. 叛則爲禽, 歸則爲侯, 豈待計哉! '反手'之言誠然也.

孟子之道, 在養氣而不動心. 今夫足之所履, 衡不及二寸, 縱不及七寸, 二寸七寸之外, 皆餘地也. 彼度山之梁, 廣若二三尺, 豈不能措足哉! 然下臨千仞不測之淵, 使怯者過之, 則驚眩而欲墜. 非足弱也, 心不持足也. 冶人致風之器, 南方以槖, 北方以橐, 挈其橐而鼓之, 則風勁火烈, 鎔五金, 鑄百器, 橐之利用大矣. 若有容錐之隙, 則抑之中虛, 鼓之無風, 而器不成. 非橐之不足用也, 氣不充橐也. 心不持足, 則不能歷險, 氣不充橐, 則不能成器. 任天下之重亦然氣大則心定, 心定則才足, 固歷險成功之道也.

宗孟

性具天地萬物, 人莫不知焉, 人莫不言焉; 然必眞見天地萬物在我性中, 必眞能以性合於天地萬物, 如元首手趾, 皆如我所欲至. 夫如是, 乃謂之能盡性也.

繫辭中庸, 廣大精微, 入而求之, 雖有其方, 難得其樞. 性本在我, 終日言性, 而卒不識性之所在, 於是求性者罔知所措矣. 孟子則告之曰:"性非他, 仁義禮智是也." 於是求性者乃有所據焉.

仁能濟天下, 以堯舜爲準; 義能制天下, 以湯文爲準; 禮能範天下, 以周公爲準; 智能周天下, 以五聖人爲準. 必若五聖人, 而後四德乃全.

守隅而不能徧, 具體而不能充, 雖有前言往行, 遵而行之, 皆爲襲取, 終非我有, 而卒不能全其德, 於是爲仁義禮智者又罔知所措矣. 孟子則告之曰:"仁義禮智非他, 人心是也. 天下豈有無心之人哉! 四德我所自有, 非由外鑠." 於是爲仁義禮智者乃知所從焉.

心之爲物, 顯而至隱, 微而至大. 聖人之於四德也, 神化無窮; 衆人之於四德也, 致遠則泥. 寂寂焉主靜不動, 屹屹焉屛慾如賊, 外專而內紛, 外純而內雜, 眞僞莫辨, 而卒不知心之所在, 於是求心者又罔知所措矣. 孟子則告之曰:"人生所同有者, 良知也; 孩提知愛親, 稍長知敬長. 惻隱羞惡辭讓是非, 人皆有是心也. 推此四端以求四德, 毋違, 毋作, 因其自然, 具備無缺." 於是求心者乃知所從焉.

良知, 在我者也, 非若外物, 求之不可得也. 而不能致者, 非不用力也; 雜以嗜好, 拘於禮義, 雖爲我所故有, 如觀景模形, 明見其爲良而卒不得有其良, 於是致良知者又罔知所措矣. 孟子則告之曰:"造道之方無他, 貴其自得之也. 父之所得, 不可以爲子之得; 師之所得, 不可以爲徒之得. 疾病在己, 飢渴在己, 爲治, 爲療, 宜飮, 宜食, 我自知之, 未可專恃講習也." 於是求致良知者乃知所從焉.

心體性德, 旣已自修; 天地萬物, 何以並治? 必措之政事而後達. 昔者堯舜治天下, 風之則動, 敎之則率, 不賞而勸, 不刑而革. 後世風之而多頑, 敎之而多犯, 賞之罰之而不以爲懲勸, 於是爲政者又罔知所措矣. 孟子則告之曰: "堯舜之治無他, 耕耨是也, 桑蠶是也, 鷄豚狗彘是也. 百姓旣足, 不思犯亂, 而後風敎可施, 賞罰可行." 於是求治者乃知所從焉.

學由自得, 則得爲眞得; 良知可致, 本心乃見, 仁義禮智俱爲實功. 直探性體, 總攝無外, 更無疑誤. 措之於天下, 人我無隔, 如處一室, 各遂其惡欲矣. 夫陰陽順逆, 人氣所感. 百姓旣安, 沴戾消釋, 則地無山崩水溢之變, 天無恒暘恒雨之災. 萬物繁育, 咸得其生, 皆心之所貫, 非異事也.

堯舜以來, 傳道皆以傳心. 人莫不知焉, 人莫不言焉, 而道卒不得明者, 何也? 以其雖知心而學之不一, 求之不專, 如天象全見而未執其樞也. 陸子靜讀孟子而自得, 立其大而小不能奪; 陽明子專致良知, 而定亂處讒, 無所不達. 二子者, 皆能執其樞者也. 學問之道, 必得所從入之門; 若不得從入之門, 誤由外入, 不由內出. 聖人之道, 廣矣, 大矣. 失其本心, 徒覩其形象; 如泛大海不見涯涘, 其如己之性何哉! 其如人之性何哉! 其如萬物何哉! 其如天地何哉!

法王

陽明子有聖人之學, 有聖人之才, 自孟子而後, 無能及之者.

仲尼之敎, 大端在忠恕. 卽心爲忠, 卽人可恕, 易知易能者也; 無智無

愚, 皆可擧趾而從之. 然易實不易. 蓋世降日下, 古之風也淳, 今之風也
薄; 古之習也淺, 今之習也深. 是故古人之心, 如鏡蒙塵; 今人之心, 如珠
投海. 本心旣亡, 客心簒入而爲之主. 嗜慾內膠, 人己外隔. 以是心求忠
恕, 猶登山網魚, 入水羅雀也. 求忠恕非卽心乎? 然而有間, 忠恕爲用, 心
爲質, 無質何用! 古人心在, 故求忠而忠, 求恕而恕. 今人心亡, 故求忠而
非忠, 求恕而非恕. 諸儒之言, 皆各有得. 然使聞其言者, 以旣亡之心求
合其言, 始而誤焉, 以影爲形; 轉而旣焉, 以假爲眞. 如以石爲玉, 雕琢之
工, 雖巧雖勤, 終爲惡器, 非質故也.

陽明子以死力格外物, 久而不得, 乃不求於外, 反求於心. 一朝有省,
會衆聖人之學, 宗孟子之言, 而執良知以爲樞. 孩提之童, 無不知愛其親
者, 非敎之愛親而然也, 及其長也, 無不知敬其兄者, 非督之敬兄而然也,
天下之孩提皆同也. 充愛親之心而仁無不周, 充敬兄之心而義無不宜, 則
前後之聖人不外是矣. 是良知者, 乃江漢之源, 非積潦之水, 豈有竭焉而
不達於海者哉!

天之生人, 有形卽有心. 有耳必聽, 有目必視, 有鼻必聞, 有口必嘗, 有
手必持, 有足必行. 聽者心聽之, 視者心視之, 聞者心聞之, 嘗者心嘗之,
持者心持之, 行者心行之. 形全而無缺, 則知心全而無缺. 堯舜無缺, 我
亦無缺. 是故雖夫婦之愚, 是非自見, 必不以是爲非, 以非爲是; 善惡自
見, 必不以善爲惡, 以惡爲善. 心知其是, 乃背是而甘於非; 心知其善, 乃
背善而從於惡, 是豈心之本然哉? 利慾蔽之也. 浞羿簒國, 義心自在; 盜
跖殺人, 仁心自在; 卯酉晝晦, 日光自在. 自良知之說出, 使天下之蒙昧
其心者, 於是求之. 如旅夜行, 目無所見, 不辨東西; 雞再號, 顧望一方,
微有爽色, 而知日之出於是也. 爽色者, 日之見端也; 良知者, 心之見端
也. 執此致之, 直而無曲, 顯而無隱, 如行九軌之途, 更無他岐. 故曰: "人
皆可以爲堯舜." 人皆可以爲堯舜者, 人皆可以明心也. 仲尼以忠恕立敎,
如闢茅成路; 陽明子以良知輔敎, 如引迷就路. 若仲尼復起, 必不易陽明
子之言矣. 此眞聖人之學也.

才成於學. 三代以後, 多過人之才, 皆其生質, 不由學問. 更事多而識見敏, 亦可以定亂, 亦可以安邦. 其中亦有好學者, 但能法言矩行, 得聖人之皮毛, 心體未徹; 如秉燭不能遠照, 如汲井不能廣潤. 故其所爲, 或壹於剛, 或壹於柔, 或長於此而短於彼, 或及於五而遺於十, 雖或小康, 終非善治. 此周公之後所以無相也.

陽明子專致良知, 一以貫之, 明如日月, 涉險履危, 四通八闢而無礙也. 其見於行事者, 使人各當其才, 慮事各得其宜, 處患難而能全其用, 遇小人而不失其正, 委蛇自邃, 卒保其功. 跡其所爲, 大類周公. 明之有天下也, 亦可慨矣! 爲君者非悍則昏, 爲臣者非迂則黨. 傾險之智, 接踵於朝; 奄人之專, 滔天無忌. 惜陽明子之不爲相也! 若得爲相, 人主信任之專, 如成王之待周公, 必能啓君之昏, 化君之悍, 散黨驅邪, 不張皇而潛消, 而天下大治矣. 此誠聖人之才也.

虛受

陽明子有聖人之學, 有聖人之才, 而無聖人之德, 不可以不察也. 謂其無聖人之德者何也? 以其小仲尼而自擅爲習兵也.

舜不及堯, 禹不及舜, 湯武不及禹, 堯舜禹湯武不及孔子. 見於書也詳矣, 見於孔孟子思之言也明矣. 而陽明子則反之, 曰: "堯舜爲黃金萬兩, 孔子爲黃金九千兩." 吾不知其何以衡之, 而決其輕重如此也! 若有人焉, 獨具神識, 觀於泰山, 而謂泰山之土輕重於華山者幾斤兩; 觀於華山, 而謂華山之土輕重於泰山者幾斤兩, 人其信之乎? 陽明子之衡堯孔, 若似於此.

兵者, 國之大事. 周公曰: "其克詰爾戎兵, 方行天下, 至于海表, 罔有不服." 聖人未有不知兵者也. 仲尼之所愼者戰也, 臨事而懼, 好謀而成, 曰 '我戰則克.' 其謀討陳恒也, 能以魯之弱小勝齊之强大. 是故冉有曰: "我之用兵, 學於仲尼." 且聖無不能, 不習無不利也. 而陽明子則曰: "對刀殺人之事, 非身習不能, 孔子謂軍旅未學, 亦非謙言." 是何言也, 禽一區區小賊, 遂以傲仲尼! 謂得金九千兩, 是仲尼有未足矣; 謂未習於兵, 是仲尼有不能矣. 以仲尼有未足, 必有足之者; 以仲尼有不能, 必有能之者; 其傲亦已甚矣, 故曰 '無聖人之德也.'

學問之道, 貴能下人; 能下人, 孰不樂告之以善! 池沼下, 故一隅之水歸之; 江漢下, 故一方之水歸之; 海下, 故天下之水歸之. 自始學以至成聖, 皆不外此. 昔者郭善甫與其徒良善自楚之越, 學於陽明子, 途中爭論不已, 以其所爭者質之陽明子. 陽明子不答所爭, 而指所饁語之曰: "盂下, 乃能盛饁; 几下, 乃能載盂; 樓下, 乃能載几; 地下, 乃能載樓. 惟下乃大." 此爲至善之言矣, 何彼言之異於此言也!

傲者, 人之恒疾; 豈惟衆人, 聖賢亦懼不免. 是故禹之戒舜曰: "無若丹朱傲!" 舜之爲聖, 盡善矣; 禹之爲聖, 無閒矣. 以無閒之聖人, 進言於盡善之聖人, 豈好直言之名而爲是必不然之防哉? 蓋必有所深見焉. 衆人之傲, 在可見之貌; 聖賢之傲, 在不見之微. 意念之閒, 自足而見其足, 過人而見其過人, 是卽傲矣. 足而不以爲不足, 過人而不以爲不及人, 是卽傲矣. 是故仲尼答鄙夫之問, 而自以爲空空無知; 不爲酒困, 尤庸人之善事, 而自以爲未能. 其心如是, 是以受攝廣大, 造極無上, 而與天地準也. 仲尼且然, 何況吾屬!

吾屬當何如? 其爲志也, 必至於堯孔而不少讓; 其爲心也, 視愚夫愚婦之一言一行, 有我之所不及者. 有而若無, 進而若退, 而後可以爲學也. 師友之言, 必期以大者. 然人心多傲, 得寸爲尺, 得尺爲丈. 欲進於大, 未見其大, 先成其傲. 有以聖人之言敗德者矣. 且有以聖人之言叛道者矣. 權衡不精, 其害甚大. 陽明子, 吾之所願學也; 乃兢兢於斯者, 恐不善擇於其言, 徒以長傲, 以是自察焉爾.

知行

息關蔡子, 其父忠襄公嘗夢見陽明子而問道焉. 息關因畫爲圖, 而以己侍側, 請唐子有以發而題之. 乃題之曰:

凡求道者, 患在道之無從; 旣知所從矣, 患在身之不至. 詩曰: "遡洄從之, 道阻且長; 遡游從之, 宛在水中央." 遡而上之而道阻焉, 不知所在也; 遡而下之而宛在矣, 知所在而未能卽也. 夫不憚身勞而上下往反, 其求道可謂勤矣; 而卒之望若見焉, 而不能身至其人之側者, 是何也? 未得所從之道也. 斯人也, 雖生於魯哀之時, 遊於東魯之邦, 踵於孔氏之門, 猶之乎身不離於戎狄也. 蒹葭之言, 吾所恥也. 書曰: "凡人未見聖, 若不克見; 旣見聖, 亦不克由聖." 旣見聖, 則在聖人之側, 異於水中之隔矣. 於斯時也, 聞聖人之言, 見聖人之行, 如渠之導水, 帆之遇風, 無往不利, 而若之何其不克由哉! 其不克由者何也? 未得所由之道也. 斯人也, 雖入於孔氏之門, 從於顏季之列, 日覩聖人之貌, 猶之未見也; 日聞聖人之言, 猶之無聞也. 君陳之篇, 吾所憾也. 蓋彼知在水之中央, 而不知在身之中央; 彼知由於聖之聖, 而不知由於心之聖. 不自得而求於外. 是以在焉而弗在也, 由焉而莫由也.

陽明子曰: "良知, 是吾師也. 是非自明, 依而不違, 自合於道." 以言乎其人, 則陽明子爲忠襄息關之師; 以言乎良知, 則忠襄卽陽明子, 息關卽陽明子, 凡行道所見之人皆陽明子. 不在言貌, 各自得師, 夫何宛在興嗟, 欲由弗克哉! 不知良知者, 不知自有寶者也. 知良知而不致者, 懷其寶而不善用者也.

甄雖不敏, 亦願學陽明子而不敢謝不及者, 蓋服乎知行合一之教也. 知行爲二, 雖知猶無知, 雖致猶不致. 知行合一者, 致知實功也. 雖弱者亦可能焉, 雖愚者亦可及焉. 何也? 善如甘食暖衣, 惡如羹食縷衣. 知其甘者, 知也; 知其甘而食之, 卽行矣. 知其暖者, 知也; 知其暖而衣之, 卽行矣. 若知其甘而忍餓不食, 以待明日乃食; 知其暖而忍寒不衣, 以待明日乃衣; 天下豈有是哉! 糲食縷衣反是. 以此譬知行, 則合一者, 自然之勢也. 分而爲二者, 自隔之見也. 我瞻此圖, 反求於心, 不假於外. 知之所在, 卽行之所在. 不移時, 無需事, 以從息關之後, 或庶幾乎!

性才

世知性德, 不知性才. 上與天周, 下與地際, 中與人物無數, 天下莫有大於此者. 服勢位所不能服, 率政令所不能率, 獲智謀所不能獲, 天下莫有强於此者. 形不爲隔, 類不爲異, 險不爲阻, 天下莫有利於此者.

道惟一性, 豈有二名! 人人言性, 不見性功. 故卽性之無不能者別謂爲才. 別謂爲才, 似有岐見; 正以窮天下之理, 盡天下之事, 莫尙之才, 惟此一性. 別謂爲才, 似有外見; 正以窮天下之理, 盡天下之事, 皆在一性之內, 更別無才.

古之能盡性者, 我盡仁, 必能育天下; 我盡義, 必能裁天下; 我盡禮, 必能匡天下; 我盡智, 必能照天下. 四德無功, 必其才不充; 才不充, 必其性未盡. 自子輿以後, 無能充性之才者, 性乃晦, 以至於今, 有非性之才, 有無才之性. 非性之才, 能小治, 不能大治; 無才之性, 爲小賢, 不爲大賢.

聖人道衰, 管國申商之倫作, 亦能匡世治民, 然暴白藏墨, 使民形牾情散, 齊鄭秦韓終爲亂國. 性之爲道, 聖不加多, 衆不加少, 得亦非得, 失亦非失, 卽非聖之爲, 皆有以發. 然失其中正, 壹於外假, 雖出於性, 已非本性, 不可爲治. 譬如穀之精氣, 淫爲蓩稗, 舂爲粉粢, 味與穀同, 雖出於穀, 已非正穀. 亦可以療飢, 不可以恒食, 恒則致疾. 又如星之戾氣, 散爲彗孛, 亦爲明體, 亦爲懸象, 雖出於星, 已非正星. 不可以恒明, 恒則爲水旱兵革之災. 管國爲稊稗, 申商爲彗孛, 非性之才, 所成如是.

自是以後, 千有餘歲, 世不知性, 卽有言者, 亦偏而不純. 程子朱子作, 實能窮性之原. 本善以求復, 辨私以致一. 其於仲尼子興之言, 若合符契. 此其所得, 我則從之; 此則我從; 人不我得, 其若人何! 蓋彼能見性, 未能盡性. 外內一性, 外隔於內, 何云能盡!

人有性, 性有才, 如火有明, 明有光. 著火於燭, 置之堂中, 四隅上下, 無在不徹, 皆明所及, 非別有所假而爲光. 亦有無光之明, 如燭滅而著在條香, 滿堂賓客無不見其明者. 然而明不及衆, 衆皆昏亂, 不能行作, 不知几席所在, 不知東西所向, 不知門戶所由, 人亦何賴於此明! 若卽此明取而燎之, 何患無光! 惟止於香杪, 炷而不燎, 是以雖明而不及於衆. 無才之性, 所成如是. 性之爲才, 故無不周, 何以聖人乃能周世, 後儒僅能周身? 蓋善修則周, 不善修則不周.

性統天地, 備萬物. 不能相天地, 不能育萬物, 於彼有闕, 卽己有闕. 欲反無闕, 必修其無闕. 鷄卵無雄者, 蜀人謂之寡彈. 有嫗易十卵, 鬻者紿以五配五寡. 旣伏旣出, 乃知其寡. 卵之爲物, 無陽亦成. 銳前而豐後, 白外而黃中, 雖有至精者, 不能察其孰爲配, 孰爲寡. 旣伏之後, 有陽者出爲雛, 無陽者敗爲液. 卵見渾成, 其中闕陽而嫗不知; 學見渾成, 其中闕陽而儒不知. 儒者豈不知陰陽, 乃其思力惟不精, 惟恐不一; 理沈事滯, 固守不生. 於是求復亦成剝, 求泰亦成否. 十月之間, 陽雖存而不用, 不能疏土脈, 鼓萬物, 謂之無陽. 人心亦然. 心之陽若何? 道貴明, 明由於靜; 道貴通, 通由於明; 道貴變, 變由於通; 道貴廣, 廣由於變. 發生不窮, 是爲心之陽. 古之聖人, 萬物爲一, 功同天地, 所施無不合者, 皆在於是.

道力雖廣, 不於廣徵. 雖卽次有推, 實具於由靜得明. 靜中自足, 至明則顯. 明非其明, 守靜乃塞; 靜得其靜, 大明乃生. 以軸觀靜, 以受軸之虛觀明, 以行觀通, 以御觀變, 以至觀廣. 軸虛相受, 徑不二寸, 圓轉無滯. 九州之遠, 道里交錯, 不計其數; 造車之始, 已攝於徑寸之乃. 性之爲才, 視此勿疑. 言性必言才者, 性居於虛, 不見條理, 而條理皆由以出. 譬諸

天道, 生物無數; 卽一微草, 取其一葉審視之, 膚理筋絡, 亦復無數. 物有
條理, 乃見天道. 堯舜雖聖, 豈能端居恭默, 無所張施, 使天下之匹夫匹
婦, 一衣一食, 皆得各遂! 必命禹治水, 稷敎農, 契明倫, 皐陶理刑, 后夔
典樂, 庶職無曠, 庶政無闕, 乃可以成功. 堯舜之盡性如是. 後世之爲政
者, 心不明, 則事不達; 事不達, 則所見多乖, 所行多泥. 徒抱空性, 終於
自廢, 何以性爲! 誠能反求諸性, 盡其本體, 其才自見.

　性渾無物, 中具大同, 仁所由出. 苟善修之, 物無不同. 仁與私反, 若能
去欲至盡, 如匹帛無纖塵之色, 是可謂之無欲, 不得謂之無私. 人知人私
而不知天私. 天非己獨專以自善, 是爲天私, 雖天非仁. 仁之爲道, 內存
未見, 外行乃見; 心知未見, 物受乃見; 流動滿盈, 無閒於宇內, 是卽其本
體, 非僅其發用. 氣機不至, 萌蘖立見其絕, 條幹立見其槁; 既絕既槁, 仁
將安在! 是故虛受不可言仁, 必道能廣濟, 而後仁全於心, 達於天下.

　性渾無物, 中具大順, 義所由出. 苟善修之, 無行不順. 義與固反, 無有
定方. 凡德易識, 惟義爲難識. 內主易識, 外行難識. 主以專直, 行以變
化. 心如權, 世如衡, 權無定所, 乃得其平. 確守不移, 謂之石義; 揚號以
服人, 謂之聲義. 二者雖正, 不可以馴暴安民. 人我一情, 本無衆異. 一情
衆異, 猶一繩互綰而爲百結, 從中解之, 則不可解. 引而直之, 各自爲解,
復爲一繩, 豈有不順! 於此識義, 夫然後義達於天下.

　性渾無物, 中具大讓, 禮所由出. 苟善修之, 人無不讓. 禮與爭反. 古之
禮經, 後世多不能行, 不行不足以病禮. 禮之失, 非儀文度數之失, 乃爭
之失. 上世以禮息爭, 後世以禮遂爭. 君子而不爭, 則君子不名; 道德而
不爭, 則道德不顯; 何況勳勞, 何況富貴, 何況奸慝! 天下大亂, 此爲之
根; 救於其發, 其何能救! 知禮者不在行讓先, 揖讓右, 而在心讓賢. 尙賢
之世, 必無眞賢. 示賢於人, 恥於賈貨; 歸賢於己, 辱於攘貨. 世以賢爲
賢, 我以不爭爲賢. 讓德之外, 更以何者爲賢! 抑抑雍雍, 不習而成風. 君
子不黨, 小人不戎, 雖不議禮, 而禮自行於天下.

　性渾無物, 中具大明, 智所由出. 苟善修之, 物無不通. 智之本體, 同於

日月. 自襁褓以長, 知識日深, 掩蔽日厚. 蔽明者非他, 卽我之明; 蔽聰者非他, 卽我之聰. 我所以不及舜者, 我唯一明, 舜有四明; 我唯一聰, 舜有四聰, 是以我測一物而不足, 舜照天下而有餘. 人之耳目, 不大相遠. 十里之閒, 不辨牛馬; 五里之閒, 不聞鼓鐘. 誠能法舜以爲智, 四海之祝詛, 附耳以聲; 未至之禍福, 承睫以形. 所患智之不足者, 患在正不勝詭. 夫詭明不如小明, 小明不如偏明, 偏明不如大明. 大明所在, 雖身所不歷, 事所不習, 而智常周於天下.

三德之脩, 皆從智入; 三德之功, 皆從智出. 善與不善, 雖閒於微渺, 亦不難辨. 但知其不善而去之, 知其善而守之, 謂爲竟事, 以此用智, 未得智力. 修德者雖能致精, 得於沈潛, 其中易膠. 智之眞體, 流盪充盈, 受之方則成方, 受之圓則成圓, 仁得之而貫通, 義得之而變化, 禮得之而和同; 聖以此而能化, 賢以此而能大. 其誤者, 見智自爲一德, 不以和諸德. 其德旣成, 僅能充身華色, 不見發用. 以智和德, 其德乃神. 是故三德之脩, 皆從智入. 人固我同, 及其積小至大, 積近至遠, 則有不同.

世有守一官, 治一邑而稱善者, 而善治天下者則未之聞. 蓋大小不同勢, 遠近不同情, 豈能縮天地爲三里之城, 豈能縮萬物爲三百戶之民! 德雖至純, 不及遠大, 皆智不能道之故. 無智以道之, 雖法堯舜之仁, 不可以廣愛; 雖行湯武之義, 不可以服暴; 雖學周公之禮, 不可以率世. 有智以道之, 雖不折枝之仁, 其仁不可勝用; 雖不殺梟之義, 其義不可勝用; 雖不先長之禮, 其禮不可勝用. 是故三德之功, 皆從智出, 此爲大機大要. 陽氣發生, 軸虛相受, 二喻蓋取諸此

性功

儒有三倫: 大德無格, 大化無界, 是爲上倫, 上倫如日; 無遇不徹, 無方不利, 是爲次倫, 次倫如月; 己獨昭昭, 人皆昏昏, 其倫爲下, 下倫如星. 亦有非倫, 非倫如螢, 螢不可亂星, 不必爲辨. 日之上升, 天地山河, 無有隱象; 堂房奧窔, 無有隱區; 靑黃錯雜, 無有隱色, 上倫如斯. 月之上升, 九州道塗可見, 諸方車馬可行, 衆農耒耜可施, 鳥獸棲伏可興, 次倫如斯. 星體非不明, 明不外光; 光非不照, 照不遠及; 不能代日, 不能助月, 物無所賴; 不如樹燭可居, 不如懸燈可導; 下倫如斯.

以象取喩, 日月星有異體; 以心取喩, 日月星惟一明. 自照則爲星, 及物則爲日月. 爲日月之明者, 能照一室, 卽能照一城; 能照一城, 卽能照一國; 能照一國, 卽能照東西南北億萬里. 照一室, 卽一室之耳目心身遂; 照一城, 卽一城之耳目心身遂; 照一國, 卽一國之耳目心身遂; 照東西南北億萬里, 卽其耳目心身無不遂. 爲星之明者, 智盡經緯, 學窮度數, 何讓日月; 品絕塵垢, 體立峻潔, 何讓日月; 孰不尊其賢, 仰其德! 雖賢雖德, 無尺寸之光以臨下土, 以惠營作飛走之類.

天有三明, 人心亦有三明. 人心三明, 可以爲星, 可以爲月, 可以爲日. 胡乃爲星而不爲月, 不爲日? 堯舜仲尼爲日, 禹文伊周顏淵子輿爲月, 後儒爲星. 辯者恒謂 "聖賢無位, 不可校功, 仲尼子輿何功?" 不智莫甚於此! 仲尼爲夜之日, 子輿爲晝之月. 謂二聖人無功, 猶夜處而論日, 謂日無光; 晝處而論月, 謂月無光. 謂後儒得位亦有功, 猶晝處而論星, 謂星亦可照萬方.

今之制度, 朝賓之服, 必束絲帶. 絲帶之長五尺, 綴以錦包, 綴以佩刀, 綴以左右疊巾, 繞後結前而垂其繠, 斯爲有用之帶. 若有愚者, 割五尺爲二尺五寸者二, 持以鬻於市. 圍之不周, 結之不得, 綴之不稱, 市人必笑而不取. 然則雖爲美帶, 割之遂不成帶. 修身治天下爲一帶, 取修身割治天下, 不成治天下, 亦不成修身. 致中和育萬物爲一帶, 取致中和割育萬物, 不成育萬物, 亦不成致中和. 克己天下歸仁爲一帶, 取克己割天下歸仁, 不成天下歸仁, 亦不成克己. 孝悌忠信制梃撻秦楚爲一帶, 取孝悌忠信割制梃撻秦楚, 不成制梃撻秦楚, 亦不成孝悌忠信. 若續所割二尺五寸之帶還爲五尺之帶, 可圍, 可結, 可綴, 兩端之穟羮然, 而中有續舂, 終不成帶. 大道旣裂, 身自爲身, 世自爲世; 此不貫於彼, 彼不根於此; 强合爲一, 雖或小康, 終不成治. 若是者何? 身世一氣, 如生成之絲; 身世一治, 如織成之帶; 不分彼此, 豈可斷續! 又譬織帶者引五尺之絲於機上, 但成二尺五寸, 其二尺五寸不加緯織, 仍爲散絲, 但結尾端, 亦豈成帶! 以織所起喩本, 以織所止喩末. 工專於本, 不能使未織之半自然成帶; 學專於本, 不能使未及之群生自然成治. 若是者何? 一形一性, 萬形萬性, 如一器一水, 萬器萬水. 器雖有萬, 水則爲一; 於己必盡, 於彼必通.

是故道無二治, 又非一治. 以性通性, 豈有二治; 通所難通, 豈爲一治! 父子相殘, 兄弟相讐, 夫婦相反, 性何以通! 天災傷稼, 人禍傷財, 凍餒離散, 不相保守, 性何以通! 盜賊忽至, 破城, 滅國, 屠市, 燬聚, 不得其生, 不得其死, 性何以通! 但明己性, 無救於世, 可爲學人, 不可爲大人; 可爲一職官, 不可爲天下官.

天地初闢, 有道無德, 有治無政, 清靜淵默, 各養其身. 黃帝谷神之書, 老聃稱述, 傳爲道宗. 運及堯舜, 生人日衆, 情慾日開, 不能與鳥獸雜處. 黃帝所治, 不復可治, 政教乃起, 學問乃備. 使五穀爲食, 五行爲用, 五教爲序, 五兵爲衛, 心原身矩, 以漑生匡俗. 至於釋氏, 則又大別. 斷絕塵緣, 深抉本眞. 知生死流轉之故, 立不生不滅之本.

老養生, 釋明死, 儒治世. 三者各異, 不可相通; 合之者誣, 校是非者愚. 釋出天地外, 老出人外; 衆不能出天地外, 不能出人外. 一治一亂, 非老釋所能理; 是以乾坤莞鑰, 專歸於儒. 故仲尼子興言道德必及事業, 皇皇救民, 輾轉亂國, 日不寧息; 身旣不用, 著言爲後世禾絲種. 釋惟明死, 故求眞心寶性, 以天地山河爲泡影. 老惟養生, 故求歸根復命, 以萬物百姓爲芻狗. 儒惟治世, 故仁育, 義安, 禮順, 智周, 天地山河, 萬物百姓, 卽所成性, 離之無以盡性. 譬如一家, 門庭房廩, 童僕婢妾, 諸器畢具, 乃爲主人; 若棄其廣宅, 棲身於野, 乃非主人. 舍治世而求盡性, 何以異是! 今於其內致精, 於其外若遺若忘. 天地山河, 忘類泡影; 萬物百姓, 遺等芻狗; 名爲治世, 實非治世, 卽非盡性. 儒嘗空釋而私老. 究其所爲, 吾見其空, 未見其實; 吾見其私, 未見其公.

學能盡性, 四通六格, 備在一身. 如酌水於井, 取火於石, 井無盡水, 石無盡火. 夫井僅容甕, 石大如棗, 何以無盡若是? 以天地之水通於容甕之井, 以天地之火藏於如棗之石, 水火本自無盡, 非井石能不盡. 世能用我, 如日酌日取, 無求不足; 世不用我, 如不酌不取, 而井之無盡水者自若, 石之無盡火者自若. 夫井之通水廣, 故其濟亦廣; 石之藏火廣, 故其用亦廣. 今之言性者, 知其精不知其廣, 知其廣不能致其廣. 守耳目, 錮智慮, 外勤利, 怵變異, 守己以沒; 不如成一才, 專一藝, 猶有益於治. 破其隘識, 乃見性功.

自明

道無大小, 今皆不傳. 醫有書, 讀其書者不能生人; 卜筮有書, 讀其書者不能知吉凶; 聖人有書, 讀其書者不能治天下; 道在書而非自得也. 是故上世無書而道出, 中世書少而道明, 下世書多而道亡. 心如果, 書如土. 枝葉出於果, 非出於土. 不自得而壹於書, 是舍其種而求枝葉於土也.

惟師亦然. 因師而得者, 不過繩墨其身, 權度其心, 爲君子人而止; 其可得者在師, 其不可得者在我. 是故以仲尼爲之父, 而伯魚不過爲中材之子; 子興之後也百有餘歲, 不及身爲之徒, 乃得其學焉而爲聖人.

學天地之道, 雖知天地; 道在天地, 於我乎何有! 學聖人之道, 雖知聖人; 道在聖人, 於我乎何有! 學君臣父子之道, 雖知其道; 道在君臣父子, 於我乎何有! 過都市者, 見寶而喜, 去之不可忘, 就之不可取. 寶非己有, 猶壤芥也, 夫豈非寶不可以爲寶! 以斯譬道, 道非己有, 夫豈非道不可以爲道!

天生物, 道在物而不在天; 天生人, 道在人而不在天. 取諸一物, 道在此物而不在彼物; 取諸一人, 道在我而不在他人. 身有目, 目有明; 身有耳, 耳有聰; 道在明而不在目, 道在聰而不在耳; 道在明明而不在明, 道在聰聰而不在聰. 不知我之言者, 以爲止而不及於通也, 獨而不及於該也. 知我之言者, 以爲止所以爲通也, 獨所以爲該也. 園師伐樹以接樹, 非木相貫, 生相貫也; 鉅人肢瘈, 非體不相貫, 生不相貫也. 道散然後見形, 道歸不復見形. 天地爲首趾, 身心爲胡越, 身世之故, 判於斯矣.

多聞多識, 譬諸藥食; 內實內明, 譬諸氣血. 氣血資於藥食, 藥食非卽氣血. 人知藥食之非卽氣血, 而不知聞識之非卽聰明. 心不可以空明, 不可有所倚以爲明. 所見之事, 所遇之物, 所讀之書, 所傳之學, 皆心資也. 然而倚於四者, 則心假四者以爲明而本明不見. 本明不見, 則學與不學同失, 學之是者與學之非者同失, 學之正者與學之偏者同失.

心之不能自見, 有如其背也; 心之不能自知, 有如其藏也. 然兩鏡傳形, 則背可見; 三指按脈, 則藏結可知. 是背與藏猶可見知, 而心不可見知. 致思之深, 結而成明; 求見之篤, 結而成象; 其於天性自以爲達其微, 其於庶事庶物若顯然有以貫之者. 若是者, 乃其心之所假, 非正心也. 楚有患眚者, 一日, 謂其妻曰: "吾目幸矣, 吾見鄰屋之上大樹焉." 其妻曰: "鄰屋之上無樹也." 禱於湘山, 又謂其僕曰: "吾目幸矣, 吾見大衢焉. 紛如其閒者, 非車馬徒旅乎?" 其僕曰: "所望皆江山也, 安有大衢!" 夫無樹而有樹, 無衢而有衢, 豈目之明哉? 目之病也. 不達而以爲達, 不貫而以爲貫, 豈心之明哉? 心之病也. 不死其病而生其病, 尚何言心!

心有眞明, 人皆以意爲明; 心有眞體, 人皆以影爲體. 以此爲學立業,是期意以成應, 而責影以持行也. 眞體眞明, 大徵小徵, 內見於寸而外寸應之, 內見於尺而外尺應之. 心無長短, 易應者, 內得其一, 而外效不過於一, 內得其十, 而外效不闕於十. 心無多寡, 易效者, 旣事旣試, 內外相衡, 如錙銖之不爽, 夫是之謂得心.

古之人, 學之九年而知事, 學之二十年而知人, 學之三十年而知天. 知事則可以治粟, 可以行軍; 知人則可以從政, 可以安社稷; 知天則德洽於中土, 化行於四夷. 迨其後也, 非性命不言, 非聖功不法; 辨異端過於古, 正行過於古, 參稽勤備過於古, 言說辨博過於古. 問之安社稷之計, 則蒙蒙然不能擧其契; 問之平天下之道, 則泛掇前言以當之. 古之人, 推學於治, 如造舟行川, 造車行陸, 無往不利. 後之人, 推學於治, 如造舟行陸, 造車行川, 無所用之.

君子爲天下母, 君子之學爲天下乳. 不能育人, 則生化無輔, 帝治以絶, 大道以熄, 其害甚於異端之橫行. 蓋異端惑世, 如身之有病耳; 學道無用, 如身之氣盡而斃焉. 不能究極之, 勿言學也.

充原

唐子嘗出遊而歸, 問其妻曰 : "自我之往也, 朋友親戚亦有來問者乎?" 曰 : "無有也." 則稱鄰人之善. 問鄰人之善者, 誰也? 則皆鄰人之婦也. 又嘗出遊而歸, 其妻出果蔬以飮酒. 唐子曰 : "家且無食, 是果蔬者其以何易而來?" 曰 : "是鄰人之婦所遺也. 恐子之歸, 而無以飮酒也, 故留以待子." 又嘗出遊而歸, 入門, 見女安而憐愛之, 執其手, 理其髮, 拊其頰, 而笑問其妻曰 : "自我之往也, 是兒何以爲嬉?" 妻曰 : "昔之夕, 鄰女要之往, 爲設餠食, 又遺之橘十二枚以歸." 於是唐子乃歎曰 : "婦人之智不如男子.

豈男子固薄而婦人固厚哉？男子溺於世而離於天者也，婦人不入於世而近於天者也."

昔者唐子遊於吳之南，館於甯生之館，年俱弱，相親如弟兄也；夜不相舍而臥，飢相與煇竈爲羹。登舟送唐子，既垂涕去矣，復循涯而追及於湖濱，相望不見而後反。又十年而遇之，禮貌有加，情則疏焉。又十年而假宿於故館，有客右坐，唐子左坐。勸食必於右，勸酒必於右，笑語必於右，晨興則爲辭而避去。於是唐子追念之而歎曰："孺子之智不如丈夫。斯人也，豈爲孺子則厚而爲丈夫則薄哉？孺子未入於世而近於天者也，丈夫溺於世而遠於天者也."

嘗聞諸越之耆老曰："郭鴻臚居喪，自始死至於禫，絞衾、虞祔、哭踊居食，皆中於制，陽明子謂之知禮。他日，有嬰兒喪其母者，入室求其母不得，號而不乳食者三日，恃粉糜以生。陽明子見之，謂門弟子曰：'嚮也鴻臚之居喪，不如是嬰兒之善居喪也！'"

陽明子行年五十，當其始生之日，門人往賀曰："唯夫子不虛此年。詩云：'我日斯邁，而月斯征。夙興夜寐，無忝爾所生。'夫子之謂也。夫子，天授之哲人也，非弟子所能及也。"一人言斯，眾人皆歎。陽明子曰："吁！二三子未知我也。眾人順年，聖人逆年。知與年加，見與年加，聞與年加。知浚沈心，見博覆心，聞蓄亡心。三者根心，還以戕心。順年而下，如順瀧而下；逆年而反，如逆瀧而反。吾行年五十哉，吾欲反乎襁褓之初而未能也."

祭之先，肆樂舞於郊壇，唐子往觀焉。或曰："古樂不得聞。今聞此聲，廣大和平，咸我性情，是必虞夏商周之遺聲也。美哉，聖人之制器作樂也！"唐子曰："聖人烏能制作！天地生物，八器別焉；八器既別，八音具焉。音者，器所固有也。於是聖人取泗濱之石以爲磬，斷嶰谷之竹以爲管，伐嶧陽之桐以爲琴瑟，文嗟歎之言以爲歌詠，協之以六律，播之以五音，宣其固有也。后夔雖聰，工倕雖巧，豈能有所加損哉！皆天地之本聲也。道喪世降，情失慾流，奸聲繁興。猶是鐘磬，猶是管籥，猶是琴瑟，賤工狡童，蕩節致柔, 佻姣靡曼, 以爲謔樂. 是淫濫之志所造也, 非天地之本聲也. 是故古之聖人, 治以樂成, 不外乎聲奏; 至於邦國以和, 萬物以蕃, 天地以安. 無他, 以本聲達其本性也. 及乎亂世, 樂亦成亂; 至於君臣無禮, 父子無節, 男女無別, 兵革緣起, 邦國崩喪. 無他, 以奸聲長其奸氣也. 蓋聖人修身育物, 因其故有, 不益於外. 故有者恒生, 外益者必害, 物固然也."

唐子曰: "舜治天下, 有苗不服. 有苗, 天下之昏民也, 伐之不懼, 敎之不知. 舜能格之, 斯無不格矣. 易曰: '信及豚魚.' 豚魚, 物之至戾者也; 浮木觸之, 翻若吹脬. 信能及之, 信斯神矣. 不及而格之謂神, 非類而同之謂神; 非聖人能而我不能, 通與閒異也. 天旣生物, 萬億其類; 不得其類, 則人與物二. 天旣生人, 萬億其形; 不得其形, 則人與人二. 母旣生子, 彼此其身; 不得其身, 則子與母二. 奚啻是哉! 耳旣有聞, 百千其聲; 不得其聲, 則耳與心二. 目旣有見, 百千其色; 不得其色, 則目與心二. 心旣有知, 百千其慮; 不得其慮, 則心與我二. 苟得其道, 則舜與苗民爲一身, 舜與豚魚爲一氣. 不得其道, 則苗民豚魚卽心而是, 其如心何哉! 其如心何哉! 水在杯中與在海中, 豈有二水! 然兩杯相竝, 隔在分秒, 不得爲一水; 四海相去, 不知其幾萬里, 游魚可達也, 豈謂爲異水! 山川草木牝牡, 形質大判矣; 生天生地, 以生群物, 無二生也; 陽氣時至, 蟄蘇而化, 有條達而苞長, 無二生也. 方各見方, 物各見物, 故不相通. 聖人盡性如海, 復性於原, 是以類亦通, 非類亦通也."

居心

聖人與我同類者也. 人之爲人, 不少缺於聖人; 乃人之視聖人也, 如天之不可階而升, 何哉? 或曰: "天地之氣有叔季, 故其生人也有厚薄. 我觀在昔，或百年而聖人生焉，或五百年而聖人生焉，或數聖人同朝而立，或數聖人比肩而遊。自周以後，遂無聖人。是氣之薄而不生聖人，非人之不能爲聖人也。”唐子曰：“謂古今之氣有厚薄，其必古之人皆如長狄，今之人皆爲侏儒；古之馬其身倍象；今之馬其身不加於犬。而不若是也。以是論人，不薄於形而薄於所以爲形，必不然矣。”

唐子曰：“古之爲學者始造於常，常則必至於大，大則必至於精，精則必至於變，變則必至於神。如時之除而不見其除也，如時之進而不見其進也。若農夫然，播穫百穀，候之而弗失焉。今之爲學者不然。其書百千於古，其聞百千於古，其論之詳備百千於古。聖人之言，得彼而益見其神。其言合於神矣，其人不出於常，不出於未造之常，則亦不免於爲眾人之身而已矣。”

“今之人，猶古之人也；今之學，猶古之學也。好學者內省外察，唯恐分秒之不合於聖人，而卒至於相去之遠如是，何哉？曷亦反求諸其心矣！人孰不欲有安宅哉？過朋友之家，語言飲食既畢，則去之矣。假居於人之室，近則日月，久則歲時，則去之矣。之燕趙者，次於旅舍，信宿則去之矣。非己之宅，過而不留焉；是己之宅，終身不離焉。於宅則知我，於心則不知我。以觀宅者觀心，則知心矣；以居宅者居心，則得心矣。”

“然則當何以居心哉？嵩嶽之山，立乎天地之始，並乎天地之終；處於六合之中以爲之位，連乎四極之下以爲之根。斯亦不移之至矣。心之不移也似之。大海之水，風乎南北，蕩乎東西；無所表之以識其處，無所維之以得其止。斯亦無定之至矣。心之無定也似之。聖人之心如嶽；眾人之心如海。善居心者，能使海變爲山，則堯孔可幾也。”

或曰：“心既定矣，敢問求道之何從？”曰：“子欲將心求道乎？”曰：“然”曰：“子之將心以求道也，豈不以道爲至神之一物，望之而不見；將竭心思，窮歲月，如結網求魚，操弓彈鳥乎？”曰：“其或然乎！”唐子指燈而言曰：“吾與子處於暗室之中，目無所見。著火於燈，明照四壁，無所不見，豈非以火乎？然則火自明也，明卽火也；非火在是而別有所假以爲明也。心譬則火也, 道譬則明也. 何見爲二物哉!"

除疾

唐子曰 : "我有疾曰逸. 其寂也液液然, 其動也洩洩然, 其流也不知其
所之焉. 若使我繫心如繫羊, 夫亦奚難; 有不縱而縱, 繫之而莫繫者. 不
除此疾, 終無至道之日.

"我又有疾曰躁. 人之産於其土者, 其性多如其土. 吾産於湍峻之鄕, 故
吾性亦湍峻. 閉戶之時, 不能移景而坐, 必將變焉; 不能終食以須, 必將
先焉; 不能終朝以寂, 必將動焉. 不除此疾, 終無至道之日."

"少康失家, 減泥乃復. 不然, 戍郊者泥衆也, 守門者泥衆也, 衛宮者泥
衆也. 少康至郊, 誰爲啓郊? 少康至門, 誰爲啓門? 少康至宮, 誰爲啓宮?
雖其故家, 終不能入. 必戰郊, 斬門, 淸宮而後入. 我之欲除二疾也如是."

"孺子有好戲者, 侍於先生, 敎之以成人之禮. 孺子悅, 端坐不動, 無異
於成人. 及先生出, 與其曹嬉, 跳越奔走, 好戲如初. 我年五十六矣, 求止
不恒, 猶彼孺子, 豈非恥哉! 請自今毋若孺子."

"鄕人有好鬪者, 有事飮於社, 就席而能下, 擧爵而能恭, 無異於善人.
他日, 與狎少年處, 一言不合, 起鬪如初. 我學聖人之道者也, 求靜不恒,
猶彼鄕人, 豈非恥哉! 請自今無若鄕人."

病獲

唐子爲學十年, 視陶猗之富如鼠壤, 視趙孟之貴如鵝毛, 而逸心不收, 躁心不除; 見譽亦喜, 見色亦悅. 行年六十二矣, 飲酒過多, 晨興嘔沫. 懼其馴爲迴風也, 於是止飲. 因疾而思生, 因生而思身, 因身而思養, 因養而思遇, 因遇而思營, 因營而思死. 曰: 生, 旦也; 死, 晦也. 羊相抵於屠門, 而不知其將屠也; 雞乘尾於竈下, 而不知其將烹也. 人皆求勝於人, 求遂其欲, 何以異於是!

朱氏之館有養生之書, 取而觀之. 其言有之曰: "神御氣, 氣駐形. 心生則神亡, 心死則神居." 解之曰: "心無生死. 生死云者, 舜之所謂人心也. 殉心喪神, 終其身爲戚戚之小人而短命以死. 爲心乎, 爲神乎?" 引箸而思之, 舍箸而變焉. 食進於前, 方惡忽甘, 視之如易器. 僕使於前, 方怒忽悅, 視之如易僕. 出門不罔, 入室不憂; 有遠慮而不思, 見好色而目不留. 十年學之而未能, 一食忽焉而得之, 樂莫甚焉. 引而直之, 勿使復曲; 扶而正之, 勿使復偏; 一食得之, 必且一食失之也.

虛中以與人, 直己以遇詐. 知我不爲喜, 不知我不爲慍; 譽我不謂厚, 慢我不謂薄. 虛吾宮, 潔吾室, 明吾牖, 謹吾戶, 處乎其中, 無所願於宅之外, 如斯以俟之耳.

悅入

甄晚而志於道, 而知卽心是道, 不求於外而壹於心, 而患多憂多恚爲心之害. 有教我以主靜者, 始未嘗不靜, 久則復動矣. 有教我以主敬者, 始未嘗不敬, 久則復縱矣. 從事於聖人之言, 博求於諸儒之論, 爲之未嘗不力, 而憂恚之疾終不可治.

因思心之本體, 虛而無物者也. 時有窮達, 心無窮達; 地有苦樂, 心無苦樂; 人有順逆, 心無順逆. 三有者, 世之妄有也; 三無者, 心之本無也; 奈何以其所妄有加於其所本無哉! 心本無憂恚, 而勞其心以治憂恚; 外疾未除, 內主先傷, 非計之得者也. 旣知其然, 而求心之方將何從入? 嘗聞良醫治人之疾, 不於見疾治之也; 必察其疾之所由來, 從而治之, 則藥必效而疾易除.

吾今而知疾之所由來矣. 吾之於人也, 非所好而見之, 則不宜於其人; 吾之於食也, 非所欲而進焉, 則不宜於其味. 凡所遇者, 大抵少所宜者也; 故嘗詈僕妾而怒養子, 而亦求備於妻. 一朝有省焉, 卽此一人, 卽此一事, 或宜於朝而不宜於夕, 或不宜於朝而宜於夕. 其所不宜者, 必當吾之不悅時也; 其所宜者, 必當吾之悅時也. 然則宜在悅, 不在物也; 悅在心, 不在宜也. 故知不悅爲戕心之刃, 悅爲入道之門, 無異方也. 於是舍昔所爲, 從悅以入. 悅者, 非適情之謂, 非徇欲之謂. 心之本體, 虛如太空, 明如皦日. 以太空還之太空, 無有障之者; 以皦日還之皦日, 無有蔽之者. 順乎自然, 無强制之勞, 有安獲之益, 吾之所謂悅者, 蓋如是也.

自從悅入, 不戚戚而恒蕩蕩. 未嘗治憂也, 而昔之所憂不知何以漸解; 未嘗治恚也, 而昔之所恚不知何以潛失. 二疾雖未盡絶, 固已十去七八矣. 不啻於是. 十年以前, 嘗專力以治躁逸, 如繫狙, 包汞, 愈謹愈失. 自從悅入, 久不治躁逸矣. 今則漸安, 不至如狙之無定; 今則漸止, 不至如汞之易流. 二疾雖未盡絶, 固已十去五六矣. 此吾悅入之功也.

人倫難協, 民物難齊, 皆心之所貫也. 心本可貫, 或不能達, 唯悅可以達之. 不悅則嘗懷煩懣, 多見不平, 多見非理, 色不和, 言不順. 處君臣之間, 必不相愛; 處父子之間, 必不相親; 處夫婦之間, 必不相宜; 處兄弟之間, 必不相好; 行於邦國之間, 必多怨尤. 如是, 則內拂於性, 外隔於人, 其違道也遠矣. 悅則中無矯戾, 所見無不平, 所見無非理, 色和而言順.

處君臣之間, 必能相愛; 處父子之間, 必能相親; 處夫婦之間, 必能相宜; 處兄弟之間, 必能相好; 行於邦國之間, 必無怨尤. 如是, 則內不拂於性, 外不隔於人, 其違道也不遠矣. 不悅則君亢於上, 臣怨於下, 百僚相競, 朋黨以興. 措之於政事, 喜怒必不平; 喜怒不平, 則刑罰不中; 刑罰不中, 則百姓不安, 以此求天下之治也難矣. 悅則君臣相親, 上下相交, 百僚和同, 無相爭競. 措之於政事, 喜怒必平; 喜怒平, 則刑罰中; 刑罰中, 則百姓安. 以此求天下之治也易矣.

日月照臨, 萬物皆喜; 陰霾晝晦, 萬物皆憂; 和風所被, 萬物皆喜; 雷霆所震, 萬物皆懼. 生於心, 見於色, 發於聲, 施於政, 其理一也. 是故唯悅可以通天地之氣, 類萬物之情. 此吾之所未試, 而信其爲悅之所可致也.

仲尼之教亦多術矣, 不聞以悅教人, 而予由此入者何? 予, 蜀人也, 生質如其山川, 峻急不能容, 而恒多憂恚. 細察病根, 皆不悅害之, 故由此入也. 悅爲我門, 非衆之門. 人固有生而無慍怒者, 豈非質之近於道乎! 而不可以入道者何? 蓋人之生也, 爲質不齊, 而爲疾亦異. 或之剛之柔, 不以相濟; 或好名好利, 用心不壹. 是在因其疾而治之, 不可同於我也.

恒悅

唐子語戈仲子曰: "子勿憂貧. 貧者, 天也; 子如憂之, 貧未可去, 而憂之害子心者甚於貧矣." 戈中子曰: "吾亦求樂耳." 唐子曰: "子將何以求樂?" 曰: "吾一日之間, 有可樂之人則與之, 有可樂之時則弗失, 有可樂之地則往焉." 唐子曰: "若然, 則子之心是百憂之府也. 若憂子之人至, 憂子之時至, 而亦無可樂之地, 子其若之何? 且三可樂者假於外, 三可憂者根於中, 子避憂如避讐, 防憂如防賊, 而不知讐與賊已先據於心, 其將焉逃?" 仲子未學而不善問, 遂無以發之也.

心之本體, 無憂無樂者也; 不受物加, 不懼外鑠. 金工冶金, 鼓烈火, 施
椎鑿, 雖百其器, 千其形, 而金質不變. 心之爲體, 有似於此, 而難見心者
何? 人之有身, 生於嗜欲, 養於嗜欲, 其所以陷溺其心者, 自生而然矣. 雖
見爲故有而實難復於故有, 雖順乎自然而實難合於自然. 用力旣久, 漸有
得於初, 心不於樂見而於憂見. 蓋害心者卽養心之方, 蒙心者卽明心之
藥. 是故仲子去憂求樂, 吾則去樂就憂. 憂樂不移其心, 則無往而不自得.
心之本體, 雖難復全, 由此可以漸見. 傅說假食於胥靡, 呂尙賣飯于孟津,
管仲敝幽於南陽, 百里奚飯牛於秦市, 時憂也. 舜遊於鹿豕之群, 太伯處
於蛙黽之鄕, 顔淵居於陋巷, 原憲棲於漏宇, 地憂也. 瞽象殺舜, 管蔡害
周公, 桓魋厄仲尼, 臧倉沮子輿, 人憂也. 此十二君子者, 身當時憂, 無異
於居上卿而封大國也; 身處地憂, 無異於臨南面而宅夏屋也; 身遇人憂,
無異於九族敦睦, 群賢從遊也. 是故處樂不見君子, 處憂乃見君子. 堯之
於舜, 亦必試之於烈風雷雨, 乃知其不迷, 况學者乎!

吾旣漸有得矣, 亦必有所試矣. 昔者吾行於燕市, 見有鬵皮榼者, 漆繪
精良, 可受斗酒; 繫以革條, 挈之甚輕, 可攜以遠遊. 買之以歸, 注酒一夜,
則靭窳而酒溢於外. 他日, 更市良者, 乃適於用. 未試之皮榼, 不知其良不
良; 未試之心, 焉知其恒不恒! 吾自從悅入, 未敢自信悅之恒然, 蓋試之於
可憂之地而後知其能恒也.

昔者盡鬻其田, 使原賈經, 少有利焉. 原不肖, 盡亡其資. 又使爲牙, 以
主經客. 客竊客金以爲質, 以責原負. 失金者移其妻子子弟數人寢食於堂,
日夜號哭而欲自經, 竊金者與其屬數十人, 舍僕而問主, 牓於衢巷, 告我
盜金, 遂速於訟. 當是之時, 孤而無助, 家人離心. 雖非死亡之禍, 實無異
於秦楚之兵交攻我也. 當是時, 有以償之則已; 器物鬻盡, 無以償之. 於是
客無至者, 産失而行廢, 食盡而禍起. 無以弭禍, 遑恤其後. 豈與顔淵之瓢
飮, 曾子之踵決等乎哉! 士之困窮, 未有至此其極者也. 妻曰: "過五日,
無食矣. 旣處困窮, 又遭多難. 多難卽解, 飢寒漸至. 朋友不可告, 親戚不

可告, 何以爲生乎? 子近日之學專主於悅, 吾恐悅無解於憂, 而憂且以傷子之悅也." 唐子曰: "無食豈能不憂, 多難豈能不憂! 憂之自憂, 有憂之所不及者. 譬諸客之譟焉, 譟於外者不溷吾堂, 譟於堂者不溷吾室. 心如室, 非譟之所及也. 又譬諸堂前之井焉, 炎暑如焚, 無所逃避; 寒泉在下, 澄然不知. 心如井, 非暑之所及也. 內外不相及, 我之所憂, 亦何傷於我之所悅哉!"

七十

　唐子行年七十, 處於張氏之館. 當始生之日, 以其餘酒, 晝而獨飲, 自慶也. 七十者, 生之日日遠, 死之日日近, 是弟子之所慶也, 非所以自慶也. 然則何爲自慶? 人之老少, 不同於鳥獸. 鳥獸不知修, 人則知修. 我髮雖變, 我心不變; 我齒雖墮, 我心不墮. 豈惟不變不墮, 將反其心於髮長齒生之時. 人謂老過學時, 我謂老正學時. 今者七十, 乃我用力之時也.

　少不能學道. 少之所學者誦讀, 非道也. 若可學, 必其智慧早成; 智慧早成者, 萬不得一. 壯不能學道. 壯之所學者聞見, 非道也. 若可學, 必其道力早全; 道力早全者, 萬不得一. 蓋人生於氣血, 氣血成身, 身有四官, 而心在其中. 身欲美於服, 目欲美於色, 耳欲美於聲, 口欲美於味, 鼻欲美於香. 其爲根爲質具有於妊之初者, 皆是物也. 及其生也, 先知味, 次知色, 又次知服, 又次知聲, 又次知香. 氣血勃長, 五欲與之俱長; 氣血大壯, 五欲與之俱壯. 二十以上, 爲士者貢舉爭先, 規卿希牧而得貴; 其爲衆者, 營田置廛, 居貨行賈而得富; 其貧賤者, 亦竭精敝神以求富貴. 若是者奚爲也? 將以求逐其五欲也. 非貂狐之溫不以爲裘, 非錦段之華不以爲茵, 凡所以奉身者無不爲也. 吳越佳冶之女, 列於房帷; 姑蘇奇巧之

優, 供其宴樂; 凡所以奉目者無不爲也. 玉田之嘉穀, 德易之美酒, 閩廣
之海珍, 凡所以奉口者無不爲也. 豔姬歌曲, 巧伶奏聲, 靡靡曼曼, 移聽
迷心, 凡所以奉耳者無不爲也. 蘭桂芬於園囿, 沈涎馥於堂室, 凡所以奉
鼻者無不爲也. 此自二十至於四十五十之候也.

心之智識, 皆爲五欲之機巧; 五欲之機巧, 還以助心之智識. 五欲逐心
而簒其位. 心旣失位, 欲爲之主, 則見以爲生我者欲也, 長我者欲也. 人
皆以欲爲心, 若更無所以爲心者. 其本心雖未嘗亡, 而陷溺之久, 如素入
染, 不可認取; 如珠投海, 不可尋求. 於斯之時, 舍欲求道, 勢必不能. 謂
少壯之時不能學道者, 以是故也.

血氣方壯, 五欲與之俱壯; 血氣旣衰, 五欲與之俱衰. 久於富貴, 則心
厭足; 勞於富貴, 則思休息. 且以來日不長, 心歸於寂. 不傷位失, 以身先
位亡也; 不憂財匱, 以身先財散也. 貧賤之士, 亦視之若浮雲而非我有.
此六十七十之候也.

向以從身之欲而遠於道; 今則貂狐之溫同於布褐之衣, 身蔽撤矣. 向以
從目之欲而遠於道; 今則蛾眉之女同於齲巒之妾, 目蔽撤矣. 向以從口之
欲而遠於道; 今則王侯之羞同於閭里之食, 口蔽撤矣. 向以從耳之欲而遠
於道; 今則絲竹不如無聲, 耳蔽撤矣. 向以從鼻之欲而遠於道; 今則馨香
不如無臭, 鼻蔽撤矣. 於斯之時, 不啻視富貴如浮雲, 而且視死生如旦暮.
向有聞不可用, 今則聞皆可用; 向有見不可用, 今則見皆可用; 向有思不
可用, 今則思皆可用; 向有力不可用, 今則力皆可用. 五蔽旣撤, 一心漸
露. 如素墜於泥中, 湔之而易復; 如珠遺於室中, 求之而易獲. 是故老而
學成, 如吳農穫穀, 必在立冬之後, 雖欲先之而不能也. 學雖易成, 年不
我假, 敏以求之, 不可少待. 不然, 行百里者九十而日暮, 悔何及矣!

無助

吾遊天下, 其不至者, 廣以南耳, 未嘗見一賢人焉. 以天下之大, 家誦詩書之言, 人慕文學之名, 豈無賢哉? 而未見一賢者, 蓋以甄之不敏, 非見賢之人; 故天下雖多賢, 不可得而見也. 吾處吳中三十年矣, 未嘗見一賢人焉. 吳地勝天下, 典籍之所聚也, 顯名之所出也, 四方士大夫之所遊也; 多聞多見, 士多英敏, 豈無賢哉? 而未見一賢者, 蓋以甄之不敏, 非見賢之人; 是以吳中雖有賢, 不可得而見也.

文者, 君子之所貴也. 今之文, 非古之文也; 其言雖美而非實義, 吾不欲取而觀之矣. 經者, 道與治之所在也. 今人窮經, 好爲創見而無實用, 是爲誣經, 吾不欲取而觀之矣. 性卽性耳, 有何可言! 今之學者好言性, 辨論多端, 何與於性! 卽其言善, 亦爲論性, 非求見性, 吾不願聞之也. 今世亦有正直之人, 言不妄, 行不苟, 但能淑身而不能明心, 下學而不能上達, 吾豈不見而敬之, 然非學之竟事也. 今之士, 吾未見有出乎四之上者, 亦何益於我哉!

所貴乎師友者, 師道迷而友振惰也. 有此二益, 則進學易而成功蚤; 無此二益, 其邃已乎? 其亦難易蚤晚之異耳. 孟子生於戰國之世, 未得爲仲尼之徒, 未得與顏曾爲友. 天下之言學者, 非楊朱則墨翟; 其謀國者, 非儀秦則孫吳. 孟子無所取益, 而巍然爲聖人, 獨立於天地之間. 彼, 聖人之雋也, 非中下之人所及也. 然而卽心是道, 卽心得師, 破迷起惰, 不假外求. 誠能精思竭力, 必爲聖人, 不過爲之難而成之晚, 雖無師友可也. 故曰 "豪傑之士, 雖無文王猶興."

昔者有明之世, 山東有公子, 家富而好逸, 不習於勞, 閭里之近, 非馬不往. 一日, 之京師, 擇良馬, 選健僕以從, 執鞚而升, 執鞚而下, 執鞚而過險. 馬良僕健, 日行二百里而後舍, 浩浩乎其足樂哉! 前塗遇寇, 失其馬, 又失其僕, 號天四顧, 無救之者. 已而無可如何, 則強起而行; 脛腫踵跰, 自河間十五日而後達京師. 夫僕馬者, 致遠之資也. 一旦中道而失之, 足不如人, 力不如人, 欲進不能進, 欲退不能退, 左顧而莫爲之左, 右顧而莫爲之右. 於斯時也, 豈遂委於溝壑哉? 反求諸己而已矣. 我無馬, 我自有足; 我無僕, 我自有力. 足雖弱, 不至不能行; 力雖弱, 不至不能擧. 人如翔而至, 我如剬而至; 人先庚而至, 我後癸而至. 苟不憚勞, 不恥後, 雖無僕馬之助, 終亦必至焉. 爲學無朋, 亦若是矣. 甄也請從山東公子之後也.

思憤

洪範六極, 予有五焉: 皮絮三襲, 違鑪則栗; 比戶露寢, 當風則嚔; 疾也. 越在異鄕, 子處無族; 十世之澤, 將於我絶, 憂也. 雖有陋室, 不展四體; 雖有下田, 不足二征, 貧也. 身五咫半, 要二拱弱; 禮人起慢, 致辭聽藐, 惡也. 遇重如尪, 處彊如女; 秉德不弘, 爲義無勇, 弱也. 客有聞是言者, 見唐子而弔之. 唐子曰: "客之恤我厚矣; 雖然, 客當弔我一極而賀我四極."

客曰: "四極何極? 云何當賀?" 曰: "體彊者必先敝, 氣盛者必先委. 恃其彊盛而無所可虞, 或淫於色, 或困於酒, 或壅於味, 外以沈鑠其體, 而內以蠱喪其志. 是彊盛者, 所以自戕也. 保生後死者, 恒由於疾; 屛慾近道者, 亦由於疾. 是疾當賀也. 昔者大伯竄於荊蠻, 背親違宗而又無子, 憂莫大焉. 乃仲尼稱爲至德, 比於文王. 惟憂所以見德也. 且夫古之人, 沮抑志奮, 困阨學成. 或內寧而啓亂, 或多難以興邦. 是憂當賀也. 虛中者, 道所居也; 空外者, 心所安也. 美好盈於外, 愛樂糜於中, 則心佚而道亡. 無欲者上矣; 寡欲者中; 多欲者下. 吾患不能劫欲, 而乃有以遂欲. 有以遂之,中可移於下; 無以逢之, 下可移於上. 是貧當賀也. 偉於貌者, 人敬之; 美於度者, 人愛之; 辨於言者, 人服之. 是三者, 未必爲德器也, 適足以蔑人而自足. 反是, 則所向多拂, 增勵其修, 必不以短於形者短於德矣. 是惡當賀也. 人之視此四者, 以爲天降疾惡, 甚於刖劓之刑; 天降憂貧, 甚於流竄之罰. 其於愚人, 則流於傭隸, 入於竊乞. 其於才人, 則流於徼幸, 入於奸亂. 其於文人, 則發爲騷怨之辭, 肆爲狂悖之行. 志道之士則不然. 烈火可以鍛金, 粗石可以攻玉. 阨於處世者, 利於入道者也. 今使一福一極者同居而共學, 則極者之修, 必半福者而十之矣. 是四極者, 殆天所以資賢豪也, 而可不賀乎!"

　客曰 : "然則子以爲當弔者, 弱也. 弱, 亦四者之類也, 而獨以爲當弔者, 何也?" 曰 : "疾病愼之, 憂患安之. 飢寒不足以爲憂, 不重於人不足以爲恥. 人之大患, 莫過於弱矣. 弱者雖好善若渴, 見義必爲, 進而不續, 續而不終. 以之爲國, 必衰其國; 以之爲家, 必索其家; 以之爲學, 必廢其學. 卽有知慧異敏, 而卒與衆人同沒者, 惟弱之故也. 幸生爲士, 身爲聖人之徒, 志任天下之重; 入道知路, 爲學知方. 乃因仍其心思, 需次其歲月; 悠游晏安, 卒以無成. 生爲食粟之人, 死爲游魂之鬼, 如之何不弔! 挈缾之力, 不能擧鼎, 不勝其重也; 馬不千里, 徒不百里, 不勝其遠也; 荷擔而行, 弛擔而息 有時而閒也; 此亦弱之無可如何者也. 是誠然乎? 是殆不然. 求道不與器界同, 用力不與手足同. 求道在我, 用力在心, 弱則斯弱矣, 强則斯强矣. 詩云 : '緜蠻黃鳥, 止于丘隅. 豈敢憚行, 畏不能趨.' 周道坦坦, 夫何所畏; 吾志必往, 誰能沮之! 已不能趨而倚於人, 雖有載而驅之者, 亦將半塗而廢矣. 又曰 : '沔彼流水, 朝宗于海.' 必朝焉, 必宗焉, 緣陵趨壑, 晝夜不息, 必達於海. 雖有從而堙之者, 其沛然之勢, 卒莫能禦也. 吾誠不安於弱, 又當困阨; 有以憤發, 雖弱可强. 今雖老矣, 願爲朝宗之沔流, 必不爲丘隅之黃鳥. 客其不終弔我乎!"

敬修

徐中允謂唐子曰：“聖人之學，以敬爲本. 先生言靜而不言敬，非所以善修也. 吾謂靜不足以盡之，當益之以敬.”

曰：“然. 靜以言乎心之體也；敬以言乎體之持也. 心如玉；靜則玉之質，敬則執之愼也. 道著而變，變形而多，靜其本也. 爲資不同，爲修各異，敬其總也. 居於河濱者，始汲而歸，濁不可飮也；注而勿擾，則石泉矣. 定其器而蓋之者，敬之謂也；械其器而擾之者，不敬之謂也. 聖衆同心，靜與不靜之分也. 聖衆同靜，敬與不敬之分也. 聖衆同敬，恒與不恒之分也. 我有在而敬，不能無在不敬；我有時而敬，不能無時不敬. 夫心之覺也無間，氣之息也無間. 能敬者，與覺俱在，與息俱存. 與覺俱在，故心無散時；與息俱存，故氣無暴時. 心無散時，氣無暴時，是爲能敬. 謹愼，敬也；而敬不盡於謹愼. 溫恭，敬也；而敬不盡於溫恭. 無肆無慢，敬也；而敬不盡於無肆無慢. 詩曰：‘上帝臨汝，無貳爾心’，祭祀之敬也；詩曰：‘顯顯卬卬，如圭如璋’，威儀之敬也；書曰；‘匹夫匹婦，一能勝予’，臨民之敬也. 三者詎非心與！吾聞之：養卉木者，枝葉披隕，其根必傷. 詎非君子之所愼守與！然非其本也. 書曰：‘欲敗度，縱敗禮’，欲與縱，出於心而自賊者也. 敬者，止欲於未萌，消欲於旣生；防縱於未形，反縱於旣行；所以保其心而納於禮度者也.”

“自堯舜以來，天下之言學者，皆知以敬爲本. 人知敬之爲本，而不知其能治心，亦或害心；不知其有功於天下，亦或無功於天下. 是何也？人孰不知敬與不敬之異，而莫辨敬與敬之有異也. 心用尙智；善敬者益智，不善敬者則御而之乎固. 心用尙勇，善敬者益勇，不善敬者則御而之乎弱. 詩曰：‘無已太康，職思其居’，是拘儒之敬也固矣. 詩曰：‘我躬不閱，遑恤我後’，是淺儒之敬也弱矣. 若是者，反害其心而無功.

“當堯之時，九山不闢，九川不順，五穀不樹，五倫不敍，於是堯禪舜，

舜禪禹, 不傳子而傳賢, 以安天下之民. 夏商之季, 獨夫燒炳民命, 百官
瞀亂, 於是湯伐桀, 文王伐崇, 武王伐紂, 伊摯放太甲, 呂望出奇謀, 以安
天下之民. 若是者, 自天地開闢以來, 未有之大變也, 未有之奇功也. 虞
夏商周之君臣, 惟能以敬慎行智勇, 故處此大變, 成此奇功. 詩曰: '戰戰
兢兢, 如臨深淵, 如履薄氷.' 非徒慎也, 將以求涉濟也. 吾聞之: 習心太
約者, 不可以致遠; 習身太謹者, 不可以犯難. 有言行如曾子而涉濟不如
孟賁者, 其去聖人之敬也遠矣.

"敬之爲道, 豈期於寡過而稱爲君子云爾乎? 將以盡其心也, 將以全其
性也, 將以大其功也. 天地與道際, 心與天地際. 有輕心者不能及, 敬所以
重之也; 有慢心者不能及, 敬所以篤之也. 容儀之莊, 視聽之謹, 非外也.
所以防其外而一於內也. 是故其氣淸, 其知明, 不持而固, 不勉而行, 盡人
達天, 皆由於敬; 施於天下, 不勞而定. 曲士然乎哉! 內省而拘, 外慎而泥,
求其心而適以錮其心, 其於天下何有, 亦自成其爲無訾之小儒而已矣."

講學

學貴得師, 亦貴得友. 師也者, 猶行路之有導也; 友也者, 猶陟險之有
助也. 得師得友, 可以爲學矣. 所貴乎師友者, 貴其善講也. 雖有岐路, 導
之使不迷也; 雖有險道, 助之使勿失也. 師友善講, 則學有成矣.

夫講者, 非辨文析義之謂也, 所以淑其身, 明其心也. 若日取五經之文
而敷之, 日取諸儒之言而討之, 日取孔孟之書而述之, 使聽之者如鐘鼓之
盪於胸, 如琴瑟之悅於耳, 群焉推之以爲當世之大宗師, 君子則鄙之. 其
鄙之何也? 以爲無益於人之身, 無益於人之心也. 無益於人之身, 無益於
人之心, 則亦講五經之文焉云爾, 則亦講諸儒之言焉云爾, 則亦講孔孟之

書焉云爾, 是何異於謝莊之塾師乎! 謝莊之塾師, 教章句, 解文字而已. 夫教章句, 解文字, 童蒙猶有賴焉. 兹之講者, 無益於學者, 殆不如彼之有益於童蒙也.

是故孔子教人, 因其各得而言, 不聞復取五代聖人之言講之也; 孟子教人, 以其自得而言, 不聞復取孔子之言講之也. 善講者, 如掘井得水, 因其自有而取之, 非異水也; 如擊石得火, 因其自有而發之, 非異火也. 向也不知道之所在, 以爲遠不可求; 卽知道之所在, 以爲求之而不易致. 今則求之於己, 乃我之自有焉, 則善講者之功也. 升五尺之座, 坐虎豹之皮, 環而聽之者百千人. 在堂下者, 望而不見; 負壁者, 及階者, 見而不聞; 在尋丈之間者, 聞而不知; 在左右前後者, 知而不得; 是之謂觀講. 衆觀而已, 何益之有!

是故教者貴親, 親則易知; 承教者亦貴親, 親則易化. 煦嫗覆育, 如雞之伏卵, 而後教可施焉. 一室之中, 不過數人, 朝而見, 夕而見, 侍坐於先生, 侍食於先生, 非若大衆之不相接也, 可以教矣. 而又患教之同也, 又患教之易也. 一日言智, 共此求智之方; 一日言勇, 共此求勇之方; 一日言仁, 共此求仁之方; 是同也. 不以剛治柔, 卽以柔治柔; 不以柔治剛, 卽以剛治剛; 是易也. 雖有扁鵲, 不能以一藥已衆疾, 是不可同也; 不能以彼藥已此疾, 是不可易也. 寒者以桂, 熱者以蘗, 而後可以爲師, 而後可以施教焉.

求師於斯世, 如鳳如麟, 不可得而見矣. 師不可得而見, 友亦不可得而見矣. 雖然, 不善得師者在師, 善得師者在己; 不善得友者在友, 善得友者在己. 苟善取焉, 不必賢於我者, 皆可爲師友. 若有志於學者, 或一二人焉, 或二三人焉, 會於一所, 贏糧以從; 兩相糾, 三相參也. 吾求盡事親之道, 而未盡事親之道也; 吾求盡兄弟之道, 而未盡兄弟之道也; 吾求盡夫婦之道, 而未盡夫婦之道也; 吾求盡朋友之道, 而未盡朋友之道也; 吾求盡與斯人僕婢之道, 而未能盡其道也; 抑或未能盡五者之道, 而以爲皆已盡焉. 五有所長, 五有所短, 五有所明, 五有所蔽. 吾察於所好, 而或非所當好也; 吾察於所惡, 而或非所當惡也; 吾察於所喜, 而或非所當喜也; 吾察於所慍, 而或非所當慍也. 抑或四者之乎偏, 而以爲皆已正焉. 四有所長, 四有所短, 四有所明, 四有所蔽. 此長短明蔽, 人各有其一二, 而皆可以相資. 蓋已不自知, 暗如滅燭; 人之視已, 明如觀火. 不自知短, 人見我短, 卽短可益, 不必其人之長也; 不自知蔽, 人見我蔽, 卽蔽可撤, 不必其人之明也. 兩相糾焉, 三相參焉, 二三人中, 互相爲謫, 循環不匱, 何患學之無成!

勸學

出入必由戶, 無踰垣穴牆而由之者; 寢興必居室, 無登巢入窟而居之者; 飲食必以火, 無決腥茹草而飽之者. 人未有舍其必爲而不爲者也, 未有必不可爲而爲之者也. 必爲而不爲, 非人道矣. 以此三者譬道, 則道也者, 不可一人離也, 不可一事離也, 不可須臾離也. 聖衆同之, 貴賤同之, 無他塗也.

聖人不作, 世衰道喪, 旁蘗別出, 乃訾議儒者. 至於宋, 則儒大興而實大裂. 文學爲一塗, 事功爲一塗; 有能誦法孔孟之言者別爲一塗, 號之曰道學. 人之生於道, 如在天覆之下, 地載之上, 孰能外之! 而讀書聰明之士別爲一塗, 或爲文學, 或爲事功, 其愚亦已甚矣. 雖然, 自道不明, 儒者習爲迂闊無用於世, 是以有薄而不爲, 從而訾議之者, 未可舍己而罪人也.

韓非曰: "齊宣王問於匡倩曰: '儒者博乎?' 曰: '否. 博貴梟; 勝必殺梟, 是殺所貴也, 故不博.' '儒者弋乎?' 曰: '否. 弋者從下害上, 故不弋.' '儒者鼓瑟乎?' 曰: '否. 瑟以小絃爲大聲, 大絃爲小聲; 大小易序, 故不鼓.'" 非蓋諧言以詆儒也. 夫非禮勿視, 非禮勿聽, 非禮勿言, 非禮勿動, 不善學者不見大體，泥於外迹，皆不博弋不鼓瑟之徒也．以是見薄於世，誠未可以罪人也．

君子之於道也，敬以修己，廣以誘民，文學事功皆備其中，豈可誣也！是故凡爲士者，必志於道．何以志於道？凡所見之人，無貴賤，無小大，皆以學明倫也；凡所遇之事，無順逆鄙俗，皆以學盡義也；養僕妾，謀衣食，量米麥，權蔬肉，皆以學求仁也．草木必有根，舍是而爲文學，必流於浮靡；構築必有基，舍是而爲事功，必至於傾敗而殃民．若斯之人，不求身心，不知人道，猶出不由戶，入不居室，飲食不知味，孟子所以譬之於禽獸也．是故士之爲士，惟此一塗，更無他塗．

王崏繩爲人敏達，善爲文章，唐子樂與之遊．一日，告之曰："子曷學道！道非異也，智者視爲高遠而不可求，愚者視爲迂闊而不肯爲．烏知道者，其中無苦難之事，有便安之利．不入其中則已，一入其中，卽嘗其味，天下之物，無有如其甘美者．何以見其然也？處世多憂患，遇人多不良，卽才智足以御之，以苟免於今之世，其身亦大勞矣，其心亦甚苦矣．學道則不然．無入而不自得，正己而不求於人．雖有憂患，不改其樂；雖遇不良，無傷於己．終其身處於安宅之中，行於坦道之上，雖美色鄭聲，不足以喩其娛樂矣．天下之便利有如斯者乎？"王子改容曰："子之言誠是也．"

翰林顔學山試士浙江，唐子爲之客．顔公語坐人曰："人之生，皆不自足者也．庶人有庶人之憂，士有士之憂，公卿有公卿之憂，天子有天子之憂，此謂天之勞我以生也．"唐子曰："有一事可以無憂，人不知求之耳，學聖人之道是也．不求足於世，孰有與之以不足者！本無不足於己，孰有處於不足者！坦坦然，蕩蕩然，遊於天地之間，如在唐虞之世，其有憂乎，其無憂乎？"顔公改容曰："子之言誠是也．"

潛書

取善

孔孟之敎人也嚴，其與人也寬. 唯聖人乃能無闕. 若與之不寬，則天下無人，無可與之共學，無可與之居位矣. 其人而廉者與，吾取其廉而略其才; 其人而達者與，吾取其達而略其節; 其人而博者與，吾取其可問而略其自用. 夫如是，則天下之人可爲吾之師友者多矣. 若必求備焉，冉有之賢也，而爲季氏聚斂; 季路之賢也，而死不合義; 子貢之賢也，而好貨; 子夏之賢也，而哭子成瞽; 曾子傳仲尼之道者也，乃其初不察於夫子之言，幾誤喪死之大故. 此五賢者，孔門之雋也; 親承聖人之敎，如切如磋，如琢如磨，亦甚勤矣. 然學之未至，自得之未深，猶多闕焉若是; 況其下焉者乎! 若必求備焉，以其短而棄其長，則五賢皆所不取; 彼廉達博聞之士，亦若鳥獸之不可同群矣.

子曰: "三人行，必有我師焉. 擇其善者而從之，其不善者而改之." 所謂三人行者，乃偶遇而與之偕行，非素共學之人也; 所謂善不善者，乃偶見之行事, 非可與論學之人也; 而夫子敎人之取益也, 則若是矣. 其在於今, 道喪學廢, 德孤無鄰, 不得大賢以爲我師, 不得小賢以爲我友. 雖芻蕘之屬, 賈販之流, 皆可以三人有師之法求之也. 若其中有志於學者, 悅仲尼之道以求淑其身心, 雖爲人多疵, 其在於今爲不易覯, 吾不與之而孰與哉!

子夏曰 : "大德不踰閑, 小德出入可也." 此言與人之道也, 非自處之道也. 君子之自處, 當如書之所云矣. 書云 : "與人不求備, 檢身如不及." 蓋與人當寬, 自處當嚴也. 夫玉, 天下之寶也. 古人得美玉, 使良工琢之, 必去玷以成器; 若玷不去, 終非寶器, 人不以爲重矣. 修身之道, 亦必去玷. 玷非履邪違道之謂也, 凡一動一趨之不合於度, 卽爲玷矣. 聖人制禮, 朝聘喪祭, 燕饗飮食, 以時以節, 無敢違失; 登降有數, 揖讓有數, 酬酢有數, 進退有數. 豈故爲是繁曲以勞人之四體哉? 疎於外者懈於內, 略於文者亡其實, 是修身之要道, 治心之切務也. 是故孔子敎人, 罕言心性, 謹之以言行, 約之以篤實, 而心性之功在其中矣.

其在於今, 亦有學道之人, 志移於風, 性成於習, 好名而求聞, 好動而惡靜. 閒居無事, 皆出門嬉遊之時也; 群居笑語, 竟夕忘反, 博奕飮酒, 而務悅於人. 誤以爲朋友之交當然也, 而實同於市人之行矣. 世雖昏濁, 人心自明, 眞僞自見, 賢不肖自別, 其出於衆人之口者不可罔也.

是以君子爲學, 不敢自罔, 而卽不敢罔人. 兢兢焉一言一行, 時自謹省, 恐人之議其後也. 非有弔賀之事也, 而數見於鄕閭之會, 則人議其流. 非問學請益也, 而數見於朋友之家, 則人議其瀆. 名不登於仕籍也, 而數造於貴人之庭, 則人議其諂. 非有干旄之賢大夫也, 而時稱大官之相知, 則人議其汙. 是故君子之論, 不敢違也; 鄕人之刺, 亦可畏也. 古人有言曰 : "禮義之不愆, 何恤於人言." 謂夫讒慝之口, 非謂衆論之同也. 且果禮義之不愆乎? 是故庶人之謗, 鄕校之議, 皆所以考德也. 武王, 聖人也; 受一虆之貢, 而召公則戒之曰 : "不矜細行, 終累大德; 爲山九仞, 功虧一簣." 士志於學, 而乃役役焉往來於名利之中, 德盡喪矣, 豈一虆之累乎哉! 道盡崩矣，豈一簣之虧乎哉！

有爲

顧景范語唐子曰：“子非程子朱子，且得罪於聖人之門。” 唐子曰：“是何言也. 二子，古之賢人也，吾何以非之！ 乃其學，精內而遺外. 其精者，顏淵不能有加；其遺者，蓋視仲冉而闕如也. 吾非非二子，吾助二子者也.”

顧子曰：“內盡卽外治.” 唐子曰：“然則子何爲作方輿書也？ 但正子之心，修子之身，險阻戰備之形，可以坐而得之. 何必討論數十年，而後知居庸雁門之利，崤函洞庭之用哉？” 童子進粥. 唐子以粥爲喻曰：“謂粥非米也不可，謂米卽粥也亦不可. 耕之，穋之，舂之，簸之，米成矣，未可以養人也；必炊而爲粥，而後可以養人. 身猶米也；修猶耕穋舂簸也；治人猶炊也. 如內盡卽外治，卽米可生食矣，何必炊！”

唐子觀霍韜之書，其言有之曰：“程朱所稱周禮，皆未試之言也. 程朱講學而未及爲政，故其言學可師也，其言政皆可疑也.” 唐子曰：“善矣霍子之言，先得我心之所欲言也. 古之聖人，言卽其行，行卽其言；學卽其政，政卽其學. 孟子欲制梃撻秦楚，我知其果可撻秦楚也；欲反手王齊，我知其果可王齊也. 南濠之賈善言貨，湖濱之農善言稼，使聽之者如坐肆居田，而又奚疑焉！”

徐中允著書，著有明之死忠者. 唐子曰：“公得死忠者幾何人？” 曰：“千有餘人.” 唐子慨然而歎曰：“吾聞之，軍中有死士一人，敵人爲之退舍. 今國有死士千餘人而無救於亡，甚矣才之難也！” 中允未有以發也.

唐子夜寢而思之曰：“吾與人弈，無所博者常勝，有所博者常敗，利蔽其才也. 是故無固利之情者, 其才半; 無固位之情者, 其才七; 無固生之情者, 其才十. 其不然者, 則所習之非也. 爲仁不能勝暴, 非仁也; 爲義不能用衆, 非義也; 爲智不能決詭, 非智也."

昔者大瓠嘗稱高景逸之賢, 曰: "是不畏死." 唐子曰: "子謂高君之賢, 是也; 以其不畏死也而賢之, 則非也. 君子之道, 先愛其身, 不立亂朝, 不事暗君. 屈身以從小人, 固可醜也; 殺身以狥小人, 亦自輕也. 是故義有所不立, 勇有所不爲, 忠有所不致. 詩曰: '我有旨蓄, 亦以禦冬.' 言有待也, 君子愛身之謂也."

唐子曰: "生貴莫如人, 人貴莫如心, 心貴莫如聖, 聖貴莫如功. 物非牝牡不相求, 非乳育之時不相愛, 人則無不通也. 耳目不能易其用, 上下不能易其體, 心則無不行也. 釋氏之治其心者盡矣, 而不入於世; 老氏與於治而不辨於理. 是故有天地, 有萬物, 不可無聖人. 性不盡, 非聖; 功不見, 非性. 天下無無本之枝, 壹於外者失之矣; 天下無無枝之本, 壹於內者失之矣."

唐子曰: "車取其載物, 舟取其涉川, 賢取其救民. 不可載者, 不如無車; 不可涉者, 不如無舟; 不能救民者, 不如無賢." 昔者唐子之母善飲酒, 有饋唐子甕酒者, 發而嘗之, 酸不可飲. 母欲以與鄰之貧而好酒者. 婦曰: "勿與也, 是可以爲醋." 乃燎粟一升入之, 七日而成醋, 調之終歲不盡. 可以人之賢也而不酒之酸若哉!

良功

修非內也, 功非外也. 自內外分, 管仲蕭何之流爲賓, 程子朱子之屬爲主; 賓擯不入, 主處不出; 賓不見閫室之奧, 主不習車馬之利. 自內外分,仲尼之道裂矣, 民不可以爲生矣. 身之於世, 猶龍蛇之有首尾也, 猶草樹之有本枝也. 存其首而斷其尾, 培其根而去其枝, 豈有龍蛇草樹哉! 昔者蔣烈帝嘗曰: "我豈不知劉宗周之爲忠臣哉! 必欲我爲堯舜. 當此之時, 我何以爲堯舜?" 誠哉斯言! 天下之主在君, 君之主在心. 然而無邊不成省, 無省不成京, 無京不成君, 無君不成心. 以斯觀之, 知專執身心, 乃大失矣.

仲尼曰: "窮理盡性以至於命." 理非獨明也; 天地萬物無不通, 是理也. 性非獨得也; 天地萬物大同焉, 是性也. 隔於天, 隔於地, 隔於萬物, 是不能窮理也. 天不安於上, 地不安於下, 萬物不安於中, 是不能盡性也. 順天之行, 因地之紀, 遂情達變, 物無訛厲, 是能窮理也. 有苗作亂, 舜服之; 桀紂虐民, 湯武定之. 書曰: "海隅蒼生之地, 無不率俾." 詩曰: "綏萬邦, 屢豐年", 是能盡性也. 當是之時, 天得以施, 地得以承, 萬物各遂其生, 是至於命也. 君子用則觀其功, 不用則觀其言. 仲尼試於魯矣. 子輿雖未試, 其策齊梁者, 如衣必煖, 如食必飽. 未成之衣, 不疑其不煖; 未炊之粟, 不疑其不飽; 豈可以子輿之不行爲無功之儒解也.

德必一, 修必純, 後儒得半誤以爲一也, 守固誤以爲純也. 請明一與半之形: 昔者唐子之妻當童時, 與其姊同寢. 姊嘗使之驅蚊, 妻不悅. 一夕, 獨驅已首之處而掩帳焉. 其姆笑而問其故. 曰: "我豈暇爲他人, 自爲而已." 儒者爲己之學, 有似於此. 吾之於斯人也, 猶兄弟也; 其同處於天地之間也, 猶同寢於一帳之內也. 彼我同樂, 彼我同戚, 此天地生人之道, 君子盡性之實功也, 是乃所謂一也. 儒者不言事功, 以爲外務. 海內之兄弟, 死於饑饉, 死於兵革, 死於虐政, 死於外暴, 死於內殘, 禍及君父, 破滅國家. 當是之時, 束身錮心, 自謂聖賢. 世旣多難, 已安能獨賢! 是何異於半掩寢帳之見也, 是乃所謂半. 彼自以爲爲己之學, 吾以彼爲失己之學. 蓋一失, 卽半失矣, 焉得裂一而得半也!

後儒豈不曰: "天地吾心, 萬物吾體"; 皆空理, 無實事也. 後儒豈不曰: "湯武可法, 桀紂必伐"; 皆空言, 非實行也. 不能勝暴, 卽不能除暴; 不能

圖亂, 即不能定亂; 不能定亂, 即不能安天地萬物. 後之儒者, 學極精備
矣; 終身講道, 吾不聞其一言達於此, 又奚問其用不用乎! 萬物之生, 畢
生皆利, 沒而後已, 莫能窮之者. 若或窮之, 非生道矣. 此觀乎其形也.
心, 形之主也. 豈形無窮時, 心反有窮時! 心有窮時, 非心理矣. 心具天
地, 統萬物, 人皆知之. 而弗能者, 有格之而不達者也. 格之者何? 暴屈
之, 詐罔之, 機愚之, 邪傾之耳. 心之本體, 不角力而能勝天下之暴, 不鬪
智而能破天下之詐, 無術而能御天下之機, 不察察於邪而能息天下之邪.
其不然者, 心體不充, 自窮於內, 非有能窮之者.

　　上古聖人與龍蛇虎豹爭而勝之, 堯舜與洪水爭而勝之, 湯武與桀紂爭
而勝之. 蓋龍蛇虎豹洪水雖毒, 不若心之神也; 桀紂雖暴, 不若心之強也.
身處末世, 心無古今, 若龍蛇虎豹與我雜處, 洪水桀紂與我爲難, 君子深
恥之. 非恥不若堯舜也, 恥失之心也.

　　自學無眞得, 反錮其心; 措之於世, 阻塞不利. 乃謂古者大略奇功, 天
有別降之才. 天之生人, 豈無大小; 然大則成大, 小亦成小, 無不可造者.
若是者何? 人皆有心, 心皆具仁義禮智. 仁義禮智, 猶匠之有斧刀繩尺也.
天下之材不齊, 其成器也, 萬變萬巧而不一. 豈有斧刀之所不能施者哉,
豈有繩尺之所不可合者哉! 天下之人不齊, 其爲變也, 亦萬有不一. 豈有
仁之所不能養, 義之所不能服, 禮之所不能裁, 智之所不能達者哉! 大者
如是; 小雖不及, 亦必有成. 器之不成, 非斧刀繩尺之不利也, 操之不習
也. 功之不成, 非仁義禮智之無用也, 學之不至也.

　　衆人有庸見矣, 謂功不必出於心性; 皆溺於漢以下之見也. 漢以下雖多
奇功, 然治即梯亂, 功即媒禍, 君子無取焉. 即有良治, 必其生質之善, 忠
厚之行, 不學而近於道者也, 究不外於心性也. 天下豈有功不出於心性者
哉! 功不出於心性, 是無天地而有萬物也. 豈有心性無功者哉! 心性無功,
是有天地而不生萬物也.

　　既指四德, 更觀四官: 目之爲明, 極天下之形色, 大小、邪正、黑白, 不
必習睹, 自無不辨. 耳鼻舌亦然, 皆不外假而自足極聲色馨味之變, 豈有

窮四官以莫辨者哉! 是聰明者卽耳目, 而有耳目者卽母胞. 而有不能治天下者, 必其無聰明; 無聰明者, 必其非耳目. 非耳目, 是鬼胎也. 腹大虛消, 或産非人形, 俗謂之鬼胎. 世之篤學者, 其能不爲鬼胎乎!

仁義, 故大; 聰明, 故神; 亦去其害之者而已矣. 自純, 害仁也; 自方, 害義也; 自聽, 害聰也; 自視, 害明也; 亦得其養之者而已矣. 合天下以爲純, 則仁全; 合天下以爲方, 則義大; 以天下爲聰, 則聽廣; 以天下爲明, 則視遠. 舉天下者, 非逐天下也; 周天下, 所以完心體也; 完心體, 所以周天下也. 完心若是, 於治功也何有!

格定

生民以來, 治之世少, 亂之世多; 君子之生, 得志者少, 不得志者多; 畢生之內, 樂恒少, 憂恒多. 治少亂多者, 世也; 無不治者, 身也. 得少失多者, 志也; 無不得者, 心也. 樂少憂多者, 處也; 無不樂者, 學也. 君子亦致其在己者而已矣. 得乎己, 則所生皆安矣, 所處皆豫矣.

風之中人, 易性移心, 以偏爲正, 以疾爲德. 賢者甚之; 豈不正風, 反以成風. 世尙剛節, 我仍平; 世尙殺身, 我仍生; 世尙朋從, 我仍特; 世尙道學, 我仍直; 世尙論議, 我仍默. 君子之守則然也. 蟲鳥多化, 象馬不化, 強大之不同於微弱也. 形之強大者且不化, 況心之強大乎! 大木隨流, 弱荇不隨流, 以有根也. 草之根於土者且不流, 況行之根於心乎! 臨難必懼, 臨喪必哀, 親疾必憂, 君危必共, 國亂必赴, 皆傷其心者也. 不爲之傷者, 殘薄人也. 然衆人不及傷而心亡, 君子厚於傷而心存. 其厚於傷者, 卽其厚於養者也.

衆人之心如木, 潤之則茂, 爇之則灰. 君子之心如金, 雖遇冶則流, 遇淬則堅, 其質固不變也. 遇猶生也, 遇之不齊, 猶生之不齊也. 生安而遇不安, 惑之甚也. 生於皁則爲皁人, 生於丐則爲丐人, 生於蠻則爲蠻人, 莫之恥也. 奈何一朝賤焉則恥之乎, 一朝貧焉則恥之乎! 皁人可以爲聖人, 丐人可以爲聖人, 蠻人可以爲聖人, 皆可以得志於所生, 豈一朝貧賤而遂自薄乎!

是故君子於遇, 如身在旅, 風雨凍餓, 不必於適. 輕富貴, 安貧賤, 勿易言也. 果能若此, 爲聖之基也. 人皆曰 "我輕富貴, 我安貧賤", 皆自欺也. 卽非自欺, 不必其不動也. 蔬食之士, 不慕鼎肉, 不能聞馨而不動於嗜; 徒步之士, 不慕高車, 不能見乘而不感於勞. 故夫不慕富貴者, 則有之矣; 見富貴而不動者, 吾未之見也. 威不懼, 侮不怒, 尤未易言也. 當義不辟死, 當辱不與校, 固有之矣; 遇成侮而不變於色, 不動於心者, 吾未之見也. 布與綏同煖, 荣與肉同胞. 煖必綏, 爲人也; 飽必肉, 從嗜也. 多營以華人目, 甘我口, 是奴隸負販也. 以此思之, 亦制心之方也.

憂患道心生, 安樂道心亡; 貧阨道心生, 富豫道心亡. 治國家亦然. 其生, 非得也; 其亡, 非失也. 君子之志於道也, 道由心致, 不由外致, 是以易處而不移. 亦有悔悟奮發, 由逆生者. 生於逆則成於順, 豈反亡於順! 成於順, 行其志之時也.

長短相爭, 是非相訟, 市人也. 並爲君子, 亦爭長短, 訟是非, 雖義與利不同, 其爲爭一也. 道未必以此顯晦, 國未必以此安危, 一言相異, 變色而起; 其徒助之, 相煽不已. 以爲爲道, 其實爲名; 以爲爲國, 其實爲身; 何自辨之不明也! 求勝求名, 士之痼疾也. 稱其過人, 榮於加衮; 譏其不如, 辱於祗衮. 自立安在, 而輕重於人也若此! 登千仞之山, 其處自高; 建萬石之鐘, 其聲自遠. 誠能以道自勝, 惟恐其不求勝也; 誠能以德成名, 惟恐其不求名也.

心有十疾. 尊則亢, 卑則委, 富則驕, 貧則隘, 樂則散, 憂則結, 平則懦, 怒則潰, 惡則狠, 愛則溺. 此十疾者, 勿易言之. 除之能盡, 可以平天下; 有一不除, 不可以行於妻孥; 盡除之, 聖人不能有加; 漸除之, 幼學亦可以勉而行也.

君失其道, 聽命於臣; 心失其道, 受役於物. 彼不自覺其爲役, 方自以爲得主; 不知其以物狥心, 遂誘於物. 禦寇易, 禦物難; 破陣易, 破誘難. 寇, 斃我者也; 物, 遂我者也. 中之者甘之, 若將以之爲生, 不得不可以爲生; 若將以之爲人, 不得不可以爲人. 物毒於寇, 惟大勇者能禦之; 誘險於陣, 惟大智者能破之. 有外禦, 有內制. 禦之嚴, 則欲不內動; 制之力, 則物不外引. 化由勉入, 不得不然也.

貪財淫色, 小人之欲也. 非吾之所患也. 吾之所患者, 欲挾理而處, 挾義而行. 豈惟人不能辨, 亦且不能自辨. 是學也者, 藏欲之藪也. 君子之欲, 雖與小人之欲不同. 以此治心, 同歸於滅心; 以此治世, 同歸於亂世. 道爲治本, 欲爲亂根. 世之攘攘藉藉者, 皆由欲起. 有欲不除, 除之不盡, 而欲治天下, 欺天下乎!

璽一也, 其文之見於朱者, 千萬如一也. 惟心亦然. 見於事者, 外同於內, 不異毫末. 以道心而不成治, 是璽本籀篆而朱爲鳥跡也; 以非道之心而幸治, 是璽本鳥跡而朱爲籀篆也.

天地之大也, 歷年之遠也, 人生其中, 飛塵隙景耳. 其不讓於天地歷年者, 以心體全, 性功大也. 妄者乃外誘於物, 內狥於欲, 溺於世, 從於體, 汩於貧富, 顚亂於憂樂, 此其生沒與草蟲何異! 博弈有勝負, 飲酒有慶罰, 當其時, 亦喜亦慍也. 博已飲散, 喜慍安在! 彼妄者之所營, 亦猶是也. 斯言也, 衆人皆知之, 賢者亦有所不免焉. 徒知, 不如不知, 貴能爲之.

去名

名者, 無脩爲之勞, 有賢良之品; 無不與之人, 有勝眞之美; 無難合之君卿, 有驟得之富貴; 與終身勤修老而不遇者, 其勞逸得失何如哉! 詩云: "不稼不穡, 胡取禾三百廛兮? 不狩不獵, 胡瞻爾庭有縣貆兮?" 不耕得穀, 不獵得獸, 好名者之捷得如是. 此後生之所奔走, 正直之人或不免改行者也.

若好名者但自竊其名, 自敗其德, 其亦無害於世. 乃使擧世慕之, 無非竊名之人, 無非敗德之人, 其害大矣. 蓋名者, 虛而無實, 美而可慕, 能鑿心而滅其德, 猶鑽核而絶其種. 心之種絶, 則德絶; 德絶, 則道絶; 道絶, 則治絶. 人人爲學, 而世無眞學; 人人言治, 而天下愈亂.

名之爲害如是, 從來論者皆未及之, 何也? 古之人, 雖惡無僞, 不知自掩. 是以善惡著於外, 辨若黑白. 幽厲自成其爲幽厲, 共驩自成其爲共驩; 未聞幽厲自號爲堯舜, 共驩自號爲皐夔. 雖有幽厲共驩, 無害於人心者, 善惡不混故也. 至於春秋, 齊桓晉文假名而霸天下, 善惡不分矣. 桓文內懷無君之心, 而外示尊王之義; 內爲鳥獸之行, 而外假禮節之文; 多幷小國, 而施繼絶之恩; 盡竊貢賦, 而脩會盟之禮. 民眩於僞, 而服其信義, 稱其有禮; 天子忘其偪而嘉賴其功; 數世之後, 諸侯猶感德不忘焉. 當時之大夫, 身爲亂賊, 事出悖逆, 而口道禮義之言, 行爲忠信之行, 人皆稱其賢焉. 當其時, 多無君無父之人; 而其事君事父之禮, 美哉其可觀也; 其忠君愛父之言, 美哉其盈耳也!

自昔至今, 十七代之間, 同一名敝. 而外暴之風, 於今爲甚. 世尙道學, 則以道學爲名. 矯其行義, 樸其衣冠; 足以步目, 鼻以承睫; 周旋中規, 折旋中矩; 熟誦諸儒之言, 略涉百家之語. 名旣成, 則升坐以講, 環聽者數百人; 錄以爲書, 獻於公卿, 布於海內, 自以爲孟氏復生, 朱子再見. 弟子數千人, 各傳師說, 天下皆望其出, 以興太平. 或徵至京師, 卽以素所講論者敷奏於上, 列爲侍從. 未有所裨益, 卽固辭還山, 天下益高其出處焉. 此道學之名也. 世尙氣節, 則以氣節爲名. 自淸而濁人, 自矜而屈人. 以觸權臣爲高, 以激君怒爲忠. 行政非有大過, 必力爭之; 任人非有大失, 必力去之. 相援相攻, 其徒蜂起而爲之助. 不勝, 則竄於遠方, 杖於闕下,磔於都市. 天下之士聞之, 益高其義, 莫不鼓行而往, 願爲之繼也. 此氣節之名也. 世尙文章, 則以文章爲名. 宏覽, 博物, 賦詩, 作文, 書紙如飛, 文辭靡麗. 其人又體貌閑雅, 言笑便敏, 好遊善交, 譽滿京師. 斯人也, 公卿欲得以爲上賓; 天子欲得以爲近臣. 文士無用, 其重於天下, 不下道學, 氣節二名也. 夫文, 非小物也; 漢人之作, 文之末也, 而況後之瑣瑣方幅者乎! 若夫今日設科之文, 吾更不知其爲何物也, 而亦藉藉於其間. 凡此皆文章之名也. 此三名者, 害心之大者也.

　君子爲政於天下, 治亦多道, 莫大於去名矣. 去名之道維何? 破其術, 塞其徑, 絶其根, 此三者, 去名之道也. 何謂破其術? 吾旣已言之矣. 吾不好道學, 言孔, 貌孟, 宗朱, 擯陸者, 吾不與也; 吾之所與者, 忠信也. 吾不好氣節, 立朋黨, 習攻擊, 樂流竄, 甘梃刃者, 吾不與也; 吾之所與者, 正直也. 吾不好文章, 窮搜, 泛覽, 規韓, 模歐者, 吾不與也; 吾之所與者, 聖言也. 斯不已破其術乎! 何謂塞其徑? 吾旣已言之矣. 君臣賢明, 不受毁譽, 無無實之毁譽; 雖或有之, 不能上達也, 斯不已塞其徑乎! 何謂絶其根? 吾旣已言之矣. 君日省於上, 卿大夫日省於下, 不敢暇逸, 以求寡過. 天下化之, 各務其實, 無私好惡. 斯不已絶其根乎!

　雖然, 盜跖之里, 不皆惡人; 曾閔之鄉, 不皆善人. 人類之不齊, 道雖行, 不能盡化也. 是以舜撻頑讒, 伊尹墨三風, 所以齊之也. 若有人焉, 自以爲聖賢, 身居深山, 而聲聞徧四海, 動朝廷; 公卿雖賢, 庶民雖良, 不能不眩於其高世之名. 此其爲害, 百於讒人, 什於三風, 其巧言令色孔壬之魁乎! 巧言令色孔壬, 是堯之所畏也. 君雖聖, 不及堯; 臣雖賢, 不及禹皋; 況其下者, 豈可容之以惑人而壞治哉! 其放流之, 不與同中國, 害治者乃去矣. 旣身先之, 又明敎之, 又去其非類, 以變好名之風. 其庶幾乎!

五經

　五經者, 心之迹, 道之散見, 非直心也. 仲尼之時, 文籍或多, 而其要者惟此五書. 乃繫易以道陰陽, 序書以明治法, 刪詩以著美惡, 脩春秋以辨邪正, 定禮以制言行. 於是學者力行之暇, 有所誦習; 此博文之事, 造道之階也. 至於直指其心, 因人善誘, 則在論語一書; 而繼之者又有大學中庸孟子. 此四書者, 皆明言心體, 直探道原; 脩治之方, 猶坦然大路. 學者幸生仲尼之後, 入其門者, 隨其力之大小, 取之各足, 尚何藉於五經乎! 取而譬之: 五經如禾稼, 四書如酒食. 酒食在前, 卽可醉飽; 乃復遠求之五經, 是舍酒食而問之禾稼也, 豈不迂且勞哉!

　雖然, 五經何可已也! 於易觀陰陽, 於書觀治法, 於詩觀美惡, 於春秋觀邪正, 於禮觀言行. 博而求之, 會而通之, 皆明心之助; 第不可務外忘內, 舍本求末耳. 若務外忘內, 舍本求末, 三五成群, 各夸通經, 徒炫文辭, 騁其議論, 雖極精確, 毫無益於身心. 則講五經者, 猶釋氏之所謂戲論, 莊周之所謂糟粕也, 與博弈何異! 是故陽明子曰:"心如田, 經則田之籍也. 心已亡矣, 而日窮經, 猶祖父之遺田已鬻於他人, 而抱空籍以爲我有此田, 可乎?" 此學經之準也.

　近世之於五經, 群疑多端, 衆說蜂起, 不可以不定所從. 子思之後世, 有哲人孔安國, 仲尼之十日世孫也. 仲尼既沒, 諸儒則講習於塚上, 自漢不絕. 安國尤長於書, 乃其家學, 而又得聞於諸儒之言. 其所作書傳, 必得其眞. 學書者, 舍安國其奚從! 詩之序, 必仲尼之徒爲之. 以序言繹詩意, 論世論人, 言隱而義顯. 大毛公及事荀卿, 其去仲尼之世未遠也. 其創爲傳也, 尊序如尊經. 小毛公又繼成之. 鄭氏遵暢厥旨, 詩之義大明. 學詩者, 舍毛鄭其奚從! 至於左丘明, 身爲魯史, 其所記述, 本末周詳, 典禮彰明. 仲尼取之以脩春秋, 丘明卽史爲傳, 以明仲尼之褒貶, 更無可疑. 杜氏又推五體, 觸類而長之, 以發傳所未發, 春秋之義大明. 學春秋者,舍左氏其奚從!

自宋及明, 世之學者, 好爭訟而罵人, 爲創見以立異; 以其意斷百世以上之事, 繁引曲證以成其自是. 凡周漢以來授受之有本者, 皆草刈而糞除之. 暴秦燒之於前, 世儒斬之於後, 其亦甚悍矣哉!

今人於五經, 窮搜推隱, 自號爲窮經. 此尤不可. 何也? 當漢之初, 學者行則帶經, 止則誦習, 終其身治一經而猶或未逮. 若是其難者, 何也? 蓋其時經籍滅而復出, 編簡殘缺, 文辭古奧, 訓義難明, 是以若是其難也. 今也不然. 訓義既明, 坐享其成, 披而覽之足矣. 雖欲窮之, 將何所窮!

甄也老而知學, 寡聞而善忘. 於詩, 患毛鄭之言大同而小異, 說詩無兩是之義, 擇其善者而從之, 以便稱引, 故於詩有言. 於春秋, 患左氏之言太簡, 取觸類而長之義, 以通其所未及, 故亦有言. 使養子寫以爲冊, 忘則檢之. 其於詩春秋之旨, 如聽家人之言, 閭巷之語, 更不勞我心思, 妄起疑義. 書未及爲也. 甄老矣, 禮書繁而未能讀, 且徐俟之. 至於易, 固在道陰陽, 窮性命, 知進退. 然必占事知來, 乃可以用易. 不能知來, 非占矣, 易爲空理矣. 他日若有所受則爲之, 不然, 其亦已矣.

吁嗟乎! 人之於道猶門也, 而不出入於門; 人之於道猶飲食也, 乃飲食而不知味; 其異於禽獸者幾希矣. 故夫心之不明, 性之不見, 是吾憂也; 五經之未通, 非吾憂也.

非文

古有文, 典禮威儀辭命皆是也, 不專以名筆之所書. 筆之所書謂之言. 若書傳之言謂之文者, 數之曰: "文成幾何", 蓋指六書而言. 六書有義, 故謂之文, 非緣飾其辭而謂之文也. 說如其事, 辭如其說. 善說者有倫有敍, 博徵曲喩, 聽盈耳焉; 善辭者有倫有敍, 博徵曲喩, 書之於策, 五采絢焉. 是言也, 不謂之文也.

古之善言者, 根於心, 矢於口, 徵於事, 博於典, 書於策簡, 采色焜燿. 以此言道, 道在襟帶; 以此述功, 功在耳目. 故可尙也. 漢乃謂之文, 失之半焉; 唐以下盡失之. 迨乎近世之言文者, 妄謂有體, 妄謂有法, 妄謂有繩墨規矩. 二十三代之編籍, 閟塞其心; 序論傳志之空言, 矯誣其理. 是以秦以上之言如臠肉, 唐以下之文如荼羹. 秦以上之言雖少也, 重於鈞金; 唐以下之文雖多乎, 輕於車羽. 是何也? 務炫於文, 束於俗, 格而不逐其言也.

文必有質. 今世求文之弊, 盡失其質矣. 昔京師有琢氷爲人物之形者, 被以衣裳, 綴以丹碧, 神色如生, 形制如眞. 京師天寒, 置之堂背, 逾日不變; 變則修飾之. 往觀者日數百人, 皆歎其巧, 驚其神. 一日, 語衆曰: "孰能與我三斗粟? 吾授之以吾技." 人無應者. 乃問之曰: "吾之技亦巧矣! 吾欲鬻技, 得三斗粟, 而人無應者, 其故何也?" 有笑之者曰: "子之技誠巧矣! 子何不範金琢玉, 爲夏殷周漢之器, 可以寶而不壞. 今乃琢氷爲玩物, 其形雖肖, 不日而化矣. 吾甚惜子之技巧而非眞, 心勞而無用, 可以娛目前而不可以傳久遠也." 文而無質, 亦猶是也.

物有象, 象有滋; 取則爲書, 有蝌蚪篆籒之文. 迨於末世, 變爲俗書, 媚容佻姿, 盡亡其制矣. 圖畫者, 鑄於鐘鼎以垂法, 繪於衣裳以明尊, 施於屛壁以示戒. 迨於末世, 爲川巖, 爲草木, 爲羽毛, 爲士女, 以取悅於人, 盡失其意矣. 古之言, 變爲今之文, 亦猶是也. 彼二者, 雖失也無與於治亂. 若夫文, 流爲曲工, 流爲末技, 以取悅諧俗, 使人心輕氣佻, 竊譽失眞, 道喪於此, 其亦百十之十一也!

知言

　　唐子至常州見方子. 方子不喜名士, 見唐子則大喜, 館之書室, 談四日夜不倦.

　　方子曰：“人皆疑先生之言兵.” 唐子曰：“世之稱良將者, 人乎, 神乎?” 曰：“人也.” “所云大敵者, 人乎, 鬼乎?” 曰：“人也.” 唐子曰：“若良將克敵, 爲神之斬鬼, 則吾不敢言; 若皆人也, 何疑於吾言! 彼市里少年婦人小子行詐以欺人, 皆兵法也.”

　　方子曰：“先生之文奇矣. 吾欲爲文, 若何而可?” 曰：“古人豈有所謂文哉, 達其言耳. 後人喜其言, 誤以爲文. 世人善爲文, 不善爲言, 如芻馬木鳶, 故不奇. 我不善爲文, 善爲言, 如馳馬飛鳶, 故人見以爲奇.”

　　方子曰：“昔者先生之治長子也如之何?” 曰：“爲治未終.” 曰：“雖然, 願聞其意.” 唐子曰：“四境如我牆垣, 土田如我園圃, 道路橋梁如我戶庭, 廬舍如我屋宇, 蓄積如我倉廩, 男女如我婦子. 如斯而已.”

　　蓋唐子三發言, 而方子三稱善焉.

　　方子餽金與褥, 執一扇請曰：“吾二月將入京師, 乞先生送我以言而書諸扇, 朝夕誦之.” 唐子樂其知言也, 乃言曰：“人難知也. 觀其貌則敏, 聽其言則辨, 詢之事則多習, 使之治民而民或不便; 觀其貌則魯, 聽其言則訥, 詢之事則十難而不得一, 使之治民而民或安之. 人之難知如是. 昔吳中有名醫, 華輿美裘, 顏如渥丹, 舌如轉軸. 疾病之家, 非其藥不飲也. 有病愈者, 則曰 ‘果醫之良’; 有死者, 則曰 “良醫不能生死人.” 是醫也, 不任殺人之罪而獲顯名厚利者, 疾病之家任耳目之過也. 吳中多知名士, 子未嘗問焉. 謂朱熊占良士也, 而習於禮. 今獨因我書問之, 可謂不任耳目矣. 吾更言此者, 欲子以取熊占者取天下士也.”

　　唐子反, 書其言於扇, 以致方子.

鮮君

治天下者惟君, 亂天下者惟君. 治亂非他人所能爲也, 君也. 小人亂天下, 用小人者誰也? 女子寺人亂天下, 寵女子寺人者誰也? 奸雄盜賊亂天下, 致奸雄盜賊之亂者誰也? 反是於有道, 則天下治, 反是於有道者誰也? 師尹皇父無罪, 勃貂驪姬無罪, 后羿寒浞無罪. 何云無罪? 毒藥殺人, 不能殺不飮者. 伊尹周公無功. 何云無功? 良藥生人, 不能生不飮者. 一賢人進則望治, 一小人進則憂亂, 皆淺識近見, 不知其本者也. 海內百億萬之生民, 握於一人之手, 撫之則安居, 置之則死亡. 天乎君哉, 地乎君哉!

上觀古昔, 堯舜禹啓, 治世惟久. 夏殷西周西漢, 治多於亂. 治世多者, 雖有昏主, 賴前王以安也. 其餘一代之中, 治世十一二, 亂世十八九. 前帝澤薄, 無以保其後故也. 君之無道也多矣, 民之不樂其生也久矣, 其如彼爲君者何哉?

天之生賢也實難. 博徵都邑, 世族貴家, 其子孫鮮有賢者, 何況帝室富貴, 生習驕恣, 豈能成賢! 是故一代之中, 十數世有二三賢君, 不爲不多矣. 其餘非暴卽闇, 非闇卽辟, 非辟卽懦. 此亦生人之常, 不足爲異. 惟是懦君蓄亂, 辟君生亂, 闇君召亂, 暴君激亂, 君罔救矣, 其如斯民何哉! 嗚呼! 君之多辟, 非人之所能爲也, 天也. 天無所爲者也, 非天之所爲也, 人也. 人之無所爲也, 不可以有爲也, 此古今所同歎, 則亦莫可如何已矣.

匡君治國之才, 何世蔑有? 世無知者, 其才安施! 雖使皐夔稷契生於其時, 窮而在下, 亦不過爲田市之匹夫; 達而在位, 亦不過爲將承之庸吏. 世無君矣, 豈有臣乎! 然則三代以下, 君子之所學不皆廢乎? 是不然. 君有明昏, 世有治亂, 學無廢興. 善事父母, 宜爾室家, 學達於人倫; 寒暑推遷, 景新可悅, 學達於四時; 薄天而翔, 騰山而游, 學達於鳥獸; 山麓蔚如, 海隅蒼生, 學達於草木. 吾於堯舜之道, 未有豪釐之虧也; 奚必得君行道, 乃爲不廢所學乎! 惟是賢君不易得, 亂世無所逃, 坐視百姓之疾苦而不能救, 君子傷之矣!

抑尊

聖人定尊卑之分, 將使順而率之, 非使亢而遠之. 爲上易驕, 爲下易諛; 君日益尊, 臣日益卑. 是以人君之賤視其臣民, 如犬馬蟲蟻之不類於我; 賢人退, 治道遠矣.

太山之高, 非金玉丹靑也, 皆土也; 江海之大, 非甘露醴泉也, 皆水也; 天子之尊, 非天帝大神也, 皆人也. 是以堯舜之爲君, 茅茨不翦, 飯以土簋, 飮以土杯. 雖貴爲天子, 制御海內, 其甘菲食, 暖粗衣, 就好辟惡, 無異於野處也, 無不與民同情也.

善治必達情, 達情必近人. 陳五色於室中, 滅燭而觀之則不見; 奏五音於堂下, 掩耳而聽之則不聞. 人君高居而不近人, 旣已瞽於官, 聾於民矣. 雖進之以堯舜之道, 其如耳目之不辨何哉!

人君之於父母, 異宮而處, 朝見有時, 則曰天子之孝與庶人異. 人君之於子孫, 異宮而處, 朝見有時, 則曰天子之慈與庶人異. 人君之於妻, 異宮而處, 進御有時, 則曰天子之匹與庶人異. 骨肉之間, 驕亢襲成, 是以養隆而孝衰, 敎疏而恩薄. 讒人閒之, 廢嗣廢后, 易於反掌. 不和於家, 亂之本也. 親雖至暱, 亦有難諫; 友雖至私, 亦有難語; 師雖善誘, 亦有難敎; 而況君乎!

人君之尊, 如在天上, 與帝同體. 公卿大臣罕得進見; 變色失容, 不敢仰視; 跪拜應對, 不得比於嚴家之僕隸. 於斯之時, 雖有善鳴者, 不得聞於九天; 雖有善燭者, 不得照於九淵. 臣日益疏, 智日益蔽; 伊尹傳說不能誨, 龍逢比干不能諫, 而國亡矣.

蜀人之事神也必馮巫, 謂巫爲端公; 禳則爲福, 詛則爲殃. 人不知神所視聽, 惟端公之畏, 而不惜貨財以奉之. 若然者, 神不接於人, 人不接於神, 故端公得容其奸. 人君之尊, 其猶土神乎! 權臣嬖侍, 其猶端公乎! 無聞無見, 大權下移; 誅及伯夷, 賞及盜跖; 海內怨叛, 寇及寢門, 宴然不知. 豈人之能蔽其耳目哉? 勢尊自蔽也.

直言者, 國之良藥也; 直言之臣, 國之良醫也. 除膚瘍, 不除癥結者, 其人必死; 稱君聖, 謫百官過者, 其國必亡. 所貴乎直臣者, 其上, 攻君之過; 其次, 攻宮闈之過. 其下焉者, 攻帝族, 攻后族, 攻寵貴, 是瘍醫也; 君何賴乎? 有此直臣, 臣何貴乎? 有此直名. 是故國有直臣, 百官有司莫不畏之; 畏之自天子始.

昔者明顯帝食, 庖人進鱉. 顯帝食而甘之, 舍箸而問曰: "吾聞劉光緒禁鱓鱉之屬, 安所得此鱉也?" 左右對曰: "取之遠郊." 顯帝曰: "自今勿復進此, 恐犯御史禁也." 以萬乘之尊, 下畏御史, 可以爲帝王師矣.

位在十人之上者, 必處十人之下; 位在百人之上者, 必處百人之下; 位在天下之上者, 必處天下之下. 古之賢君, 不必大臣, 匹夫匹婦皆不敢陵; 不必師傅, 郎官博士皆可受教; 不必聖賢, 閭里父兄皆可訪治. 尊賢之朝, 雖有佞人, 化爲直臣; 雖有奸人, 化爲良臣; 何賢才之不盡, 何治道之不聞! 是故殿陛九仞, 非尊也; 四譯來朝, 非榮也. 海唯能下, 故川澤之水歸之; 人君唯能下, 故天下之善歸之; 是乃所以爲尊也.

得師

太甲違師保之訓, 多行不義, 商之天下且危矣. 處於桐宮, 深自怨悔, 敬承伊尹之訓, 克終厥德. 此皇天之所以佑商也. 武王崩, 成王幼, 不知周公之功, 以流言疑公, 周之天下且危矣. 天降烈風疾雷, 成王懼, 啓金縢之書, 乃知周公之忠, 迎公而服其訓, 卒爲賢君. 此皇天之所以佑周也. 二君一昏一孺, 何速變若是哉? 先有得於學也.

太甲之嗣位也, 伊尹陳三風十愆之戒, 謂有一必亡; 德, 無大必興; 不德, 無小必墜. 太甲知之矣, 然狃於習而忽之. 及其去宮室之安而處於陵墓之野, 聲色之好絶, 左右便習不從. 困苦憂思, 自悔其過. 以爲師保既放我, 群臣不悅, 百姓不服, 天下必且叛我, 乃自咎往背師保之訓以至於此也. 是太甲之改德, 由學致也. 成王嗣位於沖年, 周公無日不以君臣父子長幼之道訓於王. 其戒懲之言, 具於詩書. 成王聞之熟矣, 以其幼也而忽之. 及殷人叛, 庶孽流言, 周公辟於東都, 天降疾威. 成王是時稍長矣; 良弼不在, 天怒人叛, 如履淵冰. 乃追思周公訓戒之言, 我不能用, 以至此危難罔救也. 是成王之改德, 亦由學也.

二君幼知學, 又困於憂患, 乃克自反以明心. 故知君德必成於學, 而學必得師保. 然必先知學, 乃可以得師保. 何也? 湯有伊尹以遺太甲, 文武有周公以遺成王, 故有之也, 不待求也. 若夫歷三四世, 先帝之勳舊無存; 其可以寄社稷者, 必歷試於百職焉, 必博求於天下之賢人焉. 繼世之君, 身處尊富, 狃於近習, 不能周知天下之務. 又無大患; 即有大患, 亦不能憂困憤發, 撤其心蔽. 其心不明, 豈能識大賢於衆人之中! 且末世學者不純, 中無眞得, 好爲大言, 自信以爲皋夔; 人主瞀亂不察, 遽委社稷而命之, 其不至於覆亡者鮮矣. 其在殷, 高宗求賢之誠, 通於上帝, 夢得聖人. 及得傅說, 與之語, 果聖人焉, 遂以爲相, 繼美阿衡. 以說之賤, 莫爲之舉, 未及於試, 一言之間, 遂知其爲聖人. 豈高宗之智獨絶於人哉? 蓋高宗幼居田野, 學於甘盤, 恭敬靜默, 求道不貳, 是以神通於心, 智辨於言也. 是故治天下必先用賢, 用賢必先得師, 得師必先辨賢, 辨賢必先克私, 克私必先濬心, 濬心必先好學. 此自堯舜以來相傳之道, 得之則治, 失之則亂. 治亂之效立見, 不可不痛自省也.

天子之學與士同; 曰不同者, 郊言也. 天子齋居靜存, 與陋室同; 誦詩讀書, 與士牖同; 身有貴賤, 心無貴賤. 亦有不同者, 居位如天帝, 失位不如農夫. 是故天子學同於士; 懼而篤學, 當百十於士. 伊尹未得, 先師咎單; 傅說未得, 先師甘盤; 周公未得, 先師史佚. 即無此三賢, 列士獻詩, 瞽獻典, 史獻書, 師箴, 瞍賦, 矇誦, 百工諫, 庶人傳語, 近臣盡規, 皆可師也. 丹臒不施, 苑囿不廣, 珠玉不御, 貂錦不服, 無有溺其心者. 既多受益, 又無溺心. 譬鏡久昏, 不能辨形, 石以磨之, 汞以發之, 無形不受, 無形不辨. 心既明, 則是非無易主, 善惡無匿情, 大賢大奸竝進於前, 不察而別. 以是求師, 而後師可得, 豈有榮公專利, 皇父厲民之患乎!

或謂: "君既明矣, 可以進退天下之賢不肖, 雖無師亦可." 如若所云, 雖舜亦不能. 舜以天下之明爲明, 以天下之聰爲聰, 故能進退天下之賢不肖. 然何以明天下之明, 聰天下之聰? 非一人能徧察之也; 舜之聰明所以能徧天下者, 以得禹宅百揆也. 禹宅百揆以總內衆職, 內衆職總牧伯, 牧伯總都邑之吏, 遞相稽也; 如衣有領, 如網有網. 舜則恭己正南面, 而天下在其耳目中矣. 由太甲成王高宗大舜觀之, 吾未見君不明而可以得師, 不得師而可以治天下者也.

尚文者實亡, 尚貌者心亡. 明莊烈非得師之君, 賀逢聖謝陞非爲師之臣, 乃於朝畢之時, 降萬乘之尊, 起對之揖, 是於殿廷之上爲優偶之觀也!

太子

自昔有言: 教太子必擇賢師傅. 其在於今, 則爲罔上之言. 公卿之家, 千金之子, 且輕師傅, 何況太子! 使師傅教太子, 如使弱羊牽大車. 然則太子孰教之? 天子自教之. 天子能教太子, 即師傅有益於太子; 天子不能教太子, 即百伊尹百周公亦無益於太子. 太子故尊, 必處於卑; 故藏, 必周於外; 故驕, 必納於約.

凡教太子, 勿南面臨師傅. 進而講學, 師西向坐, 傅東向坐, 太子北向坐. 始講, 則曰 "願受教"; 講已, 則曰 "謹受教." 勿命進退, 進退惟命; 勿命飲食, 飲食惟命; 勿命坐作, 坐作惟命. 公卿有疾, 則使問之; 有喪, 則使弔之; 有慶, 則使賀之; 出使, 則使送之; 反命, 則使勞之; 入, 則降階迎之; 拜, 則趨左答之; 進規, 則再拜而受之.

凡教太子, 春使視耕, 夏使視耘, 秋使視穫, 冬使視藏. 毋多從, 毋盛衛, 毋辟人. 親其婦子, 知其生養; 入其廬舍, 知其居處; 嘗其飲食, 知其滋味; 攬其衣服, 知其寒燠. 農民者, 王后之本. 土茅者, 殿陛之本; 糟糠者, 肥甘之本; 布枲者, 冕服之本. 不知其本, 必喪其末.

凡教太子, 觀於桑, 則知衣服所自出; 觀於牧, 則知服乘所自出; 觀於牢, 則知鼎俎所自出; 觀於澤, 則知魚鼈所自出; 觀於圃, 則知果蔬所自出; 觀於山, 則知材木所自出; 觀於肆, 則知器用所自出.

凡教太子, 過市, 則見販鬻之勞; 在塗, 則見負擔之勞; 行道, 則見征役之勞; 止舍, 則見羈旅之勞.

凡教太子, 有過必撻. 臣待師傅, 亢不受命, 則撻之; 不敬大臣, 不禮群臣, 則撻之; 今日聞言, 明日不能行, 則撻之; 出而荒遊, 不知農事, 則撻之; 出而荒遊, 不知民窮, 則撻之; 出而荒遊, 不知物土, 則撻之; 出而荒遊, 不知人勞, 則撻之. 蓋不習牛羊之性者, 不可牧牛羊; 不知百姓之生者, 不可使治百姓.

凡教太子, 勿異宮而處, 勿異庖而食, 勿異笥而衣. 異則專主自恣, 莫知所爲. 豔女賊體, 陰寺賊性, 衆佞賊智. 雖三朝三問, 禮嚴文備, 如優飾然, 何有於教! 天子視朝之餘, 太子事師之餘, 不離左右. 慈以笑語, 嚴以誨責. 三賊不近, 一習常安.

凡教太子, 先去女蠱. 庶民一婦, 晏寢不謹, 且以致疾, 且以殀命. 乃別宮曲房, 美女充之; 如置膏澤於冶火之中, 如置膠革於淫雨之中, 豈有幸哉! 自秦以來, 人君恒不壽, 五十六十爲上壽, 四十爲中壽, 三十爲下壽.

上壽十一, 中下十九, 皆女之由. 是故處太子, 少不近女, 婚不多御. 奉巾
櫛, 澣衣裳, 毋擇容, 毋自置, 毋敢媒.

凡教太子, 必除奄蠱. 啓閭, 灑掃, 振衣, 釋襪, 進篦, 執壺, 布衣數人,
供使而止. 雖老成歷事三世者, 使之謹調護, 省疾病, 視飲食, 率群惰, 惟
是之責. 言宮中之事, 則殺之; 言朝廷之事, 則殺之; 言百官之事, 則殺
之; 言詩書之文, 則殺之.

凡教太子, 有不教之教. 天子身自爲制, 是謂不教之教. 天子之宮, 廣
於大都; 妃妾不得不備, 奄奴不得不多. 宮大人衆, 將以奚爲? 將以宮牆
爲城乎? 將使妃妾守陴乎? 將使奄奴禦寇乎? 必大乃尊, 必衆乃光, 是堯
舜茅茨, 不主四方; 桀紂宮臺, 實爲盛王. 宮室有損無益; 妃妾有損無益;
奄奴有損無益. 日損, 歲損, 世損. 太子之生, 不見宮室之侈, 不見奄妾之
盛, 不見珍異之供, 不見珠玉之器. 其樸不雕, 其志不淫, 是以教易行而
學易成.

備孝

父母, 一也; 父之父母, 母之父母, 亦一也. 男女, 一也; 男之子, 女之
子, 亦一也.

人之爲道也, 本乎祖而非本乎外, 本之重如天焉. 若以言乎其所生, 母
不異于父, 母所從出可知矣; 是故重于祖而亦不得輕于外也. 禮外論情,
服外論義, 若之何其可輕也! 吾向也知其義而未言, 以無文可徵也. 及讀
春秋書杞伯姬來朝其子, 其斯義也夫! 蓋婦人歸寧, 細事也; 孺子無知,
手挈之而來, 尤細事也, 于來可勿書, 況其子乎! 惟諸侯來, 曰朝. 朝, 大
禮也; 以加諸孺子, 重其義也. 仲尼欲教天下之人, 愛其母之所從出如祖

父母, 愛其女之所出如其孫, 故特起朝子之文以見義也.

人之于父母, 一也; 女子在室于父母, 出嫁于父母, 豈有異乎! 重服于舅姑夫, 輕服于父母, 非厚其所薄而薄其所厚也. 昔爲人子, 今爲人母, 于是乃有父子焉, 乃有君臣焉, 固不得以其身爲父母之身也, 亦猶爲人後之義也. 以言乎所生, 男女一也. 恩不以服薄, 服不以恩薄也. 此義吾未言之, 以無文可徵也. 及讀春秋書紀季姜歸于京師, 其斯義也夫! 夫諸侯且不稱字矣, 王后之尊, 同于天子, 乃稱字乎! 稱字, 所以申父母之尊也. 父母之尊, 不降于天子, 豈降于舅姑! 仲尼恐爲人婦者習焉而忘其情, 尊舅姑, 降父母; 近舅姑, 遠父母; 親舅姑, 疏父母; 故特起王后稱字之文以見義也.

明悌

人之大倫有五; 今存四焉, 其一亡矣.

昔者孔子之語其徒也, 孝悌惟亟, 而言忠或寡焉. 江漢源而海委, 孝悌源而忠委, 有先委而後源者耶, 有源盛而委竭者耶?

異哉, 人之好名甚也! 忠之爲名, 大而顯; 史記之, 國褒之. 昔者明之初亡也, 人皆自以爲伯夷. 鄉學之士, 負薪之賤夫, 何與于祿食之貴厚, 有殺身以殉國者. 當是之時, 天下之言忠者, 十人而九; 孝之名不若忠之顯大也. 故當世之言孝者, 千百人而一二.

若夫悌, 人莫爲之, 亦莫言之. 悌道之絶也, 蓋已久于斯焉矣! 吾觀賢士大夫, 亦有忠如比干者也, 養如曾參者也, 交如叔牙者也, 其處昆弟則何如? 予之尺穀, 則有矜色; 乞其斗粟, 則有泚顏; 善己, 則友資之; 惡己, 則雠視之; 侵己, 則盜禦之. 姊妹既嫁, 蔑焉忘之, 若不知爲誰室之妄者然也. 內不自知, 責亦弗及. 彼自矜爲完行, 吾見其不遠于禽獸也.

今有居父母之喪, 坐作不忘, 旣免喪而哀不已也, 斯不亦孝矣乎? 其于兄弟亦且有然. 昔者子路有姊之喪, 可以除之矣, 而弗除也. 子曰: "奚爲弗除也?" 曰: "吾鮮兄弟而弗忍除也." 夫子亦嘗有姊之喪矣, 與弟子立而拱尙右也. 弟子不知其故, 子曰: "我尙右者, 以我有姊之喪也." 由斯觀之, 可知悌矣.

殺之而不怨, 事君之道也; 殺之而不怨, 事父之道也; 其于兄弟亦且有然. 昔者象欲殺舜, 舜則富貴之. 富貴奚足云乎! 象憂舜亦憂, 象喜舜亦喜. 是道也, 舜事瞽瞍之道也, 人所難能也. 舜則施之於弟, 且施之殺己之弟. 孟子稱舜之孝曰: "美色富貴不足解憂, 惟順于父母可以解憂." 我且以此稱舜之悌矣, 曰: "美色富貴不足解憂, 惟順于兄弟可以解憂." 由斯觀之, 可知悌矣.

人之愛莫私于其妻. 詩曰: "手如柔荑, 膚如凝脂, 領如蝤蠐, 齒如瓠犀, 螓首蛾眉, 巧笑倩兮, 美目盼兮", 則愛其色; 居同室, 寢同棲, 則愛其嫟; 執蠶績, 功鍼縷, 治酒醴, 調燔炙, 則愛其助; 及其老也, 長子孫, 訓婦女, 則愛其成. 此性情之常, 賢聖之所同也. 然愛之之道, 則甚下于其兄弟. 若子路有妻之喪, 可以除之矣, 而弗除也. 曰: "吾思吾妻而弗忍除也." 若堯之二女, 日以殺舜爲事. 舜幸免于死, 及立爲天子, 尊之爲妃, 寵之爲夫人. 妻憂我亦憂也, 妻喜我亦喜也. 則是子路者, 溺情好內, 君子之所薄也; 則是舜者, 狂疾人也, 且不及桀紂之嬖妹喜妲己也.

昔者高子嘗問于我矣, 曰: "君父之重, 人皆知矣. 若兄弟, 若妻, 若子, 平居奉之, 及難免之, 其後先輕重若何也?" 曰: "昔也吾嘗憤思之矣, 差之爲五等: 一曰君, 父母; 次二曰兄弟; 次三曰妻; 次四曰子, 兄弟之子; 次五曰朋友. 子其權之焉!"

內倫

詩曰:"鴛鴦在梁, 戢其左翼." 鄭氏曰:"鳥之雌雄不可別者, 以翼知之. 右掩左, 雄; 左掩右, 雌; 陰陽相下之義也." 夫婦亦相下以成家也. 孔氏曰:"易之咸爲夫婦之道, 其象曰:'止而說, 男下女.' 以證夫婦相下之道, 恒道也. 泰之天下于地, 其義亦然." 夫天高地下, 夫尊妻卑; 若反高下, 易尊卑, 豈非大亂之道! 而詩之爲義, 易之爲象, 何以云然乎? 蓋地之下于天, 妻之下于夫者, 位也; 天之下于地, 夫之下于妻者, 德也.

古者君拜臣; 臣拜, 君答拜; 師保之前, 自稱小子; 德爲之不相掩也. 天子之尊, 冕而親迎, 敬之也; 亦德位之不相掩也. 若天不下於地, 是謂天亢; 天亢, 則風雨不時, 五穀不熟. 君不下於臣, 是謂君亢; 君亢, 則臣不竭忠, 民不愛上. 夫不下於妻, 是謂夫亢; 夫亢, 則門內不和, 家道不成. 施于國, 則國必亡; 施于家, 則家必喪; 可不懼與!

今人多暴其妻. 屈于外而威于內, 忍于僕而逞于內, 以妻爲遷怒之地. 不祥如是, 何以爲家! 暱則易犯, 瀆則易釁, 弱則易暴, 孤則易施, 遂至大不祥焉. 蓋今學之不講, 人倫不明; 人倫不明, 莫甚于夫妻矣. 人若無妻, 子孫何以出? 家何以成? 帑則孰寄? 居則孰輔? 出則孰守? 不必賢智之妻, 平庸之妻亦有之. 是則如天之有地, 如君之有臣. 以言乎位, 則不可褻; 以言乎德, 則顧可上而暴之乎?

詩云:"高山仰止, 景行行止." "四牡騑騑, 六轡如琴." 高山出雲, 雨徧天下; 天賴以成其施, 是以仰止焉, 言不可以不敬也. 四牡既良, 致遠不勞, 如琴瑟之調焉, 言不可以不和也. 敬且和, 夫婦之倫乃盡. 請誦是詩, 以爲爲夫者教焉. 詩云:"有洸有潰, 既詒我肆." 德不能服人, 威不能加人, 入室而逞于妻. 洸乎怒之充也, 潰乎忿之不可收也, 此何爲者也? 人之無良, 至此其極. 始爲夫婦, 終爲仇讎, 一倫滅矣. 請誦是詩, 以爲爲夫者戒焉.

夫婦

唐子宿于汪氏之館, 汪子數言其少子. 唐子曰: "子愛男乎, 愛女乎?" 曰: "愛男." 唐子曰: "均是子也, 乃我之恤女也, 則甚於男." 汪子問故. 曰: "好內非美德, 暴內為大惡. 今之暴內者多, 故尤恤女."

汪子曰: "然. 吾之交友亦多矣; 處室數十年, 無變色疾聲者, 惟見先生與城西劉子. 其他則暴其妻不如待其僕者, 亦數見之矣." 唐子曰: "君不善于臣, 臣猶得免焉; 父不善于子, 子猶得免焉; 主不善于僕, 僕猶得免焉; 至于妻, 無所逃之矣."

汪子曰: "先生有賢妻, 故能相和以處. 婦人智窒而見不通, 嘗不順于其家, 非盡夫之過也." 曰: "不然. 天之生物, 厚者美之, 薄者惡之, 故不平也. 君子於人, 不因其故; 嘉美而矜惡, 所以平之也. 人有二子, 一賢, 一愚, 當孰憐? 必憐愚者. 人有二妾, 一美而慧, 一醜而愚, 當孰憐? 必憐醜而愚者. 而況于妻乎! 且恕者, 君子善世之大樞也. 五倫百姓, 非恕不行; 行之自妻始. 不恕于妻而能恕人, 吾不信也. 必其權利害, 結交與, 非情之實也."

汪子曰: "莫難于處有妾之妻." 曰: "昔吾先君有二妾: 一余氏, 一畢氏. 衣襦簪飾之用, 未嘗一問. 我年十歲, 先君戲以二竹篦使我間遺畢氏. 畢氏不受, 推之于我之懷中, 曰: '為我反之, 我不關此. 我卽關此, 當請于夫人也.' 先君歿, 嘗侍先母, 夜飲, 言往事而因及竹篦. 先母大笑曰: '孝哉子乎, 不知有母, 但知有父.'" 汪子曰: "有妾如此, 亦良妾也." 曰: "非妾之良也, 吾先君處之有道也."

居室

王子揆喪妻. 明年, 將再娶妻, 期三月而後就館. 或曰:"子既娶, 一月可即來; 奈何期之三月之後也?" 王子曰:"吾恐夫婦之意未合也. 與居三月, 意既合, 乃可與之言. 悅吾之言, 誘之以善, 其從必輕; 戒之不善, 其去必易; 而後可以事姑, 可以宜家. 此吾所以三月乃來也."

蔣生在側, 王子謂之曰:"子若娶, 必疏於妻者也. 子好交, 好遊, 或月不歸, 或歲不歸, 或屢歲不歸. 歸則出之日多, 入之日少; 入則朋來之時多, 見妻之時少. 度子之情, 歡于友而慍于妻, 逆意于外而作色于內, 將必不免. 人不我親而我親之, 人不我愛而我愛之, 人不我敬而我敬之, 天下無此人情. 以是責妻之不良也, 難矣."

唐子曰:"善哉, 予揆之論夫婦也! 人皆以爲夫婦之愛常厚于四倫, 其實不然. 吾見以爲夫婦之相好者, 皆由于溺情; 溺情, 皆由於好色; 非是則必相疏, 甚者或至于乖離. 蓋夫婦之道, 以和不以私. 和則順于父母, 私則妨于兄弟; 和則不失其情, 私則不保其終. 好內者, 君子之大戒; 戒私也, 非戒和也. 雖然, 上德者少, 凶德者少, 中德者恒多. 中德者, 道之善則善, 道之不善則不善; 唯凶德不移. 妬者, 男子之所不免也; 妬而至于無後, 則凶矣. 傲者, 男子之所不免也; 傲而至于凌夫犯上, 則凶矣. 聖人之所不能化者有之矣, 不得舉是以難王子之言也."

誨子

昔楊介夫謂其子用修曰:"爾有一事不如我, 爾知之乎?" 曰:"大人爲相, 位冠群臣之上, 此慎之所不如也." 曰: "非也." 曰: "大人爲相, 三歸而爲鄕人創大利三焉, 此慎之所不如也." 曰: "非也." 曰: "天子南征, 大人居守, 政事取決, 如伊尹周公之攝, 此慎之所不如也." 曰: "非也." "敢問慎之所不如者何事?" 楊公笑曰: "爾子不如我子也."

唐子曰: "鄙哉楊公之語其子也! 多其子之爲狀元, 而又有望於其孫. 請爲更之. 謂其子曰: '慎乎, 爾知爾之不如我乎? 君子之道, 修身爲上, 文學次之, 富貴爲下. 苟能修身, 不愧於古之人, 雖終身爲布衣, 其貴於宰相也遠矣. 苟能修身, 不愧於古之人, 雖老於靑衿, 其榮於狀元也遠矣. 我之敎子, 僅得其次; 爾之敎子, 且不如我, 我復何望哉!'"

善施

禮曰: "君子不盡人之歡, 不竭人之忠, 以全交也." 此受交之道, 非致交之道. 君子于人, 歡必不盡, 忠必不竭. 驕吝者, 富貴之恒疾. 下人于揖坐, 近人以辭氣, 不可以免其驕也; 饋金于人, 視其人之有聞而厚之, 不可以免其吝也. 直能與善, 忠能致謀, 博能益寡; 須濟以財則反之. 臨財可以辨賢.

唐子有姊之喪, 有鄕先生來弔. 蚤未盥, 攬衣而出, 先生責之. 人皆稱直焉. 他日, 擧殯, 衆助之, 而謝弗與也. 唐子有族大夫富, 居敎之居, 仕敎之仕. 鄕人稱愛焉. 他日, 罷縣, 乞其負, 而歸之半也. 施學而居財, 世多其人矣; 學必非學. 詩云: "不僭不賊, 鮮不爲則", 取友之道也. 詩云: "心之憂矣, 之子無服", 交友之道也.

大信必謹于小. 急難相要, 苟非忍者, 不失其言也, 是不足以爲信. 必釜鬲之約, 三年不忘, 不易其日, 不易其物. 有賈于交廣者, 或語之以欲得椰實. 比及三年而反, 其人已死矣, 乃陳椰實于位而告以復之, 唐子聞之, 曰：“推斯義也, 可以寄社稷矣.” 亂國之人心散, 非信不能結也; 貧士之言輕, 非信不重于人也. 其不然者, 不由于中, 其外莫喻; 積之不漸, 其行不洽.

唐子之妻問于唐子曰：“子行忠信而人多不悅, 其故何也?” 曰：“稻麥, 穀之美者也; 炊之不熟, 人將棄而不食. 豈可以咎人哉! 吾反而求之釜甑中矣.”

唐子曰：“善佞者, 必以信行佞; 善詐者, 必以信行詐. 世多悅之; 不悅, 非君子所病也. 君子之處貧士, 惠非難, 不慢爲難. 惠焉而將之以慢, 不得不受, 是受慢也. 使其受之, 惟禮所安, 惠之善也. 辭受者, 禮之大節, 士之知義者不敢廢也. 以慢修惠, 所以免死也. 豐其酒脯以餐之, 則感其德而心傷; 恤其父母之老而賜之帛, 則感其煖而心傷; 哀其妻子之餓而餉之粟, 則感其飽而心傷. 感之者, 感其救死也; 傷之者, 傷己之辱于受也. 慢者, 非禮文之疏, 飲食之薄也. 共揖不失, 其覿若無; 問答不失, 其語若忘, 是慢也. 禮有儀, 有實. 見尊于己者而下之, 見己敵者而衡之, 見卑于己者而上之, 禮之儀也. 接賤士如見公卿, 臨匹夫如對上帝, 禮之實也. 儀有尊卑, 實無厚薄也.”

甚矣, 世之衰也, 雖不義之財, 君子亦取焉! 仕者鬻獄以惠人, 求者鬻獄而得之, 以爲無害于義, 不知其爲盜也.

揚人之善, 德之大者也. 能揚一鄉之善者, 必使聞于一鄉; 能揚一方之善者, 必使聞于一方; 能揚天下之善者, 必使聞于天下. 知善不揚, 是蔽其善; 蔽善之人, 天命不祐. 揚人之善, 不啻顯其善也; 善旣廣聞, 與之者衆, 必有周其窮乏, 救其急難者. 唐子之母弟之子隍, 來自番禺數千里, 求葬不獲. 問于唐子曰：“子何以得葬吾姑?” 唐子曰：“吾友魏叔子葬之也.” 曰：“吾聞叔子之死, 先姑之葬四年, 前資之乎?” 曰：“非也. 吾著書而人不知, 叔子樂稱之, 人多知之者, 以是得助. 是葬吾父母者, 叔子也.”

用財之道, 必先凍餓; 葬次之; 婚次之. 今年不葬, 可待來年; 今年不婚, 可待來年. 不惜重施之, 爲其足稱于人也. 朝不食, 不能待夕; 夕不食, 不能待朝. 綴絮無溫, 蜎體不直, 一日寒侵, 强者病, 弱者死. 忽其急而緩是謀, 昧于施矣.

惠人之道, 必先魯弱; 强有力者次之; 敏多謀者次之; 忠獻之後次之. 天薄其生, 人憎其貌; 吾不恤之, 是助天人爲虐也. 自致有半, 所藉有半, 助之易矣. 從而壹之, 則不得其平, 況反之乎!

聽訟之道, 必先負擔; 巨室多財次之. 奪之十束薪, 立絶其食; 負千金于萬金之家, 曾不少損其啓處. 有司常置小而論大, 是重餘財之得失而輕夫婦之生死也.

爲政之道, 必先田市; 死刑次之; 盜賊次之. 殺人之罪, 一縣之中, 歲或一二人; 多盜之方, 一府之中, 歲不數見; 其爲害也恒少. 農不安田, 賈不安市, 其國必貧. 無殘而民多死亡, 無盜而室多空虛. 農安于田, 賈安于市, 財用足, 禮義興, 不輕犯法, 是去殘去盜之本也.

千金之産, 其生百五十, 分而三之 : 一以爲食, 一以待不虞, 一以周飢寒. 倍之, 則凶歲可備焉. 千金之富, 可惠戚友; 五倍之富, 可惠隣里; 十倍之富, 可惠鄉黨; 百倍之富, 可惠國邑; 天子之富, 可惠天下.

交實

若有友焉, 見唐子有憂色, 則問之曰 : "子何爲不豫?" 曰 : "無食也." 是友也, 退而歎曰 : "吾且無失之于行道之人, 況良友乎!" 于是周之. 己其富者與, 發廩而輸之粟, 發篋而饋之金, 終其身無乏焉. 己其貧者與; 釋敝衣以遺之, 分疏食以餉之, 不須臾緩. 姑以救其一時之急, 且徐謀之以善其後焉.

若有友焉，知唐子秋不嘗，則必問之曰："子何爲不祭?"曰："無以供尊俎也。"是友也。慨然而歎曰："祭，大事也；死不能祭，猶生不能養也，不亦傷乎! 其周之。"于是使人遺之一肩豕，一膊羊，雙雞，匹魚，旨酒，嘉穀。富則如是。貧則魚蔬醴酒，皆可助之以成禮焉。告之曰："秋分逝矣；雖後，可追也。子以貧失，非以事失。今日不能，明日追之；明日不能，再日追之；其何傷! 禮雖無文，是亦禮也。"

若有友焉，知唐子無妾，則問之曰："子無子，何爲不買妾?"曰："無財也。"是友也。入寢不安，撫子不樂，饗祀不忘，爲之圖買妾。計己之廩餼而有損焉，計己之出納而有損焉，計己之婚姻燕幣而有損焉。日損之而不足，則以月；月損之而不足，則以歲；今歲損之而不足，則以來歲，必濟而後已。其或諸計之而終無濟也，則告於其仕之識者，告於其友之好義者。未得所請，則如芬冒勃蘇泣于秦王之庭，雀立而不轉，則忍者必動心焉，吝者必強助焉。不然，豈以朋友之交，而不能爲圖二十餘金；豈以二十餘金之微，而坐視千百世之故家絕于一日哉! 諒爲友者不當如是矣。

吾之爲此言也，非覬望于我友也；立此三義，以明朋友之道固當然也。若我與友異位而處，以是待友，務竭其力以完我分，奚以自多乎哉!

或曰："友也者，所以講學進德也，非以財交也。"固也。然而凍餓偪矣，不可以言禮；考妣餒矣，不可以言孝；先澤斬矣，不可以言傳。于斯講學，何學可講? 于斯進德，何德可進? 必使不陷于死，不絕于先，有繼于後。此三者，正所以講學也，正所以進德也，是所賴於二三友也。

食難

唐子有冶長涇之田三十畝，謝莊之田十畝。佃入四十一石，下田也。賦十五, 加耗, 加斛及諸費又一焉, 爲二十三石. 大熟則餘十八石, 可爲六口半年之用; 半熟則盡稅無餘; 歲凶則典物以納. 嘗通七歲計之: 賦一百五十四石, 豐凶相半, 佃之所獲不足于賦, 典物以益之者六斛, 而典息不與焉.

于是有田而無食, 且有害于食, 將及于凍餒矣. 乃謀諸婦曰: "不可以爲家矣. 吾欲賤鬻此田, 歸衷于其家, 任原所之. 鬻田之金, 子懷大半, 以寄食于王氏之壻; 我懷小半. 遊諸名山, 寄食于僧舍. 人之生也, 豈能常保. 夫妻家人, 終歸于無, 聚處之日無多. 毋戀此也!" 婦曰: "不可. 吾老矣, 豈能復俛首于他人之宇下, 察顏觀色, 以求無拂于人, 吾不能也. 所欲多違, 所惡多受, 吾不堪也. 且子亦老矣, 衰而多病. 獨身遠遊, 無左右之者, 飲食不時, 寒暖不適. 若有疾病, 其誰將之! 此尤不可爲者. 子其更爲計焉!" 唐子數日思之, 而無以爲計也.

吁嗟乎! 明之賦于吳者, 半其田之所穫. 建文皇帝令畝稅一斗, 至仁也. 成祖篡立, 則復其故. 若今得畝稅一斗, 吾守四十畝之下田, 歲熟則有三十七石之粟, 可以足食; 半熟則收半, 謀半可以無飢; 大凶, 則一歲之計猶可假貸典鬻, 雖不免于飢, 而猶不至于死. 夫妻僕婢. 豈有離散之憂哉! 今若此, 雖有善爲謀者, 亦無可如何矣.

有言經可賈者. 于是賤鬻其田, 得六十餘金, 使衷及原販于震澤, 賣于吳市, 有少利焉. 已而經之得失不常, 乃遷于城東, 虛其堂, 己居于內不出, 使衷原爲牙, 主經客, 有少利焉.

客有誚之者曰: "先生昔嘗舉于闈中之場, 宦于丹朱之封, 亦不賤矣. 秉心不貳, 爲行無遺, 獨違乎末俗所尙, 可謂高矣. 學詩書, 明春秋, 而身合乎古人之義. 人皆稱爲君子, 可謂賢矣. 今春秋高矣, 乃自汙于賈市, 竊爲先生不取也."

唐子曰: "天下豈有無故而可以死者哉! 伯夷叔齊餓死于首陽之下, 所以成義也. 非其義也, 生爲重矣. 今欲假布粟于親戚而不可得, 假束薪于鄰里而不可得, 或得擔粟于朋友而不可爲常. 一旦無米. 無薪, 不能出戶,豈有款門而救之者! 吾雖不貴, 不高, 不賢, 亦父母之身也, 其不可以餓死也明矣. 今者賈客滿堂, 酒脯在廚, 日得微利以活家人. 妻奴相保, 居于市廛, 日食不匱, 此救死之術也. 子不我賀, 而乃以誚我乎?"

客曰: "天下惟匹夫匹婦, 無能, 無所與之人, 乃有死亡之患. 其有薄伎者, 雖困窮無傷. 以先生之文學, 達于政體, 爲奏, 爲檄, 爲諭, 足以開人心而顯令譽. 上之可爲幕府之賓, 下之亦不失爲司郡之館客, 亦足以給家食. 奈何而自卑若此?"

唐子曰: "子雖明于計而不明于時. 上古無養賢之名, 中古乃有養老之禮. 養老, 所以教孝也, 非爲飲食之也. 蓋其時, 上富下足, 賢者皆已在位, 無待于養, 此盛世之風也. 降及下古, 爭用甲兵, 不尙禮義, 士乃貧而無節. 于是富貴大臣, 收而置之門下, 肉食者幾千人, 而皆得以瞻其室家. 又若關市疆場諸小吏, 人皆可爲之. 降及末世, 又有辟召署職之門, 士之貧者猶有所籍焉. 斯二者, 降志屈身, 士道亦旣喪矣. 然而士之無田, 不至于飢餓困踣者, 猶賴有此就食之所也. 其在于今, 斗食小官, 皆出于朝廷選授, 雖有賢能, 不得爲也. 昔之辟召, 猶盛事也. 公卿賤士, 士無及門者; 不敢望其犬馬之食, 卽求其鵝鶩之食而不可得也. 昔之致客, 猶盛事也. 若其所好, 則有之矣, 善賈之徒, 善優之徒, 善使命之徒, 善關通之徒. 此諸徒者, 多因之以得富貴矣. 此其伎, 士能之乎? 卽能之, 其可爲乎? 子若有可得之途, 吾不及纓冠而從之矣."

客曰: "吾嘗聞先生與人言學, 內制心, 外制行, 先明義利之辨, 此吾所心服者. 民之爲道, 士爲貴, 農次之, 惟賈爲下. 賈爲下者, 爲其爲利也. 是故君子不言貨幣, 不問贏絀. 一涉于此, 謂之賈風, 必深恥之. 夫賈爲下, 牙爲尤下. 先生爲之, 無乃近于利乎? 願先生舍此而更圖爲生之計."

唐子曰: 呂尙賣飯于孟津, 唐甄爲牙于吳市, 其義一也."

守賤

唐子謁貴者, 達名, 不稱晚. 曰:"吾不敢也. 吾爲貧而仕, 爲知縣十月而革爲民. 吾猶是市里山谷之民也, 不敢與大夫士論尊卑也."

孟子曰:"天下有達尊三:爵一, 齒一, 德一." 唐子曰:"天下有三尊, 我獨有其二焉." 或曰:"何謂也?" 曰:"爵之尊不達于我也." 或曰:"志傲貴乎?" 曰:"非然也. 吾不敢也. 吾爲貧而仕, 爲知縣十月而革爲民. 吾猶是市里山谷之民也, 不敢知爵之尊也."

中庸曰:"天下之達道五:君臣也, 父子也, 夫婦也, 昆弟也. 朋友之交也." 唐子曰:"自古有五倫, 我獨闕其一焉." 或曰:"何謂也?" 曰:"君臣之倫不達於我也." 或曰:"子居盛世, 志巢父乎?" 曰:"非然也, 吾不敢也. 吾爲貧而仕, 爲知縣十月而革爲民. 吾猶是市里山谷之民也, 不敢言君臣之義也."

獨樂

居沃洲之山者曰石氏;居南洲之山者曰丁氏. 此二氏者, 東漢之民也. 山深, 城遠, 世耕于斯而無達者. 昔者明之亡也, 唐子從其父避于南洲, 有田一頃, 有圃五畝, 有竹延山三里. 父食鷄豕, 奴牧羊耕灌, 春葛蕨, 將以爲石丁氏也. 舅戰石郭, 乃去之而居於五湖之濱. 唐子之父有疾, 謂唐子曰:"浙江之上, 三泉之隩, 我唐氏之所出也, 其山可隱. 我幸未卽死, 將往居之." 寢疾以沒, 不得徙焉.

當是時, 唐子之年二十有一矣;欲得志於天下. 嘗讀漢書, 至嚴光傳,勃然大怒, 椎几而起, 投書於地. 罵之曰: "猾賊! 我知汝折辱聖主, 爲王莽報仇者也." 婦聞之, 大驚, 以爲與客爭鬪也, 疾趨來視之. 唐子告之故. 婦笑曰: "君自無所發憤, 嚴光何罪焉!" 當是之時, 氣蓋天下, 上望伊呂, 左顧蕭張, 豈不壯哉! 母老, 無食, 乃出而遠遊. 度熊耳之山, 幾爲虎傷, 困于會稽, 危于大別之江, 宦于長子, 再辱于燕, 阨于滑衛汝沘之間. 如是者二十餘年, 卒無所得食. 形貌牿委, 志氣鎖亡, 於是乃慨然而嘆, 謂其妻曰: "吾甚悔向者罵嚴光之過也."

或與唐子論隱, 曰: "隱者辟世, 猶麋鹿之辟人也. 鄙夫患不得其君, 猶犬豕之豢於人也. 二者, 性相反也." 唐子曰: "不然也. 子未識隱者之情, 是以云爾也. 堯得而豢之, 桀亦得而豢之者, 犬豕也; 見桀而逸, 見堯而亦逸者, 麋鹿也. 君子遇堯不爲麋鹿, 遇桀不爲犬豕, 適于時而已矣."

曰: "豪傑失志, 與沮溺遊, 顧瞻卿相之位, 得毋動于心乎?" 唐子曰: "不然也. 子未識隱者之情, 是以云爾也. 君子之行藏, 近譬諸身, 其猶寢興之於晝夜乎! 披衣而興, 目用明, 耳用聰, 口用言, 體用儀. 非故爲動也, 當晝則然也. 及其滅燭而寢, 雖有錦繡丹青之文, 不欲觀也; 雖有簫鼓琴瑟之音, 不欲聽也; 雖有煎熬燔炙之味, 不欲嘗也; 雖有冠帶輿蓋之美, 不欲御也. 非故爲靜也, 當夜則然也. 順時而隱, 猶當夜而寢也. 當是之時, 加以卿相, 富以黃金, 是猶夜起寢者, 與之觀色而聽音, 甘味而樂遊也, 豈其所願哉!"

天地之始, 生民之初, 無治無亂之世, 不可得而見也. 人生行年二十, 不知十七年之世; 行年五十, 不知四十七年之世; 而況生民之初! 是不然也. 古亦此天地也, 古亦此日月也, 有擾天地而眯日月者, 是以不可得而見也. 及去而之深山之中, 與草木並生, 與鳥獸並遊, 不見城郭, 不見朝市, 無錦耀褐, 無車加徒. 生民之初, 亦若是焉耳. 惟聖人能善汙世; 其次處之; 又次辟之. 辟之者, 辟于此也.

老聃曰: "天下有大患, 爲吾有身; 及吾無身, 吾有何患!" 唐子曰: "何謂大患? 腰領不能當梃刃, 面目不能當僇辱, 腹腸不能當癰結, 易鑠之精不能當憂慮, 是謂大患. 何謂有身? 人有此生, 惟知此身; 狗名以顯身, 狗爵以尊身, 狗財以肥身, 是謂有身. 何謂無身? 人皆有生, 我獨得其所以生; 人皆有死, 我獨得其所不死. 不以生者喪其所以生, 不以死者喪其所不死, 是謂無身. 愛者欲中其愛, 憎者欲中其憎, 是以身爲的也, 豈不殆哉! 我不自愛, 孰能愛我; 我不自憎, 孰能憎我! 不能愛我者, 不能辱我; 不能憎我者, 不能殺我. 火能流金, 不能焚空, 夫是之謂無患也."

養重

苟非仕而得祿, 及公卿敬禮而周之, 其下耕賈而得之, 則財無可求之道. 求之, 必爲小人之爲矣. 我之以賈爲生者, 人以爲辱其身, 而不知所以不辱其身也. 雖然, 身爲賈者, 不得已也. 溺而附木, 孰如無溺.

昔者荊州大水, 飢者萬人. 張居正爲政, 皆食而活之. 是時荊州之士二百餘人, 賴食以活者五十人. 其不食之者, 皆有田而有蓄者也; 其食之者, 皆無田而無蓄者也. 于是得食者皆德之, 而處于居正門下, 大則貴, 小則富. 及居正沒, 皆禁不得進用焉.

昔者蜀有二士: 曰駱純, 曰殷正, 以文學稱. 楊榮爲相, 使使奉書幣二, 而屬之于布政使曰: "駱殷二子, 蜀之雋士也. 吾懷其人久矣, 君其爲我致之來!" 于是駱子貧而無妻, 教生徒于鄉里; 殷子富有田園畜牧山林之饒. 駱子受書幣, 越三日而啓行. 殷子辭以疾, 固不肯行. 其友勸之行. 殷子曰: "吾非不知楊公之賢可與爲交, 且力能進用我也. 然富貴之家, 不可客也; 危疑之朝, 不可居也. 車馬之上, 不如我山居之安; 公卿之祿, 不如我歲入之多. 舍己之安而任人之危, 舍己之多而受人之少, 不待智者而知其不可矣." 遂終身隱而不出焉.

夫莉士駱子之不能守其節者, 食不足也; 殷子之能守其節者, 食足也. 節之立不立, 由于食之足不足; 食之于人, 豈不重乎!

其在古昔, 諸侯能恭儉者, 保國之君也; 大夫能恭儉者, 保家之主也. 今之爲士者, 何獨不然! 若數口之家, 有五十畝之田, 儉而守之, 可以無飢矣; 有百畝之田, 儉而守之, 可以自足矣; 有二百畝之田, 儉而有蓄焉, 可以周親戚鄰里矣. 顧有此田實難. 無則固窮; 有之則儉守勿失, 以遺子孫. 是立身垂後之要道, 不可不察也.

居山

唐子病不見賓. 有款門者, 僕婦以一簡一牋入; 簡署黃山道人方熊, 牋乃人所爲賦歸黃山詩也. 詩道景物, 而不言所居之志. 唐子曰: "斯人也與作詩者, 皆不善居山. 居山者, 樂其有喬林幽谷乎? 樂其有鳴鳥游魚乎? 樂其茅宇場圃之安乎? 古之賢者, 避世而入于深山之中, 雖樂其此, 而所樂不在焉. 流俗同尚, 與之言仁義道德, 則或非之; 以爲是者, 亦悅于名, 不得其實, 非若渴之遇飮, 飢之遇食也. 有實致之行者, 則以爲迂而不悅, 豈惟師友, 且無可與之爲鄰者. 於斯際也, 若可不求食而無飢, 去而避之深山之中, 不亦宜乎! 上聖卽性而善, 賢者動于遇而善, 未賢者擇所處而善. 目不覩營營之形, 耳不聞攘攘之聲, 居不見巍巍之象, 所以遠習也. 市朝之閒, 豈不可以爲學哉? 不于動心者制心, 亦便于自修也. 若見山而後樂, 見水而後樂, 樂不在心而在外, 則山與水雖遠于俗, 亦溺心之物耳."

堯峯之下, 有比丘洪源, 遺唐子以巨篁之根. 與之處數日, 見其身如丘山, 神如淵水, 無疾言, 無矜色, 無流視, 無傾聽. 心服其靜, 而自憾未能也. 去數旬而復見, 則憔悴枯槁, 面有憂色. 問以胡爲若此也, 曰: "吾徒多人, 日食不給, 是以若此" 唐子口不言而心笑之曰: "是靜于象而不靜于心者也. 然則見山而適, 有奪其山者而不適; 見水而適, 有奪其水者而不適. 不寓于山水而壹于山水, 則喬林幽谷, 猶之城郭市廛也; 鳴鳥游魚, 猶之優伶歌舞也; 茅宇場圃, 猶之峻宇雕牆也."

貞隱

凡物之生, 必有其用; 金木土石, 人之所資; 布帛稻麥, 人之所養; 奚必珍寶! 敗屋之瓦, 廢牆之礫, 人之取之則無遺焉. 物且有然, 而況天下之賢人乎! 賢而不致于用, 吾見其不瓦礫若也. 父子之恩, 君臣之義, 豈徒大倫之不可廢哉? 恩以成材, 義以致用也. 今夫弓之爲物, 可以禦暴, 可以定亂, 物之可貴者也. 然而良工爲之, 必得善射者引而發之. 苟不操于善射者之手, 則亦筋弛角撥弦絕已耳. 雖有良材, 天下之棄材也; 雖有良工, 天下之棄工也. 身, 猶弓也; 父, 猶良工也; 君, 猶善射者也. 故夫不得乎君而居于林, 觀于川者, 心雖樂之, 非所願也, 不得已也.

古無許由. 許由者, 是莊周之荒言也夫! 當是之時, 謀尊滅仁, 謀富滅義, 爭城, 爭地, 覆軍, 殺將, 血流海內. 馳說之士, 不騖于西, 則騖于東; 不騖于東, 則騖于西; 黃金在前, 白璧在後, 天下之士大夫相鬪而取之, 如群犬之攫骨也. 莊周惡之, 則爲之言曰: "堯讓天下于許由曰: '夫子, 日月也, 我 爝火也. 我不能治天下, 請致天下于夫子.' 許由曰: '我居于林而飲于河, 我何以天下爲哉!'" 其設爲斯人也, 猶畏累虛庚桑楚之倫也. 若果有斯人, 洪水冒陵, 五穀不播, 笑踞高山, 視民如蚑蟯; 雖百四凶之罪, 不足以戮之. 堯必誅之, 著之戒命曰: "後世有行堅而僻, 無君臣之義,

不同百姓之憂者，有如此許由矣." 至德之世，莫如堯舜. 若遇其時，願爲
夔龍之家奴；出則從輪，入則操箒，飽其食餘之食，煖其弊垢之衣，死則
裂帷而葬之，榮莫大焉，尊莫甚焉.

　昔者伯夷少連虞仲夷逸，遭亂世能高其志，是以先師亟稱之. 自夫世多
濁行，人有矯情，不知賢哲時駕時息之道，而乃跡其所處，昧其所懷；跡
其所樂，昧其所憂. 于是以富貴爲陋，貧賤爲高；卿相爲汚，野人爲潔；亂
不出，治亦不出；桀紂招之不來，堯舜招之亦不來. 若此者，禽鹿之類也；
論于賢哲之隱，如龍與蚓，其辨遠矣.

　天地之氣，不能有解而無閉；日月之行，不能有盈而無虧；九淵之龍，
不能有升而無潛；蜿蜒之族，不能有啓而無蟄；曆數之運，不能有清而無
濁；聖人之道，不能有興而無廢. 此際窮之厄，亦時極之常也. 愚者反之，
智者順之. 反之者，溺其身，墮其名；順之者，藏其身，而毋喪其寶焉. 昔
者呂望之未遇也，不逆意其得志于八十之年也. 使其七十九歲而死，一東
海之老布衣耳. 當其七十九歲之前，年老困窮，無以資口食，居朝歌之市，
操刀屠牛. 又之孟津，天下之衝，行旅往來者多，身自執炊，賣飯以給食.
此市販者之所羞，閭里少年之所笑也. 呂望則安之，樂爲賤行以沒世，豈
嘗以其兵法奇計出干諸侯，而望身封東海，澤流子孫哉! 故夫賢哲之隱，
知命之至也，守身之道也，虎決而尸默者也，鷹揚而龜息者也，非以爲名
高也.

　爲學之道，制欲爲先. 彼出而不能反，申而不能屈，必至溺其身，墮其
名. 博學智士，蹈此者多矣；此無他，欲敗之也. 人之情，孰無所欲! 得其
正而安之，不得其正則棄之，是爲君子. 得其正而溺之，不得其正而強遂
之，是爲鄙夫. 人所欲者，食色衣處是也. 藜藋之菜，不如羊豕之味；布褐
之衣，不如貂狐之溫；窮巷之妾，不如姬姜之美；蘆壁之屋，不如楠棟之
居. 此數者，君子豈不欲有之哉! 然非其時，則醜其美而甘其惡者，是何
也? 蓋以食其肉，是豢我也；束其帶，是械我也；衣其錦繡，是塗墨我也.

　唐子飲酒，其妻烹瓜以進. 唐子甘之，食之而飽. 以食其妻之兄，其妻

之兄笑而不食. 唐子曰 : "毋笑甘瓜也, 則近于道矣. 昔者先子浮河而東, 見築防者, 語同舟者曰 : '吾聞之 : 一指之穴, 能涸千里之河; 一爛之味, 能敗十世之德; 乃今于玆見之.' 夫爛瓜之辨豈小哉! 得失之大判也."

人之情, 道德不如人, 則不知恥; 勢位不如人, 則恥之. 賢者不與立, 則不知恥; 妾婦不爲禮, 則恥之. 有不忍小辱而甘蒙天下之大辱者, 是又不可以不察也. 昔陝之南有稽生者, 家貧而好讀書. 三試, 三黜, 慍而歸里. 有娶婦者, 召客飲酒. 其延之上坐者, 盡豪貴人也. 酒數行, 主人出玉卮勸客, 以奉豪貴者, 而不及稽生. 稽生大慚, 若無所容其身者. 歸, 謂其父曰 : "主人出玉卮勸酒而不及我者, 薄我之貧賤也. 人不可以不富貴. 我若不富貴, 無以生爲也." 旣而李自成入關, 稽生迎之, 伏謁道左, 以策干之. 自成以唐制命官, 以稽生爲京兆尹. 稽生坐堂上, 使召不飲我以玉卮者, 至則伏地請死罪. 稽生笑曰 : "我昔飲子之家, 子不飲我以玉卮. 使我今日飲子之家, 子其飲我以玉卮乎?" 陝之人至今以爲笑. 士之欲潔其身者, 毋恥于玉卮之不及, 則幾矣.

大命

歲饑, 唐子之妻曰 : "食無粟矣, 如之何?" 唐子曰 : "以䱥." 他日, 不能具䱥, 曰 : "三糠而七䱥." 他日, 猶不能具. 其妻曰 : "三糠七䱥而猶不足, 子則奚以爲生?" 曰 : "然則七糠而三䱥." 鄰有見之者, 蹙頞而弔之曰 : "子非仕者與, 何其貧若此也? 意者其無資身之能乎?" 唐子曰 : "不然. 魚在江河, 則忘其所爲生; 其在涸澤之中, 則不得其所爲生; 以江河之水廣, 涸澤之水淺也. 今吾與子在涸澤之中, 故無所資以爲生也; 子曷以弔我者弔天下乎!"

唐子行于野，見婦人祭于墓而哭者．比其反也，猶哭．問：“何哭之哀也？”曰：“是吾夫之墓也．昔也吾舅織席，終身有餘帛；今也吾夫織帛，終身無完席．業過其父，命則不如，是以哭之哀也．”唐子慨然而歎曰：“是天下之大命也．夫昔之時，人無寢敝席者也；今之時，人鮮衣新帛者也．”

唐子曰：“天地之道故平，平則萬物各得其所．及其不平也，此厚則彼薄，此樂則彼憂．爲高臺者，必有洿池；爲安乘者，必有繭足．王公之家，一宴之味，費上農一歲之穫，猶食之而不甘．吳西之民，非凶歲爲麥粥，雜以莜稃之灰，無食者見之，以爲是天下之美味也．人之生也，無不同也，今若此，不平甚矣．提衡者權重于物則墜，負擔者前重于後則傾，不平故也．是以舜禹之有天下也，惡衣菲食，不敢自恣．豈所嗜之異于人哉？懼其不平以傾天下也．”

唐子之父死三十一年而不能葬，母死五年而不能葬，姊死三十年而不能葬，弟死二十九年而不能葬．乃遊于江西，乞於故人之宦者，家有一石一斗三升粟，懼妻及女子之餓死也．至于繡谷之山而病眩，童子問疾，不答．登樓而望，慨然而歎曰：“容容其山，旅旅其石，與地終也！吁嗟人乎！病之蝕氣也，如水浸火．吾聞老聃多壽，嘗讀其書曰：‘吾惟無身，是以無患．’蓋欲竊之而未能也！”

破崇

屈原之死，疑有崇焉，或湘水之神爲崇與？今人但知人不得其死則爲厲鬼，而未究古者列星山川之神皆能爲崇．原也發而爲言，皆非人世之言；其心志所往，皆非人世所及之境．見神，見鬼，神語，鬼語，魂已上天，魄已入淵，可畏也．使當日者，其弟子若宋玉之徒，見其師之迷亂，往卜于鄭詹尹, 詹尹必曰:"湘水爲祟." 則至湘水之濱, 備牲, 沈玉, 以禳其災, 原或免于死乎! 婦人自殺于房, 丈夫自沉于河, 有物使之也; 原其斯類與! 不然, 原亦賢者也. 營營青蠅, 無傷正直; 丘中有麻, 益見高蹈. 彼豈未之誦與! 而以父母之身飽淵魚之腹, 生死不明, 得失罔辨, 非有物使之乎! 是爲忠祟. 伍員不忍其父之死, 託身讎國, 而爲之弑其君. 身爲亂賊之首, 激烈狂悖, 以求逐其志. 是爲孝祟. 宋襄公爲仁祟; 季路爲義祟; 荀息爲信祟. 奚啻是哉! 莊周傷道喪世亂, 由于利慾, 而矯之以虛無. 虛無非差也, 無之, 所以求其有也. 今讀其書, 不知其心安在, 不知其明心之方安在. 詆堯舜, 詆仲尼, 縱橫顛倒, 莫測其端. 卒之其心無主, 如火燼塵散, 與利慾同歸于滅亡. 是爲道祟. 忠孝, 大倫也; 仁義信, 美德也; 道, 大路也. 不正其心, 不得其方, 失身之主, 禍人之國, 其害甚大, 若之何不省也!

吾聞祟有二: 有外祟, 有內祟; 內祟成而後外祟得以中之. 似德非德, 似道非道, 以至美色, 厚利, 奇器, 夏屋, 皆外祟也. 似德是德, 似道是道, 以至好色, 好利, 僻嗜, 宴安, 皆內祟也. 心智闇塞, 執見罔覺; 血氣僨張, 往而不反; 趨岐爲正, 發狂爲聖. 于是智者入于非僻, 愚者溺于邪淫, 心化爲妖矣. 豈必彭生形見, 申生人語, 而後爲禍哉! 春秋, 是非之準也. 其所予奪, 大異常見. 人以爲忠, 而春秋以爲非忠. 人以爲孝, 而春秋以爲非孝. 人以爲仁, 而春秋以爲非仁. 人以爲義, 而春秋以爲非義. 人以爲信, 而春秋以爲非信. 人以爲道, 而春秋以爲非道. 明于此, 而後內祟不起, 外祟不入.

博觀

唐子見果蓏, 曰:"果蓏與天地長久也." 見桃李, 曰:"桃李與天地長久

也." 見鸜鴿, 曰: "鸜鴿與天地長久也." 天地不知終始, 而此二三類者,
見敝不越歲月之間, 而謂之同長而並久, 其有說乎? 百物皆有精, 無精不
生. 旣生旣壯, 練而聚之, 復傳爲形. 形非異, 卽精之成也; 精非異, 卽形
之初也. 收於實, 結於彈, 禪代不窮. 自有天地, 卽有是果贏鸜鴿, 以至于
今. 人之所知, 限於其目. 今年一果贏生, 來年一果贏死; 今日爲鸜鴿之
子者生, 來日爲鸜鴿之母者死; 何其速化之可哀乎! 察其形爲精, 精爲形,
萬億年之間, 雖易其形而爲萬億果贏, 實萬億果贏而一蔓也, 雖易其形而
爲萬億鸜鴿, 實萬億鸜鴿而一身也. 果鳥其短忽乎, 天地其長久乎? 果鳥
其易形而短忽乎, 天地其一形而長久乎?

　無成乃無毀, 有成必有毀. 天地之旣成也, 吾知其必有毀也; 知其必有
毀也, 亦知其必復有成也; 知其必復有成, 亦知其後成之不異於前成也.
其日月星辰, 必復如是, 其山川百物, 必復如是; 其君長上下, 必復如是;
其宮室舟車衣服飲食, 必復如是; 猶之相此蜩而知彼蜩之羽如是也, 相此
菌而知彼菌之輪如是也. 夫蜩不孳, 菌不實, 而其生也古今若一. 是又氣
之所至, 不待傳而傳者也. 是知天地非不易形而長久者, 亦若蜩菌焉而已
矣, 亦若果贏鸜鴿焉而已矣. 乃人所欲莫如生, 所惡莫如死. 雖有高明之
人, 亦自傷不如龜鶴, 自歎等於蜉蝣. 不察於天地萬物之故, 反諸身而自
昧焉. 是故知道者, 斗酒羔羊以慶友朋, 而不自慶; 被衰圍経以致哀於親,
而不自哀. 蓋察乎傳形之常, 而知生非創生, 死非卒死也.

　天地人物, 奚以不窮乎? 天地之混闢大矣; 必有爲混爲闢者在其中, 而
後不窮于混闢也. 物之絶續衆矣; 必有爲絶爲續者在其中, 而後不窮於絶
續也. 人之死生多矣; 必有非生非死者在其中, 而後不窮於死生也. 孟春
中月之夜, 爲燈之玩者, 以紙爲郛, 景旋於裏. 或揚斾而過, 或鳴鉦而過,
或甲冑荷戈而過, 或乘馬徒步而過, 綿綿不絶, 何機之巧也! 是非獨機之
巧, 出燈則過者皆止, 置燈則過者如飛. 其轉而不窮者, 有燈以鼓之也.
混闢絶續死生之不窮, 必有爲之燈者. 不然, 形敝則已, 精亡則已, 氣索
則已, 孰爲傳之而不窮者?

老氏載魄抱一而能無離, 專氣致柔而能嬰兒, 滌除玄覽而能無疵. 以之求長生, 魂欲上天, 魄欲入淵; 還魂反魄, 合乎自然. 是皆逆陰陽之用, 竊天地之機, 以私其身. 於是有人皆死而我獨存者. 觀傳形者, 順乎氣耳, 而機不在焉; 得長生者, 握其機耳, 而道不在焉.

句匯問於唐子曰: "仲尼觀水而歎逝者, 其義可得聞乎?" 唐子曰: "善哉問也! 時之逝也, 日月迭行, 晝夜相繼, 如馳馬然. 世之逝也, 自皇以至於帝王, 自帝王以至于今玆, 如披籍然. 人之逝也, 少焉而老至, 老矣而死至, 如過風然. 此聖人與衆人同者也. 聖人之所以異于衆人者, 有形則逝, 無形則不逝; 順於形者逝, 立乎無形者不逝. 無古今, 無往來, 無生死, 其斯爲至矣乎!"

찾아보기